Marc Schulz

Performances: Jugendliche Bildungsbewegungen
im pädagogischen Kontext

Marc Schulz

Performances: Jugendliche Bildungsbewegungen im pädagogischen Kontext

Eine ethnografische Studie

VS VERLAG FÜR SOZIALWISSENSCHAFTEN

Bibliografische Information der Deutschen Nationalbibliothek
Die Deutsche Nationalbibliothek verzeichnet diese Publikation in der
Deutschen Nationalbibliografie; detaillierte bibliografische Daten sind im Internet über
<http://dnb.d-nb.de> abrufbar.

1. Auflage 2010

Alle Rechte vorbehalten
© VS Verlag für Sozialwissenschaften | GWV Fachverlage GmbH, Wiesbaden 2010

Lektorat: Stefanie Laux

VS Verlag für Sozialwissenschaften ist Teil der Fachverlagsgruppe
Springer Science+Business Media.
www.vs-verlag.de

Umschlaggestaltung: KünkelLopka Medienentwicklung, Heidelberg
Druck und buchbinderische Verarbeitung: Rosch-Buch, Scheßlitz
Gedruckt auf säurefreiem und chlorfrei gebleichtem Papier
Printed in Germany

ISBN 978-3-531-17051-0

Dank

Bei der Entstehung dieser Arbeit, die als Dissertation vom Fachbereich I, Erziehungs- und Sozialwissenschaften der Stiftung Universität Hildesheim angenommen, von Prof. Dr. Burkhard Müller und Prof. Dr. Peter Cloos begutachtet, und mit der Disputation am 20.05.2009 abgeschlossen wurde, haben mich viele Personen unterstützt. Ganz besonders möchte ich mich bedanken bei:

Peter Cloos
Dominik Krinninger
Ina Lebid
Burkhard Müller
Lotte Rose
Helga Schulz
Benedikt Sturzenhecker
Claudia Wetzel
Maren Zeller & Stefan Köngeter

sowie den Jugendlichen und Mitarbeitenden der von mir besuchten Jugendzentren.

Ich widme diese Arbeit Euch, Oma und Claudia.

Inhaltsverzeichnis

Zugänge zu Bildung und Performance

Die vorliegende Untersuchung stellt Handlungen von Jugendlichen, die im Kontext der Offenen Kinder- und Jugendarbeit ethnografisch erhoben wurden, vor und diskutiert, inwiefern diese unter den Perspektiven *Bildung* und *Performance* rekonstruiert werden können. Die beiden Begriffe können auf den ersten Blick disparat erscheinen. So beschreibt Bildung als klassisch pädagogischer Begriff landläufig einen als innerlich-reflexiven Vorgang aufgefassten Entfaltungsprozess, der sich letztlich durch seine Biografierelevanz, also in seiner Langfristigkeit auszeichnet. Anders Performance: Darunter kann ein äußerlich sicht- und beobachtbares Handeln, wie beispielsweise ein Auftritt, gefasst werden, der im *hic et nunc* stattfindet und dabei kaum Spuren hinterlässt. Es stellt sich die Frage, wie die assoziierte Innerlichkeit und Langfristigkeit von Bildung und die Äußerlichkeit und Flüchtigkeit von Performances aufeinander bezogen und für den sozial-, respektive jugendpädagogischen Diskurs erkenntnisfördernd diskutiert werden können. Die Überschneidungen und Differenzen lassen sich an zwei Beobachtungen von Auftritten veranschaulichen. Die erste stammt aus der künstlerischen und die zweite aus der sozialpädagogischen Praxis:

Am 29. Mai 1999 kann auf der belebten Düsseldorfer Rheinpromenade ein stilles Szenario, arrangiert von der Performancekünstlerin Takako Saito, beobachtet werden. Auf der Promenade ist ein kniehoher Berg von mehreren tausend weißen Pappwürfeln in unterschiedlichen Größen aufgetürmt. Manche Würfel werden vom Wind in den Rhein geweht und treiben flussabwärts. Allmählich bewegt sich der Berg. Ein Würfel nach dem anderen purzelt den Berg hinunter und verursacht mit dem Aufschlag auf dem Boden ein hohles Klacken. Aus dem Berg arbeiten sich langsam zwei Paar Hände heraus, dann allmählich zwei Paar Füße. Immer mehr Würfel fallen klackend auf den Steinboden der Uferpromenade. Während die Künstlerin und ihr Performancepartner sich langsam auf den Bauch drehen und nach und nach aus dem Würfelberg kriechen, versammeln sich zahlreiche Kinder und Erwachsene, die, offenkundig zufällig oder absichtsvoll, zu Zuschauenden dieser Aufführung werden. Sie sprechen miteinander, schauen, schimpfen, lächeln und zeigen sich verwundert über den Sinn dieser

Aktion. Einige heben die Würfel auf, um sie wieder auf den Boden fallen zu lassen, zu zerdrücken oder einzustecken, andere werfen sie sich zu.

Aufführungen wie diese werden als Performance-Kunst von Künstlerinnen und Künstlern arrangiert, deren Interesse weniger ein vollendetes Werk ist, welches von Rezipientinnen und Rezipienten betrachtet werden kann. Stattdessen stehen das Geschehen und der Prozess im Zentrum der künstlerischen Strategie. Anstelle der *Bedeutung* ist es die *Wirkung* der Situation, die fokussiert wird. Im späteren Gespräch berichtet die Künstlerin Saito über diese Performance, dass sie den Ort, Zeitpunkt und das Material für ihre performative Intervention, die sich im Spannungsfeld zwischen Theater, Tanz und Geräusch/Musik bewegt, bewusst ausgewählt hat. Die künstlerische Herausforderung für diese ortsbezogene Performance bestand in der Transformation eines stark belebten Platzes zu einem Aufführungsort einer „stillen Musikbewegung", so Saito.[1]

Die zweite Beobachtung einer Aufführung findet in einem Jugendzentrum statt:

Ich (Forscher) stehe an der Theke und unterhalte mich mit Georg (Jugendlicher), der gerade hinter der Theke seinen Dienst macht. [...] Währenddessen kommt Flo (Jugendlicher) an der Theke, stellt sich neben mich. Ich sage „Hi!", schlage in seine Hand ein und er sagt „Na, und?" Ich setze gerade mit der Antwort an, als Flo mit dem Zeigefinger Richtung Stereoanlage zeigt, Georg verblüfft ansieht und sagt „Das Lied!" Georg dreht sich schnell um und macht ein wenig lauter [...]Flo hat, neben mir stehend, plötzlich angefangen zu tanzen [...] Georg tanzt ebenfalls hinter der Theke. Ich beobachte, dass sie ab und zu mal Blicke wechseln. [...] Einige Besucher, die in der Sofaecke nebenan sitzen, sehen rüber und klatschen im Takt. Die Pädagogin Silke läuft durch den Raum und grinst mich an, weil ich wohl ein dummes Gesicht mache. [...][2]

Jugendliche Interaktionen wie diese regten mich zum Nachdenken über die formalen Parallelen zwischen den künstlerischen und jugendlichen Interventionen an: Beide Beschreibungen dokumentieren den Auftritt eines Paares, das seine Körper unverkennbar ästhetisch bewegt. Die beschriebenen Handlungen sind zunächst selbstreferenziell. Die Paare bringen sich ins Spiel, indem sie mit ihren Körpern an einem Ort etwas Ästhetisches aufführen, was anderen Personen auffällt und Reaktionen hervorruft. Beide Auftritte entfalten ihre Wirkung, indem sie die Aufmerksamkeit der Zuschauenden binden, diese irritieren oder

---

[1]   Die Rekonstruktion der Performance von Takako Saito findet auf Grundlage meiner eigenen Beobachtungs- und Gesprächsnotizen aus dem Jahr 1999 statt.

[2]   Vgl. Waldstadt 2a, MS. Die durchgängig kursiv gesetzten Beobachtungsprotokolle wie diese stellen die empirische Grundlage der vorliegenden Studie dar, nähere Informationen – auch zu den Abkürzungen – im 3. Kapitel, insbesondere unter 3.2.4.

amüsieren. Der Aufführungskontext variiert jedoch: Das erste Ereignis wird als eine Kunstaktion markiert, die von einer Künstlerin konzipiert und im öffentlichen Raum aufgeführt wird. Das zweite Ereignis wird ebenso an einem öffentlichen Ort, jedoch von gewöhnlichen Besuchern eines Jugendzentrums aufgeführt. Gegenüber der Kunstperformance entsteht dieser Tanzauftritt eher situativ, da die beiden Jungen auf ein Musikstück reagieren, welches zu hören ist. Diese Aufführung würde aufgrund des Kontextes und der spontanen Reaktion mutmaßlich kaum als künstlerische Aktion interpretiert werden. Jugendliche Tätigkeiten wie diese werden mehrheitlich in den sozial-, respektive jugendpädagogischen Debatten unter sozialisations-, bildungstheoretischen oder entwicklungspsychologischen Aspekten rezipiert. Zugleich gibt es eine Vielfalt an entsprechenden Forschungsvorhaben, die jugendkulturelle Eigenproduktionen in den Blick nehmen und die Handlungen der jugendlichen Akteurinnen und Akteure dechiffrieren. Hieraus generieren sich u.a. Deutungsvorschläge, die zwar von einer auf Erwachsenennormen konzentrierten und defizitorientierten Interpretation jugendlichen Verhaltens abrücken und sich auf die innere Systematik und Eigenlogik des Verhaltens konzentrieren. Dabei werden jedoch oftmals die Aufführungskontexte selbst, wie zum Beispiel die Einrichtungen der Jugendarbeit, nicht hinreichend in den Rekonstruktionen berücksichtigt (vgl. Müller 2003). Andererseits zeichnen sich in den theoretisch-konzeptionellen Arbeiten zur Jugendarbeit bislang kaum breite und deutlich kontextbezogene Verstehenszugänge ab, die auf empirischem Material aufbauen.

Es wird deutlich, dass die unterschiedlichen theoretischen Zugänge und ihre Konstruktionsprozesse entscheiden, ob die vorgestellten Handlungen als vornehmlich ästhetisch oder sozial verortet werden und welche Relevanz diesen Ereignissen beigemessen wird. Die Triangulation der Zugänge, wie sie in dieser Arbeit durch Bildung, Performance und Ethnografie vorgenommen wird, eröffnet für den pädagogischen Diskurs neue Perspektiven: Der ethnografische Zugang ermöglicht die Beobachtung und Dokumentation der körperlichen und präreflexiven Praktiken. Der Performance-Begriff wird dabei zweifach in den sozialpädagogischen Diskurs eingeführt. Zum einen nimmt *Performance als Handlung* deskriptiv die jugendlichen Tätigkeiten in ihrer Kunstförmigkeit ethnografisch in den Blick und kontextualisiert sie innerhalb des Jugendzentrumgeschehens. Zum anderen eröffnet *Performance als Perspektive* einen alternativen Verstehenszugang gegenüber gängigen jugendpädagogischen Orientierungsmustern. Die Begrifflichkeiten der Performance-Diskurse ermöglichen es, sozial als auch ästhetisch ausgerichtete Deutungsmuster reflexiv miteinander zu verzahnen. Damit eröffnet sich für die jugendpädagogische Debatte die Möglichkeit, sowohl die Selbstreferenzialität der Handlung und ihre Wirkung auf die Beteiligten, als auch deren mögliche Bedeutungshorizonte zu erfassen.

Als weitere Deutungsfolie dient *Bildung* im Sinn eines „eigensinnigen Prozesses des Subjektes" (BJK 2002: 4): Die jugendlichen Tätigkeiten können als „Bildungsgelegenheiten" (Müller/Schmidt/Schulz 2005) innerhalb eines pädagogisch gestalteten Ortes, dem Jugendzentrum, betrachtet werden. Damit wird die Relevanz des jugendlichen Handelns im pädagogischen Kontext verschoben. Nur allein aufgrund der Flüchtigkeit und des Stattfindens außerhalb der pädagogisch initiierten und angeleiteten Angebote lässt es sich kaum ableiten, dass hier *keine* Bildung stattfindet. Stattdessen betrachtet diese Arbeit die Aufführungen als Akte der Hervorbringung von Selbstbildungsmomenten. Die jugendlichen Tätigkeiten stellen somit nicht ein theatralisches So-tun-als-ob-Handeln, sondern konkrete, aber häufig verdichtete und formal ausgestaltete Handlungen dar. Sie verweisen nicht auf Bedeutung, sondern bringen konkret in eben jenem Moment Wirkung hervor. Mit der körperlich-sinnlich erfahrbaren Handlungsseite von Bildung soll für den Bildungsdiskurs der Jugendarbeit ein alternatives, pädagogisch-bildungstheoretisches Konzept angeregt werden. Bildung kann als situativ-gemeinschaftlicher und körperlich-performativer Prozess im Sinn von kontextbezogenen *Bildungsbewegungen* beschrieben und reflektiert werden.

Zum Aufbau dieser Arbeit

Im Fokus der Arbeit steht nicht das Handlungsfeld der Jugendarbeit als Ganzes, sondern stehen die ästhetischen Selbsttätigkeiten Jugendlicher als ein spezifisches Teilphänomen des Feldes. Zunächst werden Bildung und Performance als begriffliche Grundlagen der Studie getrennt diskutiert: Insbesondere geht es im 1. Kapitel *(Jugendarbeit als Bildungsort)* darum, den spezifischen Bildungscharakter der Jugendarbeit zu konturieren. Dabei werden zwei Argumentationslinien – eine eher theoretisch-konzeptionell und eine eher empirisch geleitet – vorgestellt sowie die Struktur- und Handlungsaspekte des Feldes als bildungsförderlich beschrieben. Anhand dieser Begründungen werden Lücken, aber auch Anschlussfähigkeiten hinsichtlich einer Beschreibbarkeit von jugendlichen Selbsttätigkeiten als Bildungsgelegenheiten aufgezeigt.

Das 2. Kapitel *(Performances in der Jugendarbeit)* entwickelt für die vorliegende Studie einen tragfähigen Performance-Arbeitsbegriff. Dabei wird der Begriff sowohl aus einer anthropologischen, theaterwissenschaftlichen als auch kunstpraktischen Perspektive diskutiert. Abschließend werden im Hinblick auf Forschungsfrage und -ziel produktive, wechselseitige Verschränkungen und Differenzen zwischen beiden Theorieansätzen aufgezeigt, die den hier entwickelten spezifischen Interpretationszugang konkretisieren (vgl. 3.4).

Das 3. Kapitel *(Forschungsdesign und -praxis)* führt den ethnografischen Zugang als Forschungsstrategie ein. Diese Strategie beschreibt die jugendlichen Selbsttätigkeiten mittels Verfahren wie ethnografischen Gesprächen und teilnehmenden Beobachtungen, die in Feldvignetten verdichtet werden. Ziel des Kapitels ist es, die Verfahren der Materialerhebung und -auswertung als auch den ethnografischen Zugang der Arbeit darzulegen.

Der empirische Teil der Arbeit (Kapitel 4 bis 9) stellt Beobachtungsprotokolle jugendlicher ästhetischer Selbsttätigkeiten vor, rekonstruiert sie als Performances und befragt sie hinsichtlich ihrer Bildungsgelegenheiten:

Mit dem 4. Kapitel *(Performanceort Jugendzentrum)* wird mehrstufig diskutiert, welchen Aufforderungscharakter die drei für die vorliegende Studie besuchten Jugendzentren als Gebäude generell und die vier Innenräume speziell haben. Es geht hier darum, wie Räume als materialisierte Tätigkeitsvorschläge wahrgenommen werden können. Diese Perspektive bildet eine permanente Vergleichsfolie für die anschließenden Rekonstruktionen der jugendlichen Selbsttätigkeiten.

Im 5. Kapitel *(Der Wechsel vom alltäglichen Handeln zur Performance)* werden kontrastive Arten von Performance-Einstiegen diskutiert und erste, relevante Performance-Kriterien herausgearbeitet. Dabei richtet sich der Fokus auf die Bedeutung des Körpers als Material sowie auf das Spannungsfeld von Performenden und Publikum.

Anhand von drei Performance-Genres – *Tanz- und Akrobatikperformances* (vgl. Kapitel 6), *Gesangsperformances* (vgl. Kapitel 7.), *Theaterperformances* (vgl. Kapitel 8) – werden die jugendlichen Aufführungen rekonstruiert und systematisiert. Schrittweise werden die ethnografisch erhobenen Beobachtungsausschnitte interpretiert. In den jeweils anschließenden, genrebezogenen Resümees findet sowohl ein systematischer Vergleich der signifikanten Übereinstimmungen und Unterschiede der Performances als auch eine theoretische Verdichtung statt. Es werden ihre spezifischen Erfahrungspotenziale für die Jugendlichen herausgearbeitet: So setzt sich das Resümee des Tanz- und Akrobatikkapitels vornehmlich mit dem bewegten Körper, das der Gesangsperformances mit der Aneignung von Medienvorlagen und -formaten und das der Theaterperformances mit der authentischen Darstellung auseinander. Im Kern der Theoretisierungen geht es um die Erweiterung von pädagogischen Deutungsmöglichkeiten, indem performative und bildungstheoretische Bezüge am Material aufgezeigt und verschränkt werden.

Das 9. Kapitel *(Resonanzen: Das Wechselspiel zwischen den Performances)* stellt ästhetisierte Formen von Rückmeldungen Jugendlicher auf die von ihnen beobachteten Performances vor. Diese Performanceverläufe werden unter der Bezeichnung *Resonanzen* als spezifischer Bildungsmodus, unter den Aspekten der ästhetischen Formgebung als Spielfähigkeit, des ‚Umspringens' bei Tätigkeiten und Themen, und unter dem Aspekt der kontextuellen Rückkopplungsschleifen zwischen Performenden und Publikum diskutiert.

Im 10. Kapitel *(Zusammenfassung: Aufführungen von Handlungswissen)* werden die Potenziale der Performance-Perspektive abschließend gebündelt. Die Studie schließt mit dem 11. Kapitel *(Herausforderung an die pädagogische Profession)* ab: Hier werden die Herausforderungen sowohl für den Professions- als auch Professionalisierungsdiskurs anhand von drei Schwerpunkten – erstens die weitere Konkretisierung eines handlungsfeldbezogenen Bildungsverständnisses, zweitens der Bezug der jugendarbeiterischen Profession auf ihren Arbeitskontext und drittens die Weiterentwicklung von pädagogischen Handlungs- und Reflexionsmustern – formuliert.

1. Jugendarbeit als Bildungsort

Mit der seit einigen Jahren geführten Debatte um die nationale Bildungskrise rücken auch für das Arbeitsfeld Offene Kinder- und Jugendarbeit[3] der Bildungsauftrag und der damit einhergehende Bildungsanspruch sowohl fachlich-pädagogisch[4] aber auch öffentlich ins Diskussionszentrum; verbunden mit hohen Ansprüchen und Erwartungen: Jugendarbeit als Teil der Bildungslandschaft „soll und will zur Förderung der Persönlichkeitsentwicklung beitragen, also Bildungsprozesse initiieren und befördern" (BMFSFJ 2005: 360). Der im SGB VIII gesetzlich verankerte Bildungsauftrag der Jugendarbeit gibt vor, dass Jugendlichen Räume für selbstbestimmtes Agieren und soziale Partizipation anzubieten sind. Es sollen insbesondere Jugendliche gefördert werden, die von sozialer Benachteiligung betroffen sind. Zwar werde die Jugendarbeit nach wie vor „als Bildungsinstanz [...] bestenfalls marginal wahrgenommen" (Sting/Sturzenhecker 2005: 230), jedoch zeichnet sich die Notwendigkeit einer nachhaltigen Verknüpfung verschiedener Partner ab, um für Jugendliche möglichst individuelle und optimale Bildungsförderung zu gewährleisten. Dabei wird Bildung als „die Aufeinanderfolge bzw. das Nebeneinander unterschiedlicher Bildungsprozesse sowie Lernanlässe und -gelegenheiten" (BMFSFJ 2005: 131) verstanden.

Im Folgenden wird nicht die Frage beantwortet, wie jugendliche Bildungsprozesse beschrieben bzw. erfasst werden können. Vielmehr interessiert, wie das pädagogische Handlungsfeld Jugendarbeit als ein für Jugendliche relevanter Bildungsort diskursiv konstruiert wird: Daher ist es – ohne Anspruch auf Vollständigkeit – notwendig, die neuere Debatte zum sozialpädagogischen Verständnis von Bildung sowie die Bildungskontexte und -formen des Jugendalters kurz zu skizzieren (vgl. 1.1), um die aktuellen Diskurse einzuführen, die entweder eher theoretisch-konzeptionell orientierte (vgl. 1.2.2) oder eher empirisch basierte (vgl. 1.2.4) Zugänge wählen. Für Letztere ist markant, dass sie insbesondere den spezifischen Herstellungscharakter dieses Arbeitsfeldes hervorheben und

---

[3] An dieser Stelle wird für den Terminus „Offene Kinder- und Jugendarbeit" der Terminus „Jugendarbeit" eingeführt.

[4] Beiträge zu dieser Bildungsdebatte sind u.a. Lindner 2008; Cloos u.a. 2007; Rose/Schulz 2007a; Rauschenbach/Düx/Sass 2006; BMFSFJ 2005; Sturzenhecker 2005; Müller/Schmidt/Schulz 2005; Delmas/Scherr 2005; Otto/Rauschenbach 2004; Sturzenhecker/Lindner 2004; Müller 2004; Hartnuß/Maykus 2004; BMBF 2004; Lindner/Thole/Weber 2003; Münchmeier u.a. 2002; Scherr 1997; Brenner/Hafeneger 1996.

damit die jugendlichen Tätigkeiten – neben denen des pädagogischen Fachper-
sonals – detaillierter beschreiben. Meine leitende Frage ist, ob und wie aus den
einerseits tendenziell institutionellen und andererseits eher auf kognitiv-
reflexiven Prozessen aufbauenden Bildungsverständnissen ein deskriptiver
Zugang zu den jugendlichen Tätigkeiten als Bildungsgelegenheiten entwickelt
werden kann. Mein Ziel ist es, Schnittstellen aber auch Lücken zur vorliegenden
Studie zu diskutieren, um den gemeinschaftlich-handelnden Charakter der
Bildung herauszuarbeiten, der für die Performance-Perspektive (vgl. 2.) tragfähig
sein soll.

1.1 Bildung und ihre Kontexte

1.1.1 Bildung im sozialpädagogischen Diskurs

Bildung als ein relationaler und kontextgebundener Begriff, der das spezifische
Verhältnis zwischen Subjekt und Gesellschaft bestimmt, ist insbesondere für das
sozialpädagogische Verständnis kennzeichnend. Bereits in den Anfängen der
Sozialen Arbeit hat Paul Natorp (1920) als Aufgabe der Sozialpädagogik formuliert, dass diese die Bildungsbedingungen des Sozialen und die sozialen Bedingungen von Bildung als Einheit zu begreifen habe (vgl. ebd.: 94). Damit ist auch
bestimmt, dass Bildung als zentraler sozialpädagogischer Begriff von ihrem
inhaltlichen Gehalt her kein fixer Merkmalsbegriff sein könne (vgl. Thiersch
2002) und sich daher die Anknüpfungspunkte der sozialpädagogischen Diskurse
im historisch-gesellschaftlichen Kontext verändern (vgl. Sting 2002).

Mit dem Jahrtausendwechsel entstand in den sozialpädagogischen Debatten
erneut eine breite Diskussion über den Zusammenhang von sozialer Gerechtig-
keit, gesellschaftlichen Anforderungen und Bildung (vgl. Otto/Oelkers/Bollweg
2006; Böhnisch/Thiersch/Schröer 2005; Otto/Rauschenbach 2005; Böhnisch/
Schröer 2001). Bislang bezog sich Bildung in ihrer begrifflichen Tradition
vornehmlich auf die Zeit des Aufwachsens, sie umfasste den Erwerb von Fähigkeiten und Wissen vornehmlich innerhalb der Kindheits- und Jugendphase. Mit
der Entgrenzung der Jugendphase (vgl. Schröer 2004) wurde in den neuen
Diskursen auch die Entgrenzung der Bildungsphase diskutiert: Durch die Dyna-
misierung und Fragmentierung einer zunehmend globalisierten Gesellschaft
verstehe sich der individuelle Bildungsprozess des Subjekts als ein lebenslanges
Projekt. Folglich sei aus institutioneller Perspektive die Bildungsbiografie nicht
mit dem Durchlaufen der elementarpädagogischen, schulischen und auf Ausbildung orientierten Bildungsinstanzen abgeschlossen, sondern Teil aller Lebensphasen. Bildung sei in diesem Sinne nicht mehr die Vorbereitung auf das spätere

Leben, sondern eine andauernde Modifikation und Aktualisierung individueller und kollektiver Wissens- und Kompetenzbestände, um sich den permanent ändernden Anforderungen einer Arbeits- und Informationsgesellschaft anpassen zu können. Es ist der zentrale Anspruch dieser Diskussion um Bildung, diesem „Spannungsverhältnis zwischen den Anforderungen zum Erwerb formaler beruflicher Qualifikationsanforderungen (‚Arbeitsgesellschaft') und der Teilnahme an einem Prozess ‚lebenslangen Lernens' (‚Informationsgesellschaft')" (Kessl/Otto/Treptow 2002: 80) gerecht zu werden.

Diese neue Herausforderung hat zur Folge, dass der sozialpädagogische Bildungsdiskurs nicht mehr nur einzelne Institutionen, sondern den gesamten pädagogischen Sektor in den Blick nimmt (vgl. BJK 2002). Da alle Lebensalter und -bereiche als Bildungszeiten und -orte definiert werden, stehen einerseits auch traditionelle Bildungsinstitutionen der Kindheit und Jugend auf dem Prüfstand. Diese sind herausgefordert, Strategien zu entwickeln, durch welche sie ihren spezifischen Beitrag zur gelingenden Bildungsförderung empirisch nachweisen können. Andererseits erfordert die Entgrenzung der Bildungszeiten und Bildungsorte auch eine Neuverortung des Bildungsbegriffs selbst: Dieser sei, so Hans Thiersch (2002), nach der Bildungsoffensive in den 1960er Jahren seit den 1970er Jahren immer mehr ausdifferenziert und segmentiert, zugleich aber in seiner Reichweite weiter institutionalisiert und dadurch instrumentalisiert worden. Dies habe zur Folge, dass Bildung zunehmend im Sinne eines qualifikationsbezogenen Verständnisses schul- und ausbildungsbezogen verengt worden sei und sich vornehmlich auf gelingende Erwerbsbiografien beziehe (vgl. ebd.: 57).

„Die andere Seite der Bildung" (Otto/Rauschenbach 2004), zumeist in den außerschulischen Settings lokalisiert, geriet zweifach ins Abseits: Erstens wurden zunehmend formale und hierarchisch gegliederte Bildungsorte, die mittels Zertifikaten und Zeugnissen Bildungsnachweise lieferten, fokussiert. Dabei entwickelte sich eine Vorrangigkeit der Schule als zentraler Bildungsort und Bildungsgarant für die Vermittlung von Lebenskompetenzen gegenüber außerschulischen Bildungsstätten, denen tendenziell kompensatorische Funktionen zugewiesen wurden. Zweitens beurteilte man die zu vermittelnden Bildungsinhalte anhand ihres Gebrauchswertes. Da Bildung auf die Arbeitsbiografie bezogen war, verloren nicht direkt verwertbare Bildungsinhalte sowohl innerhalb als auch außerhalb der formalen Bildungsorte an Bedeutung.

Diese Art der Bildungshierarchisierung und -kanalisierung wurde zwar vereinzelt problematisiert (vgl. u.a. Müller 1993), jedoch erfuhr die gesamte Inblicknahme verschiedener Bildungsbereiche erst mit der ersten PISA-Studie (vgl. Baumert u.a. 2001) eine erneute Konjunktur, die empirisch einen klaren Zusammenhang zwischen sozialer Herkunft und Bildungserfolgen der Kinder und Jugendlichen nachweisen konnte. Da das schulische Bildungssystem laut PISA-

Studie systematisch soziale Ungerechtigkeit mitproduziere, indem Kinder und Jugendliche aus sogenannten bildungsfernen Schichten nicht ausreichend gefördert würden (vgl. ebd.), ergebe sich die Notwendigkeit der institutionellen Neuverortung. Der 12. Kinder- und Jugendbericht (vgl. BMFSFJ 2005) als Dokument eines jugendpädagogischen Konsenses formuliert diesen Institutionen übergreifenden Anspruch wie folgt:

„Demzufolge sollen öffentliche Bildungs-, Betreuungs- und Erziehungsangebote künftig so organisiert werden, dass dadurch nicht nur ein Aufwachsen in einem neuen Zusammenspiel von privater und öffentlicher Erziehung, von Familie, Kindertagesbetreuung, von Schule und außerschulischen, auch gewerblichen Angeboten ebenso verlässlich wie qualifiziert möglich wird, sondern dass dadurch auch nachhaltige bildungs-, jugend-, familien-, sozial- und arbeitsmarktpolitische Effekte zu erwarten sind. Nicht nur die Quantität steht infolgedessen auf der Agenda, sondern auch die Qualität der Angebote." (BMFSFJ 2005: 50)

Die Betonung der akteurzentrierten Perspektive für ein qualifiziertes Zusammenspiel von verschiedenen Bildungsangeboten stellt die Felder der Sozialen Arbeit vor die Frage, wie sie ihre spezifischen Beiträge ausdifferenzieren und vernetzen können.

1.1.2 Bildungssettings des Jugendalters

Grundlegender fachlicher Konsens ist, dass erstens jugendliche Bildungsprozesse in unterschiedlichen Settings nebeneinander und gleichzeitig stattfinden, zweitens diese Prozesse nicht nur kausal mit bestimmten Bildungszielen verschiedener Bildungseinrichtungen korrespondieren, sondern diese institutionen- und settingübergreifend sind und drittens Bildung immer als Selbstbildungsprozess angelegt ist. Darauf aufbauend stellt der 12. Kinder- und Jugendbericht fest, dass aus der Perspektive der Jugendlichen „Bildungsprozesse keine institutionellen Grenzen kennen [und] sich zeitlich, räumlich und sozial nicht eingrenzen lassen" (BMFSFJ 2005: 120). Damit wird die Aneignungsseite der Bildungsprozesse betont, die jedoch nicht ohne soziale und räumliche Kontexte, also den Bildungssettings, betrachtet werden kann. Die bereits in „Konzeptionelle Grundlagen für einen Nationalen Bildungsbericht – Non-formale und informelle Bildung im Kindes- und Jugendalter" (BMBF 2004) eingeführte Differenzierung zwischen der strukturellen und der subjektiven Dimension (vgl. ebd.: 35ff.) wird hierbei weiter ausgeführt, denn die bildungsrelevanten Gelegenheiten könnten an Arrangements gekoppelt sein, die sich entweder „dadurch auszeichnen, dass die Auslösung von Bildungsprozessen dezidiert zu ihrer Funktion, ihren Aufgaben oder ihrem Selbstverständnis gehört" (BMFSFJ 2005: 120f.) oder bei denen Bildung nur ein Effekt von vielen ist. Diese Differenzierung ermöglicht, die jeweiligen Bildungschancen der spezifischen Settings genauer zu lokalisieren und zugleich nach außen hin darstellbar zu machen. Daher schlägt der 12. Kinder- und Jugendbericht die Unterscheidung zwischen *Bildungsorten* und *Lernwelten*[5] vor:

„Von Bildungsorten im engeren Sinne wäre vor allem dann zu sprechen, wenn es sich um lokalisierbare, abgrenzbare und einigermaßen stabile Angebotsstrukturen mit einem expliziten oder zumindest impliziten Bildungsauftrag handelt. Sie sind eigens als zeit-räumliche Angebote geschaffen worden, bei denen infolgedessen der Angebotscharakter überwiegt. Im Unterschied zu Bildungsorten sind Lernwelten weitaus fragiler, nicht an einen geografischen Ort gebunden, sind zeit-räumlich nicht eingrenzbar, weisen einen weitaus geringeren Grad an Standardisierung auf und haben auch keinen Bildungsauftrag. Von ihrer Funktion her handelt es sich bei ihnen eher um institutionelle Ordnungen mit anderen Aufgaben, in denen Bildungsprozesse gewissermaßen nebenher zustande kommen." (BMFSFJ 2005: 121)

Diese erste Unterscheidung ist deshalb zweckmäßig, da sie darauf hinweist, dass für Jugendliche faktisch alles bildungsanregend sein kann, auch wenn sie in einer anregungsarmen Umwelt aufwachsen. Sie differenziert die jeweiligen Orte im Hinblick darauf, ob und welche „explizite Bildungsfunktion [jene] haben und [wie sie] durch ein Minimum an Planung und Organisation auf diese Funktion ausgerichtet sind" (BMFSFJ 2005: 121). Bei der Optimierung im Sinne einer Verzahnung verschiedener Orte mit differenten Bildungspotenzialen, die auf die Bildungsaufgaben des Lebensalters Jugend abgestimmt sind, ist eine detailreiche Kenntnis dafür vonnöten, welche Chancen die jeweiligen Orte zur gegenseitigen Ergänzung bieten können. Trotz der bereits beschriebenen Entgrenzung der Lebensphasen, verweisen verschiedene entwicklungstheoretische Konzepte nach wie vor auf die Kopplung der Bildungsaufgaben an die altersspezifischen Entwicklungsaufgaben (vgl. etwa Hornstein 2004; Böhnisch 2001): Durch die Erweiterung der Lebensräume Jugendlicher gegenüber der Kindheit ist auch die Verzahnung differenter Orte bedeutsam. Wo in der frühen Kindheit die sozialen Kontexte, wie z.B. Familie oder sozialer Nahraum, noch überschaubar waren, dehnen sich, neben der Scholarisierung des jugendlichen Alltags, andere soziale Erfahrungs- und Bildungsräume aus. Medien, Freunde und/oder Peergroups werden schon mit der späten Kindheit bedeutsam, wobei Jugendliche sich ein immer breiter werdendes Spektrum an sozialen Orten erschließen und dadurch bislang bedeutsame Sphären wie die Familie relativieren.

---

[5] Der 12. Kinder- und Jugendbericht führt zudem als drittes die Bildungswelt, also die familiäre Sphäre, ein (vgl. BMFSFJ 2005: 121ff.).

1.1.3 Freiwilligkeit der Teilnahme und Aneignungsformen

Bildung im Jugendalter findet somit, orientiert an der Statuspassage bzw. den Entwicklungsaufgaben, in verschiedenen Sphären statt. Die institutionelle Ausdifferenzierung, die zwischen Bildungsorten einerseits und Peergroups als Lernwelt ohne expliziten Bildungsauftrag andererseits unterscheidet, kann weiter untergliedert werden: Im Vordergrund steht die Art der Vermittlungsleistung des jeweiligen Settings. War in der erstgenannten Differenzierung zwischen Bildungsort und Lernwelt der explizite Bildungsauftrag die Scheidelinie, steht bei der zweiten Differenzierung die Freiwilligkeit des Angebots im Vordergrund. Mit der Aufteilung in *formal, non-formal* und *informell* wurde in der jugendpädagogischen Debatte zunächst der Charakter des Zusammenspiels zwischen institutioneller Bildungsförderung und jugendlichem Bildungsprozess beschrieben (vgl. Otto/Rauschenbach 2004; Münchmeier/Otto/Rabe-Kleberg 2002; BJK 2002). Deren Anliegen war es, bestimmen zu können, welche institutionellen Bildungsaufgaben den jeweiligen jugendlichen Lebenssphären zugewiesen werden können. So hatte das Bundesjugendkuratorium mit der Differenzierung von informeller Bildung und non-formaler Bildungsförderung den pädagogischen Auftrag der Jugendhilfe neben dem formalen Bildungsauftrag der Schule definiert (vgl. BJK 2002). Die Unterscheidung zwischen den formalen Bildungsorten einerseits und den non-formalen andererseits setzt zwar immer die pädagogisch intendierte Förderung jugendlicher Bildungsprozesse voraus, unterscheidet aber die Bildungsziele. In *formalen Bildungssettings* stehen formalisierte, standardisierte und kanonisierte Angebote wie beispielsweise Schulunterricht im Vordergrund (vgl. BMFSFJ 2005; BMBF 2004; BJK 2002).[6] Jene sind, ähnlich wie weiterführende Aus- und Weiterbildungsformen, in ihren Zielen evaluier- und zertifizierbar und sind für alle Heranwachsenden verpflichtend. Dagegen setzten sich Angebote der Kinder- und Jugendhilfe als *non-formales Bildungssetting* ab (vgl. BMFSFJ 2005: 121 u. 129): Sie nähmen zwar gleichfalls auf einen Bildungsauftrag Bezug, die Angebote seien jedoch durchgängig freiwillig zu nutzen (vgl. ebd.: 122).

Auch die Art der Aneignung, also die *subjektiven Bildungsprozesse* selbst, können in *formelle* und *informelle* unterschieden werden (vgl. BMFSFJ 2005: 129ff.; BMBF 2004): Entgegen der bislang starken Betonung der formellen Bildungsprozesse, die institutionell organisiert und mittels Bildungszertifikaten

---

[6] In der schulischen Bildungsforschung sprach Jürgen Zinnecker (1975) von Vorder- und Hinterbühnen der Schule und dem damit verbundenen ‚hidden curricula'. Damit wurde im schulischen Kontext die Unterscheidung zwischen formalisierten Bildungszielen und informellen, bzw. formalen Bildungsprozessen gemacht, ohne dass diese Erkenntnis eingehender systematisiert und analysiert wurden (vgl. BMBF 2004). Vgl. dazu die aktuelle ethnografische Schulforschung u.a. Breidenstein 2006; Mohn/Amann 2006; Wagner-Willi 2005; Tervooren 2001.

dokumentiert werden, fasst man unter informeller Bildung selbsttätige Bildungsprozesse. Jene fänden unabhängig von pädagogischen Bildungsangeboten statt und seien durch das Subjekt gesteuert. Diese sind „meist ungeplant, beiläufig, implizit, unbeabsichtigt, jedenfalls nicht institutionell organisiert, d.h. ein (freiwilliges) Selbstlernen in unmittelbaren Zusammenhängen des Lebens und des Handelns. Der Ort dieser Form der Bildung und des Lernens ist zuallererst der lebensweltliche Zusammenhang und die (soziale) Umwelt der Bildungsakteure; infolgedessen können entsprechende Lern- und Bildungsprozesse innerhalb wie außerhalb der formalen Bildungsinstitutionen zustande kommen" (BMBF 2004: 29).

Zum einen nimmt diese Perspektive Bezug auf erziehungswissenschaftliche Erkenntnisse der Kindheitsforschung. Diese verweisen darauf, dass Bildungsprozesse nicht naturwüchsig gegeben sind, sondern notwendigerweise auf der Voraussetzung der Bildsamkeit aufbauen (vgl. etwa Mollenhauer 2008; Schäfer 2005; Liegle/Treptow 2002). Zum anderen hebt die Bezugnahme auf die bildungsförderlichen Kontextbedingungen das Wechselspiel zwischen jugendlicher Selbsttätigkeit und dem jeweiligen Kontext hervor, wobei v.a. die Aktivitäten Jugendlicher stärker in den Blick genommen werden sollten (vgl. Rauschenbach/Düx/Sass 2006). Zur empirischen Schließung dieser Lücke trägt diese Arbeit mit bei, indem sie die jugendlichen Selbsttätigkeiten im Feld Jugendarbeit beschreibt und als kontextspezifische Bildungsgelegenheiten reflektiert. Damit werden das Wechselspiel zwischen dem pädagogisch gestalteten Raum und den Jugendlichen in den Blick genommen. Zugleich schlägt sie mit dem Performance-Blick eine Lesart dieser jugendlichen Selbsttätigkeiten vor, während mit dem ethnografischen Zugang eine Strategie vorgeschlagen wird, die die jugendlichen Selbsttätigkeiten beobachtbar und, auf das hier entwickelte Bildungsverständnis bezogen, beschreibbar macht.

1.2 Jugendarbeit als non-formaler Bildungsort

Um Jugendarbeit sowohl als non-formalen Bildungsort, wie auch als pädagogisches Setting für bildsame Eigenaktivitäten der Jugendlichen in den Blick nehmen zu können, wird zunächst die Frage des Bildungsauftrags geklärt (vgl. 1.2.1). Die daraus abgeleiteten Argumentationslinien sollen verdeutlichen, unter welchen Umständen dieses pädagogische Handlungsfeld bildungsförderlich sein kann (vgl. 1.2.2). Die theoretischen und empirischen Lücken dieser Argumentationen werden im Anschluss diskutiert (vgl. 1.2.3).

1.2.1 Rahmenbedingungen: Jugendarbeit und ihr Bildungsauftrag

Aus institutioneller Perspektive ist Jugendarbeit ein non-formaler Bildungsort mit einem gesetzlichen Bildungsauftrag (vgl. SGB VIII, KJHG § 11). Aufbauend auf ihre Strukturmaximen wie Freiwilligkeit, Offenheit und Partizipation könne und solle sie, so Benedikt Sturzenhecker (vgl. u.a. 2006; 2005), ihre Bildungspraxis ausgestalten. Jugendarbeit offeriert im Vergleich zur Schule Angebote, die durchgängig freiwillig zu nutzen, aber nicht ausschließlich pädagogisch angeleitet sind: Es gibt, abhängig von der Einrichtungskonzeption, von pädagogischen Fachkräften veranstaltete Angebote und für Jugendliche selbst gestaltbare Freizeiträume und -bereiche. Dabei reicht das Spektrum der in den Konzepten als Bildungspraxis definierten Arbeit von Angeboten wie z.B. Projekten oder expliziten Bildungsseminaren bis hin zur Bereitstellung von räumlichen und materiellen Ressourcen zur jugendlichen Selbstaneignung.

Die grundlegende Ausrichtung der Bildungsförderung, nämlich „die Befähigung zu selbst bestimmter Lebensführung und zu sozialer Eingebundenheit und Verantwortung" (BMFSFJ 2005: 365), ist fachlich unumstritten. Auch weisen Sturzenhecker/Lindner (2004) darauf hin, dass der Bildungsauftrag weiterhin sowohl „nach außen in Gesellschaft und Öffentlichkeit", als auch „nach innen, d.h. auf der fachlichen Ebene" (ebd.: 9) verankert werden müsse. Jedoch kann allein anhand des gesetzlichen Auftrags nicht geklärt werden, worin konkret der Bildungsauftrag und die Bildungspraxis bestehen. Der gesetzliche Rahmen unterscheidet zwar schulische von außerschulischer Bildung, jedoch wird dort die außerschulische Bildungsarbeit neben anderen Aufgabenbeschreibungen und Tätigkeitsschwerpunkten aufgeführt (vgl. SGB VIII, KJHG § 11, 3). Dieses institutionell orientierte Bildungsverständnis berücksichtige nicht die Prozesse, sondern nur die Angebotsformen (vgl. Müller/Schmidt/Schulz 2008: 17). Auch die „Konzeptionelle[n] Grundlagen für einen Nationalen Bildungsbericht" (2004) und der 12. Kinder- und Jugendbericht (2005) weisen auf die Probleme hin, die sich durch die Konzentration auf die formale Differenzierung einstellen: Da Bildung nicht als Wissenserwerb, sondern umfassender als „Prozess der Persönlichkeitsentwicklung" (ebd.: 236) zu betrachten sei, müssten nicht die Institutionen, sondern die Nutzenden konzeptioneller Ausgangspunkt für die Bildungsförderung sein. So müsse, neben den sowohl auf Bildungsförderung als auch vordergründig nicht auf Bildung angelegten Angeboten der Jugendarbeit, vor allem die subjektive Nutzung dieser Angebote in den Blick geraten. Damit verweist der Bericht auf eine Lücke: In der Fachliteratur zur Jugendarbeit finden sich kaum detaillierte Beschreibungen über das tägliche Geschehen in den Einrichtungen. Mit der Studie von Müller/Schmidt/Schulz (2008/2005) erfuhr diese Lücke eine erste systematische Bearbeitung.

1.2.2 Theoretisch-konzeptionelle Zugänge: Bildung als pädagogischer Auftrag

Die Diskurse um die Rechtfertigung des spezifischen Bildungsauftrags und um eine gelingende Praxis der Bildungsförderung als primäre und zentrale Aufgabe der pädagogischen Fachkräfte verlaufen im Spannungsfeld von räumlich-materieller, personaler, aber auch performativer Argumentationen. Da einerseits bereits in Müller/Schmidt/Schulz (2008) die zentralen Argumentationsstrategien vorgestellt wurden (vgl. ebd.: 13ff.) und andererseits der Schwerpunkt dieser Arbeit auf den jugendlichen Selbsttätigkeiten liegt, werden diese Diskurse hier nicht weiter vertieft, sondern ihre Anschlussmöglichkeiten bezogen auf die Wahrnehmung jugendlicher Selbsttätigkeiten als Bildungsgelegenheiten herausgearbeitet.

Orientierung an Angeboten und Inhalten
Der bildsame Anteil der jugendarbeiterischen Angebote jenseits der expliziten Bildungsangebote kann dargestellt werden, indem „subjektive Lernerfahrungen" (Lindner 2004: 254) als feldspezifische Bildungseffekte präsentiert oder jugendkulturelle Aktivitäten in bildungsfördernde Settings überführt werden.[7] Dabei verweist Lindner auf das Primat des grundlegend nicht-normativen Bildungsverständnisses (vgl. ebd. 2008 u. 2004), welches sich nicht vornehmlich an pädagogischen Modellen ausrichten darf, weil sich „Bildungsleistungen offenkundig nicht in erster Linie an Programmen und Angeboten festmachen lassen, sondern maßgeblich von der subjektiven Bedeutung und Aneignung bestimmt werden" (BMFSFJ 2005: 387f.).

Die Stärke dieser Argumentation besteht darin, dass sie zeigt, wie jugendliche Aktivitäten als Bildungsgelegenheiten wahrgenommen und benannt werden können, gleichgültig, ob sie vordergründig als produktiv oder destruktiv bewertet werden. Sie stellt die grundsätzliche Akzeptanz der Anliegen, Themen und Interessen der Jugendlichen in den Vordergrund des pädagogischen Handelns (vgl. u.a. Sturzenhecker 2002a, 34ff.). Pädagogische Fachkräfte nehmen bildungsrelevante Momente wahr, benennen diese und führen sie zusammen mit Jugendlichen weiter fort. Diese Transformation von jugendlicher Praxis hin zu einer gelingenden Bildungspraxis anerkennt und knüpft an die Selbsttätigkeit und die Eigeninteressen Jugendlicher an. Jedoch kann dies zwei Schwierigkeiten in der Praxis verursachen: Erstens wird den pädagogischen Fachkräften die Rolle von aktivierenden Bildungsassistent/innen (vgl. Sturzenhecker 2006) zugeschrieben, die jugendliche Themen transformieren und letztlich didaktisch aufbereiten. Dies kann zu einem Zerrbild von gelingender Praxis führen, bei der

---

[7]   Vgl. u.a. Lindner 2008 u. 2004; Sting/Stockmann 2004; Röhrig/Sturzenhecker 2004; Sturzenhecker 2004 u. 2002b.

die Jugendlichen aktiviert werden müssten und der Bildungscharakter in den von den Jugendlichen angenommenen Projekten und Angeboten lokalisiert wird. Folglich würde Jugendarbeit auf non-formale Bildungsangebote aufbauen, die die Nähe zu pädagogisch angeleiteter Gruppenarbeit haben. Zweitens kann dieses Verständnis von Bildung selbige in inhaltliche Einzelkomponenten segmentieren (vgl. etwa Lindner 2008). Jedoch sagen die einzelnen Teile wiederum nichts über die bildungsförderliche Feldspezifik aus, da „auf inhaltlich-thematisch sehr unterschiedlich ausgerichteten Handlungsfeldern ähnliche Bildungseffekte zu beobachten sind" (BMFSFJ 2005: 388). Zugleich korreliert die äußere Form jugendlicher Selbsttätigkeiten nicht direkt mit dem jeweiligen Bildungscharakter: So lassen sich beispielsweise bei der Verwendung von ästhetischem Material nicht unmittelbare Rückschlüsse auf das Stattfinden einer ästhetischen Erfahrungen ziehen.

Förderung einer emanzipierten Haltung

Eine weitere Argumentationsmöglichkeit ist, Jugendarbeit als Bildungsort zu verstehen, der Jugendliche bei der Entwicklung ihrer eigenen Perspektiven für ein gelingendes Leben unterstützt (vgl. u.a. Sting/Sturzenhecker 2005; Graff 2004; Scherr 1997). Zentraler Fixpunkt für die Pädagogik seien die gesellschaftlichen Veränderungen im Kontext der Postmoderne, so wie sie Eckard Liebau (2002) beschreibt. Innerhalb dieser „sind Menschen nun stärker denn je gefordert, als Gestalter, aber auch als Bewältiger ihres eigenen Lebens – einschließlich aller damit verbundenen Kontingenz" (ebd.: 29) aufzutreten. Dazu gehöre die „politische Mündigkeit und ökonomische Selbstständigkeit, Bildung als Aufgabe lebenslanger Selbstvervollkommnung im Dienste der Humanität, Entfaltung der Subjektivität und der individuellen Ausdrucksformen in leiblicher Gegenwärtigkeit" (ebd.). Doch diese Bildungsziele seien, entgegen anderen bildungstheoretischen Konzepten, nicht ausschließlich teleologisch orientiert: „Das erzieherische Handeln darf sich nicht nur an der – im Einzelnen ohnehin unabsehbaren – Zukunft des Kindes als künftigem Erwachsenen orientieren; es muss vielmehr auch und gerade der Gegenwart des Kindes gerecht werden" (ebd.: 28). Auf die Bildungspraxis der Jugendarbeit übertragen bedeutet dies, sowohl die gegenwärtige als auch zukünftige „Teilhabefähigkeit" (ebd.: 19) Jugendlicher zu ermöglichen. Jugendarbeit kommt die Unterstützung zur selbst verantworteten und selbst bestimmten Lebensführung unter den jeweils gegeben Bedingungen zu.

Vor allem Albert Scherr (2002a u. 1997) entwickelt eine Perspektive, die Jugendarbeit nicht als Vermittlungsort von Basisqualifikationen, Kompetenzen oder ähnlichem lokalisiert, da dies einem organisationsbezogenen Bildungsbegriff entspreche (ebd. 2002a: 94). Die Notwendigkeit von Jugendarbeit bestehe stattdessen in der Unterstützung von Prozessen der „subjektorientierten Bildung" (ebd.), der Entwicklung der „Subjekt-Werdung", „Selbstachtung", von „Selbst-bewusstsein" und „Selbstbestimmung" (ebd.: 95). Damit grenze sich dieses Bildungskonzept einerseits von den Konzepten funktionalistischer Wissensver-mittlung oder sozialpolitischer Verzweckung (vgl. ebd.) und andererseits von einer bloßen „Lebensbewältigung im Sinne der Erfüllung vorgegebener sozialer Anforderungen und Erwartungen" ab (ebd.: 96). Stattdessen seien „Ansatzpunkte pädagogischen Handelns [...] so betrachtet subjektiv erfahrene Beschädigungen und Begrenzungen selbstbestimmter Lebenspraxis und darin begründeter Ent-würfe gelingenderen Lebens, deren Eigensinnigkeit ernst zu nehmen und nicht für vorab gesetzte pädagogische Zwecke zu instrumentalisieren ist" (Scherr 1997: 75). Das Bildungsverständnis dieses Ansatzes sei die „Befähigung zu Entgegensetzung und Widerständigkeit" (ebd.) und die „Entwicklung eines Lebensentwurfs, [...] [der] das aktive Entwerfen und Gestalten einer autonomen Lebenspraxis einschließt" (Scherr 2002a: 96).

Für die vorliegende Arbeit ist dieses Bildungsverständnis insofern an-schlussfähig, als dass sie die Subjektivität und das selbsttätige und aktive Eigen-interesse radikal in den Vordergrund stellt und grundsätzlich an die Bedürfnisse der Jugendlichen anknüpft. Die direkte pädagogische Einwirkungsmöglichkeit von Jugendarbeit auf Jugendliche, die auf gezielte Bildungseffekte abzielt, ist dabei faktisch nicht möglich, da „Bildung als [...] eine nicht plan- und steuerbare Eigenaktivität des sich bildenden Individuums" (ebd.: 94) gedacht wird. Diese Herangehensweise begründet, warum nicht alle Angebote der Jugendarbeit als Bildungsförderung bezeichnet werden können:

> „Bildung ist im Kern als bewusste Auseinandersetzung mit der eigenen Lebensgeschichte, [...] Lebenssituation, [...] Lebensbedingungen, den Ausdrucksformen von Kunst und Kultur [...] be-stimmt. Es ist also nicht schon Bildung, wenn man Informationen über Verhütungsmittel weitergibt oder lernt, eine Gitarre zu stimmen. In beiden Fällen handelt es sich um Voraussetzungen einer verantwortlichen Lebenspraxis, aber nicht um die bewusste Auseinandersetzung mit relevanten Erfahrungen und das nachdenkliche Abwägen von Handlungsalternativen." (Scherr 2002b: 316)

Diese Bildungsdefinition bringt jedoch eine grundsätzliche Schwierigkeit mit sich: Indem zwischen Bildungsförderung und Hilfe zur Lebensbewältigung bzw. Förderung sozialen Lernens differenziert wird (vgl. ebd.: 107), benennt diese Herangehensweise die Förderung von jugendlicher Reflexionsfähigkeit als ihr vorrangiges Bildungsziel. Indem die Vermittlung von Reflexions- und Diskurs-fähigkeit Jugendlicher zum Kriterium der Bildungsförderung wird, wird Bildung als ein innerlich-reflexiver Prozess markiert, während über die Qualität der subjektiven Erfahrung im Endpunkt normativ entschieden wird.[8] Dies steht in Differenz zu den von mir erfolgten Inblicknahmen jugendlicher Selbsttätigkeiten, die als präreflexive und körperliche Seite der Bildung empirisch herausgearbeitet werden sollen.

Förderung der emotionalen Entwicklung
Die Generationendifferenz zwischen pädagogischem Personal und jugendlichen Besucherinnen und Besuchern ist konstitutiv für die Jugendarbeit und steht für diejenigen Bildungsbegründungen im Mittelpunkt, die sich an der „Entwicklungstatsache" (Bernfeld 1967) des Lebenslaufs orientieren (vgl. Schröder 2004; Müller 2000; Hafeneger 1999; Müller 1996). Das generative Verhältnis sei bildungsfördernd, da sich Jugendliche während ihres adoleszenten Ablöseprozesses notwendigerweise mit Erwachsenen auseinandersetzen müssen und dies auch mit den pädagogischen Fachkräften geschehen kann. Der in der Kindheit begonnene Bildungsprozess, im intermediären Raum die „innere und äußere Realität voneinander getrennt und doch in wechselseitiger Verbindung zu halten" (Winnicott 1997: 11), werde hier reformuliert. Jugendliche müssen ihren Subjekt-Welt-Bezug neu herstellen, indem sie sich mit der Doppelaufgabe der Identitätsbildung und der sozialen Integration konfrontiert sehen. Der ambivalente Weg durch die Adoleszenz führe zugleich durch Phasen, die von Ablöseprozessen und Konflikten, Regression und Weiterentwicklung geprägt seien (vgl. Hornstein 2004; Böhnisch 2001; King/Müller 2000a). Jedoch diagnostiziert Lothar Böhnisch (1998), dass sich „Jugendarbeit im Verlauf ihrer Professionalisierung mehr an der ‚äußeren' Jugendkultur, denn an der innerlichen Befindlichkeit der Jugendlichen orientiert hat" (ebd.: 155), obgleich bei einer wachsenden Zahl von Jugendlichen eine verstärkte Spannung zwischen Selbständigkeit und Bedürftigkeit zu beobachten sei (vgl. ebd.). Diese resultiere, so Böhnisch, daraus, dass das klassische psychosoziale Moratorium der Jugendphase sich zwar ausgeweitet habe, aber brüchig geworden sei. Es gewähre nicht mehr den zuvor gesicherten Raum für die Identitätsbildung, um „dann in die berufliche und soziale Zukunft zu schauen, sondern die meisten müssen heute gleichzeitig Identität erlangen und soziale Probleme bewältigen [...] bevor sie überhaupt innerlich fertig sind" (ebd.: 157f.).

---

[8]   Scherr bemängelt, dass im Feld der Jugendarbeit Bildungsprozesse „ohne eine bewusste Ein-bzw. Mitwirkung durch die Hauptamtlichen, die darauf zielen, die Diskussions- und Reflexionsprozesse der Jugendlichen zu unterstützen und voranzubringen" (Delmas/Scherr 2005: 106), stattfinden. Welche „Entwicklung eines Lebensentwurfs" (Scherr 2002a: 96) als emanzipatorisch oder regressiv und welche Lebenspraxis als autonom oder angepasst bewertet wird, entscheidet letztlich nicht das sich bildende Subjekt selbst. Vermutlich wird das eigene Modell einer emanzipierten Lebensführung Richtschnur für die entsprechende Beurteilung; so zeigen es jedenfalls die Genderdiskurse (vgl. Rose/Schulz 2007a).

Daher erhält die generative Differenz zwischen Erwachsenen und Jugendlichen, auch wenn sie als solches nicht professionalisiert werden könne (vgl. Böhnisch/Münchmeier 1987: 210), neue Bedeutung, „die vor allem dann konstruktiv genutzt werden kann, wenn auch die damit verbundenen Interessens-, Macht- und Positionsunterschiede nicht verleugnet, sondern implizit und explizit im Rahmen des pädagogischen Verhältnisses verhandelt werden" (King/Müller 2000b: 17). Die Rolle dieser „anderen Erwachsenen" (Böhnisch 1998: 157) erfordert eine besondere Art von Sensibilität: Auch wenn die inneren Ambivalenzen Grund für wechselnde Motivationen und unvorhersehbare Unverbindlichkeit seien und Pädagoginnen und Pädagogen irritiere (vgl. Bimschas/Schröder 2004: 64), dürfen pädagogische Fachkräfte nicht an der jugendlichen „Bildungsmotivation und -zurechnungsfähigkeit" (ebd.: 71) zweifeln. Vielmehr sind diese als Teil der Adoleszenzphase Prozesse der Ausdehnung des intermediären Raumes, in der der Subjekt-Welt-Bezug neu ausgehandelt wird.

Für die nachfolgende, empirische Rekonstruktion ist diese Perspektive, die emotionale Ambivalenz Jugendlicher als Bildungspraxis zu interpretieren, aufschlussreich. Jugendliche Selbsttätigkeit findet in der personalen Auseinandersetzung mit den als ambivalent erfahrbaren inneren Prozessen und der „lebendigen Beziehungserfahrung" (King/Müller 2000b: 20) statt. Die psychoanalytischen Perspektiven erkennen den Bildungscharakter des intermediären, differenzerzeugenden Raumes an. Die notwendige „Auseinandersetzung mit der Generationendifferenz" und dem damit verbundenen „Umgang mit Ambivalenzen, Begrenzungen und Konflikten" (ebd.) ist ein Thema der Lebensphase Jugend. Zudem reflektiert sie als entscheidende Voraussetzung für die erfolgreiche Bildungsförderung, dass die Beziehungen zwischen den Jugendlichen und pädagogischen Fachkräften weder reine Arbeitsverhältnisse, noch reine persönliche Beziehungen sind, sondern beide Ebenen miteinander korrespondieren.

Dennoch muss die Bezugnahme auf das Generationenverhältnis kritisch betrachtet werden, da hierdurch soziale Hierarchien aktiviert werden können und zugleich die Adoleszenzphase als durchgängig dramatischer psychosozialer Zeitraum der „sozialen Unreife" (vgl. Winnicott 1997: 166) beschrieben wird. Dieses Bildungsverständnis kann zu einer primär auf die Konflikthaftigkeit der adoleszenten Statuspassage angelegten Wahrnehmung von jugendlichen Handlungen führen und andere Dimensionen der Bildungsbedeutung ausblenden. Darüberhinaus kann die Dualität Jugendlicher/Fachkraft zugunsten der Beziehungen zu anderen Personen wie Gleichaltrigen und älteren/jüngeren Jugendlichen und die dort stattfindenden Differenzerfahrungen erweitert werden.

Förderung der Aneignung des Raumes

Den Stellenwert des Raumes haben zunächst Lothar Böhnisch und Richard Münchmeier (1987) thematisiert, die eine raumorientierte Entwicklungstheorie des Jugendalters (vgl. ebd.: 111) vorlegten. Diese berücksichtigt den Zusammenhang zwischen jugendkultureller Stilbildung und räumlichem Bezug, der durch praktische Aneignungstätigkeiten geschaffen werde. Aneignung sei dabei „ein aktiver Prozeß, eine praktische und kognitive Tätigkeit" (ebd.: 112), der vor allem über die Körperlichkeit geschehe. Es sei „nicht die bloße Bewegung im Raum, die den räumlichen Sozialbezug ausmacht, sondern das Erlebnis und die Dauer der Erfahrung dessen was der Raum vermittelt" (ebd.). Jugendarbeit solle diese „als ‚Medium' sozialräumlicher Aneignungsprozesse" (Böhnisch/Münchmeier 1990: 98) strukturieren. Dieses sozialräumliche Konzept wurde v.a. von Richard Krisch und Ulrich Deinet weiterentwickelt (vgl. u.a. ebd. 2002).

Den Raum bildungstheoretisch in den Blick zu nehmen, wurde vor allem durch Deinet (vgl. u.a. ebd. 2008; 2004a; 2004b) als pädagogisches Konzept weiter entfaltet. Es fokussiert Jugendarbeit als ganzheitlichen und durch Jugendliche anzueignenden Bildungsraum. Ausgangspunkt ist der Befund, dass der soziale Nahraum der Jugendlichen zunehmend fremdstrukturiert und -verplant sei (vgl. Deinet/Reutlinger 2004). Bildungsförderung sei demnach das Angebot von Räumen, die sich Jugendliche sowohl materiell als auch symbolisch aneignen (vgl. Braun 2004). Dieser dynamisch-offene Aneignungsraum sei erst die Voraussetzung für pädagogische Angebote. Die besondere Qualität der Aneignung als Bildungskonzept der Jugendarbeit macht Deinet daran fest, dass sie mit ihren Räumlichkeiten Heranwachsenden Gelegenheiten der eigenständigen Platzierung und Auseinandersetzung ermögliche. Im Vergleich zu anderen Bildungsorten biete Jugendarbeit „wenig vordefinierte Orte, an denen Raumbildung (Spacing) möglich ist" (Deinet 2004b: 187). Zugleich verschränkt sich diese innerräumliche Aneignung mit einer sozialräumlichen Perspektive, da sie Ausgangspunkt für die pädagogische Unterstützung von Aneignungsprozessen im öffentlichen Raum wird (vgl. ebd.: 182f.): Aneignung könne somit der Begriff dafür sein, „wie Kinder und Jugendliche selbsttätig Räume schaffen (Spacing) und die (verinselten) Räume ihrer Lebenswelt verbinden" (ebd.: 183). Die Stärke dieses Konzeptes liegt darin, dass es Jugendliche als selbsttätige Gestalter ihrer Erfahrungsräume wahrnimmt und den pädagogischen Fachkräften nicht per se die zentrale Rolle zuschreibt (vgl. bes. Deinet 2004a u. b).

In dieser Differenz zu herkömmlichen Raumvorstellungen, die Räume als territoriale und statische Größe oder architektonische Behälter konstruieren, besteht die Anschlussmöglichkeit für die vorliegende Arbeit: Die Performativität von Räumlichkeit, die etwa von Martina Löw soziologisch (2001) oder Erika Fischer-Lichte theatertheoretisch (2004a) entfaltet wurde, betrachtet den Raum als relationales, offenes und dynamisches Konstrukt. So sind auch Jugendarbeits-räume nicht durch ihre bauliche Gestalt bereits vorhanden und identifiziert, sondern sie sind selbst permanent semantisch herstellungsbedürftig. Der performative Raum „eröffnet besondere Möglichkeiten für das Verhältnis zwischen Akteuren und Zuschauern, für Bewegung und Wahrnehmung, die er darüber hinaus organisiert und strukturiert" (Fischer-Lichte 2004a: 187).[9]

Zugleich erweitert die raumorientierte Perspektive das im pädagogischen Bezug angelegte Verständnis des ko-produktiven Prozesses von fördernder Fremdaufforderung und jugendlicher Selbstbildung: Bildungsförderung wird nicht als seine ausschließlich personale, exklusive und zentrale Tätigkeit der aktivierenden Pädagoginnen und Pädagogen fokussiert, sondern als gemeinsamer Prozess zwischen Jugendlichen, Fachkräften und der Räumlichkeit der Jugend-arbeit betrachtet. Das ganze Setting wird mitsamt den notwendigen Aushand-lungsprozessen selbst als Bildungsgelegenheit interpretierbar. Die räumlichen Konzepte akzentuieren Jugendarbeit als herstellungsbedürftiges kollektives Bildungsfeld, in dem grundsätzlich alle alltäglichen, sowohl konstruktiven als auch destruktiven Handlungen unter dem Gesichtspunkt ihrer Bildungsbe-deutung betrachtet werden können.

Jedoch muss kritisch reflektiert werden, ob die entwicklungstheoretische Orientierung dieser Konzepte den pädagogischen Blick auf die konkreten Aneig-nungstätigkeiten Jugendlicher wiederum verstellt, indem sie dominante psycho-soziale Deutungsmuster für diese Aktivitäten vorlegt. Alternativ dazu wird die im Lauf der vorliegenden Arbeit zu entwickelnde Performance-Perspektive die räumliche Perspektive erweitern. Zugleich muss festgestellt werden, dass durch das Aneignungsarrangement und die Prozesshaftigkeit keine Aussagen über das tatsächliche Anregungs- und Bildungspotenzial getroffen werden können. Auch hier leistet die vorliegende Studie einen Beitrag, indem sie jugendliche Selbst-tätigkeiten beschreibt, die als Aneignungsprozesse gelesen werden können.

---

[9]   Auf ein ähnlich relationales Wechselverhältnis zwischen den performativen Hervorbringungen und den räumlich-materiellen Gegebenheiten zielt auch Löw ab, wenn sie Räume nicht als ein-heitlich, sondern als fluide charakterisiert (vgl. Löw 2001: 101f.).

Erstes Resümee: Der adultozentrische Blick
Die vorgestellten Argumentationslinien produzieren einzeln betrachtet neben
ihren genannten Stärken auch systematische Verkürzungen, die die Selbsttätig-
keiten Jugendlicher hinsichtlich ihrer Bildungspotenziale fragmentieren und
Bildungsdefinitionen dementsprechend spezifizieren.[10] Sie können wichtige
Differenzierungen in folgenden Bereichen verwischen:

Entwürfe von Jugend: Grundlage aller konzeptionellen Entwürfe von Bildung sind normative Begrenzungen und anthropologische Prämissen, mit denen
verschiedene Jugendbilder einhergehen. Erst darin lässt sich die Notwendigkeit
des pädagogischen Handelns bildungstheoretisch begründen. Daher werden die
oben skizzierten Bildungsdiskurse, da sie primär an den pädagogischen Prozessen orientiert sind, aus einer adultozentrischen Perspektive geführt. Auch wenn
die Diskurse sich an Begriffen wie Emanzipation, Subjektorientierung oder
Aneignung orientieren und die Bedürfnisse der Jugendlichen in den Vordergrund
stellen, werden Bildungsvorstellungen tendenziell von normativen und teleologisch geprägten Erwachsenenvorstellungen her abgeleitet, wobei der „doppelte
Zeitbezug" (Liegle 2002: 29) dabei vernachlässigt werden kann. Zugleich findet
sich als prominentes Diskursmuster der Entwurf des defizitären Jugendlichen
wieder, sozial unreif oder unzureichend reflektierend, wieder. Anhand dieser
adoleszenztheoretisch orientierten Konstrukte werden dominante pädagogische
Suchmuster und Bildungsvorstellungen entwickelt, mittels deren Praktiken und
Ausdrucksformen Jugendliche bewertet werden. Diese können jedoch den Effekt
haben, dass Bildungsförderung zu einer „Selbstverwirklichungspädagogik der
Erzieher" (Bosse 2000: 68) wird, die nicht kritisch zwischen pädagogischen
Jugendbildern, eigenen Anliegen, den jugendlichen Selbsttätigkeiten und deren
Themen unterscheidet. Zugleich obliegt die Füllung des Bildungsbegriffs den
pädagogischen Fachkräften vor Ort: Zwar solle Bildung das Erlernen von „konkret handlungsbezogenem Bewältigungsvermögen" (Lindner 2003: 53) sein,
jedoch zeigt die Studie von Delmas/Scherr (2005), dass der Wertekanon der
pädagogischen Fachkräfte, korrespondierend mit dem Einrichtungskanon, oft auf
andere kategoriale Bezugsrahmen als pädagogische zurückgreift und über den
Vermittlungsinhalt entscheidet. Die pädagogischen Vorstellungen von gelingender Bildung leiten demnach die pädagogische Aufmerksamkeit und können dabei
die Wahrnehmung von Gelegenheitsstrukturen der jugendlichen Selbstbildung
verhindern.

---

[10]   Sturzenhecker (2002) hat exemplarisch anhand eines Projektes verschiedene dieser Konzepte als
        Interpretationsfolien genutzt, um einen multiperspektivischen Blick auf Interaktionen innerhalb
        der Jugendarbeit zu entwickeln. Später (2006) hat er dieses multiperspektivische Verstehen als
        fachliches Kompetenzprofil der Jugendarbeit systematisiert. Scherr stellte exemplarisch die Ver-
        bindungen zwischen einer sozialräumlichen und subjektorientierten Bildungsperspektive dar
        (vgl. ebd. 2003).

Bildungsabsicht und Bildungseffekte: Es wird kaum ausreichend zwischen pädagogischen Bildungsabsichten und den erwünschten Bildungswirkungen bei Jugendlichen differenziert. Diese finden sich vor allem dort, wo die Strategie der Operationalisierung von Bildungsprozessen in einzelne Bildungsinhalte Anwendung findet. Diese Art der Außendarstellung ist wohl auch dem paradoxen Doppelcharakter der Jugendarbeit selbst geschuldet, da sie sowohl Jugendlichen einen selbstzweckhaften Ort bieten soll, wie auch als öffentlich geförderte Einrichtung grundsätzlich Rechenschaft über die Notwendigkeit und Effektivität ihrer öffentlichen Förderung ablegen muss. Jedoch lassen sich die Nachhaltigkeit dieser Bildungsgelegenheiten und deren Bildungseffekte nur hermeneutisch plausibilisieren. Ein ungelöstes Problem ist hierbei auch, und dies gilt grundsätzlich für alle Versuche von Bildungsevaluationen, dass jugendliche Bildungsprozesse sich kaum jemals kausal auf spezifisch abgrenzbare Bildungsgelegenheiten, -anregungen und -orte rückbeziehen lassen (vgl. BMFSFJ 2005: 546).

Wissensweitergabe: Zugleich manifestiert sich mit dem adultozentrischen Paradigma, dass Bildung von Erwachsenen an Jugendliche, von Wissenden an Unwissende, vermittelt und somit der Ko-Konstruktionsprozess tendenziell hierarchisiert wird. Die Konsequenzen für die Wahrnehmung von potenziellen Bildungsgelegenheiten auf der Praxisebene sind als problematisch anzusehen: Sie kanalisieren, als für jugendliche Bildungsprozesse entscheidend, die pädagogischen, methodisch-didaktisch gesteuerten Bildungsarrangements und vernachlässigen dabei den offenen Alltagsbetrieb der Einrichtungen und dessen bildsame Seite. Jedoch seien, so Müller/Schmidt/Schulz (2008), Bildungsgelegenheiten weniger „als Produkt eines jeweiligen pädagogischen Angebots, sondern eher als jeweils genutztes oder auch verspieltes Ereignis, dessen Bildungsbedeutung eher als offener Horizont, denn als klar konturierter Lernschritt fassbar wird" (ebd.: 45f.) zu definieren. Die Ermöglichung von Bildungsgelegenheiten von Seiten der Fachkräfte ist damit nicht hinfällig, aber sie stellt nur einen Teil des Bildungspotenzials professioneller Jugendarbeit dar. Stattdessen ist das Potenzial im feldspezifischen Spannungsverhältnis von pädagogischen Zielen, dem jugendlichen Eigensinn, der Peergroupgeselligkeit und den bereits be-stehenden Bildungshorizonten Jugendlicher zu lokalisieren. Damit relativiert sich der auf Innerlichkeit und kognitiv-reflexiv ausgerichtete Bildungsbegriff zu einem kollektiv-praktischen Begriff, der Bildung als gemeinsames Handeln zwischen den Beteiligten beschreibt. Wenn die „Geselligkeitsdimension […] ein zentraler Aspekt von Bildungsprozessen" (Sting/Sturzenhecker 2005: 233) ist, dann kann hierbei auch von intersubjektiven Bildungsprozessen gesprochen werden.

Empirische Beschreibungen: Die vorgestellten Argumentationen haben zwar fachlich begründete und theoretisch fundierte Rechtfertigungen des Bildungsauftrags vorgelegt, die alle im Kern von der Herstellung eines bildungsfördernden

Raumes für jugendliche Selbsttätigkeit ausgehen; jedoch sind diese unzureichend empirisch unterfüttert (vgl. Grunert 2006: 22). Damit lässt sich nicht nur für die Bildungsdebatte, sondern auch für die Jugendarbeit insgesamt ein erhebliches empirisches Defizit feststellen: Zwar weist Ernst-Uwe Küster (2003) eine Tradition der erzählerischen Dokumentation und Reflexion der Jugendarbeitspraxis nach (vgl. ebd.: 27); aber ist diese kaum systematisiert und entspricht nicht immer wissenschaftlichen Standards. Dies verursacht zwei Schwierigkeiten: Erstens finden sich keine systematischen Beschreibungen dessen, was nun konkret Bildungsförderung im Alltag der Jugendzentren bedeuten kann. Zweitens leiten die vorgestellten Argumentationen ihre pädagogischen Handlungsnotwendigkeiten aus den Strukturmerkmalen oder Theoriekonzepten ab (vgl. Cloos u.a. 2007: 14), während die Praxisbeispiele eher illustrativen Charakter erhalten. Sinnvoll sei jedoch eine Rekonstruktion der Jugendarbeitspraxis, um von dieser aus die Handlungsherausforderungen bestimmen zu können (vgl. ebd.). Diese Lücken versuchen die im Folgenden aufgeführten Studien zu schließen.

1.2.3 Empirische Zugänge: Bildung als performative Handlungspraxis

Die ethnografische Rekonstruktion der Jugendarbeitspraxis steht im Zentrum der neueren qualitativ-empirischen Studien, zu denen u.a. die Arbeiten von Burkhard Müller, Susanne Schmidt und Marc Schulz (2005/2008); Peter Cloos, Stefan Köngeter, Burkhard Müller und Werner Thole (2007) und Lotte Rose und Marc Schulz (2007a) gehören. Die Studien arbeiten nicht individuelle Bildungsverläufe der einzelnen Akteur/innen, sondern die situative und gemeinschaftliche Herstellung von Bildungsgelegenheiten deskriptiv heraus. Diese werden im Folgenden vorgestellt und resümierend wird diskutiert, inwiefern deren Ergebnisse die in dieser Studie angelegte Doppelperspektive Bildung/Performance weiter konturieren können (vgl. 1.2.5).

Informelle Bildungsgelegenheiten der Jugendarbeit

Müller/Schmidt/Schulz (2005/2008) untersuchen in der Studie „Evaluation von Bildungsprozessen in der Jugendarbeit" den Alltag der Offenen Jugendarbeit und konturieren diese als Handlungspraxis, in der Jugendliche und pädagogische Fachkräfte Gelegenheitsstrukturen für informelle Bildungsprozesse herstellen. Anhand von Ausschnitten aus Beobachtungsprotokollen beschreiben sie Bildungsprozesse als Aneignungs- und Erprobungsprozesse, die verschiedenen Themen wie Geschlecht, Ethnie oder Beziehung eine konkrete Gestalt geben. Anliegen ist demnach nicht der Nachweis individueller Bildungsprozesse oder die Biografierelevanz für einzelne Jugendliche, sondern die förderlichen oder nicht förderlichen Strukturbedingungen dieses pädagogischen Feldes. Dabei sei Bildungsförderung seitens der pädagogischen Fachkräfte keine exklusive und separate Tätigkeit. Sie bestehe in der „genauen Beobachtung und Erforschung der spontanen Eigenaktivitäten [Jugendlicher], den Bedingungen ihres Wohlbefindens und der Gegenstände ihres Interesses und aktiven Engagements, welche immer die sein mögen" (ebd. 2008: 34). Daraus ergebe sich, dass die Lokalisierung von Bildungsphänomenen keine absoluten und immanenten Erscheinungen des Feldes an sich sind, sondern ein besonderer Wahrnehmungsmodus jugendlicher Aktivitäten. Die „Kunst der Wahrnehmung" (ebd.) wird zur Orientierungshilfe für das genaue Beobachten (vgl. ebd.: 36), um die bildungstheoretisch ausgerichteten Konzepte der Jugendarbeit zu fundieren (vgl. Müller/ Schulz 2007). Auch wenn die institutionelle Verzahnung zwischen bildungsfördernden „Interventionen" und „Antworten" (Müller/Schmidt/Schulz 2008: 51) stattfinden müsse, seien die jugendlichen Aktivitäten zentral.

Die vorliegende Arbeit schließt an folgende Aspekte an: Erstens wird die Strategie, das Phänomen Bildung empirisch zu beschreiben, weiter fortgeführt. Müller/Schmidt/Schulz legen anhand ihres ethnografisch erhobenen Materials dar, wie Bildungsgelegenheiten zwischen pädagogischem Personal und Jugendlichen geschaffen werden können, und dass es zentraler Bestandteil der jugendarbeiterischen Praxis sei, diese Gelegenheitsstrukturen für jugendliche Selbsttätigkeit herzustellen. Zweitens zeigen sie, wie sich die Herstellungspraxis von situativ-temporären Bildungsgelegenheiten sich formiert: als gemeinschaftliche Prozesse der Jugendlichen untereinander oder zwischen pädagogischen Fachkräften und Jugendlichen. Indem Jugendliche und pädagogische Fachkräfte gemeinsam etwas tuen, schafften sie Gelegenheiten zur Erprobung von Beziehungen, Geschlechterentwürfen oder handwerklichem Geschick. Gleichzeitig stärkten sie sich gegenseitig in ihren Erfahrungen. In der Herstellung von Bildungsgelegenheiten seien diese Rückkopplungen zwischen intergenerativen und intragenerativen Prozessen konstitutiv für das Feld der Jugendarbeit. Drittens knüpft die vorliegende Arbeit daran an, dass jugendliche Thematisierungen, die zu Bildungsthemen werden können, nicht einzeln, sondern in den jeweiligen Situationen parallel auftreten und deshalb synchron präsentiert und bearbeitet werden sollten.

Jugendarbeit als Inszenierungsort

In der Studie „Jugendliche Genderinszenierungen als Bildungsgelegenheiten in der Offenen Jugendarbeit" untersuchten Rose/Schulz (2007a, 2007b, 2007c) jugendliche Genderkonstruktionsprozesse. Ausgangspunkt ist, dass Prozesse des doing gender Selbstkonturierungspraktiken von Mädchen und Jungen sind und diese im Alltag der Jugendarbeit thematisiert werden. Unter Thematisierungen verstehen Rose/Schulz nicht nur sprachliche Artikulationen, sondern vor allem deren Aufführungscharakter als nonverbale, körperliche und habituelle Inszenierungen (vgl. ebd. 2007a: 20). Dabei zeigt sich der Alltag der Jugendarbeitsstrukturen als förderlich. Er wird als dynamisch beschrieben und ist von einem hohen Grad an Körperlichkeit und von räumlichen Wechselbewegungen geprägt, innerhalb derer Jugendliche fortwährend Inszenierungen beginnen, die sie ebenso schnell wieder abbrechen.

Eng an das Bildungsverständnis von Müller/Schmidt/Schulz (2008) anknüpfend, zeigen Rose/Schulz anhand des empirischen Materials, dass diese Inszenierungen selbst bereits Bildungsressourcen darstellen, da Jugendliche darin ihr implizites Wissen in eine explizite Handlungsform transformieren (vgl. ebd. 2007a: 281). Im Vergleich zur Studie von Müller/Schmidt/Schulz werden damit stärker die jugendlichen Selbsttätigkeiten des Feldes dokumentiert und der Zusammenhang zwischen dem hohen Grad an Körperlichkeit und den Genderkonstruktionen reflektiert. Der Bildungscharakter der Jugendarbeit liege dabei „vor allem in profanen Alltagssituationen" (ebd.: 17) und werde „von den Jugendlichen selbst, aber auch von den Fachkräften, hergestellt" (ebd.). Dadurch wird Jugendarbeit als ein pädagogisches Arbeitsfeld konturiert, in dem die Praxis größtenteils durch Peergroup-Interaktionen bestimmt wird und Erwachsene weitaus seltener als bislang angenommen zentrale Rollen spielen.

Mit dem Inszenierungsbegriff heben Rose/Schulz die performativ-körperliche Seite der Bildung und die enge Verschränkung zwischen Zeigen und Beobachten hervor. Bildung wird nicht nur als Prozess verstanden, der rational-reflexiv wirksam werde, sondern sich im praktischen körperlichen Vollzug entwickle. An dieses Bildungsverständnis schließt die vorliegende Arbeit unmittelbar an. Insbesondere drei Erkenntnisse erweisen sich dabei für das bildungstheoretische Interesse der vorliegenden Arbeit als zentral: Erstens lassen sich die Inszenierungen, auch wenn sie Genderdifferenzen thematisieren, als sozial multifunktional bezeichnen, da sie nicht ausschließlich nur Entwürfe und Proben geschlechtsspezifischer Identitäten aufführen. Denn die „'vordergründigen' Genderaufführungen, die zunächst den Blick fangen, haben vielfältige soziale Hintergründigkeiten" (ebd. 2007b: 118) – sie könnten auch Vergemeinschaftungs- und Abgrenzungsprozesse, Initiations- und Integrationsakte oder Momente der Grenzerfahrung sein. Die Inszenierungen dienen dazu, Publikum zu binden und einen Aufführungsrahmen zu schaffen. Unmittelbar daran knüpft die zweite Erkenntnis an: Diese Inszenierungen bedienen sich aus verschiedenen, auch lokal im jeweiligen Jugendarbeitsraum auffindbaren kulturellen Ressourcen und nutzen diese großzügig als „Skripte" (ebd.: 219) und Bricolagematerial, ohne dass dieser Umgang mit ästhetischem Material einer Praxis der ästhetischen bzw. kulturellen Bildung gleichgesetzt werden müsse. Die Aufführungen seien als die Herstellung von Ereignissen im Wechselspiel, dem „Switchen" (ebd.: 215), zwischen selbstbezüglicher Erfahrung und sozialer Kollektivität zu verstehen. Drittens zeigt das Material eine Kopplung zwischen jugendlichen Inszenierungen und den Räumen der Jugendarbeit. Die einzelnen Räume stellen keine inhaltsleeren Container dar, in denen vorrausetzungslos und beliebig alles stattfinden könne. Vielmehr sind sie selbst „materiell geronnene soziale Gestaltungen, die das, was in ihnen vollführt wird, vorformen, beeinflussen, begrenzen und mit spezifischen Sinnhaftigkeiten unterlegen, ohne jedoch statisch zu sein" (Rose/Schulz 2007a: 203). Das, was dort als Ereignis inszeniert wird, ist demnach stark durch die Eigengesetzlichkeit der performativ hergestellten sozialen Räume bestimmt und schafft damit auch feine Nuancen einer räumlichen Binnendifferenzierung.

Jugendarbeit als sozialpädagogische Arena
Cloos/Köngeter/Müller/Thole (2007) rekonstruieren die Konstitutions- und Herstellungspraxen der Jugendarbeit. Als deren Rahmenbedingungen heben sie die „Diskontinuität und Nichtkontrollierbarkeit der Gelegenheit zu Kontakten, die Unbestimmtheit ihrer sachlichen Gehalte und Bezüge, sowie den unvermeidliche Widerstreit zwischen pädagogischen und jugendlichen Interessen" (ebd.: 23) hervor. Diese Bedingung rahme wiederum konstitutive Regeln für das Handeln der pädagogischen Fachkräfte[11] und bestimme auch den spezifischen Bildungscharakter des Handlungsfeldes. Dabei konturieren die Autoren Jugendarbeit als performativ herzustellende Räume, indem sie die Aufmerksamkeit explizit auf die sozialen Praktiken lenken (vgl. ebd.: 14ff.). Sie bezeichnen diese Räume als Arenen, die „zunächst soziale Orte für verschiedene Formen des alltäglichen, situationsbezogenen Sich-in-Szene-Setzens und des aktiven Zuschauens und Beobachtens" (ebd.: 15) seien. Ähnlich wie bei Rose/Schulz (2007a) werden Jugendarbeitsräume metaphorisch gesprochen zu Bühnen, welche von Aufführenden und Publikum als „Austragungsorte für Wettkämpfe und Spiele" (ebd.: 90) genutzt und in welchen Aushandlungs- und Auseinandersetzungsprozesse inszeniert werden. „Diese Inszenierungen entziehen sich einer pädagogischen Planbarkeit, da sie unter der Bedingung von Diskontinuität stattfinden" (ebd.: 15) und sich „durch die Gleichzeitigkeit und den schnellen Wechsel von dezentrierter und zentrierter Interaktion" (ebd.: 16) auszeichnen.

Zwei Ergebnisse sind für die vorliegende Studie besonders anschlussfähig: Erstens stellen die Autoren analog zu Rose/Schulz (2007a) die enge Kopplung

---

[11] Die von den Cloos u.a. (2007) vorgestellten drei Regeln – die Mitmach- (ebd.: 159ff.), Sparsamkeits- (ebd.: 163ff.) und die Sichtbarkeitsregel (ebd.:165ff.) – stellen „unhintergehbare Handlungsmuster" (ebd.: 19) des Arbeitsfeldes dar.

von Angeboten bzw. Räumlichkeiten und Interaktionen fest, da die jeweiligen Örtlichkeiten mit ihrer Materialität die Inszenierungen kanalisieren. Diese „Vorhalteleistungen" (ebd.: 17) der Jugendarbeit seien als „materielle Seite ihrer Dienstleistungsangebote" (ebd.) anzusehen, die jedoch ein „Eigenleben als lokale Dispositive" (ebd.: 18) entwickeln. Die „Dispositive [...] der sozialpädagogischen Arenen werden durch jugendliche und erwachsene Praktiken erzeugt und stellen ihrerseits Vor-Richtungen dar, die vorformulieren, wie gehandelt wird, ohne zugleich das konkrete Handeln zu bestimmen" (ebd.). Zweitens ziele die Bezeichnung des Jugendarbeitsraumes als Arena auf die fortwährenden Prozesse der Herstellung von Differenz, Gemeinschaft und Individualität ab (vgl. ebd.: 90). Diese Prozesse seien zentral, da sie die Zugehörigkeit zur Arena herstellen (vgl. ebd.: 16) und Voraussetzung für Bildungsgelegenheiten sind (vgl. ebd.: 93ff.).

Zweites Resümee: Die Herstellung von Bildungsgelegenheiten durch Jugendliche

Alle drei Studien begründen empirisch, weshalb der Bildungscharakter der Jugendarbeit kaum von theoretisch entwickelten Handlungsmaximen her bestimmt werden kann. Sie stellen die Praxis der Jugendarbeit als ein dynamisches, situationskomplexes und nur scheinbar ungeordnetes Handlungsfeld dar, welches permanent neu durch die Feldbeteiligten – also jugendliche Besucherinnen und Besucher und pädagogische Fachkräfte, bzw. weitere, im Jugendzentrum tätige Erwachsene – hergestellt werden muss. Dabei unterscheiden sich die Tätigkeiten der Feldbeteiligten erheblich, wie insbesondere Cloos u.a. (2007) herausgearbeitet haben. Im weiteren Verlauf richtet sich die Diskussion dieser Arbeit auf die folgenden drei Ansätze, um den Blick für das Forschungsinteresse der vorliegenden Studie, jugendliche Selbsttätigkeiten als kontextuell gebundene Herstellungspraxen von Bildungsgelegenheiten zu rekonstruieren, zu schärfen:

Gemeinsam Bildungsgelegenheiten herstellen: An das entwickelte Verständnis von Bildungsgelegenheiten der drei Studien „als situierte soziale Praxis" (Wiesemann 2006: 173) kann direkt angeschlossen werden. Zentral sind weniger die individuumszentrierten Bildungskonzepte, sondern die situative und kontextuell gebundene Ermöglichung und Herstellung von Bildungsgelegenheiten als ortspezifischem und gemeinschaftlichem Prozess zwischen den Beteiligten.[12] Diesem situativen Verständnis von Bildung folgend soll mit der Studie einerseits genauer herausgearbeitet werden, wie die „Vorhalteleistungen" (Cloos u.a. 2007: 17) des Jugendzentrums und die jugendlichen Selbsttätigkeiten ineinandergreifen. Andererseits wird beschrieben, wie Bildungsgelegenheiten als konkrete

---

[12]   Zur Differenz zwischen individuums- und situationsbezogenem Lern- und Bildungsverständnis vgl. Wiesemann 2006 und Wulf u.a. 2004.

Praxen gemeinschaftlich hergestellt und gestaltet werden. Dabei wird sowohl die jugendliche Selbsttätigkeit betont, die im Sinne einer informellen Selbstbildung im non-formalen Setting Bildungsgelegenheiten hervorbringt, als auch die Kollektivität dieser Prozesse.

Intragenerativität: Die vorliegenden Studien fokussieren mehrheitlich die Interaktion zwischen pädagogischem Personal und den Jugendlichen unter den Aspekten Bildungsgelegenheiten und -förderung.[13] Auch wenn das pädagogische Personal im Gegensatz zu den zuvor präsentierten Entwürfen keine durchgängig zentrale Rolle spielt, so seien sie dennoch, so der Kanon der Studien, zentrale Hintergrundfiguren innerhalb der Jugendzentren. Die vorliegende Studie wendet den Blick. Sie schließt eine empirische Lücke, indem sie ausschließlich nur die jugendlichen Nutzungspraxen dokumentiert und reflektiert. Die Rekonstruktion der Peergroupaktivitäten zeigt, wie in den offenen Kontexten des Jugendarbeits-alltags die Bildungsgelegenheiten von Jugendlichen koproduziert und genutzt werden. Damit werden die Peergroupinteraktionen als bedeutsames Erfahrungs-feld hervorgehoben (vgl. dazu BMFSFJ 2005: 30; Krappmann 2002) und der Stellenwert der Peer-Geselligkeit hinsichtlich der Bildungsphänomene reflektiert (vgl. Sting/Sturzenhecker 2005; Sting 2004).

Theater-Metaphorik: In der Wahl der jeweiligen Arbeitsbegriffe lassen sich Parallelen herstellen: Während Müller/Schmidt/Schulz vom Situativen der Bildungsgelegenheiten und von bühnenartigen Erprobungsräumen des Jugend-zentrums sprechen, beschreiben Rose/Schulz die Genderkonstruktionsprozesse wiederum mit dem Begriff der Inszenierung. Cloos/Köngeter/Müller/Thole führen den Begriff der Arena ein. Alle drei Begriffe sind dem Theaterkontext entliehen und beschreiben aus einer Perspektive der Theatralität sowohl die bildsamen Strukturmerkmale des Feldes als auch die konkreten Aktivitäten als Bildungsgelegenheiten. Diese in den Begriffen mehr oder weniger implizite Fokussierung des Aufführens kann mit dem Performance-Begriff präzisiert werden, wie im folgenden Kapitel ausgeführt wird: Im Vergleich zu den bisheri-gen „Blickschneisen" (Mohn 2007) bietet der im weiteren Verlauf zu ent-wickelnde Blick, die jugendlichen Selbsttätigkeiten als Bildungs- und Perfor-mancepraxis zu untersuchen, die Chance, die Aufführungen nicht nur auf ihren sozialen, sondern auch auf ihren ästhetischen Charakter hin zu reflektieren. Zudem wird die Aufführung und nicht der individuell-reflexive Prozess zum Gegenstand einer empirischen Bildungsreflexion.

---

[13]   Die Mehrheit an Beobachtungen von reinen Peergroupinteraktionen wird, so wie es bei Rose/ Schulz (2007a) geschieht, u.a. mit Hemmnissen seitens der Forschenden erklärt, die im Feld agierenden Erwachsenen offensiv zu beobachten. Diese These lässt sich zumindest teilweise anhand der konstitutiven Regeln der Jugendarbeit (vgl. Cloos u.a. 2007) widerlegen.

2. Performances in der Jugendarbeit

Die im vorherigen Kapitel vorgestellten empirischen Studien zum Alltag der Jugendarbeit dokumentieren eine Vielfalt an jugendlichen Tätigkeiten im pädagogischen Raum, wobei zwei Aspekte auffällig sind:

Erstens beschreibt das Beobachtungsmaterial einen hohen Grad an Körperlichkeit. Jugendliche bewegen sich, indem sie allein und gemeinschaftlich Plätze und Räume wechseln und dabei verschiedene Gruppenkonstellationen bilden, die schnell wieder zerfallen. Der offene, jenseits der Angebote wenig strukturierte Alltag der Jugendarbeit scheint von dieser Art der Körperlichkeit dominiert zu sein.

Zweitens ist mit diesen körperlichen Aktivitäten nicht nur die Ausführung zweckgebundener Notwendigkeiten zu beobachten, sondern es finden ‚überschüssige' ästhetisierte Inszenierungen statt. ‚Überschüssig' deshalb, da Mädchen und Jungen sich nicht nur durch die Räume bewegen, sondern dabei ihre Bewegungen inszenieren. Sie tanzen, singen, spielen oder führen kleine theatralische Stücke auf. Damit schaffen sie Bühnenstücke, die wiederum sowohl Erwachsene als auch Gleichaltrige als Zuschauende binden.

Im Folgenden soll geklärt werden, welche Perspektiven des Performativen auf die jugendlichen Selbsttätigkeiten, die sich einer ästhetischen Form bedienen, entwickelt werden können. Dazu skizziere ich zunächst Möglichkeiten der Deutung von jugendkulturellen Ästhetisierungspraxen (vgl. 2.1), um im Anschluss drei Zugänge zum Performativen vorzustellen (vgl. 2.2). Die für die vorliegende Studie relevanten Kriterien des Performativen werden abschließend in sechs Schwerpunkten verdichtet und bilden damit einen möglichst präzisen Performance-Begriff für das anschließende empirische Material (vgl. 2.3). Der theoretische Teil schließt mit der Formulierung der Forschungsfrage, die das Erkenntnisinteresse der Studie umgrenzt, ab (vgl. 2.4).

2.1 Die Bewertung jugendlicher Tätigkeiten

In den Studien der *Cultural Studies* gibt es seit langem systematische Hinweise auf die Vorrangigkeit der ästhetischen Form im jugendlichen Handeln. Bereits in den 1970er Jahren beschrieben etwa John Clarke (1979), Stuart Hall und Tony

Jefferson (1976) sowie Paul Willis (1979, 1981, 1991) jugend(sub)kulturelle Ästhetisierungspraxen und untersuchten sie auf ihre Bedeutungsproduktion. Deren Konsens ist, dass es sich hierbei um Praktiken der Kulturerzeugung handelt, mit denen Jugendliche in aktiven Prozessen Bedeutung konstruieren (vgl. Engelmann 1999).

Dabei verweist Willis (1991) auf die Differenz zwischen Hochkultur und den jugendlichen Gestaltungspraktiken, die seitens der Erwachsenengesellschaft selten als autonomer und gleichwertiger Teil der Kultur betrachtet werden: „Das Leben der meisten Jugendlichen hat mit den Künsten [der Erwachsenenkultur] nichts zu tun, ist aber [...] voll von Ausdrucksweisen, Zeichen und Symbolen, durch die Individuen und Gruppen auf kreative Weise ihre Präsenz, ihre Identität und ihre Bedeutung herzustellen versuchen. Die Jugendlichen sind ständig darum bemüht, etwas von ihrer tatsächlichen oder möglichen *kulturellen Bedeutung* zum Ausdruck zu bringen" (ebd.: 11, H.i.O.). Damit spricht Willis zwei komplementäre Elemente der kulturellen Produktion an: Den *Ausdruck* als zu dechiffrierenden symbolischen Gehalt und die *Herstellung* als aktiven Prozess. Jugend wird so nicht nur als gesellschaftlich gegebene biografische Statuspassage verstanden, vielmehr bringen Jugendliche sich selbst als Teil der Gesellschaft hervor. Diese vorrangig semiotische Deutungsfolie wurde in zahlreichen Jugendkulturstudien auf vielfältige jugendliche Subkulturen und Genres übertragen, in denen die Beteiligten in ihrer Darstellung als aktive Konstrukteure ihrer eigenen Kulturen beschrieben und diese auf ihre spezifische Zeichenhaftigkeit untersucht werden.[14] Es sind verkörperte Symbole der Differenz, die durch Jugendliche hergestellt werden.

Auch in der Theorie und Praxis der Jugendarbeit ist der Zusammenhang zwischen dem Status Jugend und entsprechender ästhetischer Praktiken unstrittig. Aus einer entwicklungstheoretischen Perspektive scheint die Verknüpfung zwischen *Lebensphase* und *Ausdruck* besonders virulent zu sein und sich als konstitutives Merkmal etabliert zu haben: Jugend wird – mit verschiedenen theoretischen Implikationen – als eine Lebensphase des Werdens konstruiert, in der der Jugendliche sich zugleich individualisieren als auch gesellschaftlich integrieren muss. Die ästhetischen Jugendpraxen werden dabei vorrangig als Teil einer notwendigen sozialen Praxis interpretiert, die sich in kulturellen Artefakten materialisiert und damit Identitätsbildung und Integration ermöglicht. Diese Vorrangigkeit des symbolischen Ausdrucks in der pädagogischen Wahrnehmung

---

[14] So lassen sich Studien finden, die sich mit der Konturierung durch Jugendkulturen allgemein (vgl. u.a. Neumann-Braun/Richard 2005) auseinandersetzen oder spezifische Phänomene wie etwa Techno- und HipHop-Fans, Punks (vgl. etwa Stauber 2004; Klein/Friedrich 2003; Hitzler/ Pfadenhauer 2001; Klein 1999), türkische junge Männer (vgl. Tertilt 1996) oder jugendliche Event- und Modeinszenierungen (vgl. u.a. Gaugle/Reiss 2004; Hepp/Vogelgesang 2001) untersuchen.

jugendlicher Praktiken vernachlässigt die ästhetische Autonomie dieses Ausdrucks und die performative Herstellung selbst.[15] Dies lässt sich auch auf eine Verkürzung des Kulturbegriffs zurückführen (vgl. Mecheril/Witsch 2006): Während Kultur in den Cultural Studies als ein aktiver Sinngebungs- und Aushandlungsprozess theoretisch fundiert wird, bezieht sich die pädagogische Disziplin mehrheitlich auf einen alltagstheoretischen Kulturbegriff (vgl. Sauter 2006: 112f.). Dies kann dazu führen, dass jugendliche Aktivitäten weder als aktive Praktiken der Sinn- und Bedeutungserzeugung, noch als Prozesse der Selbsthervorbringung und -konturierung reflektiert werden, sondern nur deren Effekte und Produkte in das pädagogische Blickfeld geraten (vgl. Rose/Schulz 2007a: 275). Die Interaktionen werden so einseitig zum Mittel von Integration und Individuation, während die ästhetischen Artefakte selbst als das materialisierte Soziale in ästhetisierter Form interpretiert werden. Dabei vernachlässigt die von einem alltagstheoretischen Kulturbegriff ausgehende pädagogische Perspektive systematisch die prozessuale Ebene und die Selbstreferenzialität der Handlungen.

Im Vergleich dazu beziehen sich die vorrangig kulturpädagogisch ausgerichteten Debatten auf den Topos der ästhetischen Erfahrung bzw. Bildung und deren Autonomie.[16] Die kulturellen Praxisfelder der Theater-, Medien-, Musik- oder Kunstpädagogik verfügen über ein breites Repertoire an Konzepten und Methoden, um einerseits jugendliche Themen aufgreifen und andererseits für Mädchen und Jungen potenziell relevante Themen einspeisen zu können (vgl. dazu Fuchs 2002). Exemplarisch kann dies an der theaterpädagogischen Praxis gezeigt werden: Die Theaterwissenschaftlerin Ute Pinkert (2006 u. 2008) weist darauf hin, dass die Praxis insofern unterschiedlich ausgerichtet sein kann, als dass sie sich zwischen den Polen eines künstlerischen Experimentierfelds und der Förderung von sozialen und kulturellen Kompetenzen verorte. Sie selbst plädiert für eine Position, die sowohl dem performativen Vollzug von Handlungen als auch deren kritischer Reflexion Aufmerksamkeit schenkt. Jedoch sei dazu ein vom Alltag separierter Rahmen notwendig, da es für das Spiel konstitutiv sei, dass zwischen dem ästhetischen Theaterspiel und dem ästhetisiertem Alltag differenziert werde. Für die Schaffung und Sicherung dieses Erfahrungsraums sei der Spielleiter, also der Erwachsene, verantwortlich (vgl. Pinkert 2005: 59). Mit der Differenz von Alltags- und Theaterhandeln und der darin angelegten

---

[15] Als Beispiele sind hier die Arbeiten von Dieter Baacke (u.a. 2007; 1988) oder Wilfried Ferchhoff (u.a. 2005; 1995) anzuführen, die die sozialen Zugewinne der ästhetischen Praktiken herausarbeiteten, während das Ästhetische als autonomer Wert kaum Berücksichtigung findet.

[16] Vgl. etwa Pinkert 2008; Hentschel/Ritter 2003; Zacharias 2001; Seitz 1999; Hentschel 1996; Mollenhauer 1996. Zum Zusammenhang von der Erfahrung von Irritationen im Rahmen von ästhetischer Tätigkeit und den dadurch ausgelösten Bildungsimpulsen. Vgl. meine Ausführungen in Schulz/Lohmann 2005.

Transformation können spezifische ästhetische Erfahrungen gemacht und kulturell-ästhetische Bildungsprozesse angeregt werden (vgl. ebd.: 24ff.). Zentral sei dabei sowohl die Herausgehobenheit der Handlungen, als auch die besondere Reflexivität und der Konsequenzen vermindernde Rahmen der pädagogischen Theaterpraxis gegenüber dem Alltagshandeln (vgl. ebd.: 30).

Perspektiven, wie die von Pinkert, sind für die Praxis der Jugendarbeit insofern besonders produktiv, als dass sie sowohl zwischen Herausgehobenheit und Beiläufigkeit der Handlungen unterscheiden, als auch auf die Prozesshaftigkeit und den ästhetischen Transformationscharakter, hier zwischen Alltags- und Theaterspiel, verweisen. Jedoch ist diese Art der pädagogisch arrangierten und geleiteten Theaterarbeit an die Form des Projekts und somit der Geschlossenheit der Angebote gebunden, um die Gruppe spielfähig zu halten. Dies verweist auf die grundsätzliche Charakteristik dieser kulturpädagogischen Angebote zur kulturellen bzw. ästhetischen Bildung: Sie sind in der Jugendarbeit vielfach als vom Offenen Betrieb separierte Angebote anzutreffen (vgl. Hoffmann/Israel 2007; Sturzenhecker/Riemer 2005).[17] Für den Ort der Jugendarbeit stellt sich jedoch die Frage, ob und wie jene Wechselsituationen auch im Offenen Betrieb jenseits theaterpädagogisch gerahmter Angebote stattfinden. Hier zeigen sich die aktuellen ethnografischen Studien zu Jugendarbeit ebenfalls ertragreich: Sie beschreiben auch diese im Offenen Betrieb stattfindenden, herausgehobenen Handlungen als gemeinsam hergestellte, prozessuale Situationen, die an einem *pädagogischen* Ort stattfinden. Der hier einzuführende Performance-Begriff stellt dafür eine Perspektive zur Verfügung, die die Wahrnehmung und Beschreibbarkeit dieser Phänomene als Handlungen an einem konkreten Ort zu schärfen versucht.

---

[17] Zwar kann davon ausgegangen werden, dass die einschlägig geschulte Profession spontane, jenseits der Angebote stattfindende theatrale Aufführungen der Jugendlichen registriert. Jedoch sieht das Methodenrepertoire ein nur im Nachhinein projektförmiges Aufgreifen, aber kein situatives Reagieren vor. Die Begrenzung auf die angebotsbasierende Bildungsarbeit potenziert sich hierbei: Die Beschreibung dessen, was vor diesen pädagogischen Rahmungen geschieht, wird zur fachlich notwendigen Begründung der darauf folgenden Bildungsangebote, jedoch kaum zum eigenen Reflexionsgegenstand. Zugleich ist unstrittig, dass es in kulturpädagogischen Angeboten auch um die Vermittlung von kulturellen Traditionen geht, was eine gewisse inhaltlich-institutionelle Herangehensweise unumgänglich macht. Da diese Art der pädagogischen Beweisführung für die Notwendigkeit jener Angebote sich als stetes Merkmal durch nahezu alle Diskurse zieht, stellt sich zudem die Frage, ob diese Beweisführung neben dem offenkundigen Gegenstandsbezug nicht auch eine Absicherung pädagogischer Besitzstände darstellen.

2.2 Perspektiven des Performativen

Den Begriff *Performance* für die Rekonstruktion der bereits skizzierten jugendlichen Handlungen zu verwenden ist auf den ersten Blick naheliegend: Selbst im alltagssprachlichen Gebrauch findet sich seine Verwendung. Dort wird mit Performance die *Aufführung* bzw. die *Darstellung* einer Handlung und nicht die damit verbundene Intention bezeichnet. Die Begriffe Performance, Performativität und Performanz[18] lassen sich wiederum in wissenschaftlichen Kontexten wie der Sozial-, Kunst-, Theater- oder Erziehungswissenschaft und den Gender oder Cultural Studies mit unterschiedlichen Konnotationen wiederfinden (vgl. Wirth 2002).

Zur Begriffsentwicklung haben nach Christoph Wulf (2004) drei Perspektiven entscheidend beigetragen (vgl. ebd.: 174f.): Erstens die des Kulturanthropologen Milton Singer, der den Begriff der kulturellen Aufführung (*cultural performance*) prägt. Damit beschreibt er Aufführungen wie Hochzeiten, Konzerte oder andere Veranstaltungen als Praktiken, mit denen eine Kultur ihr Selbstbild vor Fremden und Mitgliedern darstellt. Zweitens die des Sprachphilosophen John L. Austin (1986), der auf den selbstreferenziellen Charakter performativer Handlungen verweist: Indem etwas verbal oder nonverbal indiziert wird, wird die Handlung vollzogen.[19] Drittens die künstlerisch-ästhetische Aufführung, die den künstlerischen Prozess und weniger das daraus resultierende Produkt in den Vordergrund ihres Schaffens stellt, hier bezeichnet als Performance-Kunst.

Dadurch, dass folglich unter Performativität/Performance sowohl eine experimentelle künstlerische Praxis als auch ein spezifischer Modus der Wahrnehmung von Kulturproduktion gefasst werden kann, ist trotz der Ähnlichkeiten nicht von einem einheitlichen Konzept des Performativen zu sprechen (vgl. u.a. Seitz 1999). Dem Begriff unterliegen plurale Bedeutungsmöglichkeiten, die sich je nach theoretischer Bezugsgröße dazu relational verändern. Zugleich ist offenkundig Performativität/Performance als heterogener Begriff zu einem zentralen Leitbegriff avanciert, da er die Art des kulturellen Umbruchs respektive den Wechsel von einer überwiegend materiellen in eine performative Kultur (vgl. u.a. Fischer-Lichte 2004a: 36f.) beschreibt, in dessen Mittelpunkt die körperliche Inszenierung, Aufführung und der Vollzug von Handlungen als Prozess steht.

Zur Präzisierung des für die Studie zu entwickelnden Performance-Begriffs, als eine spezifische Perspektive auf jugendliche Selbsttätigkeiten, werden vor

---

[18] Der linguistische Begriff der Performanz wird, da dieser hauptsächlich auf dem Kompetenz-Performanz-Modell von Chomsky basiert, in meinen Ausführungen ausgeklammert, auch wenn dieser gleichfalls in der Sozialen Arbeit diskutiert wird.

[19] Austin (1986) führt als Beispiel den Akt einer Taufe an, bei der die Namensgebung durch den Täufer vollzogen wird.

allem drei Diskursfelder im weiteren Verlauf entfaltet. Die ersten zwei Diskursfelder, die sich im deutschsprachigen Raum über das letzte Jahrzehnt hinweg
etabliert hatten, sind zum einen die anthropologisch-sozialwissenschaftliche um
Christoph Wulf (vgl. 2.2.1) und zum anderen die kultur- bzw. theaterwissenschaftliche Perspektive um Erika Fischer-Lichte (vgl. 2.2.2).[20] Beide heben in
ihrem Konzept des Performativen die strukturellen Ähnlichkeiten zwischen einer
anthropologischen und theatralen Perspektive, also den Aufführungscharakter
von Handlungen außerhalb und innerhalb des Theaters, hervor. Das dritte Dis-
kursfeld ist Performance als künstlerische Praxis (vgl. 2.2.3). Im Rahmen dieser
drei Diskurse wird für den weiteren Verlauf ein Performance-Begriff entwickelt,
der zur Beschreibung und Analyse von jugendlichen Tätigkeiten in der Jugendarbeit produktiv genutzt werden kann.

2.2.1 Das Soziale des Performativen: Körper, Mimesis und Ritual

Die bislang dominante hermeneutische Perspektive der Sozialwissenschaften,
menschliche Handlungen nach ihrer Durchführung zu interpretieren, wird mit
dem Konzept der Performativität ergänzt. Dieses betont den prozessorientierten
Inszenierungs- und Aufführungscharakter des menschlichen Handelns (vgl. Wulf
2004: 173). Auch deshalb wird das Konzept der Performativität als „Instrument
erziehungswissenschaftlicher Forschung" (Göhlich 2001: 26) vorgestellt, das das
soziale Handeln grundsätzlich als performativ versteht, da es in Bezugnahme auf
ein Gegenüber vollzogen und damit auch aufgeführt wird (vgl. Wulf/Göhlich/
Zirfas 2001).

Unter dieser Perspektive stellt sich die bildungstheoretisch relevante Frage,
wie Menschen dieses, für unterschiedliche soziale Situationen entsprechende
Wissen eines situativ angemessenen Handelns entwickeln. Denn zwischenmen-
schliche Interaktionen können, so Christoph Wulf (2001c), nur deshalb gelingen,
„weil alle Beteiligten ein praktisches Wissen davon haben, was sie zu tun, wie
sie sich aufeinander zu beziehen und wie sie sich aufzuführen haben" (ebd.:
256). Ansonsten sei kompetentes Handeln und gelingende Interaktion nicht
möglich. Dabei geht Wulf davon aus, dass dieses soziale Handeln nicht primär
als rational-reflexives Wissen, sondern über „sinnliche, körperbezogene mimetische Lernprozesse in den entsprechenden Handlungsfeldern erworben wird"
(ebd. 2004: 166) und dabei der Körper als *„ Träger menschlicher Geschichte und
Kultur"* (ebd.: 148f., H.i.O.) eine zentrale Rolle spiele. Mimesis bezeichnet in

---

[20] Fischer-Lichte und Wulf stehen dem Sonderforschungsbereich „Kulturen des Performativen –
      Performative Turns im Mittelalter, in der Frühen Neuzeit und in der Moderne" der Deutschen
      Forschungsgemeinschaft vor, der 1999 an der Freien Universität Berlin angesiedelt wurde.

diesem Zusammenhang den Prozess des körperlichen Nachvollzugs des zuvor Beobachteten: Dabei handele es sich um „Prozesse ‚kreativer' Nachahmung [...], in deren Verlauf jemand sich einer Sache oder einem Menschen ähnlich macht, ohne dabei jedoch ihr oder ihm ‚gleich' zu werden" (ebd. 1996: 168). „In mimetischen Prozessen entstehen bei den Beteiligten innere Bilder, Gefühle, performative Sequenzen, die als Material dienen, Ausdruck und Darstellung [...] in ähnlichen Situationen zu gestalten" (Wulf 2001d: 256; vgl. auch ebd. 2001c: 335f.). Mimetische Prozesse, in denen Menschen auf bereits Vorhandenes zurückgreifen, um „Bezug auf andere Menschen und auf die sie umgebende Welt" (ebd. 2004: 151) nehmen zu können, sind als körperliche Aufführungen performativ. Dieses kulturelle Lernen „ist weitgehend mimetisches Lernen, das im Zentrum vieler Prozesse der Bildung und Selbstbildung steht, das sich auf andere Menschen, soziale Gemeinschaften, Kulturgüter richtet und deren Lebendigkeit garantiert" (ebd. 2004: 159). Die stattfindenden mimetischen Prozesse seien eigenständige körperliche Handlungen, die „aus sich heraus verstanden werden können und die auf andere Handlungen [...] Bezug nehmen" (ebd. 2001a: 254). Zugleich ist zentral, dass in der Mimesis „eine Differenz zum Ausdruck kommt, die auch für die Beteiligten nie verschwindet" (Kamper 1991: 87). Die Differenz besteht darin, dass die Aufführenden sich selbst in Anähnlichung aufführen und zugleich leiblich erfahren wird, dass sie nie mit der Vorlage verschmelzen können.[21]

Wie sich diese Prozesse performativ auf einer Mikroebene herstellen, differenziert Michael Göhlich (2001) unter den vier Aspekten „praktisches Vollziehen" (ebd.: 30), „körperliches Aufführen" (ebd.: 32), „präzisierendes Selbstdeuten" (ebd.: 32) und „kommunikatives Wirken" (ebd.: 38). Im Rückgriff auf John L. Austins Sprechakttheorie (1986) wird der Begriff des Performativen jenseits von selbstreferenziellen und wirklichkeitskonstituierenden Sprechhandlungen hin zu körperlich vollzogenen Handlungen mit denselben Konsequenzen erweitert und modifiziert. Dieser stelle jedoch nicht nur einen Handlungsvollzug dar, sondern ist „als Vollzug einer Praxis oder, um das Prozessuale noch deutlicher hervorzuheben, als ‚praktisches Vollziehen'" (Göhlich 2001: 30f.) zu verstehen. Dieses Vollziehen finde als „körperliches Aufführen" (ebd.: 32) fortwährend „in bestimmten in die eigene soziale Körperlichkeit eingeschriebenen Gleisen" (ebd.: 31) statt, die selbst praktisch Sinn hervorbrächten. Damit stellt Göhlich die Selbstreferenzialität der Handlungen heraus: „Relevant ist hier nicht, was beabsichtigt ist, sondern was geschieht und wie es geschieht" (ebd.), da hier kein im

---

21 Schwierig am Mimesis-Begriff ist, dass er jegliches Handeln, Denken und Fühlen umfasst und als „umbrella term" greift. Jedoch verweisen beispielsweise Autor/innen, die sich mit künstlerischen Performancekonzepten von John Cage auseinandersetzen, darauf, dass diese explizit nicht-mimetische Handlungen fokussieren. Vgl. Dreher 1991; Charles 1989; Kostelanetz 1973.

Vorfeld geplantes oder von einer rationalen Intentionalität geleitetes Handeln
vorliegt. Vielmehr erzeugt die Handlung in ihrer Aufführung selbst Sinn und
verweist zugleich auf vorausgegangene Handlungen. Daher seien dies Akte des
präzisierenden Selbstdeutens, da sich „Verhalten [...] so spezifisch verdichtet
und konventionalisieren kann, dass es ein weiteres, unmittelbar damit verbunde-
nes, idealiter gleichzeitig ablaufendes Verhalten rahmt, erläutert, eben präzisie-
rend deutet" (ebd.: 34). Diese Art des Handelns setze Zuschauende voraus und
binde diese in den praktischen Vollzug ein (vgl. ebd.: 33). Damit beschreibt
Göhlich die Nähe des Sozialen zur ästhetischen Aufführung: Zwischen Aufführenden und Zuschauenden besteht sowohl die Möglichkeit der gegenseitigen
Betrachtung als auch der gemeinsamen Sinnproduktion. Dieser intersubjektive
Prozess, der von allen Beteiligten nur bedingt beeinflussbar sei, lasse sich als
„kommunikatives Wirken" (ebd.: 35) beschreiben.

Diesen performativen Aufführungscharakter des Sozialen, der durch den
Körper getragen wird, beschreibt ebenfalls Erving Goffman in seiner Interakti-
onstheorie, indem er das Verhältnis zwischen sozialem Kontext und handelnden
Akteur/innen mithilfe von Theatermetaphern wie Bühne und Rahmen/Ebenen,
Rolle und Selbstdarstellung, Akteur und Publikum analysiert (ebd. 1980, 1983).
Diese Metaphern schlägt er als Perspektive bei der Beobachtung von Alltags-
interaktionen vor, um Analogien und Differenzen aufzuzeigen. Dabei ist bei den
von ihm untersuchten face-to-face Interaktionen die körperliche Ko-Präsenz
zentral, die die möglichst optimale gegenseitige körperliche Wahrnehmung
garantiere (vgl. Gugutzer 2004: 92f.). Dabei spielt der Körper sowohl als Medium des Dramatischen als auch als Informationsträger und -übermittler eine
Rolle, da mit diesem vor Publikum die eigene Selbstdarstellung inszeniert wird
(vgl. Goffman 1983).[22]

Zum Charakter der Inszenierung[23] vor einem Publikum bemerkt Martin Seel
(2001), dass alltägliche Tätigkeiten wie Reden oder Arbeiten, wenn sie nicht als
besondere arrangiert seien und diese Besonderheit als eine Differenz zum Alltäglichen auffiele, nicht als Inszenierung gelten könnten. Das Inszenierte „fängt
überall da an, wo etwas für ein wenigstens potenzielles Publikum so herausgestellt wird, dass es für sie eine Zeitlang zu einem sinnlich bedeutsamen, aber
sachlich ungreifbaren Ereignis werden kann" (Seel 2001: 62f.). Zu einem bedeutsamen Ereignis wird dies jedoch in den Augen des Publikums, welches den

---

[22] Goffman stellt mit seinem Hinweis, dass der Mensch aufhören kann zu sprechen, jedoch nicht
      aufhören kann, mit seinem Körper zu kommunizieren, das Stumme und trotzdem Deutbare des
      bewegten Körpers heraus (vgl. ebd. 1971: 43, zit. n. Gugutzer 2004: 93).

[23] Da hier der Begriff der Inszenierung als heuristischer Begriff eingeführt wird, der das Verhältnis
      zwischen Hervorhebung und Differenzbearbeitung beschreibt, wird auf den kritischen Diskurs
      um den Inszenierungsbegriff nicht weiter eingegangen. Vgl. dazu etwa Früchtl/Zimmermann
      2001 und Willems/Jurga 1998.

Inszenierungen beiwohnt, dann, wenn dieses den Transformationsakt erfährt. Der öffentliche respektive soziale Kontext, in dessen Rahmen die Inszenierung zur Erscheinung gebracht wird, stellt diese Differenzerfahrung her. Jene ist vom kulturellen Kontext abhängig: „Ob etwas als Inszenierung zählt, hängt immer mit davon ab, wann es und für wen es als Inszenierung zählt: in welchem Kontext eine Konstellation von Ereignissen als Inszenierung auffällig wird" (ebd.: 58). Daher kann diese Differenzerfahrung nur auf kollektives Wissen zurückgreifen, das erkennt, wann „etwas" nicht zum Rahmen passt, um einen Inszenierungseffekt zu erzielen.

Inszenierte Formen, in denen dieses praktische Wissen performativ angeeignet werden kann, sind Rituale (vgl. Wulf 2001a): Diese „sind institutionelle Muster, in denen kollektiv geteiltes Wissen und kollektiv geteilte Handlungspraxen inszeniert werden und in denen eine Selbstdarstellung und Selbstinterpretation der institutionellen bzw. gemeinschaftlichen Ordnung bestätigt wird" (Wulf 2001b: 8f.). Durch die Wiederholungen der Rituale eignen sich die Einzelnen dieses Wissen an. Als kulturelle Aufführungen seien sie nicht nur disziplinierende Maßnahmen, sondern enthalten auch konstruktive Momente wie die Herstellung von Gemeinschaften (ebd.). Damit schließt Wulf an die vom Ethnologen Victor Turner (1989) entwickelte Ritualtheorie an: Mit Ritualen würden gesellschaftliche Schwellenereignisse inszeniert, die nicht nur von Menschen *durch*geführt, sondern auch *auf*geführt werden. Damit beschreibt Turner „das ‚theatralische' Potential des sozialen Lebens" (Turner 1989: 11) und dessen Aufführungscharakter, mit dem einerseits Übergänge geschaffen und andererseits Konflikte in spielerische Formen übertragen würden (vgl. ebd.: 167). Daher seien die verwandelnden und ordnenden Auswirkungen des Rituals auf das Individuum oder die soziale Gemeinschaft zwar konstitutiv, jedoch sieht Turner im Gegensatz zu Wulf im Ritual selbst eher eine „kunstvolle Darbietung (performance) oder Darstellung" (ebd.: 126) und nicht hauptsächlich die Vermittlung von Regeln. Die im Ritual angelegte Schwellenphase[24] beschreibt er als Zustand der Liminalität, eines Zwischenzustands. Diese Grenz- und Übergangserfahrung sei in der modernen Gesellschaft entgegen der vormodernen Gesellschaft „individualisiert" (ebd.: 83), sie müsse in verschiedenen Kontexten durch die Individuen eigenständig hergestellt werden.[25] Turner verweist darauf, dass mit und in diesen rituellen Aufführungen nicht nur Momente der Wiederholung, Imitation

---

[24] Dabei nimmt Turner auf die von Arnold van Gennep dargelegte Form der Übergangsriten – Trennungs-, Schwellen- und Inkorporationsphase – Bezug (vgl. Turner 1989: 127f.).

[25] Herbert Willems schlussfolgert, dass diese Notwendigkeit darin liegen könne, dass durch die Pluralität von Handlungs- und Rahmenmöglichkeiten und dem Schwund von symbolischen Formen bei sozialen Anlässen auch Freiheit und Zwang zu Theatralität besteht: „Wo es an symbolischer Praxisorganisation mangelt, ist der Handelnde als 'Performancekünstler' gefragt" (ebd. 1998: 53).

und Reproduktion stattfänden. Das innovative Potenzial dieser Art von Liminalität bestehe darin, dass es nicht Übergänge herstellt, sondern mit Möglichkeiten und Bedeutungszuschreibungen spiele und mit diesen alternative und neue Strukturen gegenüber dem Status quo schaffe (vgl. ebd. 82). Hier schließt sich wiederum Wulf an: Die rituellen Aufführungen seien sowohl Praxen der Wiederholung als auch Neugestaltung (vgl. ebd. 2004: 177), wobei Rituale sich in allen Bereichen des Alltags wiederfänden (vgl. dazu im Überblick Wulf 2001a).[26]

Das Soziale des Performativen zeigt sich so in den vielschichtigen Momenten der mimetischen Handlung, die grundsätzlich auf andere bezogen ist. Darin ist sie an die hier zu entwickelnde Perspektive auf jugendliche Performancepraktiken anschlussfähig: Im Zentrum der mimetischen Handlungen steht der Körper, der sowohl als Selbstdeutungsprozess erfahren als auch von anderen wahrgenommen werden kann. Diese gemeinsamen Prozesse können in Ritualen stattfinden, in denen mit dem gemeinschaftlichen Tun einerseits etwas als Aufführung gezeigt und andererseits etwas als Vollzug durchgeführt wird. Diese Form der Vermittlung und Aneignung kann sowohl Innovationen als auch Stabilität erzeugen. In der rituellen Wiederholung der Handlung eignen sich Einzelne performativ Wissen an, während Gemeinschaft und Kultur als performative Ergebnisse gestaltet werden (vgl. Wulf/Göhlich/Zirfas 2001: 13).

2.2.2 Die Ästhetik des Performativen: Ko-Präsenz und Ereignis

Begriffe aus dem Theatergenre fanden und finden als Metaphern und Modelle auch in anderen Disziplinen eine weite Verbreitung. Die Theaterwissenschaftlerin Erika Fischer-Lichte verweist darauf, dass – wissenschaftshistorisch betrachtet – Performance ebenso wie Inszenierung aus dem Umfeld des Theaters entstamme und daher ein begriffliches Konzept für die Analyse aus dem ursprünglichen Kontext, der Theatralität, heraus zu entwickeln sei (vgl. ebd. 1998 u. 2004a: 42). Ihr zunächst vorrangig semiotisches Analyseschema von Aufführungen wurde zusammen mit Jens Roselt (2001) weiterentwickelt und mithilfe der folgenden vier konstitutiven Aspekte der besondere performative Charakter der Aufführung stärker herausgestellt (vgl. ebd. u. 2004b: 11f.): Erstens die *Medialität* der Aufführung mit der Bezugnahme auf die Zuschauenden; zweitens die *Ästhetizität*, die die Dynamik der ereignishaften Prozesse beschreibt, in denen die Beteiligten verwickelt sind; drittens die *Materialität* der Aufführung, die durch die im Raum sich bewegenden Akteur/innen sowie Sprache, Musik,

---

[26] Problematisch ist jedoch der ausgeweitete Ritualbegriff Wulfs, da er tendenziell das Liminale zwischen dem Gewöhnlichen und Besonderen und den Transformationscharakter des Rituals, der m.E. konstitutiv ist, nivelliert.

Accessoires usf. bestimmt werden und viertens die *Semiozität*, d.h. dass Bedeutung von Gegenständen, Bewegungen usf. nicht per se vorhanden sei, sondern erst im Kontext dieser Prozesse erzeugt werde.[27]

Mit diesem theaterwissenschaftlichen Analyseschema will Fischer-Lichte untersuchen, wann und wie Handlungen zu gemeinschaftlichen performativ-ästhetischen Ereignissen werden. Als Modell für diese Prozesse führt sie Theater- und Performance-Kunst-Aufführungen an: „Eine Ästhetik des Performativen richtet sich [...] auf solche Kunstprozesse, denen die Begriffe ‚Werk', ‚Produktion' und ‚Rezeption' noch nie adäquat waren" (ebd. 2004a: 315). Stattdessen sieht sie in deren Mittelpunkt das spezifische Verhältnis zwischen den Akteur/innen und den Zuschauenden (vgl. ebd. 2004a u. b). Letztere betrachtet sie nicht weiter als passive und konsumierende Zuschauende einer künstlerischen Handlung, sondern als aktive Ko-Akteur/innen und Ko-Produzierende der Aufführung.[28] Da beide Seiten an der Aufführung beteiligt seien, „bringen die Künstler zunehmend *Ereignisse* hervor, in die nicht nur sie selbst, sondern auch die Rezipienten, die Betrachter [...] involviert sind" (ebd. 2004a: 29, H.i.O.). Mit ihrem körperlichen Handeln stellen die Beteiligten eine „Gemeinschaft von Akteuren und Zuschauern, basierend auf einer leiblichen Ko-Präsenz" (ebd.: 82) her. Damit gehört – neben Räumlichkeit, Lautlichkeit und Zeitlichkeit – die Körperlichkeit zu den zentralen Elementen der performativen Hervorbringung von Materialität: Bezugnehmend auf Helmuth Plessners (1981) phänomenologischen Körperbegriff versteht Fischer-Lichte den Körper als eine Einheit aus den beiden Perspektiven Körper-Objekt und Leib-Subjekt (vgl. Fischer-Lichte 2004a: 129). Er sei sowohl als Körper in seiner dinglichen Materialität, die durch äußere Sinne sicht- und tastbar ist, als auch als leiblicher Ort der Erfahrung zu verstehen (vgl. ebd.: 138.). „In Aufführungen des Theaters und der Performance-Kunst [...] werden Verwendungsweisen des Körpers erprobt und entwickelt" (ebd.: 139). Diese Aufführungen gingen „konsequent von der Dopplung vom

---

[27] Das erste Analyseschema (ebd. 1998: 86) zur Theatralität umfasst die vier Schwerpunkte Inszenierung als „Modus der Zeichenverwendung in der Produktion", Performance als den „Vorgang einer Darstellung durch Körper und Stimme vor körperlich anwesenden Zuschauern", Korporalität, die sich „aus dem Faktor der Darstellung bzw. des Materials ergibt" und Wahrnehmung, die „sich auf Zuschauer, seine Beobachterfunktion und -perspektive bezieht". Gleichfalls mit diesem Analyseschema arbeitend, differenziert der Soziologe Herbert Willems (1998) zwischen den sachlichen Komponenten der Theatralität, nämlich Performance, Inszenierung und Wahrnehmung (vgl. ebd.: 43) und der Korporalität. Die Korporalität ist „als eine in mehreren Dimensionen symbolische (moralische, dramaturgische, strategische usw.) Realität" (ebd.) auf Alltagshandlungen zu verstehen. Fischer-Lichtes späteres Abrücken von soziologischen Positionen, wie etwa die Aussparung naheliegender Bezüge zu Goffman und Luhmann und den entsprechenden Anschlussmöglichkeiten, hin zu kunstwissenschaftlichen und anthropologischen Positionen, kann sowohl als erkenntnistheoretischer wie auch wissenschaftsstrategischer Prozess gedeutet werden.

[28] Hierbei wird zwischen der Aufführung und der Inszenierung der Aufführung unterschieden.

Leib-Sein und Körper-Haben, von phänomenalem Leib und semiotischem Körper" (ebd.), also von einem radikalen Verkörperungsbegriff aus. Die körperlichen Bewegungen werden nicht in ihrer Expressivität, d.h. als bedeutungstragendes und durch das Publikum zu entzifferndes Zeichen verstanden. Stattdessen wirken die Körper in ihrer Erscheinung selbst auf das Publikum ein (vgl. ebd. 2004a: 138f.).

Die leibliche Ko-Präsenz werde durch wechselseitige Wahrnehmung bestimmt und erzeuge „feedback-Schleifen"[29] (ebd.: 61). In diesem offenen Rahmen des gemeinsamen Handelns und Erlebens (vgl. ebd.: 87) seien die Kunstschaffenden Leitende einer „Versuchsanordnung" (ebd.: 61), die über die Aufführung selbst „keine Kontrolle" (ebd.: 285f.) haben.[30] Vielmehr bestimme jeder die Aufführung „mit und läßt sich zugleich von ihr bestimmen, ohne dass ein einzelner volle Verfügungsgewalt über sie hätte" (ebd.: 268). Daher „entsteht die Aufführung immer erst in ihrem Verlauf. Sie erzeugt sich sozusagen selbst aus den Interaktionen zwischen Akteuren und Zuschauenden" (ebd. 2004b: 12).

Fischer-Lichte hebt das hohe Maß an Kontingenz hervor, die jede Performance, da sie unvorhersehbar und unwiederholbar ist, in ihrem Verlauf einmalig macht (vgl. ebd. 2004a: 77). Diese Einzigartigkeit ist auch für den besonderen Erfahrungsgehalt, der diesen Prozessen innewohnt, verantwortlich: Die Ästhetik des Performativen ist nicht auf die Erfüllung von festgelegten Zwecken, sondern auf ihren eigenen Vollzug ausgerichtet. Daher seien Performances emergente, d.h. „unvorhersehbar und unmotiviert auftauchende Erscheinungen, die zum Teil nachträglich durchaus plausibel erscheinen" (ebd.: 186).

Damit bringen Performances selbst Sinn hervor, der jedoch Schwellencharakter hat: Ästhetische Performances schaffen besondere Zustände der Liminalität (vgl. ebd.: 305) und reizen zum „Umspringen" (ebd.: 257) der Wahrnehmung, indem die künstlerisch arrangierte Situation sowohl in ihrer Repräsentation als auch in ihrer Präsenz empfunden werden könne. Diese Wahrnehmungswechsel erzeugen Irritationen, die so weit führen können, dass die „bisherige Ordnung der Wahrnehmung [...] gestört und aufgegeben, eine neue etabliert" (ebd.) werde. Diese bewusste Wahrnehmung erzeuge als aktiver Akt immer auch eine Bedeutungskonstruktion (vgl. ebd.: 246), die jenseits „von einem intentional vollzogenen Deutungs- und Interpretationsprozess" (ebd.: 248) liege. Dabei ist für Fischer-Lichte die Art dieser Prozesse zentral, denn das „Subjekt erfährt sich

---

[29]   Den Begriff der Autopoiesis übernimmt Fischer-Lichte von den Neurologen Humberto Maturana und Francesco Varela und nicht von Luhmann, vgl. ebd. 2004a: 61f.

[30]   Jedoch lassen sich, trotz des von Fischer-Lichte beschriebenen zentralen Aspekts der Ko-Präsenz (vgl. ebd.: 63f.), Diskrepanzen zwischen der Programmatik und der Umsetzung von entsprechenden Beteiligungsstrukturen erkennen: „Als Akteur kann der Zuschauer zwar partizipieren, doch nicht ‚frei', unabhängig vom Aktionskonzept. Im Aktionskonzept sind bestenfalls Freiräume, Lücken eingeplant, die spontanes Reagieren zulassen" (Dreher 1991: 60).

in den von ihm selbst vollzogenen Prozessen der Bedeutungserzeugung als sowohl aktiv als auch passiv, weder als ein autonomes Subjekt noch auch als unbegriffenen Mächten ausgeliefert" (ebd.: 269).

Auch wenn Fischer-Lichte einen „dezidiert kunstwissenschaftlichen Ansatz" (2004a: 56) verfolgt, konzipiert sie die Ästhetik des Performativen als eine Kategorie, die auch außerhalb „des Rahmens und der Reichweite von Theater" (ebd. 1998: 85) Anwendung findet, da sich „die Bereiche Kunst [und] soziale Lebenswelt [...] kaum säuberlich voneinander trennen" (ebd. 2004a: 82) ließen. Die markante und nach Fischer-Lichte grundsätzliche Differenz gegenüber dem „Sozialen als Ritual" (vgl. Wulf 2001a) sei die Art der Transformation. Zwar seien sowohl in Ritualen als auch in Performances Verwandlungen möglich, jedoch seien konstitutive Merkmale des Rituals die kollektive Konstruktion und ein geteiltes Wissen um die symbolische Bedeutung, während die Performance, unter der Fischer-Lichte sowohl Theater als auch Performance-Kunst subsumiert, eine subjektive Konstruktion eines Künstlers sei, die auf ein subjektives Erleben abziele (vgl. ebd.: 46). Die künstlerische Performance eröffne in ihrer Liminalität einzelne Spielräume, „um sich selbst permanent neu und anders wahrzunehmen, um ein immer anderes, neues Selbst entwerfen zu können" (ebd.: 47). Daher würden keine Übergange zwischen Status markiert, sondern die „Negation eines jeden fixierten Status" (ebd.).

Die Tragfähigkeit dieses Differenzierungsversuchs zwischen Ritual und Performance muss jedoch in Frage gestellt werden: Der Theaterwissenschaftler Richard Schechner (1990) entfaltet eine enge Verknüpfung zwischen der anthropologischen und theatralen Perspektive, wenn er von der Analogie einer „Betrachtung des individuellen und sozialen menschlichen Verhaltens als ein[em] Genre des Theaters" und der „Betrachtung der Aufführungen als einer Form persönlicher und sozialer Interaktion" (ebd.: 255) spricht. In enger Bezugnahme auf Victor Turners Begriff des „sozialen Dramas" (Turner 1989: 108ff.) entwickelt Schechner eine Theateranthropologie, die sich vor allem mit dem Schwellenzustand der Aufführungen und dem Verhältnis zwischen referenzieller und performativer Funktion auseinandersetzt. Jegliche Aufführung bewege sich an der Schwelle zwischen Kunst und Leben, zwischen Repräsentation und Präsenz. Dabei seien das Genre Theater und das Genre Ritual zwei Pole, zwischen denen jede Aufführung sich bewege. Dem Genre Theater seien Unterhaltung und Vergnügen zuzuordnen, während Wirksamkeit und Ergebnisse der Sphäre des Rituals zuzurechnen seien (vgl. ebd.: 69). Eine Aufführung sei kaum ausschließlich Theater oder Ritual, sondern immer eine „Verflechtung von Unterhaltung und Wirksamkeit" (ebd.: 68) und „entsteht aus dem Willen, gleichzeitig etwas geschehen zu lassen *und* zu unterhalten; Ergebnisse zu erzielen *und* herumzualbern; Meinungen zu sammeln *und* Zeit zu vertun; verwandelt zu werden in jemand anderen *und* das eigene Ego zu zelebrieren; zu verschwinden *und* sich zu präsentieren" (ebd.: 96, H.i.O.). Zugleich verweist Schechner auf die Komplexität der Erfahrungsebenen: Das klassische, oppositionelle Verhältnis zwischen Zuschauendem und Betrachtetem werde zugunsten der Wahrnehmung eines komplexen Ereignisses aufgegeben, bei dem die Betrachterperspektive vielfältig sind: Es kann sowohl „die Aufführung, die Darsteller und Zuschauer, die Zuschauer der Zuschauer und das sich selbst sehende Ich, welches Darsteller, Zuschauer und Zuschauer der Zuschauer sein kann" (ebd.: 256) betrachtet werden. Daher sei die Aufführung immer eins: „Sie ist eine aktive Situation, ein beständig turbulenter Prozeß von Transformationen" (ebd.: 97). Diesen Transformationen wird nicht nur ein individuell-transzendentaler Charakter zugeschrieben, sondern sie ermöglichen, dass „gefährliche Begegnungen in der Wirklichkeit in weniger gefährliche Zustände sozialer und ästhetischer Wirklichkeit" (ebd.: 67) verwandelt würden. Schechner nutzt die Unschärfen und Übergänge der Begriffe Ritual/Theater/Performance, um anhand dieser Zwischenzustände die jeweiligen Anteile der drei Begriffe zu beschreiben. Die transformatorische Form der ästhetischen Aufführung wird demnach als Technik der Erzeugung und Aufrechterhaltung von Distanz verwendet.

Auch wenn die grundsätzlichen Differenzen zwischen einer kulturwissenschaftlichen und pädagogischen, d.h. handlungsbezogenen Perspektive zu berücksichtigen sind (vgl. Pinkert 2005), lassen sich dennoch tragfähige Anschlüsse aufzeigen: Zunächst bieten diese Konzepte analytische Begriffe an, die es möglich machen, das Performative von Situationen deskriptiv einzufangen. Die zentralen Merkmale einer Ästhetik des Performativen – die Rückkopplungsschleifen und Emergenz, die Unvorhersehbarkeit und Unwiederholbarkeit der Performance, die Transformation und Dramatisierung durch die Performance – verweisen auf die grundlegende Erfahrungs- und Bedeutungsvielfalt der Aufführungen, die die Beteiligten irritieren können. Mit den körperlichen Aufführungen bekommen diese Erfahrungen eine Form und einen Ort, an dem sie sich verdichten, um letztlich auf die Beteiligten einwirken zu können.

2.2.3 Performance-Kunst: Die Auflösung einzelner Kunstgattungen

> Piano Piece (1962): A vase of flowers on (to) a piano
> (George Brecht)

Der Referenzrahmen des in dieser Arbeit verwendeten Performance-Begriffs hat seinen Ursprung in sozial- und kulturwissenschaftlichen Diskursen und in einer künstlerischen Praxis, die sich seit den 1960er Jahren im europäischen, asiatischen und amerikanischen Raum entwickelte und erst im späteren Verlauf eine

breite kunstwissenschaftlich-theoretische Rezeption und Reflexion nach sich zog
– die *Performance Art*. Dazu bemerkt der Philosoph Daniel Charles (1989), dass
man dem Performance-Begriff im Kunstkontext zu Beginn der 1970er Jahre in
der amerikanischen Kunstkritik begegnen konnte. Das Wort wurde „auf jede
künstlerische Darbietung angewendet, in der Akt und Geste der Aufführung
einen Wert an sich darstellen und Anlaß zu besonderer ästhetischer Beurteilung
geben" (ebd.: 25). Zugleich zeigt er sich verwundert, dass erst zu diesem Zeitpunkt „das ‚Performieren' als eigenständige Aktivität anerkannt wurde, die sich
ihr autonomes künstlerisches Medium schafft" (ebd.). Denn retrospektiv gesehen
ist einerseits die Aufführung in Gegenwart eines Publikums für einige Kunstformen konstitutives Merkmal, in der nicht nur das Stück selbst, sondern auch
deren Interpreten Aufmerksamkeit geschenkt wird. Andererseits finden sich
Vorläufer der Performance-Kunst[31] in den historischen Avantgarde-Bewegungen
des frühen 20. Jahrhunderts wie etwa Dada, Bauhaus oder Futurismus: Neuartig
war für diese Bewegungen auch das Zusammenspiel der verschiedenen Künste,
die jedoch, trotz der gegenseitigen Bezugnahme, autonom nebeneinander standen. Dies wurde auch dadurch bedingt, dass der in der bildenden Kunst vorherr-
schende Werkbegriff zentral war – die künstlerische Tätigkeit, also der Prozess
des Erschaffens eines Kunstwerks, fand an einem anderen Ort, meist dem Atelier
oder in anderen privaten Räumen statt, während das fertiggestellte Objekt der
Öffentlichkeit zugänglich gemacht wurde. Der praktische Vollzug der künstlerischen Handlung war nach diesem Verständnis Teil einer vorgelagerten Ar-
beitshandlung und nicht Teil des Kunstobjekts, welches unabhängig vom rezipie-
renden Betrachter und vom kreativen Produzenten existiert.[32]

Dieser auf das Kunstobjekt konzentrierte Werkbegriff löste sich seit den
späten 1950er Jahren im Zuge der zu beobachtenden Praxis der Entgrenzung und
Verwischung zwischen den einzelnen Kunstgattungen auf und kann als Beginn
einer „performativen Wende der ausgehenden sechziger/frühen siebziger Jahre"
(Fischer-Lichte 2004a: 317) betrachtet werden: Als erste, zentrale Impulse auf

---

[31] Ich fasse unter Performance-Kunst verschiedene Ausprägungen und Überschneidungen dieser,
     auf die Aufführung bezogenen Kunstformen, wie Body Art, Aktionskunst, Prozesskunst, Live
     Art und Aktionismus zusammen (vgl. u.a. Lange 1999; Noever 1998; Jappe 1993). Da die im
     Rahmen dieser Arbeit stattfindende Einführung der Performance-Kunst für das folgende empi-
     rische Material einen heuristischen und nicht operationalen Wert hat, finden hier die jeweilig
     spezifischen Gewichtungen der einzelnen Spielarten – wie Betonung der Körperlichkeit, Räum-
     lichkeit und Transformation – keine Beachtung. Auch deshalb findet keine weitere historische
     Spurensicherung avant la lettre statt. Auch waren die Performancekünstler/innen selbst diejeni-
     gen, die zur Theoretisierung dieser Kunstpraxis beitrugen, so beispielsweise Richard Schechner
     oder Laurie Anderson.
[32] Wie sehr dieser künstlerische Schaffensprozess jedoch die Neugier von Zuschauenden anregt,
     lässt sich im Alltag an sogenannten Straßenmalern beobachten: Die öffentliche Herstellung einer
     Zeichnung oder eines Gemäldes sichert immer die Anwesenheit von Publikum.

amerikanischer Seite können John Cages Konzerte am Black Mountain College 1952 gelten, in denen er im gleichen zeitlichen Rahmen verschiedene Kunstgattungen gleichwertig auftreten ließ (vgl. Fischer-Lichte 1998: 2f.) und seine Kurse Ende der 1950er Jahre, die von einigen der späteren Hauptakteur/innen des *Happening* und *Fluxus* besucht wurden (vgl. Hansen 1965). Auf europäischer Seite sind in den 1950er Jahren als Vorläufer Yves Klein, die Gruppe der *Noveaux Réalistes* und die *Wiener Gruppe* markante Wegweiser hin zur Aufführungskunst der 1960er Jahre (vgl. Noever 1998; Jappe 1993). In deren künstlerischen Praxen ließen sich klare Tendenzen zur Vorrangigkeit des Prozesses gegenüber dem Werk erkennen: Handlungs- und Ereigniszusammenhänge wurden bedeutsam, während das Werk bzw. der Abschluss der künstlerischen Handlung immer mehr vom Zentrum der künstlerischen Aufmerksamkeit abrückte. Insbesondere die seit den 1960er Jahren aktiven *Happening*- und *Fluxus*-Künstlerinnen und -Künstler propagierten eine Intermedia-Art, die als eine zwischen den Medien angesiedelte Kunst ein Ineinanderfließen von Malerei, Literatur, Tanz und Musik unter Beteiligung des Publikums praktizierten (vgl. Higgins 1966).[33] Als quasi didaktisches Ziel können diese künstlerischen Strategien als Versuche gelesen werden, die Nivellierung bzw. Gleichstellung von Kunst und Leben herzustellen, indem Kunst in eine alltägliche, gelingende Lebenspraxis transformiert und integriert wird.[34] Zeitgleich führten die *Wiener Aktionisten* mit Requisiten wie Blut, Kot oder Symbolen aus der christlichen Mythologie stark sinnliche Aktionen durch, die – wie beispielsweise Günter Brus „Zerreißprobe" (1970) – den eigenen Körper ins Zentrum der Aktionen stellten (vgl. Klocker 1989).

Seit den siebziger Jahren erlebt Performance-Kunst thematisch und formal eine breite Auffächerung, die von der Auseinandersetzung mit den jeweiligen

---

[33] Waren die Aufführungen innerhalb der Fluxus-Aktionen zunächst noch „staged happenings" bzw. „events", finden sich im späteren Verlauf aber Tendenzen der Auflösung der frontalen Zuschauer-/Performer-Ebene hin zu einer Dezentrierung, indem das Publikum die Möglichkeit hat, sich im Raum zu bewegen, was zu einer Offenheit der Aufführung führt (vgl. Dreher 1991). Exemplarisch habe ich dies anhand der „Cookie Opera" von Ben Patterson beschrieben (vgl. Schulz 2009a). Zentrales Merkmal ist das Fehlen eines zentrieredn Fokus. Die Beteiligten können ihre Aufmerksamkeit auf unterschiedlich ablaufende Situationen richten. Jedoch nehmen diese die Aktion nicht isoliert, sondern immer zugleich mit den anderen Zuschauenden mit wahr. Zu Fluxus als künstlerische Haltung vgl. auch Schulz 2000.

[34] Im Umfang dieses kurzen Überblicks können selbstverständlich keine politisch-historischen Hintergründe diskutiert werden. Jedoch fällt bei einer intensiven Beschäftigung mit den jeweiligen künstlerischen Konzeptionen auf, dass – trotz unterschiedlicher Feinheiten – diese grundsätzlich über eine ausschließlich ästhetische Perspektive hinausweisen, sondern dass sie sich als Anregungen für eine Praxis der individuellen Selbstsorge in der Gemeinschaft verstehen. Die Nähe zu einer Philosophie der Lebenskunst, so wie sie beispielsweise Wilhelm Schmid (1998) vertritt, ist deutlich. Daher ist verständlich, weshalb insbesondere die Fluxus nahestehenden Konzepte sich zugleich im Modus der aisthetischen Wahrnehmung als Haltung verorten.

aktuellen kulturellen, gesellschaftlichen und individuellen Bedingungen geprägt ist und bis in die Gegenwart hinein mehrere Renaissancen erfahren hat. Zentral bleiben als konstitutive Merkmale der Performance der „Inszenierungs-Pakt um Zeigen und Zuschauen" (Brandstetter 1998: 99), also der Vollzug, *wie* der Körper vor anderen etwas hervorbringt, die Flüchtigkeit und der Wandel und nicht das Ergebnis dieses Prozesses (vgl. Bianchi 2000): Dass bei George Brechts „Piano Piece" die blumenbestückte Vase letztlich auf einem Flügel steht, beendet zwar das *event* selbst, die Aufmerksamkeit der beteiligten Zuschauenden wird jedoch auf das „Dazwischen" gelenkt – eine Person, die ein Klavierstück aufführt, indem sie eine Vase mit Blumen an das Klavier heranträgt und dort platziert. Im Zentrum steht folglich die Pluralisierung der Wahrnehmung (vgl. Charles 1989: 24), wobei der maßgebliche Unterschied zu anderen Kunstformen darin liegt, dass die Betrachter/innen zu Ko-Akteur/innen werden (vgl. Fischer-Lichte 2004a). Nicht nur die Anwesenheit, sondern die Beteiligung der Zuschauenden, die sich dadurch in Akteur/innen verwandeln, ist konstitutiver Bestandteil für das Gelingen der Aufführung (vgl. Dreher 1991: 60). Daher kann nicht konsequent von Darsteller/in auf der einen und Zuschauer/in auf der anderen Seite gesprochen werden. Dadurch, dass sich die frontale Bühnenebene, und damit die fixierte Beobachterposition, auflöst und Ereignisse mitten im Raum stattfinden, sind die Beteiligten alle Zentrum des Geschehens und ihr Blick weitet sich: Sie fokussieren nicht nur die (vermeintliche) Hauptaktion, sondern nehmen auch die anderen Beteiligten wahr. Die Akteur/innen reagieren auf das Verhalten der anderen, sind im permanenten Positionen- und Rahmenwechsel und führen diesen zugleich herbei. Jegliches beobachtbares Handeln löst Rückkopplungen aus, die wiederum die Aufführung verändern (vgl. Fischer-Lichte 2004a).

Darin zeichnet sich eine Differenz zwischen dem Genre „Performance-Kunst" und „Theaterspiel" ab: Zunächst kann festgestellt werden, dass Theater prinzipiell unabhängig von der eben beschriebenen Zuschauer/innenbeteiligung stattfinden kann, da es zumeist skriptbasiert ist und darin den Personen entsprechende Rollen zugewiesen sind. Fundamental sei jedoch, so der Theaterwissenschaftler Hans-Thies Lehmann (1999), die Differenz der Transformationshandlung des Theaters gegenüber der Performance-Kunst: Theater sei die Transformation der Situation und womöglich auch des Publikums, während Performance die Selbsttransformation fokussiere (vgl. ebd.: 246f.), deren Ideal es ist, „ein Prozeß und Moment [zu sein], der 1) real, 2) emotional zwingend [ist] und 3) hier und jetzt geschieht" (ebd.: 248). Auch deshalb warnen Kunsthistoriker wie Christoph Janecke (2004) davor, unter dem Konzept des Performativen, wie es Fischer-Lichter entwickelt, divergierende künstlerische Aufführungsarten wie Theater oder Performance-Kunst zu stark zu subsumieren und zu nivellieren.

Deutlich macht Janecke die Differenz zwischen Theater und Performance am
Konzept der Verkörperung (vgl. ebd.: 30), welches auch von Fischer-Lichte[35]
(2004a u. b) als spezifisches Konzept des Performativen markiert wird. Die nach
wie vor konstitutiven Momente des Theaters seien, so Janecke, eine illusionistische Distanzierung, das Erzeugen einer scheinbaren Wirklichkeit und die „Verwandlung, also auch die zivilisierte Errungenschaft eines ‚Anderes-Spielen-als-
sich-selbst', mithin auch ‚Konsequenzverminderung'" (Janecke 2004: 30) – alles
Merkmale der Darstellung und Repräsentation. Dahingegen „ist im Bereich der
Performance Art [...] der Anteil physischen Geschehens üblicherweise doch
dominanter als beim Theater" (ebd.) und daher die 'Verkörperung', die leiblich
erfahren und erspürt werde, kennzeichnend. Während das Theater nach wie vor
mit einem Raum aufwarte, welches das Publikum sowohl in Richtung der Bühne
ausrichtet und deren Plätze verdunkelt als auch jenes von den Schauspielenden
distanziert, „bietet sich [bei Performances] oft aus großer Nähe und in Konzentration auf meist wenige Akteure ein Blick auf dieselben" (ebd.) an. Diese
Differenzierungen sind für die weitere Konkretisierung des Performance-
Begriffs deshalb hilfreich, weil sie den Fokus weiter auf die Phänomene der
Selbsttransformation und der Verkörperung zuspitzen und somit die späteren
jugendlichen Aufführungen unterscheidbar machen.

2.3 Strukturmerkmale des Performance-Begriffs

Auch wenn die Theaterwissenschaftlerin Petra Maria Meyer (1998) die wesent-
lichen Merkmale der Performance-Kunst „in der Überwindung von Demarkati-
onslinien sowohl zwischen den verschiedenen Künsten als auch zwischen Theater und Wirklichkeit, Kunst und Leben sowie in der Aufhebung hierarchischer
Strukturen, die zwischen Institutionen, Künstlern und künstlerischen Erzeugnis-
sen und Adressaten, Zuschauern und Zuhörern" (ebd.: 140) bestehen sieht, lässt
sich trotz verschiedener Definitionsversuche kaum von einem homogenen
Begriff einer Performance-Kunst sprechen. Vielmehr zeigt sich, dass sich die
verschiedenen Performance-Konzeptionen eng gefassten Definitionen entziehen
und kaum von einer einheitlichen Ästhetik gesprochen werden kann (vgl. Charles 1989: 26; auch Lange 1999; Seitz 1999). Für den hier zu entwickelnden
Performance-Begriff, der sich hauptsächlich auf das im Kulturkontext entwickelte Verständnis von Performance stützt, ist eine Schwerpunktsetzung notwendig.

---

[35]   Nach Fischer-Lichte ist Verkörperung ein radikales Konzept von Präsenz. Präsenz wiederum
       definiert sie als Eindruck einer besonderen Gegenwärtigkeit, die erlebt und als Bewusstseinspro-
       zess leiblich artikuliert und erspürt wird. Als Techniken und Praktiken zur Erzeugung von Prä-
       senz benennt sie Rhythmisierung und Repetition (vgl. ebd. 2004a: 173f.).

Denn auch wenn die Betonung des Handlungs- und Aufführungscharakters alle Performancedefinitionen verbindet, soll der Begriff, damit er für die Rekonstruktion von Praktiken Jugendlicher von deskriptivem und heuristischem Wert ist, verengt werden. Dabei lehne ich mich auf das im Fluxus-Umfeld[36] entwickelte Performanceverständnis an.[37]

2.3.1 Akteure, Präskripte und Wirkung

Performances sind grundsätzlich ereignisoffen angelegt. Dies hat zur Konsequenz, dass zwar der Beginn und der Einstieg feststehen, jedoch der Verlauf und das Ende der Performance von den Rückkopplungsschleifen zwischen Künstler/in und beteiligten Zuschauer/innen gemeinsam bestimmt wird. Die zeitliche Dauer, das verwendete Material, der benötigte Raum können erheblich variieren. Jedoch gibt es Unterschiede im Verhältnis zwischen Künstlerkonzeption, sprich der Werkidee, und Realisation: Bei Performances etwa von Joseph Beuys oder Wolf Vostell sind die konzipierenden Künstler zugleich zentrale Aufführende der Konzeption (vgl. Dreher 1991: 59). Diese Art der Performance kann als ein „lebendes Bild, in dem der Künstler selbst eine zentrale Stelle einnimmt" (Jappe 1993: 10) betrachtet werden. Andere Performances wie etwa die von George Brecht trennen nicht nur zwischen der Konzeption des Künstlers (Partitur) und der Realisation (Aufführung), sondern stellen das Realisationskonzept des Aufführenden heraus (vgl. Knapstein 1999). Dabei führe nicht nur eine andere Person die Performance auf, sondern der Aufführende müsse sich selbst zwischen vielen Aufführungsmöglichkeiten[38] entscheiden (vgl. Dreher 1991: 59).

Performances können nicht nur nach der personalen Gebundenheit von Autor/in und Aufführendem, sondern auch nach den Partituren selbst differenziert

---

[36] Ich danke herzlich den Fluxuskünstler/innen Takako Saito, Emmett Williams und insbesondere Ben Patterson, die mir in zahlreichen Gesprächen vor, während und jenseits ihrer Performances ihre Ansätze als Haltung erläuterten, gewissermaßen als „Patrone" der Performance-Kunst neuere Performances kommentierten und Differenzen oder Analogien aufzeigten.

[37] Dies erfolgt aus zweierlei Gründen: Auf einer theoretisierenden Ebene sprach bereits 1970 der Künstler Robert Filliou in „Lehren und Lernen als Aufführungskünste" [orig. ‚Teaching and Learning as Performance Arts', 1970] und reflektierte das besondere Verhältnis zwischen Performenden und Zuschauenden im Dialog mit Künstlerfreund/innen. Auf einer performativen Ebene brachte mich meine eigene Teilnahme an Fluxus-Aufführungen auf die Idee der hier vorgenommenen Analogie zwischen jugendlichen Praktiken und Performance-Kunst. Diese speziellen Arten der Performances arbeiten mehrheitlich mit sehr wenigen, dem Alltag entliehen Gegenständen.

[38] Dass in George Brechts „Piano Piece" eine Person die Vase mit Blumen auf das Klavier stellt, ist Teil der Event-Partitur und so choreografische Struktur der Künstlerkonzeption. Jedoch gibt diese keine Anweisung an den Aufführenden, wie und wo genau er diese Vase abstellen soll, vgl. Brecht 1965.

werden: Im Performancebereich spricht man üblicherweise von Notationen, Partituren oder Scripts – Begriffe, die sowohl aus dem Musik- als auch Theaterbereich stammen. Diesen lassen sich in „enger" und „weiter" gefasste Aufführungsskripte unterscheiden, innerhalb derer dann die Beteiligung des Publikums möglich ist. Skript ist für die vorliegende Studie als Arbeitsbegriff besonders produktiv. Die Varianz der Skripte lässt sich auf die jugendlichen Praktiken übertragen: „Der Scriptbegriff steht auf der Objektseite [...] für einen relativ stabilen, vorstrukturierten Rahmen (bestehend aus Handlungsvorschlägen, Material-, Bühnen-, Kulissenvorgaben etc.), der immer wieder neu inszeniert werden kann (und muß). Auf der Subjektseite sind Scripts so etwas wie Drehbücher für Aktivitäten" (Hengst 1999: 482). Dieser Skriptbegriff umfasst demnach beides: Er berücksichtigt sowohl das vorgeschlagene Material, mit dem etwas getan werden kann, ohne zugleich die Herkunft der Vorschläge klären zu müssen, als auch die personalen Grenzen – nämlich, ob eine Performance als Gruppen- oder Solostück der Performenden aufgeführt wird. Er wertet zugleich nicht die Art des verwendeten Materials: Ähnlich wie in den fluxusbezogenen Performances Materialien Verwendung finden können, die dem Alltag und der Warenwelt entnommen sind, können Jugendliche alltägliche, ihnen zur Verfügung stehende Materialien für ihre Auftritte nutzen.[39] Für den weiteren Verlauf der Arbeit wird jedoch der Begriff des *Präskripts* vorgeschlagen, der – in Anlehnung an Gabriele Brandstetter (2004) – das Spannungsverhältnis zwischen performativem Aufführen und Aufzeichnung „als Präposition im Sinn eines Vorschlags" (ebd.: 42) präziser umfasst. Damit ist der Präskript-Begriff nahe am von Cloos u.a. (2007) verwendeten Dispositiv-Begriffs, ersterer stellt jedoch einen engeren Bezug zum hiesigen Bezugsrahmen des Performance- und Theatergenres her. Auf Bildungsphänomene bezogen, beschreibt der Präskript-Begriff, dass zwar einerseits Bildungsimpulse materialisiert zu finden sind, diese jedoch im ästhetischen und kunstförmigen Handeln modifiziert und reinterpretiert werden.

Die Performance als Ereignis findet im Moment der Aufführung statt und ist daher nicht reproduzierbar. Zugleich weist Fischer-Lichte (2004a) darauf hin, dass Performances mit den Interaktionsanteilen aller daran Beteiligten jenseits der subjektiven Sinnkonstruktion im Gesamten nicht versteh- bzw. erklärbar seien. Daher lasse sich auch nicht von einer klaren Zielorientierung der Aufführung sprechen, da sie keinen intentionalen Charakter habe (vgl. ebd.: 270ff.). Vielmehr werde Sinn im Kontext des künstlerischen Vorschlags durch die Performer/innen und die anderen Akteur/innen gemeinsam hervorgebracht. Daher könne weniger von einem beabsichtigten Zweck oder einer eindeutigen

---

[39]   So benötigt Pattersons' ‚Cookie Opera' neben einer nicht näher definierten Anzahl an Musizierenden eine kleine Küchenausstattung zur Herstellung von Plätzchenteig nebst einer Backmöglichkeit, die durch einen kleinen portablen Ofen nahezu überall bereitgestellt werden kann.

Bedeutung als von einer *Wirkung* gesprochen werden, die verschiedentlich als Verwandlung oder Transformation beschrieben wurde (vgl. Turner 1989; Schechner 1990; Fischer-Lichte 2004a). Diese Transformation wird mit und durch den eigenen Körper als Träger und Produzent von Kultur hervorgebracht.[40] Dabei sei sowohl der semiotische Körper als auch der phänomenale Leib wahrnehmbar, da der Körper einerseits in seinen Bewegungsmöglichkeiten implizites verkörpertes Wissen aufführe und für andere zugänglich mache und andererseits auch die eingeschränkte Verfügungsgewalt der Performenden über diesen von ihnen selbst erfahren und von den Zuschauenden beobachtet werden könne. Die Erfahrung, die Beobachtung und der Umgang mit den Körpern lasse die komplexe Verschränkung zwischen der individuellen Art des Körperumgangs, der Körperempfindung und -bewertung und der gesellschaftlichen und kulturellen Prägung erleben (vgl. Gugutzer 2004: 5).

Dabei transformieren die Performenden sich nicht in eine Bühnenpersönlichkeit, bei der die Zuschauenden zwischen der Figur, die die Performenden darstellen, und den Schauspielenden jenseits der gespielten Rolle differenzieren müssen. Im Unterschied zum Theater führen sich die Performenden selbst auf, indem sie sich sowohl als Performende inszenieren als auch zugleich jene sind. Daher kann mit dem Performance-Begriff auch das präziser beschrieben werden, was Jugendliche (und selbstredend auch pädagogische Fachkräfte und andere Erwachsene) in der Jugendarbeit tun: Weder führen sie sich in diesen Situationen eindeutig rollenkonform auf, noch geht es um eine sogenannte authentische (Selbst-)Darstellung. Stattdessen werden diese Zuschreibungsmuster in den offenen Performancesituationen unscharf, weil die Beteiligten sich ständig zwischen den zwei Realitäten bewegen, ohne dass eine Realität der anderen übergeordnet ist. Ähnliches geschieht mit den Ko-Akteur/innen: Da – wie u.a. Fischer-Lichte (2004a) beschreibt – die Grenze zwischen Performenden und Zuschauenden unscharf ist und verschiedene Möglichkeiten der Beteiligung bestehen, ist ihr Zustand ebenso liminal. Sie können sich aktiv und/oder innerlich beteiligen, distanzieren oder beobachten. Dies provoziert ein Umspringen der Wahrnehmung der Beteiligten, welches die Dichotomie von authentischer/inauthentischer Darstellung aufweichen kann. Dabei wird die gemeinsame Handlung in ihrer Bedeutung nicht rational reflektiert, sondern als leibliche Erfahrung wahrgenommen. Die Performances werden so als Bilder wahrnehmbar und stellen als ästhetische Erfahrung sowohl Sinneswahrnehmungen als auch Gedächtnisbilder dar (vgl. Welsch 1991).

---

[40] Die für die Performances u.a. der 1960er/1970er Jahre mit dem Körper verbundene Programmatik des Authentischen thematisiere ich nicht, vgl. dazu Brandstetter 1998.

2.3.2 Aufführung, Kontextgebundenheit und Offenheit

Performances können als site specific performances (vgl. Seitz 2004: 377) angelegt sein, die sich auf den konkreten Aufführungsort und -kontext beziehen. Sie können an Orten wie etwa öffentlichen Plätzen, deren Nutzungsmöglichkeiten nicht eindeutig festgelegt sind, stattfinden. Diese Orte dienen zwar als Plätze des Exponierens und der Beobachtung, die aufgesucht werden, weil sich dort etwas ereignet, was aber nicht konkret vorhergesagt werden kann.

Die Performance transformiert den Ort in einen Aufführungsort: Ähnlich wie Marcel Duchamp (1981) darauf verweist, dass ein Objekt seinen Kunststatus dem Kontext, in den es gestellt wird, verdanke und nicht den ihm zugeschriebenen (inneren) Werten, arbeitet das ortsbezogene Performance-Konzept mit den Präskripten des Raumes. Ästhetische Handlungen im unbestimmten öffentlichen Raum können die dortigen Präskripte genauso transparent werden lassen wie alltägliche Handlungsroutinen in einem Kunstkontext.[41] Die Performances unterscheiden sich zwar in ihrem jeweiligen Rahmen – die in den Kunsträumen aufgeführten Performances sind bereits als ästhetische Aufführungen kontextuell gerahmt, während jene im öffentlichen, mehrdeutigen Raum durch die Zuschauenden erst als solche dechiffriert werden müssen (vgl. Lange 1999). Jedoch thematisieren sie mit ihren jeweiligen Handlungen diese Bedeutungsherstellung durch den jeweiligen Kontext – auch den der Jugendarbeit. Mit den Performances findet eine andere als die vorgesehene Verwendung des Ortes statt, die zugleich die Option einer potenziellen Variabilität des Raumes aufzeigt. Durch diese Verschiebung bzw. Herauslösung der Handlungen aus ihrem zunächst zugewiesenen räumlich-sozialen Kontext, kann die/der Zuschauer/in eine Veränderung seiner Rezeption erfahren. Die bisherige Bedeutungszuschreibung verschiebt sich. Diese bildsame Seite der Raumumnutzung ist auf die jugendlichen Praktiken in der Jugendarbeit übertragbar. Zwar zeigen die jugendarbeiterischen Aneignungsdiskurse (vgl. 2.2.2) eine naheliegende Verbindung zwischen performativen Aneignungs- und damit verbundenen Bildungspotenzialen auf (vgl. etwa Deinet/Reutlinger 2004), jedoch bleibt bislang zumindest eine weitere empirische und theoretische Fundierung aus (vgl. Schulz 2008).

Die Performances sind auf ein besonderes Verhältnis der gegenseitigen Wahrnehmung von Performenden und Zuschauenden angelegt. Durch die Bewegung, die Körper, die Stimme und den Geruch bringen Aufführungen jenseits

---

[41] Das Backen von Keksen im Kunstkontext, wie es in Ben Pattersons „Cookie Opera" geschieht, oder Ben Vautiers langwährendes Zähneputzen an einem öffentlichen Ort, führen auf, was dort als nicht angemessen oder absurd erscheint. Vgl. auch das Leipziger Projekt von Michael Elmgreen und Ingar Dragset aus dem Jahr 1999, bei dem zwei Maler über sieben Wochen die musealen Ausstellungsräume fortwährend mit weißer Farbe streichen ließen (vgl. von Hantelmann 2004: 68f.).

des architektonischen Raumes performativ Räumlichkeit hervor. Diese verändert sich im Gegensatz zum statisch-architektonischen Raum ständig (vgl. Fischer-Lichte 2004a: 188f. u. Löw 2001). Daher regelt die Performance zum einen fortwährend das Verhältnis von Akteur/innen und Zuschauer/innen, indem sie Gelegenheiten zur Bewegung und gegenseitigen Wahrnehmung eröffnet. Zum anderen arbeitet sie als Möglichkeitsraum an den im materiellen Raum eingelagerten Präskripten, die die Körperbewegungen und -wahrnehmungen vorformen, und visualisiert sie. Jedoch hat die spezifische Ereignisoffenheit der Orte auch Folgen für die Performenden selbst. Es gibt keine Notwendigkeit für bestimmte Konsequenzen: Zuschauende können weitergehen, zuschauen oder sich beteiligen. Jede dieser Optionen multipliziert sich im weiteren Verlauf als Rückkopplungsschleife. Die nur begrenzte inszenatorische Planbarkeit der Aufführung, bestimmt von Zufällen, die aufeinander treffen, wird hier evident. Diese Perspektive ist gerade für die Jugendarbeit bedeutsam, da es sich um ein pädagogisches Feld mit Freizeitcharakter handelt, welches weder Handlungszwängen oder Subsumtionslogiken unterliegt, noch von den Beteiligten völlig autonom gestaltet werden kann. Im Folgenden ist weiter zu überprüfen, ob und inwiefern Jugendarbeit gleichfalls ein präskriptiver und zugleich multioptionaler Handlungsraum ist.

2.3.3 Jugendliche Selbsttätigkeiten als Performances

Der im Rahmen der Arbeit zu verwendete Performance-Begriff ist demnach doppelt angelegt: Vornehmlich wird er im Sinne der Performance-Kunst fokussiert. Somit werden die Handlungen Jugendlicher und Erwachsener nicht nur als performatives Handeln analysiert, die primär das Soziale herstellen und stabilisieren (vgl. etwa Wulf 2001b; Göhlich 2001); sondern es werden, da sie ästhetische und kunstförmige Praktiken sind, Analogien zu den künstlerischen Performancestrategien gezogen, ohne dass diese notwendigerweise gleichzeitig alle Kriterien der Performance-Kunst zu erfüllen haben. Zugleich stellt der Begriff insofern bildungstheoretische Bezüge her, als dass er Bildung als intersubjektive, prozessuale körperliche Tätigkeit beschreibt, die mit dem Handeln hervorgebracht wird. Das hier entwickelte Verständnis von Performance birgt für die Rekonstruktion jugendlicher Selbsttätigkeiten im pädagogischen Kontext vier besondere Stärken:

Erstens eröffnet die Benennung der Handlungen als Performances eine Perspektive, welche die Phänomene sicht- und beschreibbar macht. Mit dieser Perspektive lassen sich situativ hergestellte Aufführungsräume und -situationen des offenen Alltags als jugendliche Tätigkeiten jenseits pädagogisch gerahmter

(Bildungs-)Angebote beschreiben und reflektieren. Performances sind keine Handlungen, die über jene hinaus etwas anderes mitteilen wollen, sondern erzeugen selbst (Bildungs-)Sinn. Dieser steht im Vordergrund der Rekonstruktionen.

Zweitens lenkt der Begriff die Aufmerksamkeit auf die jugendlichen Tätigkeiten und nicht auf mögliche Bedeutungen, die hinter den jugendlichen Aufführungen vermutet werden. Er stellt Hervorbringung, Abläufe und Beendigung der Handlungen als praktisch-körperliche Tätigkeiten in den Vordergrund. Diese Perspektive ermöglicht zu analysieren, ob und wie diese Handlungen kontextbezogen sind. Diese situativen und kontextbezogenen Aufführungen sind als autonome Praktiken der Selbstgenerierung von Erfahrungsräumen zu betrachten, ohne sie zugleich pädagogisch-normativ zu bewerten.

Drittens fokussiert der Begriff die Praktiken und nicht die interagierenden Individuen. Damit hebt er bildungstheoretisch stärker das Intersubjektive heraus. Performances können Prozesse der Ko-Konstruktion oder dialogisch aufeinander bezogen sein und stellen die dichotome Beziehung zwischen Aufführenden und Betrachtenden in Frage.

Viertens relativiert dieser Blick die in den pädagogischen Diskursmustern stark verankerten sozialen Deutungsfolien, die jugendliche Praktiken als Ordnungs- und Strukturierungsmuster beschreiben. Stattdessen wird diese starke pädagogische Fokussierung auf die soziale Dimension von Handlungen um die ästhetische und kunstförmige Dimension erweitert.

2.4 Forschungsfragen der Studie

Das bereits diagnostizierte Fehlen von empirischen Studien zur Jugendarbeit und die kaum überschaubare Fülle an divergenten theoretisch-konzeptionellen Entwürfen mit geringer empirischer Grundlage offenbaren eine strukturelle Lücke innerhalb des jugendarbeiterischen Bildungsdiskurses. Bislang ist, wie zuvor dargestellt wurde, kaum ein kontext-, d.h. handlungsfeldbezogener Bildungsbegriff empirisch entwickelt und beschrieben worden. Die ersten Ergebnisse der vorgestellten qualitativ-rekonstruktiven Jugendarbeitsstudien schließen zwar zum Teil diese Lücke, indem sie die Binnenlogik des pädagogisch-professionellen Handelns und die gemeinsame performative Herstellung von Bildungsgelegenheiten und -räumen hervorheben. Jedoch besteht kaum ein empirisch gesichertes Wissen darüber, was genau die jugendlichen Beiträge zur Herstellung von Bildungsgelegenheiten sind. Daher setzte die vorliegende Studie damit an, ausschließlich die jugendlichen Tätigkeiten innerhalb des pädagogischen Handlungsfelds rekonstruieren zu wollen, die nicht in pädagogischen

Arrangements wie etwa Gruppenangeboten stattfanden. Die Ausgangsfragen waren, welche jugendlichen Selbsttätigkeiten konkret beobachtet werden können, welche Formen diese annehmen und wie sie bildungstheoretisch reflektiert werden können.

Im Verlauf des Forschungsprozesses wurde der empirische Fokus stark verengt, da nicht die umfassende Rekonstruktion der gesamten jugendlichen Selbsttätigkeiten innerhalb der Jugendarbeit von Interesse war. Vielmehr wurden die Selbsttätigkeiten, die ästhetisches Material[42] verwenden, innerhalb des offen strukturierten Alltags fokussiert. Um nicht ausschließlich auf einer deskriptiven Ebene zu verbleiben, wird der theoretische Zugang erweitert, indem die jugendlichen Selbsttätigkeiten sowohl unter Performance- als auch Bildungsaspekten reflektiert und diese generalisiert werden. Das Forschungsinteresse lässt sich in folgender Hauptfrage bündeln:

Wie sind jugendliche Selbsttätigkeiten als bildsame Performances und performative Bildung mit den Aufführungskontexten der Jugendarbeit verschränkt?

Dabei bieten die Diskurse um Bildung und Performance noch offene, aber naheliegende Verknüpfungen an: Die jugendlichen Selbsttätigkeiten als Performances zu rekonstruieren ermöglicht, die Phänomene der ästhetisch-körperlichen Praktiken Jugendlicher als kunstförmige Handlungen sichtbar zu machen. Darauf aufbauend wird versucht, das jugendliche Tun als selbst gestaltetes, ästhetisch-herausgehobenes Moment zu beschreiben und zugleich diese jugendlichen Selbsttätigkeiten als Bildung zu begreifen. Mit den Rekonstruktion soll beschrieben werden, welche Potenziale in der Verschränkung zwischen dem autonomen Selbstzweck des Ästhetischen und der Selbstkonturierungspraxis des Sozialen verortet werden können, ohne vorschnell diese Selbsttätigkeiten ausschließlich als Momente der Selbstbildung etikettieren zu wollen. Zudem werden weder jene Selbsttätigkeiten mit dem pädagogischen Handeln im Feld umgehend verschränkt noch individuelle Akte autonomer Akteur/innen romantisiert. Das Spannungsverhältnis zwischen den beiden Perspektiven kann wie folgt gefasst werden:

---

[42] Die Verwendung des Begriffs ‚Material' soll dabei zur Differenzierung gegenüber des ‚Mittel'-Begriffs dienen: Mit der Perspektive ‚Material' wird eher die phänomenale Seite fokussiert. Dahingegen betrachtet die Perspektive ‚Mittel' den Körper mitsamt seiner Gestik, Mimik, Stimmlichkeit, oder weitere Verwendung findende Gegenstände von seiner semiotischen Seite, also als Darstellungsmittel, die Bedeutungen generieren (vgl. Fischer-Lichte/Roselt 2001: 246ff.). Diese grobe Unterscheidung ist, auch wenn sie von Autor/innen aus dem theaterwissenschaftlichen Bereich weitaus differenzierter diskutiert wird, als Arbeitsbegriff ausreichend. Sie dient dazu, der Sogwirkung zu entgehen, mit den jeweiligen Aufführungen und der Verwendung von Gegenständen umgehend eine dahinter stehende Bedeutung konstruieren zu wollen.

Jugendliche Performances können als intermediäre Praktiken definiert werden. Sie werden weder ausschließlich als ästhetische Praktiken und daher im Rahmen der ästhetischen Bildung reflektiert, noch als Praktiken, die ausschließlich soziale Wirkungen erfüllen. Folglich können die Performances als aktive Herstellungsprozesse von Differenz betrachtet werden, die die Liminalität zwischen fiktionaler Darstellung und realer Handlung kollektiv erzeugen.

Es wird daher angenommen, dass gerade die triangulierenden Unterscheidungen und Verknüpfungen beider Perspektiven einen neuen Beitrag zu jugendarbeiterischen und -pädagogischen Diskursen liefern. Zur weiteren Differenzierung der Hauptfragen werden folgende vier Unterfragen, die das Verhältnis zwischen Aufführenden, Betrachtenden und den Aufführungskontexten in den Blick nehmen, für das empirische Material formuliert:

Welche Praktiken der Differenzerzeugung können als Performances rekonstruiert werden?
Es stellt sich die Frage, ob und wie jugendliche Performances Praktiken der Differenzerzeugung sind, in denen die Subjekte sich mit und zu den aufgeführten thematischen Bezügen in Beziehung setzen und für andere beobachtbar machen. Die Analogie zu Performance-Kunst herzustellen ist deshalb naheliegend, da diese Kunstpraxen Grenzen zwischen ästhetischen Erfahrungen und Alltagserleben thematisieren, sie bearbeiten und verschieben. Erst in den gemeinsamen Aufführungen werden diese Grenzen sichtbar und dadurch intersubjektiv teilbar und erfahrbar. Mit dieser Perspektive würde sich auch der gängige jugendarbeiterische Bildungsdiskurs mit Schwerpunkt auf bisher reflexiv-verbale Thematisierungen der Individuen auf die performativen Praktiken der Intersubjektivität verlagern. Die Bezugnahme auf Performances beschreibt gleichfalls die Qualität der situativen Herstellungspraxis, indem sie nicht ergebnisorientiert die Effekte dieser Praktiken diskutiert, sondern die prozessualen Vorgänge der Organisation von Erfahrungsräumen in den Blick nimmt.

Inwiefern können Performances als Praktiken der Verkörperung rekonstruiert werden?
In der jugendarbeiterischen Theorieentwicklung ist ein expliziter Diskurs um den Körper vornehmlich in den entwicklungs-, gesundheits- und geschlechterpädagogischen Debatten zu verorten und entsprechend konnotiert: Mal ist er Träger und Produzent von Geschlecht, mal Ort biologischer und psychosozialer Umbrüche oder Gegenstand von Präventionsbemühungen. Die hier zu beantwortende Frage ist, ob sich mit dem Begriff der Performance der aufführende Körper in seiner Diversität beschreiben lässt. Wie eingangs erörtert, ist der Körper Ort

sowohl innerer als auch äußerer Veränderungen, die gleichzeitig stattfinden und dabei von den Jugendlichen selbstbezüglich und gemeinschaftlich erfahren werden können. Der Körper ist Ort der komplexen Verschränkung von Hervorbringung und Erfahrung von Wirkung und Differenz, indem mit ihm verkörpertes Wissen aufgeführt und weiter bearbeitet wird. Die daran anschließende Frage ist, inwiefern Performances Praktiken dieser Verkörperung sind, da Jugendliche mit ihnen sowohl eine Form nutzen, mit der sie dieses Wissen zeigen, als auch dieses Wissen in den Körper einschreiben.

Inwiefern können Performances als Praktiken der Selbst- und Fremdtransformationen rekonstruiert werden?
Die Frage ist, ob jugendliche Aufführungen als Spiele mit sich selbst in verschiedenen Facetten verstanden werden können, ohne dabei ein essenzielles Identitätsmodell zu bedienen oder auf illusionistische Distanzierung abzuzielen.[43] Damit wäre die Unterscheidung zwischen dem Authentischen und dem Inszenierten obsolet. Stattdessen würden mit den Performances bereits gemachte Erfahrungen vergegenständlicht, d.h. in ästhetische Formen transformiert und kommuniziert werden, während sie zugleich neue Erfahrungen ermöglichen. Relevant ist auch, ob – ähnlich wie bei Performance-Kunst – jugendliche Aufführungen nicht nur auf die Transformation des jeweiligen Publikums ausgerichtet sind. Wenn sich dies bejahen ließe, dann wären sie komplexe Selbst- *und* Fremdtransformationen, da die Performenden als reale Personen beteiligt sind. Ausgehend von den Ergebnissen der empirischen Jugendarbeitsstudien, die innerhalb der Sphäre der Jugendarbeit zwischen verschiedenen Modi der Separierung und Öffnung sowie Dominanz und Marginalität differenzieren und die immer wieder neu hergestellt werden (müssen), wäre die Teilhabe Anderer an den Aufführungen wiederum kontextspezifisch. Im Gegensatz zu gruppenförmigen Angeboten der pädagogischen Arbeit ist dabei die Position der pädagogischen Fachkräfte ebenfalls „relational" (Köngeter 2009): Ihr Status wäre nicht der der Spielleitenden, so wie es etwa bei theaterpädagogischen Projekten angelegt ist. Sie wären Teil der Kontexte, in denen die Performances aufgeführt werden, und würden die Transformationen mitgestalten.

Welche Arten der Herstellung von Erfahrungsmöglichkeiten können als Performances rekonstruiert werden?

---

[43] Daher ist auch eine Verortung der jugendlichen Aufführungen in einem spieltheoretischen Kontext nicht weiter notwendig, auch wenn die Parallelen zwischen spielerischer und ritueller Einübungs- und Kulturerzeugungspraxis (vgl. Huizinga 1987) auf das Erste gesehen naheliegend sind. Primärer Grund ist die Dichotomie zwischen ‚Spiel' und ‚Realität' mit dem Bezug auf die Eigengesetzlichkeiten des Spiels (vgl. dazu Bätzner 2005).

Weder soll eine bedingte Kausalität zwischen dem Umgang mit ästhetischem
Material und einer kulturell-ästhetischen Bildung hergestellt werden, noch wird
den jugendlichen Performances unterstellt, Kunstaufführungen zu sein. Der
Fokus wird auf die ästhetischen Praktiken und die damit stattfindende Auseinandersetzung gerichtet. Dabei stellt sich die Frage, inwiefern die Praktiken einen
selbsttätigen Erfahrungsmodus darstellen, der sich einerseits in der Auseinandersetzung und Aneignung von ästhetischem Material und andererseits im reflexiven Umgang mit dem Kontext rekonstruieren lässt. Auch wenn im Rahmen der
Arbeit keine explizite Diskussion des Materials vor dem Hintergrund gesellschaftlicher und kultureller Veränderungsprozesse stattfindet, so geht sie von der
Annahme aus, dass die Aufführungen bildungstheoretisch betrachtet als konkrete
Prozesse der Weltaneignung und Lebensgestaltung betrachtet werden können.
Daher kann erkenntnistheoretisch nicht zwischen rein spielerischen und nur
ernsthaften Entwürfen unterschieden werden. Vielmehr wäre das „Reale" und
„Fiktionale" zugleich präsent und konstruktiv aufeinander bezogen. Der pädagogische Raum der Jugendarbeit wäre so für die Mädchen und Jungen ein Ort, der
angeeignet und modelliert werden kann und jenseits der jeweiligen Handlungen
bereits vorstrukturiert und vorstrukturierend ist. Es müsste sich dann in den
Rekonstruktionen zeigen, ob die hervorgehobenen Handlungen der Jugendlichen
gleichfalls reflexiv auf die lokalen Bedingungen reagieren und zu ortsbezogenen
Aufführungen werden. Es stellt sich abschließend die Frage, in welcher Form
diese Verschränkung von Performance und Bildung sichtbar gemacht werden
kann. Mit dem nächsten Kapitel wird der ethnografische Zugang als eine Möglichkeit der Beschreibung und Reflexion eingeführt, die sich für die vorliegende
Studie als die zentrale Forschungsstrategie erwiesen hat.

3. Forschungsdesign und -praxis

3.1 Der ethnografische Zugang als Forschungsstrategie

Der ethnografische Zugang als Forschungsstrategie fokussiert kulturelle Praxen von sozialen Gruppen in ihrer Umgebung und versucht, Sinnzusammenhänge aus der Perspektive der Untersuchten nachzuvollziehen. Zentrales Instrument ist die teilnehmende Beobachtung, die durch weitere Verfahren wie ethnografische Gespräche, Interviews, Dokumentensammlungen oder mediale Aufzeichnungsverfahren unterstützt werden kann (vgl. Hünersdorf/Maeder/Müller 2008; Kelle 2004; Lüders 2000). Der Feldaufenthalt, d.h. die zeitweise Mitgliedschaft der Forschenden am zu erforschenden Geschehen, stellt die Grundlage dafür dar, Informationen zu sammeln und ein tieferes Verständnis für das Forschungsfeld zu gewinnen. Gerade dieser Reiz, introspektive Blicke in den Alltag ihrer Klientel zu erlangen, macht die zunehmende Attraktivität dieser Perspektive auch für die Soziale Arbeit aus. Ethnografie wird in der Sozialen Arbeit als Forschungsmethode und auch als berufliche Haltung diskutiert, da diese als Chance zur Lösung des Theorie-Praxis-Dilemmas und zur Optimierung lebenswelt- und sozialraumorientierter Sozialer Arbeit erachtet wird.[44] Auch in der Jugendarbeit gibt es ein wachsendes Interesse an diesem Zugang, da Jugendarbeit aufgrund ihrer Strukturmaximen auf das lebensweltliche Verstehen ihrer Klientel angewiesen ist, um anhand dessen ihre Fachpraxis erschließen zu können. Sie soll die soziale Logik des Feldes und die subjektiven Sinndeutungen der Individuen umfassend erschließen (vgl. Lindner 2000b: 10f.). Entgegen den ursprünglichen ethnografischen und themenoffenen Forschungen haben sich in der Jugendarbeitsforschung – wie bereits vorgestellt wurde – Ansätze der fokussierten Ethnografie (vgl. Knoblauch 2001) durchgesetzt, die auf kurze Dauer themenzentriert angelegt sind.

---

[44] Vgl. u.a. Schütze 1994; Friebertshäuser 1996; Breidenstein/Kelle 1998; Rauschenbach/Thole 1998, Homfeldt/Schulze-Krüdener/Honig 1999; Marotzki 1999; Helsper 2000; Cloos/Heinze/Köngeter/Thole 2009; Schulz 2009b. Im Laufe des letzten Jahrzehnts hat sich auch eine sogenannte ‚pädagogische Ethnografie' etabliert. Jürgen Zinnecker (2000) spricht etwa davon, dass diese dezidiert die pädagogischen Interaktionen des Feldes in den Blick nehmen soll, ohne dass jedoch zugleich ‚das Pädagogische' relevant sein muss (vgl. ebd.: 283ff.). Auf diese Differenzierung kann m.E. verzichtet werden, da mir eine „Ethnografie der Pädagogik", jedoch nicht eine „pädagogische Ethnografie" als notwendig erscheint.

Um für die Studie jugendliche Selbsttätigkeiten zu rekonstruieren und diese unter den Perspektiven *Bildung* und *Performance* beschreiben zu können, ist ein deskriptiv-qualitativer Zugang notwendig, der diese Praktiken im Handlungsfeld der Jugendarbeit detailliert dokumentiert. Dabei erweist sich die Ethnografie als der einzig sinnvolle Zugang, da keine retrospektiven Auskünfte Jugendlicher über die biografisch-subjektive Relevanz rekonstruiert werden sollen, die auf Sprachlichkeit und Reflexivität der Befragten aufbauen. Stattdessen geht es um die Rekonstruktion der dynamisch-wechselseitigen Verschränkungen von situativen, dabei inkorporierten und präreflexiven Gesellungs- und Gestaltungsformen sowie ihren Feldkontext:

Erstens ist der ethnografische Ansatz besonders gut geeignet, soziale Phänomene empirisch zu erkunden, die performativ, körpergebunden und vorsprachlich sind (vgl. Reckwitz 2000 u. 2003). „Eine methodologische Prämisse diese Ansatzes ist es, dass Teilnehmern ihre alltagsweltlichen Konstruktionen nicht (notwendig) reflexiv oder diskursiv verfügbar sind, sondern sie verfügen über jene Form von implizitem Wissen [...]: Die Teilnehmer ‚wissen wie es geht', sich in der eigenen Kultur kompetent zu bewegen, aber sie wissen es nicht zu erklären" (Kelle 2004: 637; dazu auch Amann/Hirschauer 1997: 23f.). Für die jugendlichen Selbsttätigkeiten in der Jugendarbeit trifft dies insbesondere zu, „weil hier stärker als in anderen pädagogischen Settings das Vorsprachliche [...] oder das Stumme, das sich nicht mitteilen kann" (Cloos u.a. 2007: 35f.), Bedeutung erlangt. Die hier fokussierten Praktiken, die beiläufige Erfahrungs- und Bildungsgelegenheiten herstellen, finden vornehmlich als performativ-körperliche und mimetische Praktiken statt, die ihren Sinn praktisch und damit in der Regel unbewusst erzeugen. Daher sind sie über reflexive Methoden schwer zugänglich (vgl. Wulf 2001c). Die Ethnografie bietet für die Erforschung der Performances ein Instrument, das vor allem beobachtet und weniger befragt (vgl. Kelle 2004: 637).

Zweitens sucht die ethnografische Forschung ihren Untersuchungsgegenstand in seiner Umgebung auf und nimmt am Feldgeschehen teil. Die im Feld der Jugendarbeit anzutreffenden Jugendlichen verbringen dort einen Teil ihres Alltags. Gerade diese alltäglichen und gewöhnlichen Routinen sind für die ethnografische Perspektive relevant (vgl. Friebertshäuser 1997: 510), da Jugendliche mit diesen routinierten Praktiken aufführen, was ihnen wichtig ist. Damit bieten sie den Forschenden nicht nur Situationen, sondern auch entsprechende Deutungsmöglichkeiten an. Dies ist für die bildungstheoretische Reflexion dieser Arbeit zentral, da nicht mit der Reziprozität der Perspektiven gerechnet werden kann (vgl. Schütz 1972). Bildung kann als Phänomen sichtbar gemacht werden, indem davon ausgegangen wird, dass Jugendliche in ihren Selbsttätigkeiten die kontextspezifischen Bildungsgelegenheiten als Verschränkung der sozialen und räumlich-materiellen Situation erst hervorbringen. Zugleich fokussiert der ethnografische Zugang das Feldgeschehen und weniger die Einzelpersonen. Damit lässt sich für die vorliegende Studie eine Differenz zu anderen, eher fallanalytisch ausgerichteten Perspektiven bestimmen: Indem sie die Handlungspraktiken fokussiert, ist sie nicht als personale Fallstudie, sondern als situationsfokussierte Feldstudie angelegt (vgl. Schulz 2009a).

Drittens verfügt Ethnografie mit der teilnehmenden Beobachtung über ein Instrument, das situativ und räumlich sehr flexibel ist und sich den Handlungsverläufen der Performances, die sich vom Alltagsgeschehen abheben, anpasst.[45] Dies ist gerade deshalb notwendig, weil das Feld über zahlreiche Möglichkeiten und Plätze verfügt, Performances aufzuführen (vgl. Rose/Schulz 2007a; Cloos u.a. 2007). Die Besucherinnen und Besucher verbringen ihre Zeit in der Regel nicht fremdstrukturiert in stabilen Gruppen oder in festgelegten Räumen, sondern haben innerhalb der Einrichtungen einen großen Bewegungsradius und agieren in verschiedenen Konstellationen. Die begleitenden Forschenden können dabei flexibel und mit allen Sinnen die atmosphärisch-sinnlichen Momente dokumentieren (vgl. Audehm/Zirfas 2001: 42). Anhand von Beobachtung und punktueller Befragung lassen sich die offenen und komplexen jugendlichen Selbsttätigkeiten erfassen.

Damit ermöglicht der ethnografische Zugang, differente Arten der jugendlichen Selbsttätigkeiten in den Jugendzentren zu registrieren und diese sowohl als selbst initiierte Performances wie auch als selbst produzierte Bildungsgelegenheiten zu rekonstruieren. Die einzelnen Forschungsschritte der Studie werden im weiteren Verlauf detaillierter dargestellt.

3.2 Forschungsdesign

3.2.1 Forschungssample

Dem vorliegenden Forschungsvorhaben stand das empirische Material zweier ethnografischer Studien, an denen ich als Mitarbeiter mitwirkte, zur Verfügung –

---

[45] Das methodische Problem, dass die herausgehobenen Handlungen, wenn sie nicht vom Darstellenden expliziert werden, Konstruktionsleistungen der Beobachtenden sind, wird reflektiert. Pragmatisch wird davon ausgegangen, dass das intersubjektive Teilen von Aufmerksamkeit, d.h. mehrere Zuschauende richten für die Beobachtenden offensichtlich ihre Aufmerksamkeit aus, Merkmal für die Herausgehobenheit ist. Daher sind diese Beobachtungen nicht ausschließlich individuelle und subjektive Konstruktionen der Beobachtenden, sondern vielmehr im ethnografischen Sinn das Annähern an den sozialen Sinn der Situation. Dieser lässt sich insofern rekonstruieren, als dass die Beobachtenden aus einer mimetischen Position heraus zu rekonstruieren versuchen, warum die Aufmerksamkeit anderer auf eine bestimmte Handlung gerichtet wird.

einerseits das Projekt „Evaluation von Bildungsprozessen in der Jugendarbeit" der Universität Hildesheim (vgl. Müller/Schmidt/Schulz 2005/2008) und andererseits „Jugendliche Genderinszenierungen als Bildungsgelegenheiten in der Offenen Jugendarbeit" der Fachhochschule Frankfurt am Main (vgl. Rose/Schulz 2007a). Beide Studien entwickeln ein situatives Bildungsverständnis, welches sich relational einerseits auf Genderinszenierung und andererseits auf die Herstellung von Bildungssituationen bezog.

Die vorliegende Studie ist im Sinne von Clifford Geertz (1983) eine Weiterarbeit an der empirischen Sättigung dieses Bildungsverständnisses: „Untersuchungen bauen auf anderen Untersuchungen auf, nicht in dem Sinne, dass sie da weitermachen, wo andere aufgehört haben, sondern in dem Sinne, dass sie mit besseren Kenntnissen und Begriffen ausgerüstet noch einmal tiefer in die gleichen Dinge eintauchen" (ebd.: 36). Die Beobachtungen in den drei Jugendzentren[46] Waldstadt, Burghagen und Langenstedt sind nicht auf ästhetische Aufführungen fokussiert gewesen, sondern waren zunächst unfokussiert angelegt, indem sie jegliche Interaktionen im Feld deskriptiv einfingen. Daher rückt nun Performance als „Blickschneise" (Mohn 2007), also insbesondere die ästhetische, körperliche und prozessuale Seite der Feldprotokolle, in den Fokus der Rekonstruktionen. Das bereits erhobene Material wird somit unter der Perspektive Bildung einerseits vertieft und andererseits im Rahmen von Performance neu kontextualisiert. Für die vorliegende Studie wurde der empirische Zuschnitt präzisiert:

Erstens wurde bei der Auswahl des empirischen Materials der Fokus ausschließlich auf jugendliche Selbsttätigkeiten gelegt. Daher spielt in den folgenden Rekonstruktionen das pädagogische Personal nur eine randständige Rolle. Die Selektion war notwendig, damit die Selbsttätigkeiten der Jugendlichen als selbst initiierte Bildungsgelegenheiten in ihrer Qualität stärker herausgearbeitet werden können.

Zweitens wurden aus den Feldprotokollen der drei Einrichtungen diejenigen Beobachtungsprotokolle von mir ausgewählt, die die jugendlichen Selbsttätigkeiten innerhalb von vier Räumen – Musikraum, Discoraum, Sofaraum und Offener Bereich – dokumentieren. Bereits in Rose/Schulz (2007a) erwies es sich als

---

[46]   Die drei hier untersuchten Einrichtungen wurden für die beiden Forschungsprojekte im Sinne eines selektiven Sampling (vgl. Kelle/Kluge 1999) aus einem Pool von zwanzig Einrichtungen der Jugendarbeit ausgewählt. Die Einrichtungen wurden sowohl im ersten (2004/2005) als auch im zweiten Forschungsprojekt (2005/2006) aufgesucht. Im ersten Forschungsprojekt waren diese Teil von insgesamt 8 besuchten Einrichtungen, während das zweite Forschungsprojekt sich ausschließlich auf die 3 Einrichtungen konzentrierte. Wie die Auswahl der Einrichtungen entstand, Kontakte aufgenommen wurden, welche Art von Vorgesprächen es dazu gab, findet sich vertiefend in Müller/Schmidt/Schulz 2008: 37ff. bzw. Rose/Schulz 2007a: 24ff. und wird hier daher ausgespart.

aufschlussreich, die jugendlichen Genderinszenierungen auf die jeweiligen Räumlichkeiten bezogen zu rekonstruieren, da bereits hier erste Bezüge zwischen räumlich-materiellen Vorgaben und den jeweiligen Praktiken hergestellt werden konnten. Entsprechend wurde das gesamte Beobachtungsmaterial aus Müller/Schmidt/Schulz (2005) sortiert. Angelehnt an die Zwischenergebnisse der beiden Studien wurde zwischen dem Typus „öffentlicher Raum" – Offener Bereich und Discoraum – und „privater Raum" – Musikraum und Sofaraum – differenziert. Hier wird das spezifische Verhältnis zwischen Raum, Performenden und Zuschauenden herausgearbeitet. Zugleich wurden diese vier Räume wiederum als „themenspezifischer Raum" – Discoraum und Musikraum – und „themenoffener Raum" – Offener Bereich und Sofaraum – gegenüber gestellt, um einen Einblick zu erhalten, auf welche Art die räumlichen Präskripte Performances kanalisieren. Daran anschließend wurde in einer dritten Feldphase (2007) zusätzliches Material gesammelt, um das bislang ausgewertete Material der beiden Forschungsprojekte weiter anzureichern.

Drittens wurden bei der Datenerhebung selbst im Sinne einer Triangulation (vgl. Denzin 1989: 237f. u. Flick 2000) verschiedene qualitative Methoden verbunden und gezielt verschiedene Forschungsperspektiven und Datenquellen miteinander kombiniert.[47] Diese Verschränkung der Datenerhebung beinhaltete teilnehmende Beobachtungen (vgl. 3.2.2) und die daraus entwickelten Feldvignetten (vgl. 3.2.3). Zudem wurden ethnografische Gespräche mit jugendlichen Besucherinnen und Besuchern sowie Mitarbeiterinnen und Mitarbeitern der Jugendarbeitseinrichtungen (vgl. 3.2.3) geführt und Fotografien der Räume angefertigt. Die Untersuchung der ersten beiden Feldphasen erfolgte in Tandems, während die dritte allein durchgeführt wurde. Für das vorliegende Forschungsvorhaben wurde nach der Selektion der Feldvignetten und ethnografischen Gespräche eine punktuelle Erhebungsphase durchgeführt. In dieser wurden die Räume erneut fotografisch dokumentiert und ethnografische Gespräche geführt, jedoch keine weiteren Feldvignetten erstellt. So wie in den ersten beiden Forschungsphasen Gender und Bildung als begrenzendes „sensibilisierendes Konzept" (Strauss/Corbin 1996) genutzt wurden, stand in der dritten Phase der Zusammenhang von Performance und Präskripten im Vordergrund.

3.2.2 Teilnehmende Beobachtung

Die teilnehmende Beobachtung stellte für das Forschungsanliegen die zentrale Erhebungsmethode dar. Die Feldaufenthalte erfolgten über Perioden von je fünf bis zehn Tagen pro Jugendzentrum und schlossen die gesamten Öffnungszeiten

---

[47] Zur Auswertung des Materials vgl. 3.4.

der Einrichtungen mit ein. So konnten etwa 50 Öffnungstage durch die Forschenden begleitet werden. Im Beobachtungsfokus stand der Jugendzentrumall-
tag jenseits gruppenspezifischer Angebote. Dabei beobachteten die Feldforschenden zunächst unfokussiert, indem sie alle Gruppierungen, Tätigkeiten und
Räumlichkeiten in den Blick nahmen und sich zugleich immer wieder in den
Einrichtungen bewegten, um sich zu etwaigen Gruppen hinzuzugesellen. Damit
wurde einerseits abgesichert, dass nicht nur besonders auffällige Interaktionen
beobachtet werden, die unmittelbar die Aufmerksamkeit der Forschenden auf
sich zogen, sondern gleichfalls auch unauffällige und alltägliche Praktiken wie
das gemeinsame Herumsitzen oder Spielen. Andererseits sollte auch nicht
vorschnell durch die Feldforschenden entschieden werden, welche Situationen
für die Forschungsfrage relevant erscheinen. Daher waren die Feldaufenthalte
auch nicht auf die gezielte Beobachtung von Tanz-, Musik- oder Theaterperformances, so wie später die Rekonstruktionen kategorisiert werden, angelegt.
Ergänzend zu den Aufenthalten in den Jugendzentren wurde an einzelnen Tagen
beobachtet, was vor und nach den Öffnungszeiten auf dem frei zugänglichen
Gelände der Jugendzentren geschieht.

Die Feldstudien wurden aufgrund der Erfahrungen der ersten Forschungsaufenthalte (2004) nahezu durchgängig in personellen Tandems durchgeführt.
Ein Grund war, dass die Forschenden ihre Belastungsgrenze gerade bei besonders ereignis- und besucherreichen Tagen vergleichsweise schnell erreichten,
wenn sie allein im Feld waren. Zudem bestand für die einzelnen Forschenden
kaum die Möglichkeit, situativ flexibel reagieren zu können und dennoch im
Laufe des Forschungsprozesses Beobachtungsschwerpunkte zu setzen. Zum
anderen stellte sich heraus, dass gerade jenseits der offiziell geschlechtsspezifi-
schen Settings Handlungspraktiken zu beobachten sind, die informelle Ge-
schlechtergrenzen herstellten, über die sich die Forschenden ebenso wie andere
Feldteilnehmende nicht hinwegsetzen konnten und durften. Diese beiden anfänglichen Erfahrungen führten zu einer Korrektur der Forschungsdesigns – hin zu
einer Tandembesetzung.

Wie bereits angedeutet, erfordert die teilnehmende Beobachtung aus mehrer-
lei Hinsicht permanent eine distanzierende Reflexion: Thole/Cloos/Küster (2004)
weisen bereits darauf hin, dass es gerade bei ethnografischen Forschungen im
pädagogischen Handlungsfeld zu schwierigen Balanceakten zwischen der eigenen Rolle, den Beteiligten und den eigenen Handlungs- und Deutungsroutinen
kommen könne, wenn die Forschenden zugleich Pädagog/innen sind (vgl. ebd.).
Zugleich kann die engagierte Teilnahme der Forschenden auch professionsnahe
Handlungsmuster wie die Intervention oder Begleitung aktivieren, die den
pädagogischen Fachkräften vor Ort vorbehalten sind. Zwei der Feldforschenden
waren durch ihre Praxistätigkeiten in der Jugendarbeit mit den Routinen des

Berufsfelds vertraut. Daher wurde durch wiederholte Reflexionsgespräche zwischen den Feldforschenden und anderen, am Forschungsprozess beteiligten Personen[48], gesichert, dass die Ethnografin/der Ethnograf sich von dieser vermeintlich vertrauten Kultur dennoch befremden lassen kann (vgl. Hirschauer/Amann 1997). Die reflexive Strategie der künstlichen Fremdheit basiert weniger im klassisch ethnologischen Sinn auf dem „Vertrautmachen des Fremden" (Amann/Hirschauer 1997: 11) sondern darauf, das „weitgehend Vertraute" so zu betrachten, „als sei es fremd" (Amann/Hirschauer 1997: 12, H.i.O.).

Jedoch zeigte sich anhand der Forschungspraxis auch, dass diese Fremdheit nicht ausschließlich als reflexiver Prozess der Konstruktion und Dekonstruktion von Bedeutung erzeugt werden musste, sondern diese direkt und leiblich-affektiv durch die Forschenden erfahren wurde. Die Fremdheit wird durch das Feld hergestellt, indem Jugendliche sich beispielsweise mit kulturellen Praktiken wie dem SingStar-Spiel auseinandersetzen, die der Forschendenwelt kaum zugänglich erscheinen oder die diese gar als enervierend wahrnahmen. Zugleich verletzten die Mädchen und Jungen mit willkürlich erscheinenden Themen- und Ortswechseln die Normen der Erwachsenen. Diese und andere Irritationen fielen den Forschenden nicht reflexiv auf, sondern sie wurden vielmehr zunächst affektiv-körperlich erspürt: Die jugendlichen Praktiken ekelten oder provozierten die Forschenden, die sich angegriffen, ausgegrenzt und beleidigt fühlen und als Person emotional reagieren (vgl. Rose/Schulz 2007a: 247f.). Hier galt es, den affektiven Wunsch nach räumlicher und dadurch körperlicher Distanzierung und Separierung zu dokumentieren und zu reflektieren.

Zugleich musste die Erfahrung der affektiven Nähe und Distanz zu den Mädchen und Jungen immer wieder ausbalanciert werden. Die Feldprotokolle dokumentieren immer wieder eine hohe Sympathie gegenüber den Jugendlichen, die sich als kontaktfreudig, offen und kommunikativ zeigten. Hierbei konnte die Grenze zwischen Forscher/in und pädagogischer Fachkraft auch dann verschwimmen, wenn die Jugendlichen die Ethnograf/innen als interaktionsfähige Partner/innen wahrnahmen. Diese Nutzungen konnten wiederum den eingangs beschriebenen Sog auslösen, pädagogisch-professionelle Deutungsroutinen der Forschenden zu reaktivieren und damit zu sehr in die pädagogische Rolle der Professionellen zu geraten, die selbst notwendiger Teil der zu beobachtenden sozialen Feldpraxis sind. Um die „Attitüde der künstlichen Dummheit" (vgl. Hitzler 1986) wirksam zu halten, zogen sich daher die Beobachtenden während der Feldaufenthalte immer wieder für kurze reflexive Gespräche zurück, um über die wechselseitigen Mitteilungen und Feedbacks Ausblendungen aufzuspüren oder vorschnelle Interpretationen zu hinterfragen.

---

[48]   In den beiden Studien übernahmen diese Funktion vor allem die Projektleitenden Burkhard Müller bzw. Lotte Rose.

Die Phasen der teilnehmenden Beobachtung wechselten sich mit distanzierenden Phasen der individuellen und kollektiven Reflexion sowie der schrift-
lichen Dokumentation ab. Dabei wurden jeweils anhand der Aufzeichnungen
einschließlich der Irritationen sowie positiver als auch negativer Gefühle, neue
Fragen und Perspektiven auf die Forschungsfrage entwickelt. Durch die parallele
Entwicklung der Forschungsfrage konnten die Ergebnisse der zirkulären Prozesse die hier verwendeten sensibilisierenden Konzepte *Bildung* und *Performance*
weiter verfeinern und die Aufmerksamkeitsrichtung im Feld präzisieren.

3.2.3 Ethnografische Gespräche und Erzählungen

Im Rahmen der Forschungsaufenthalte wurden sowohl Beobachtungsprotokolle,
die später zu Feldvignetten (vgl. 3.2.4) verdichtet wurden, als auch ethnografische Gespräche mit den Jugendlichen und pädagogischen Fachkräften geführt.
Mit den ethnografischen Gesprächen wurden spontan und informell Mitarbeiten-
de und Jugendliche als Expert/innen ihrer Einrichtung befragt, um möglichst
wenig distanzierende Förmlichkeit entstehen zu lassen. Diese Gespräche wurden
aufgezeichnet und im Anschluss vereinfacht transkribiert.

Zu Beginn fertigten die Forschenden ein Zugangsprotokoll ihres Feldein-
stiegs an, in dem sie ihre ersten räumlich-atmosphärischen Eindrücke der Einrichtungen festhielten. Diese umfassten nicht nur eine architektonisch-räumliche
Beschreibung, sondern sollten auch die jeweiligen Reaktionen auf diese räumlichen Arrangements dokumentieren. Zugleich notierten die Forschenden während
des Feldaufenthalts einzelne Situationen.[49] Das schriftliche Aufzeichnungsverfahren der beobachteten Situationen wurde im Laufe des Forschungsprozesses
verändert: Während in der ersten Phase, in der die Forschenden einzeln im Feld
waren, die Protokolle im Anschluss an die Beobachtungstage allein auf Tonband
sprachen oder direkt verschriftlichten, wurden mit der Einführung der Forscher-
tandems die Beobachtungen grundsätzlich als mündlich erzählte Geschichten
dokumentiert (vgl. dazu Cloos 2009). Diese Änderung war deshalb nötig, weil
beim gegenseitigen Lesen der Protokolle zum Teil erhebliche Schwierigkeiten in
der Verschriftlichung von Felderfahrungen festgestellt wurden: Die Beschreibungen zeigten einen zu hohen bzw. zu geringen Detailliertheitsgrad, sodass sich
die anschließenden Rekonstruktionsprozesse als schwierig herausstellten.

---

[49]   In wenigen Fällen wurden jene per Tonaufnahme aufgezeichnet, vereinfacht transkribiert und zu
den Beobachtungsprotokollen hinzugenommen. Es stellte sich in den Interpretationsgruppen
heraus, dass die Aufmerksamkeit schnell auf die inhaltliche Ebene des gesprochenen Wortes und
nicht mehr auf den performativen Prozess gelenkt wurde. Um diesem Sog zu entgehen, wurden
diese beiden Dokumente – Beobachtungstext und Transkription – getrennt ausgewertet.

Damit sah sich die Forschungsgruppe nicht nur mit einem bloßen methodischen Problem konfrontiert. Analog dazu hat Brandstetter (2004) aus der Perspektive der Theaterwissenschaften beschrieben, dass diese nicht nur mit dem Problem des Transitorischen konfrontiert sei, indem die Aufführungen – und demnach auch Performances – durch „Aufzeichnung zu einem tradierbaren Objekt der Wissenschaft" (ebd.: 42) gemacht werden, sondern der Wille der diskursiven Auseinandersetzung „(scheinbar) auch vom Gelingen eben dieser (re-)konstruktiven Herstellung ihres Gegenstandes – eben der Aufführung – abhängt" (ebd.). Mit den erzählten Beobachtungen, die zugleich die Konstruktionsleistung der Forschenden thematisieren, wurde versucht, diese Schwierigkeiten zu minimieren: Im unmittelbaren Anschluss an den Beobachtungstag erzählten sich die Forschenden auf Grundlage der Feldnotizen gegenseitig ihre Beobachtungen, die währenddessen digital aufgezeichnet wurden. An diese Erzählungen schlossen sich erste Assoziationen und gefühlsmäßige Eindrücke an. Der Vorteil dieser ethnografischen Erzählungen ist, dass im wechselseitigen Erzählen die Konstruktionsebene stärker thematisiert wird, indem subtile und unausgesprochene Vorinterpretationen in den Beobachtungen durch die zuhörende Seite aufgedeckt, Beobachtungssprünge nicht geglättet und zugleich Beobachtungslücken teilweise geschlossen werden können. Durch die Doppelperspektive auf einzelne Szenen, die durch beide Forschenden beobachtet wurden, konnten diese miteinander verschränkt werden. Parallel laufende Handlungsstränge, die teilweise miteinander in Beziehung standen, konnten so auch in ihrer komplexen Bildhaftigkeit detailliert erfasst werden.

3.2.4 Die Verschriftlichung als ethnografische Feldvignette

Unter Einhaltung der Gütekriterien der qualitativen Sozialforschung (vgl. Bohnsack 2005; Steinke 1999 u. 2000) wurden in einem nächsten Schritt die mitgeschnittenen Beobachtungsdaten als „Feldvignetten"[50] (Schulz 2009b) literarisiert: Die/der Erzählende überträgt ihre bzw. seine mündlich aufgezeichnete Erzählung in eine schriftliche Form. Die so entstandenen „dichten Beschreibungen" (Geertz 1983) erzählen Mikroereignisse der Jugendarbeit. So wie alle empirischen Erhebungsverfahren bilden diese ethnografischen Feldvignetten dabei nicht objektiv die Realität ihres Gegenstands in Form unabhängiger Daten ab. Auch wenn die Aufgabe der ethnografischen Forschung darin besteht, „die erforschte soziale Welt so lebensnah zu beschreiben, dass der Leser ihre Bewohner buchstäblich sehen und hören kann" (Glaser/Strauss 1979: 103), konstruieren die Feldvignetten diese selbst, da sie „subjektive Verdichtungen des Beobachteten"

---

[50] Vgl. die detaillierte Beschreibung zur Erstellung von Feldvignetten in Schulz 2009a.

(Kelle 2004: 644) sind. Die Feldvignetten sind immer Ergebnisse performativer Prozesse, da sie den Gegenstand der Darstellung durch absichtsvoll geformte, sprachliche Ästhetisierungen in spezifischer Weise erst entstehen lassen. Es werden Strukturierungen und Verdichtungen vorgenommen, Zusammenhänge, Zäsuren, Spannungsbögen und Pointen geformt, während die grammatikalische Präsensform als Stilmittel dazu dient, Gegenwärtigkeit zu erzeugen. Die Verschriftlichung wurde wiederum von den Mitforschenden gegengelesen und kritisch kommentiert, wobei kein Anspruch erhoben wurde, die Texte sprachlich zu perfektionieren. Auch wenn jene beim Lesen den Charakter des Authentischen suggerieren könnten, so war es letztlich wichtiger, die ersten affektiven Assoziationen, die sich mit der Art der Beschreibungswahl einstellten, festzuhalten und dem Reflexionsprozess zuzuführen. Die so dokumentierten Situationen wurden chronologisch geordnet und anonymisiert.

So entstand für jede Einrichtung ein umfangreiches Materialkonvolut, welches aus Feldvignetten, aufgezeichneten Gesprächen, Zugangsprotokollen und Tagesnotizen bestand. Parallel dazu führten die einzelnen Forschenden ein Feldforschungstagebuch, in dem weitere Eindrücke und Fragestellungen notiert wurden. Diese waren als private Reflexionsnotizen im Ganzen für die anderen Forschenden nicht zugänglich, jedoch fanden die Notizen in dem, unter Kapitel 3.4 vorgestellten Auswertungsverfahren Verwendung.

Zu den im Folgenden abgedruckten Feldvignetten selbst: Sie sind durchgängig kursiv gedruckt. Der Hinweis, innerhalb welcher Einrichtung (Burghagen, Waldstadt und Langenstedt) die Szene beobachtet wurde, findet sich direkt nach jeder Beobachtungsszene in Klammern gesetzt, ebenso die Forschungsphase (Müller/Schmidt/Schulz = a; Rose/Schulz = b), der Tag (1-4) und das Kürzel der Forscherin bzw. des Forschers (MF für Mareike Fischer, SS für Susanne Schmidt und MS für Marc Schulz). Wenn innerhalb der Beobachtungstexte die Forschenden in Erscheinung treten, sind diese hinter dem ersten „ich" mit Kürzel benannt.

3.3 Feldpraxis: Zwischen Beobachten und Zuschauen

Gerade für das vorliegende Forschungsanliegen ist die Herstellung und Aufrechterhaltung eines produktiven (Beobachtungs-)Verhältnisses zwischen den Forschenden und den Akteur/innen des Feldes besonders zentral. Zugleich ist die Gestaltung des Feldzugangs selbst immer ein prekärer und fragiler Moment (vgl. dazu auch Cloos u.a. 2007; Küster 2003). Die Forschenden sind auf Unterstützung von einzelnen Akteur/innen angewiesen, müssen zugleich auch forschende Distanz zu ihnen herstellen und sich je nach situationsspezifischen Kontexten defensiv oder offensiv verhalten, um beobachtend forschen zu können (vgl.

Wolff 2000). Dem Feld gegenüber signalisieren die Ethnograf/innen Interesse
für das, was dort geschieht und bezeugen dies durch den Akt der Beobachtung.
Jedoch ist das Performative kultureller Praktiken nicht auf die Anwesenheit oder
Teilnahme von beobachtenden Forschenden angewiesen, aber als Aufführungen,
wie im Performance-Kapitel (vgl. 2.) ausgeführt, auf beobachtende Zuschauende
ausgerichtet. Beim Status des Zuschauers/Publikummitglieds und Beobach-
ters/Forschers handelt es sich zwar um ähnliche, aber nicht völlig identische
Positionen: Die Feldforschenden müssen, im Gegensatz zu den Zuschauenden,
ihre Art des Beobachtens *und* die Affekte und anderen Reaktionen reflexiv
erfassen, da all dies wichtiges Erkenntnismaterial darstellt (vgl. Devereux 1984).
Der Zuschauende selbst muss diese Reflexivität nicht notwendigerweise aufbrin-
gen, denn er zwar aktiv am performativen Prozess beteiligt ist, aber nicht artikulieren muss, was dies bei ihm auslöst.

Die Aufgabe der Forschenden ist demnach, sich als Zuschauende *und* Forschende in das Feld zu integrieren. Sie müssen seitens der anderen Akteur/innen
– seien es Jugendliche oder andere Erwachsene – als zuschauendes Publikum
akzeptiert werden, auch wenn sie nicht primär potenziell Teilnehmende sind.
Daher kann nicht davon ausgegangen werden, dass die Zugänge zu den Aufführ-
ungssituationen als selbstverständlich gegeben sind. Zwar bestand eine grundsätzliche Offenheit der Jugendlichen und Erwachsenen gegenüber den Feldforschenden – offensichtlich wird Jugendarbeit von Jugendlichen auch als öffentlicher Ort wahrgenommen, der es Erwachsenen relativ selbstverständlich erlaubt,
dort einzutreten und aufzuhalten.[51] Dennoch resultierte daraus keine allgemeine
und dauerhafte Aufenthaltsberechtigung im Feld. Die Zutrittsinitiativen variier-
ten je nach Kontext und mussten immer wieder neu, entsprechend der verschiedenen sozialen Logiken der Orte, ausgehandelt werden. Drei Zugangstypen
können wie folgt klassifiziert werden:

Eigener Zugang: Die Forschenden erwarben gemäß den impliziten und expliziten Anforderungen des Settings oft selbst Zugangs- und Aufenthaltsberech-
tigungen. Je nach Kontext war es für die Forschenden erforderlich, sich entsprechend aufzuführen, beispielsweise Speisen oder Getränken an der Theke erwer-
ben und verzehren, an den Spieltischen zusehen oder auf den Sofas ‚abzuhän-
gen‘. Damit wiesen sie sich gegenüber den anderen Feldteilnehmenden, sowohl
den pädagogischen Fachkräften als auch den Jugendlichen, als kompetent Handelnde aus, die die räumlichen Präskripte der Jugendarbeit zu identifizieren

---

[51] Bei dieser ‚Forschung in eigener Sache' entstanden keine Spannungen (vgl. im Gegensatz
Thole/Cloos/Küster 2004): Durch die Feldvertrautheit entstand zwischen den Fachkräften und
den Forschenden trotz ihrer Doppelqualifikation als Wissenschaftler/innen und Pädagog/innen
ein Vertrauensverhältnis. Die Jugendlichen ließen die Nähe der Forschenden zu, waren aber auch
immer damit beschäftigt, die Besucher/innen einzuordnen und deren Status auszuloten.

versuchen. Gerade unter dem Aspekt der Performance ist die Beobachtung dieser Praktiken aus großer Nähe und in Konzentration (vgl. Janecke 2004: 30) notwendig, die zugleich die Akzeptanz der Anderen erfordert. Jedoch zeigt das Material auch misslungene Praktiken der Teilnahme, da die kontextbezogenen Präskripte beispielsweise nur für bestimmte Alters- oder Geschlechtergruppen galten (vgl. Rose/Schulz 2007a).

Zugang durch Fachkräfte: Die Fachkräfte ermöglichten den Forschenden Zutritte zu tatsächlich oder symbolisch geschlossenen Räumen. Dies hatte jedoch die Konsequenz, dass die Forschenden zumeist auch nach der Öffnung fortwährend durch die pädagogischen Fachkräfte durch Mitspiel- oder Gesprächsangeboten integriert werden mussten. Dies führte auch zu Störungen, weil die Anwesenheit von Erwachsenen nicht immer erwünscht war. Die peergroupinternen Aktivitäten wurden teilweise seitens der Jugendlichen spontan abgebrochen, an andere Orte verlegt oder die Themen wurden gewechselt.

Zugang durch Jugendliche: Auch die Mädchen und Jungen selbst ermöglichten den Forschenden Zugänge zu ihren Aktivitäten. Dabei zeigte sich, dass die Jugendlichen die sich in der Einrichtung aufhaltenden Erwachsenen sehr genau beobachteten und deren Interessenlagen und Wirkungen zu differenzieren wussten (vgl. Rose/Schulz 2007a). Jedoch wurden die Forschenden durch die Jugendlichen kaum als Personen akzeptiert, die nur beobachten. Stattdessen entschieden die Jugendlichen situativ, wie sie die Erwachsenen in ihre Aktionen integrieren. Die anfängliche Zuweisung von Positionen und Tätigkeiten, wie die Aufforderung des Mitmachens oder die Zuweisung eine/r expliziten Zuschauer/inrolle, ermöglichte es den Forschenden, so zu tun, als ob sie das Gleiche wie die Jugendlichen tun. Feldforschenden werden, je nachdem, was die Situation, das Handlungsgeschehen und das Setting gerade erfordern, verschiedene Positionen zugeschrieben, die sie annehmen und fortschreiben – oder auch nicht. Die Differenzierung zwischen teilnehmender Beobachtung und beobachtender Teilnahme (vgl. Hitzler 2000: 23) und die dadurch ausgelöste methodologische Problemdebatte werden somit für die Forschungspraxis obsolet. Der Forschungsprozess oszilliert zwischen Teilnahme und Beobachtung, weil er als solcher im Feld und vom Feld geleitet wird und sich leiten lassen muss.[52]

Zugleich konnten nicht nur architektonische Räume, sondern auch Personenkonstellationen eine deutliche Versperrung gegenüber den Forschenden

---

[52] Die Gewichtung von Beobachtung und Teilnahme ist weniger methodologisch programmatisch zu entscheiden, sondern muss in der Forschungspraxis immer wieder situativ ausgelotet werden. Manchmal ist der Preis für eine dichte Teilnahme der Verlust der registrierenden Distanz mit der Konsequenz, dass mehr über die Verstrickungen und feldtypischen Dynamiken berichtet werden kann. In anderen Fällen kann es dazu führen, dass Zugangswege zu anderen Heranwachsenden dadurch versperrt werden, dass man sich mit den „Anderen" sympathisierend gezeigt hat. Umgekehrt kann eine ausgeprägte habituelle Distanz ebenso die Feldzugänge verschließen.

verkörpern. Explizite und aggressive Abgrenzungsgesten gab es vergleichsweise selten, meist waren sie implizit und mehrdeutig angelegt. In manchen Szenen waren die Forschenden für die Heranwachsenden zu unbedeutend und zu randständig, um überhaupt ausgeklammert zu werden, in anderen waren die Forschenden zu präsent und mussten des Raumes verwiesen werden.

3.4 Auswertungsstrategie und -ziele

Wie bereits erwähnt, konnte auf umfangreiches Datenmaterial zweier Forschungsprojekte (vgl. Rose/Schulz 2007a und Müller/Schmidt/Schulz 2005) zurückgegriffen werden. Es besteht aus mehreren hundert Seiten Beobachtungsprotokollen, ethnographischen Gesprächen und weiteren Feldnotizen. Durch die extensive Materialauswertung war insbesondere der Autor mit dem Gesamtkonvolut vertraut. Nach einer ersten Sichtung wurden, wie bereits unter Kapitel 3.2.1 ausgeführt, die jugendlichen Selbsttätigkeiten in den vier kontrastiven Räumen Discoraum, Musikraum, Sofaraum und Offener Bereich aus dem Gesamtmaterial extrahiert und systematisiert. Zu dieser Auswahl an Ausschnitten wurden zugleich die Interpretationsprotokolle gesichtet, die im Rahmen der o.g. Rekonstruktionswerkstätten erstellt worden sind. Darin unterscheidet sich das hiesige Verfahren deutlich von ausschließlich ethnografisch arbeitenden Studien: Während diese darauf angelegt sind, Beschreibungen anzufertigen und sich Interpretationen weitestgehend enthalten, zielen die hier vorgenommenen Rekonstruktionen nicht auf Deskriptionen ab, sondern suchen Verstehenszugänge.

Die selektierten Beobachtungsprotokolle wurden in einem letzten Schritt systematisiert und selektiert: Am als Arbeitsbegriff entwickelten Performanceverständnis und den bereits vorliegenden Interpretationsprotokollen orientiert, wurden die Ausschnitte für die weitere Rekonstruktionsarbeit berücksichtigt, in denen Jugendliche sich ästhetisch betätigen. Die bereits vorliegenden interpretatorischen Zugänge dienten in diesem Schritt dazu, einerseits die Aufmerksamkeit auch auf beiläufige Phänomene und deren Rekonstruktionen zu lenken und andererseits die vorzunehmenden Rekonstruktionen gegebenenfalls zu kontrastieren. Der Begriff des Ästhetischen wurde bewusst pragmatisch verwendet, indem eine alltagssprachliche Differenzierung zwischen verschiedenen kulturellen Praktiken genutzt wird. Diese pragmatische Definition des Ästhetischen begreift kunstförmige Tätigkeiten wie Singen, Malen oder Tanzen als ästhetische, während Sprechen, Schreiben oder Gehen zwar gleichfalls Kulturtechniken sind, landläufig aber kaum a priori als ästhetische und kunstförmige Tätigkeiten definiert werden. Damit werden auch jugendkulturelle Produkte, die Ergebnisse performativer Akte darstellen, ausgeschlossen.

Dieses selektierte Material wurde für die vorliegende Studie schrittweise ausgewertet. Als zentrale Aufgabe stellte sich im Rahmen der Auswertung der verschiedenen Datenquellen der eigene Umgang mit dem empirischen und theoretischen Vorwissen heraus. Dieses konstruiert nicht nur das Material selbst, sondern auch die Perspektive darauf. Daher mussten Strategien entwickelt werden, wie diese Wissensbestände offengelegt werden können. Da sich der Forschungsprozess an der Grounded Theory orientiert und sich die anfänglich weitgefasste Fragestellung erst allmählich verdichtete (vgl. Strauss/Corbin 1996: 23), darf das empirische Material nicht dazu dienen, implizit bereits vorhandene Wissensbestände zu illustrieren. Im Sinn der Grounded Theory unterliegen Fragestellungen immer einer „*Handlungs*- und *Prozess*orientierung" (ebd., H.i.O.). Für den Umgang mit empirischem oder theoretischem Wissen hat dieses Verfahren erhebliche Konsequenzen, da dieses „seine Bedeutung nicht allein am Anfang des Forschungsprozesses bei der Hypothesenbildung oder der ersten theoretischen Rahmung der Studien [hat]. Vielmehr fließt es zu jeder Zeit in den Forschungsprozess ein und kann auf diesen Einfluss nehmen" (vgl. Cloos u.a. 2007: 47f.). Daher gilt zu beachten, dass die im Vorfeld entfalteten Arbeitsbegriffe *Bildung* und *Performance* theoretische Bezugshorizonte darstellen. Mit Einführung des empirischen Materials werden jedoch die unter den jeweiligen Bezugshorizonten gefassten Begriffe wie beispielsweise *Körper* auf ihre empirische Relevanz geprüft; genauso, wie während des Forschungsprozesses hinzukommende theoretische Begriffe in den anschließenden Verdichtungen der einzelnen Kapitel aufgenommen wurden. Mit diesem Verfahren soll für die Leserschaft leicht nachvollziehbar werden, wie aus den bisherigen Begriffshorizonten *Bildung* und *Performance* anhand des Materials eine jugendarbeiterische Perspektive der Performance entwickelt wird.

Die Prozesse der Dateninterpretation und -verdichtung waren durchgängig kollektiv organisiert, um ein möglichst komplexes Bild vom Gegenstand zu erhalten. Ermöglicht wurde dies dadurch, dass in beiden Forschungskontexten das selektierte Material in den Forschungsgruppen und weiteren Interpretationsgruppen extensiv rekonstruiert wurde. Diese intensive Form der Rekonstruktion als kommunikative Strategie war so strukturiert, dass durch den Autor ein Protokollausschnitt ausgewählt und diese gemeinsam mit der Interpretationsgruppe interpretiert wurde. Die Auswertung der Protokollausschnitte und ethnografischen Gespräche geschah an der Grounded Theory orientiert in zwei Schritten, ohne jedoch der vorgeschlagenen Auswertungssystematik des „offenen" und „axialen" Codierens (Strauss/Corbin 1996: 43ff. und 75ff.) gänzlich zu folgen.[53] Im offenen Codieren wurden die einzelnen Protokolle zerlegt und besonders

---

[53]   Damit sind die einzelnen Schritte der Codierverfahren (vgl. Strauss/Corbin 1996, 39ff.) gemeint, die ich durchlaufen habe, ohne diese jedoch streng voneinander zu trennen.

aufschlussreich erscheinende Textstellen sequenziell interpretiert, indem der Text gemeinsam gelesen und in sinnhafte Handlungsabschnitte unterteilt wurde. Anhand dieser Handlungsunterteilung wurden schrittweise Lesarten entwickelt und daraus erste Codes gebildet. Diese wurden in einem weiteren Schritt kategorisiert. Durch das axiale Codieren wurden die entwickelten Kategorien ausdifferenziert und mit weiteren Textstellen angereichert. Diese beiden Codierungsformen sind nicht als zeitlich aufeinanderfolgende Interpretationsphasen zu verstehen, sondern überschneiden sich im fortlaufenden Forschungsprozess. Die weiteren Materialien wie die bereits vorhandenen Interpretationen oder Fotografien wurden für die anschließenden Verdichtungen herangezogen.

Jedoch ist diese Herstellung einer intersubjektiven Interpretation weder eine kommunikative Validierungsstrategie, die durch die Einbeziehung möglichst vieler Akteur/innen in den Interpretationsprozess gesichert scheint, noch war es das Ziel der Gruppendiskussion, eine möglichst konsensfähige Deutung zu erarbeiten. Diese Diskussionsprozesse erwiesen sich deshalb als produktiv, weil sie die komplexe Bedeutungsvielfalt der Praktiken erfassten und damit die eigenen theoretischen Konzepte weiterentwickelten und überprüften (vgl. Böhm 2000). Damit wurden die eigenen Konstrukte und vorschnellen Annahmen, produziert durch die Interpretationsleistungen Einzelner, herausgearbeitet und reflexiv zugänglich gemacht. Gerade bei relationalen Begriffen wie Bildung und Performance war diese Strategie erforderlich.

Von diesen Rekonstruktionssitzungen wurden ausführliche Protokolle angefertigt, damit die einzelnen Schritte nachvollziehbar bleiben. Anhand dieser ersten Kategorisierungen wurden die Feldvignetten in einem permanenten Vergleich minimal und maximal kontrastiert (vgl. Strauss/Corbin 1996): Die bereits im Vorfeld kurz skizzierten und aus dem empirischen Material generierten Kontraste „öffentlicher Raum" und „privater Raum"; bzw. „themenspezifischer Raum" und „themenoffener Raum" wurden weiter vertieft, sodass im Laufe der mehrstufigen Interpretationsphase ein immer detaillierteres Bild von der Komplexität der Performances entstand.

Die vorliegende Arbeit verzichtet auf den Anspruch einer direkten Übertragbarkeit und die damit verbundenen praktischen Anwendungshinweise für das Handlungsfeld der Jugendarbeit. Die Rekonstruktionen verfolgen drei Ziele:

Erstes Auswertungsziel ist ein empirischer Nachweis darüber, welche räumlich-materiellen Handlungsaufforderungen für jugendliche Selbsttätigkeiten in den vier Räumen anhand des Beobachtungsmaterials identifiziert werden können (vgl. 5.). Daher wurden die Zugangsprotokolle der jeweiligen Jugendzentren miteinander verglichen und auf Betätigungsmöglichkeiten hin untersucht. Erstes Ergebnis ist die Rekonstruktion von expliziten und impliziten Tätigkeitsaufforderungen, die sich jugendzentrumübergreifend anhand der Raumbeschreibungen nachvollziehen lassen und so als spezifisch verräumlichte Bildungsgelegenheiten dieser vier Räumlichkeiten definiert werden können.

Zweites Auswertungsziel ist die detaillierte Rekonstruktion einzelner jugendlicher Aufführungen im Kontext der Jugendarbeit. Dabei stellte sich während des Forschungsprozesses heraus, dass die Kategorisierung nach Räumen, so wie sie in Rose/Schulz (2007a) entfaltet wurde, für die Rekonstruktion nicht optimal ist. Als produktiv hat sich stattdessen die Kategorisierung der Feldprotokolle in die Performance-Genres Tanz/Akrobatik (vgl. 6.), Musik (vgl. 7.) und Theater (vgl. 8.) herausgestellt. Auch wenn diese klassischen Genrekategorien besonders nach der theoretischen Einführung zur Performance als transdisziplinäres Phänomen paradox erscheinen mag, ermöglichten diese, die feinen Differenzen zu rekonstruieren, die durch die ästhetischen Verwendung des Körpers im jeweiligen räumlichen Kontext entstanden. Zugleich ließen sich die jeweiligen performativen Praktiken auf die räumlichen Tätigkeitsaufforderungen zurückspiegeln. Entsprechend dieses Programms lassen sich im weiteren Verlauf Beobachtungsprotokolle finden, die kursiv abgedruckt sind und nach den ästhetischen Tätigkeiten sortiert und kategorisiert wurden. Die Arbeitsbegriffe Bildung und Performance dienten als theoretische Bezugshorizonte, anhand derer die Ausschnitte aus den Feldprotokollen in den ersten Teilen der jeweiligen Kapitel rekonstruiert werden. Daran schließen sich theoretisch verdichtende Reflexionen an, die sich nicht nur auf pädagogische, sondern auch auf tanz-, musik- oder theaterwissenschaftliche Diskurse beziehen. In deren Zentrum stand es einerseits, multiperspektivisch die Erfahrungsmöglichkeiten und Bildungsgelegenheiten der verschiedenen ästhetischen Modi aufzuzeigen und andererseits konkretisieren die jeweiligen Reflexionen die konstitutiven Strukturbedingungen des Handlungsfeldes Jugendarbeit, unter denen diese Bildungsgelegenheiten erst entstehen können.

Drittes Auswertungsziel ist die Rekonstruktion von Performanceverläufen (vgl. 8.), die die gegenseitige Aufmerksamkeit und Bezugnahmen Jugendlicher nachzeichnen. Wo bislang der Schwerpunkt auf der Rekonstruktion einzelner Auftritte lag, wird abschließend die Verschränkung zwischen den Performances bzw. das gegenseitige Anstoßen von Performances als „Resonanzen" Jugendlicher diskutiert. Im Zentrum dieser Reflexion stehen daher die diagnostizierten Wechselspiele zwischen Situationsoffenheit und Kontextabhängigkeit bzw. Themen- und Situationswechsel, die hinsichtlich ihres situativen und intersubjekten Bildungscharakters aufgeschlüsselt werden.

4. Performanceort Jugendzentrum

Jugendliche Aufführungen können an den unterschiedlichsten Orten beobachtet werden – etwa an der Bushaltestelle, auf dem schulischen Pausenhof, im familiären Wohnzimmer oder in den Einrichtungen der Jugendarbeit. Selbst wenn jedoch an diesen vier Orten ein ähnlicher Auftritt beobachtet werden könnte, so würde dieser unterschiedliche Wirkungen[54] haben – die zu Hause gezeigte Aufführung ist eine andere, als die an der Bushaltestelle oder auf dem Pausenhof. Nicht nur das ‚Etwas' ist anders, auch das ‚Selbst': Es gehört zu den menschlichen Alltagserfahrungen, dass Interaktionen kontextspezifisch erlebt werden, obwohl man vergleichsweise Ähnliches tut und dies differente Wirkungen entfalten kann.

Daher kann davon ausgegangen werden, dass der Aufführungsort Jugendzentrum[55] sich von anderen unterscheidet und relationale, respektive kontextuell bezogene Aufführungen produziert. Dieses ‚Andere' wird nun näher untersucht: Zum einen ist das Jugendzentrum, wie bereits dargestellt, ein arrangierter Raum. Es ist ein für Jugendliche geschaffener *pädagogischer* Freizeit- und Bildungsort, in dem entsprechend seinem Aufforderungscharakter die jugendliche Selbsttätigkeit anregend gestaltet sein soll (vgl. u.a. Deinet/Sturzenhecker 2005; Thole 2000; Scherr/Thole 1998). Zum anderen wird dieser Raum nicht nur mit Gegenständen und Personen gefüllt, denen dieser Charakter zugeschrieben wird. Vielmehr gilt es, die architektonisch-geometrischen Räume von den performativ hergestellten, also den Aufführungsräumen, zu unterscheiden. Weshalb ist diese Unterscheidung sinnvoll? Performative Räumlichkeiten werden mit und in den Aufführungen hergestellt, indem diese durch Körperbewegungen ausgedehnt oder begrenzt, genutzt, angeeignet oder umgedeutet werden. Sie überschneiden sich mit den architektonischen Räumen (vgl. Braun 2004; Löw 2001): Darunter werden die pädagogisch arrangierten Angebotsräume subsumiert, die in ihrer Form und Gestaltung relativ stabil bleiben und Nutzungsvorschläge anbieten. Sie sind mit Materialen wie etwa Spielen oder Computern ausgestattet bzw. bieten

---

[54] Auch wenn sich an dieser Stelle förmlich aufdrängt, dass diese Aufführungen auch unterschiedliche Bedeutungen haben könnten, wird diese Dimension zurückgestellt. Sie könnte bewirken, dass die Performances selbst nicht in den Blick geraten, sondern ausschließlich die Bedeutungen der Performances.

[55] Diese Einrichtungen der Jugendarbeit werden regional unterschiedlich bezeichnet: Jugendzentren steht synonym für Jugendfreizeitzentren, -freizeitheimen, -clubs oder -häusern.

verräumlichte Themen wie Disco, Basteln und Musikmachen oder Rückzugs-plätze. Diese Nutzungsvorschläge korrespondieren mit den jugendlichen Aufführ-rungen. Indem Jugendliche diese in ihren Performances aufnehmen oder verwer-fen, stellen sie ihren performativen Raum her (vgl. Rose/Schulz 2007a u. Schulz 2008). Um das Verhältnis zwischen dem Angebots- und Aufführungsraum bestimmen zu können, werden zunächst die Einrichtungen über ihre Zugangswe-ge erkundet (vgl. 4.1), um im Anschluss an vier Innenräumen der Einrichtungen die jeweiligen Angebote weiter zu untersuchen (vgl. 4.2). Diese verräumlichten Nutzungsvorschläge werden jeweils zusammengefasst, um anschließend die vorgefundenen Differenzen der Einrichtungsnutzungen zu bündeln (vgl. 4.3).

4.1 Die Wege zu den Jugendzentren

Die Orte der Jugendarbeit sind zumeist architektonisch begrenzte, materiell ausgestattete und damit (vor-)gestaltete Räume, die von Heranwachsenden aufgesucht werden können. Die drei für die vorliegende Studie besuchten Ein-richtungen Burghagen, Langenstedt und Waldstadt sind eigens für die Kinder- und Jugendarbeit erbaute Häuser, die über mehrere Nutzungsräume verfügen. Die folgenden Beschreibungen dokumentieren, wie die Häuser im städtischen Raum eingebunden sind, wobei bei den Zugängen darauf geachtet wurde, dass die Forschenden möglichst ähnlich wie die Jugendlichen die Einrichtungen erreichen – entweder zu Fuß, per Fahrrad oder mit den öffentlichen Verkehrsmit-teln. Die zunächst leitende Frage ist, was die jeweiligen Jugendzentren den Besuchenden mit ihrer Zugangsgestalt mitteilen.[56]

Jugendzentrum Burghagen: *Es liegt mitten in einem Wohngebiet am Rand des Stadtzentrums einer Kleinstadt. Ich erreiche es zu Fuß über eine schmale Straße, da ich von der S-Bahn Haltestelle komme. Links vom Haus liegt der Kindergar-ten und rechts der städtische Friedhof. Ich erkenne es gleich, da es sich architek-tonisch von den umliegenden Häusern unterscheidet: Die Einrichtung ist relativ neu und wirkt von außen auf mich funktional-modern. Das Gebäude erinnert mich an eine kleine Turnhalle mit einem im Verhältnis gesehen zu großen Um-kleidetrakt. Der große Innenhof, auf dem ein Bauwagen steht und ein Basket-ballkorb angebracht ist, bietet viel Spielraum, während das leicht hügelige Außenareal begrünt ist und ebenfalls viel Platz bietet. Vor dem vollverglasten Eingang stehend, sehe ich in den Offenen Bereich und öffne die Tür [...]*

---

[56]   Die Zugangs- und Raumbeschreibungen verfasste ich zwischen 2004 und 2007 allein, für Ergänzungen wurden jedoch die Protokolle von Mareike Fischer und Susanne Schmidt hinzuge-zogen. Stark verdichtete Portraits der Einrichtungen finden sich in Rose/Schulz 2007a: 37-40.

Jugendzentrum Langenstedt: *Das Kinder- und Jugendzentrum liegt im Außenbezirk einer Großstadt, direkt an einer sechsspurigen Straße zum Autobahnzubringer. Gegenüber dem Haus befindet sich eine Straßenbahnhaltestelle. Dort steige ich aus, entdecke gleich das Haus und überquere die Straße. Das umzäunte Haus ist ein neues, gelb gestrichenes einstöckiges Gebäude, welches aus zwei flachen rechteckigen Gebäuden besteht, die in der Mitte durch einen gläsernen Pavillon verbunden sind. Es liegt sehr großzügig von Bäumen und Sträuchern umsäumt auf einem Grünstreifen, der als kleiner Park dient. Dahinter stehen Wohnhausreihen mit sechsstöckigen Mietshäusern. Auf dem Außengelände befinden sich Freizeitangebote wie etwa Schaukeln oder ein Basketballkorb. Ich nähere mich auf einem Gehweg dem Haus: Vor der verglasten Frontseite des quadratischen Pavillons, in dem die Cafeteria untergebracht ist, liegt eine erhöhte, mit Holz verkleidete Terrasse, worauf ein Grill steht. Das Gebäude kann links und rechts vom Pavillon betreten werden: Die Flügelgebäude dienen als getrennte Kinder- und Jugendbereiche, die dementsprechend über eigene Eingänge zu erreichen sind. Der rechte Eingang ist für Kinder bis 12 Jahre und der linke den Jugendlichen vorbehalten. Neben jedem Hauseingang stehen Fahrradständer. Ich öffne die Tür [...]*

Jugendzentrum Waldstadt: *Das waschbetongraue, im Architekturstil der 1970er Jahre gebaute Gebäude liegt am Rand einer an die Innenstadt angrenzenden Parkanlage und verschwindet im Grün der Büsche und Sträucher. Jedenfalls bemerke ich (Forscher) es nicht gleich, als ich es, vom Bahnhof der Kleinstadt mit dem Fahrrad durch den Park kommend, suche. Vor dem Haus stehend sehe ich, dass gleich daneben, zur Innenstadt hin, ein sehr großer Parkplatz und eine große Straße liegen. Auffällig sind die bis auf den Boden gehenden Glasfronten der Außenfassade. Auf dem Parkplatz vor dem Haus steht eine kleine Halfpipe, links vom Haus sind Garagen, dazwischen eine Litfasssäule. Dahinter, an den Fahrradständern vorbei, ist der seitlich gelegene Haupteingang. Durch die zum Teil bemalte Vollverglasung des Hauses sehe ich bereits in das Mitarbeiter/innenbüro und einen kleinen Raum. Ich gehe durch die offene Tür [...]*

Auch wenn die jeweiligen Häuser aus unterschiedlichen Bauepochen stammen, so ähneln sie sich in ihrer Art der Erkennbarkeit und Zugänglichkeit: Dem Forscher bereitet es keine Mühe, die Einrichtung zu finden und diese als öffentliche Institution zu identifizieren, da sie sich offenkundig in ihrer außenarchitektonischen Gestaltung von ihrer nächsten Umgebung unterscheidet. Zudem befindet sie sich, auch auf den Standort bezogen, im öffentlichen Raum. So sind alle drei Einrichtungen in der Umgebung anderer städtischer Institutionen oder öffentlicher Parkanlagen zu finden. Die Außengelände werden als großzügig, begrünt und mit Spielmöglichkeiten bestückt beschrieben. Sie erwecken den Eindruck, dass bei der Planung der Einrichtungen an genügend Platz für den Bewegungsdrang der Kinder und Jugendlichen gedacht wurde. Zudem bieten sie durch die Verglasungen bereits erste Einblicke in das Innenleben.

Schon mit dieser kursorischen Aufschlüsselung wird deutlich, dass es sich bei diesen Gebäuden erstens um öffentliche Einrichtungen handelt, die zweitens für Kinder und Jugendliche geschaffene Räume sind. Sie unterscheiden sich jedoch von anderen öffentlichen Bildungseinrichtungen wie der Schule, da die Jugendzentren als Freizeit- und nicht als Bildungsorte gestaltet sind.[57] Bereits in der architektonischen Anlage sind vielfältige und offen nutzbare Freizeitmöglichkeiten materialisiert, die die potenziellen Besucher/innen ansprechen sollen. Sie stellen ein abwechslungsreiches Areal zur Verfügung, welches beiläufig und selbsttätig angeeignet werden kann und Anregungen für die altersgerechte Entwicklung bietet. Damit materialisieren sich in den Einrichtungen strukturelle Bildungsgelegenheiten.

4.2 In den Jugendzentren: Der gestaltete Innenraum

Trotz der individuellen Gestaltung der jeweiligen Jugendzentren gibt es auch innenarchitektonische Parallelen: Die Zugangsprotokolle beschreiben vergleichbare architektonische Räume, wie etwa den Offenen Bereich bzw. die Cafeteria, Küchen, Werkräume oder Sofaecken. Ähnlich sind auch die Nutzungsangebote wie etwa Bastelecken, Playstationkonsolen, Billardtische oder Computerplätze.[58] Dabei wird die Vielfältigkeit der Angebote und Nutzungsmöglichkeiten, die die Einrichtungen bereits in ihrer Gestaltung nach außen transportieren, in den Innenräumen weiter fortgeführt. Diese erzeugen Differenz, indem sie entweder spezifische Tätigkeiten vorgeben oder multioptional sind – während etwa die Küche bereits das Thema Kochen, der Werkraum handwerklich bezogene Themen und die Disco das Thema Tanzen vorschlagen, geben andere Orte wie der Offene Bereich in ihrer Gestaltung eine Vielfalt an Nutzungsoptionen vor.

Diese Vielzahl an Beschäftigungsmöglichkeiten ist jedoch an einer pädagogischen Institution mit Bildungsauftrag angesiedelt. So muss davon ausgegangen werden, dass, auch wenn diese Arrangements sich nicht im Besonderen von

---

[57] Diese eindeutig freizeitcharakterliche Erkennbarkeit von außen benennt auch der pädagogische Mitarbeiter Murrat aus Waldstadt als ein wichtiges Merkmal und weist im Interview darauf hin, dass sie sich auch deshalb bewusst als „Jugendfreizeitzentrum" anstelle „Jugendzentrum" benannt haben. Vgl. Waldstadt 1a, Int. Murrat, MS.

[58] Vgl. ausführlich dazu Rose/Schulz 2007a: Dort haben wir daher das ethnografische Material als Rundgang durch ein virtuelles Jugendzentrum angelegt. Vgl. ebd.: 37ff.

anderen (kommerziellen) Möglichkeiten jugendlicher Freizeitbeschäftigung unterscheiden, diese doch pädagogisch begründet arrangiert sind.[59] Auf vier Räume der Jugendeinrichtungen – den Offenen Bereich (vgl. 4.2.1), Disco- (vgl. 4.2.2), Musik- (vgl. 4.2.3) und Sofaraum (vgl. 4.2.4) – bezogen, werden diese Räume hinsichtlich ihres Aufforderungscharakters und unter folgenden Fragestellungen rekonstruiert:

Welche Präskripte, also bereits arrangierte Vorschläge (vgl. 2.3), sind räumlich angelegt? Es geht um die Rekonstruktion dessen, was in den Räumen von Jugendlichen an Nutzungsoptionen und -material wahrgenommen und als Aufführungsmaterial genutzt werden kann.

Wie und welche Aufführungsräume werden durch die innenarchitektonische Gestaltung geschaffen? Es gilt zu untersuchen, inwiefern die jeweiligen Räume bereits durch ihre Arrangements Bühnen- und Zuschauer/innenplätze vorgeben.

Die Herausarbeitung der spezifischen, verräumlichten Nutzungsoptionen wird den nachfolgenden Beschreibungen jugendlicher Performances gegenübergestellt. Folglich geht es weder um den Nachweis pädagogischer Intentionen, noch interessiert das Verhältnis zwischen pädagogischen Absichten und ihren Wirkungen. Es geht darum, wie die jugendlichen Aktivitäten durch pädagogische Arrangements mitgeprägt werden.[60] Die Struktur des Kapitels folgt dem Weg eines Besuchenden durch den Haupteingang zu jeweiligen weiteren Räumen.

4.2.1 Der Offene Bereich

Raumbeschreibungen

Jugendzentrum Burghagen: *Den großen Offenen Bereich, der ein L bildet, kann ich (Forscher) von außen schon gut durch die komplette Frontverglasung einsehen. Ich komme rein und es ist sehr hell und ruhig. Mein Blick fällt auf eine Wand, die mit vielen Zeitungsausschnitten, die über das Jugendzentrum berichten, beklebt ist. Zwischen den Toilettentüren hängt ein Glaskasten, ebenfalls mit Zeitungsausschnitten bestückt. Die Wand ist, so wie alle Wände im Offenen Bereich, in warmem Rotton gehalten. Rechts neben der Eingangstür ist eine Sofaecke mit drei knautschigen Sofas, einem kleinen Tisch und einer Zimmerpalme, davor steht eine Tischtennisplatte und links davon ein Kickertisch. An der*

---

[59] Cloos u.a. (2007: 55f) rekonstruierten diese übergangslose Einbettung als ein konstitutives Merkmal der professionellen Arbeit.

[60] Die Räume werden zwar durch pädagogische Fachkräfte mitgestaltet, dennoch sind diese Arrangements nicht, wie mehrere Experteninterviews mit den pädagogischen Fachkräften zeigen, durchgängig pädagogisch bedeutsam aufgeladen. Daher ist es wenig sinnvoll, auf die pädagogischen Intentionen der jeweiligen Fachkräfte rückzuschließen. Dies zeigen bereits unsere Ergebnisse in Müller/Schmidt/Schulz 2008 und Rose/Schulz 2007a.

seitlichen Wand hängen einige Konzertplakate von im Haus auftretenden Bands.
Hinter der Sofaecke ist eine mit einem weißen Vorhang bespannte und mit
Lichterketten verzierte Schiebewand. An ihr vorbei komme ich in den Cafeteria-
Bereich des Treffs: Es ist ein großer, ebenfalls sehr heller Raum, von dem viele
Türen abgehen, die offen stehen. Auf der rechten Seite befinden sich zunächst die
Küche mit einer kleinen Theke davor, dahinter der Ruheraum, gefolgt vom
Billardraum. Dem Eingang gegenüber liegen das Treppenhaus, das Mitarbei-
ter/innenbüro und ein weiteres Zimmer. Auf der linken Seite ist ein Flur.

Gegenüber der Küche steht ein Zeitschriftenregal mit vielen Veranstaltungs-
flyern, Informationsbroschüren der ortsansässigen Vereine und aktuellen Aus-
gaben von Jugendzeitschriften. Dahinter steht ein kleines Podest, auf dem zwei
schwarze Ledersofas, ein gekachelter Couchtisch und Stühle stehen. Die Sofas
sehen alle gebraucht, aber gut erhalten aus. Das Podest steht vor der Schiebe-
wand, welche auf dieser Seite mit einem großen, mit indischem Muster bedruck-
ten Stofftuch behangen ist. Vor dem Podest stehen in einer Ecke ein Benjamini-
strauch und davor fünf neuwertige Tische mit Stühlen. Auf den Tischen stehen
kleine Pflanzentöpfchen, neben denen Flyer liegen. Rechts von den Tischen und
Stühlen stehen zwei Computer auf Konsolen mit Barhockern davor, daneben ist
ein Flipperautomat und dazwischen hängt ein großes Stofftuch mit einem Sonne-
und-Sterne-Motiv. Gegenüber dem Podest, links neben dem Mitarbeiterbüro,
stehen ebenfalls gebrauchte Ledersofas und eine Zimmerpalme. Darüber hängen
quadratische, großformatige Gemälde, daneben hängen gerahmte Außenan-
sichtsfotos des ehemaligen Jugendzentrums. Vor dem Billardzimmer steht ein
weiterer Kickertisch neben einer weiteren Zimmerpalme und einer kleinen
Liftfasssäule, an der Ankündigungen und stadtbezogene Veranstaltungshinweise
angeklebt sind. Insgesamt wirkt der Raum auf mich freundlich und einladend.
Verwundert bin ich nur darüber, dass keine Musik läuft. Ich finde später unter
den vielen Aushängen auch einen Hinweis darauf, dass Ghettoblaster, Gesell-
schaftsspiele, Playstationspiele und Sportgeräte wie Tischtennisschläger, Bälle
oder Billardqueues gegen Pfand ausgeliehen werden können.

Jugendzentrum Langenstedt[61]: *Nach dem Passieren eines kleinen Windfangs,*
stehe ich (Forscher) im Eingang des Jugendbereichs vor einem Billardtisch. Der
Raum wirkt eng, da der Tisch den Raum beinahe ausfüllt. Hinter dem Billard-
tisch ist links die Durchgangstür zu den anderen Räumen, dahinter führen zwei
Türen zu den Toiletten. Eine vierte Tür führt in einen weiteren Raum. An der
linken Wand hängt eine große Kork-Pinnwand mit wenigen Veranstaltungshin-
weisen, darunter steht ein kleiner Tisch mit drei Stühlen. An der rechten Wand
hängen große Bilderrahmen mit Fotos von Jugendzentrumsaktivitäten sowie

---

[61]   In Langenstedt werden Cafeteria und Eingangsbereich als Offener Bereich zusammengefasst.

Besucher/innen-Portraits. Die Wände des Raumes sind weiß gestrichen und zeigen kaum Verschmutzungen.

Rechts vom Eingang komme ich durch eine Glastür zur hellen, mit Pflanzen und Bildern wohnlich gemachten Cafeteria, welche den Jugend- mit dem Kinderbereich verbindet. Gegenüber der Zugangstür vom Jugendflügel steht einladend ein großes blaues Ecksofa und davor ein kleiner Couchtisch auf einem blauen Teppich – alles neuwertig und modern. Über dem Sofa hängen, von Jugendlichen gemalte, farblich dezent gehaltene Leinwandbilder. Zwischen den Zugangstüren des Jugend- und Kinderbereichs befindet sich eine lange, mit Topfpflanzen geschmückte Theke, davor stehen einige Barhocker. Am rechten Thekenende liegen Papier und Stifte bereit. Hinter der Theke geht es in die Küche. An der Thekenwand sind Regale angebracht, in denen Spiele gestapelt sind, Topfpflanzen stehen und eine Verkaufsliste hängt. Gegenüber der Theke, links neben der Eckcouch, stehen direkt vor den Fenstern ein kleiner runder und ein großer rechteckiger Tisch mit vielen Stühlen. Auf den Fensterbänken stehen weitere Topfpflanzen. Gegenüber der Zugangstür vom Kinderflügel steht ein Kickertisch. Die dahinter liegende Wand ist mit einem Motiv aus dem Kinderbuch „Die wilden Kerle" bemalt. Vor der Tür zum Kinderbereich steht noch ein kleiner Tisch, über dem eine Dartscheibe an der Wand hängt. Mir fällt auf, dass ich über kleine, in die Decke eingelassene Lautsprecher leise Musik hören kann.

Jugendzentrum Waldstadt: Durch die Eingangstür kommend gehe ich (Forscher) direkt in den Offenen Bereich. Ich finde den Raum zunächst unübersichtlich, zudem wirkt er zeitlich irgendwie stehen geblieben, „1980er Jahre-Style" denke ich. Ich versuche den Raum zu sortieren: Die in kräftigen Komplementärfarben bunt bemalten Wände fallen mir umgehend auf. Ich versuche, die Motive zeitlich einzuordnen, schaffe es aber, außer bei den Graffitis, nicht. Das Mobiliar ist zum Teil selbst gebaut. Die Zeit hat ihre Spuren hinterlassen, die Möbelstücke wirken zum Teil stark gebraucht. Tageslicht fällt nur durch die verglasten Dachluken ein und schnell spüre ich einen ständigen Luftzug, der von der unter der Decke installierten Lüftungs- und Heizanlage kommt.

Gleich rechts am Eingang steht ein Kickertisch. Die rechte Wand zu den angrenzenden Räumen ist ab halber Höhe so verglast, dass ich in die anderen Räume sehen kann. Auf den zum Teil dezent bemalten Scheiben kleben vereinzelt Ankündigungen von internen und externen Konzertveranstaltungen und Discos, sowie Fotos von Jugendzentrumaktivitäten. Links gegenüber dem Kickertisch liegt die Küche, daneben eine schwarz gestrichene Tür, die zum Discoraum führt. Rechts von der Tür steht quer zum Raum rückseitig ein halbhoher Schrank, der den Eingangsbereich untergliedert und an dessen Rückseite eine Garderobe angebracht ist. Hinter dem Kickertisch ist ein Durchbruch zu einem kleinen

Raum mit einem großen runden Tisch und Stühlen. Auf dem Tisch stehen eine Thermoskanne Kaffee, eine Tüte Milch und mehrere Becher – zur Selbstbedienung, wie ich später erfahre. Das an der Rückwand stehende Regal bietet verschiedene Printprodukte wie Jugendzeitschriften, die örtliche Tageszeitung, diverse, auch arbeitsmarktbezogene Broschüren und weiteres Infomaterial. Zudem befindet sich dort noch ein großer Metallschrank. Links neben dem Durchbruch steht ein fahrbarer Fernsehschrank mit Fernsehgerät und einer Playstationkonsole (PS2), die durch Stahlbügel fixiert ist, davor ein brauner Kunstledersessel mit Armlehnen. Daneben geht die Tür zur Werkstatt ab. In der Ecke steht ein großer Benjaministrauch. An der Querseite ist eine rot lackierte lange Holzbank aufgestellt, die links mit dem Eingang zum nächsten Raum, dem Sofaraum, abschließt.

Gegenüber vom Fernsehschrank befindet sich links eine Sofaecke und rechts davor eine Theke: Die gut sechs Meter lange, bunt bemalte Theke macht einen kleinen Linksknick und mündet im Billardbereich. Hinter der Theke sind Regale mit verschiedenen Brettspielen, eine Preisliste für Getränke und Snacks, eine kleine Stereoanlage, ein Fernsehgerät sowie ein großer Kühlschrank. Vor der Theke stehen schmiedeeiserne Barhocker. Links über dem Kühlschrank hängen Einzelportraits von Jugendlichen in kleinen, rahmenlosen Glasbilderrahmen. Die der Theke gegenüberliegende Sofaecke besteht aus drei gebrauchten Sofas mit einem kleinen Tisch. Ich sehe, dass ein Sofa ein großes Loch hat. Die Rückwand des halbhohen Schranks ist zum einen Rückwand für die Sofaecke und zum anderen Abtrennung vom Discoraum. Die Sofas bilden ein zur Theke hin offenes U. In einer Sofaecke steht ein leeres Fichtenholzregal. Zwei Stützbalken mit Querstreben teilen den Sofabereich locker vom hinteren Teil des Offenen Bereichs ab. Dieser hintere Bereich ist nahezu quadratisch und wird ebenfalls mit Oberlicht versorgt. Hier stehen der Billardtisch und ein Flippergerät. Das Flippergerät steht gleich links hinter den Balken. Rechts neben dem Flipper führt die zweite, bunt bemalte Tür zum Discoraum. Hinter dem mittig im Raum stehenden Billardtisch geht es zu den Toiletten. An der Wand zwischen den Toilettentüren hängt eine große Ankündigungspinnwand, darüber eine Vitrine mit vielen Pokalen. Unterhalb davon befindet sich ein Sofa, links neben der Damentoilette ist eine lange, bunt angestrichene Holzsitzbank. Auf der rechten Querseite steht links von einer Tür ebenfalls eine Holzsitzbank und rechts ein weiteres Sofa. Diese Wand ist nahezu durchgehend halbhoch verglast, jedoch von innen mit Jalousien geschlossen.

Die Pluralität der Angebote

Die Beschreibungen der Offenen Bereiche hinterlassen beim Lesenden möglicherweise einen irritierenden Eindruck, da sie sehr verschiedene und zunächst unübersichtlich wirkende Räume nachzeichnen. Während die Neubauten in Burghagen und Langenstedt als modern und einladend gestaltet beschrieben werden und der Forscher mitteilt, dass er sich wohl fühlt, wirkt das Waldstadter Jugendzentrum zunächst nüchtern: Bereits von außen wird das Haus, wie es aus dem Gesamtprotokoll hervorgeht, vom Forscher als nicht zeitgemäß empfunden. Dieser Eindruck setzt sich auch beim Innenraum fort. Der Forscher hat Schwierigkeiten, die Wandbemalungen zeitlich einzuordnen und bemerkt einerseits den starken Gebrauchszustand des Inventars und andererseits zeittypische und vergleichsweise teure Spielgeräte wie die Playstation.

Trotz dieser gestalterischen Differenzen lassen sich Parallelen zwischen den jeweiligen Räumen ziehen: Die großen, offenen und farbigen Räume schlagen weder *ein* spezifisches Betätigungsthema vor, noch geben sie vor, *wo* und *wie* man sich zu platzieren hat. Der Ethnograf muss sich vielmehr orientieren und entscheiden, was er zuerst in Augenschein nehmen will. Die Räume wirken in ihrer Vielfältigkeit an Handlungsoptionen und Blickfängen zunächst überladen und die Besuchenden werden dadurch implizit aufgefordert, selbst ihre Blicke zu lenken: Es finden sich u.a. Bilder, Fotos und Ankündigungen an den Wänden, die betrachtet und gelesen werden können; verschiedene Sitzplätze auf Sofas, Bänken oder an Tischen laden zum Verweilen ein und diverse Freizeitmöglichkeiten wie Kicker oder Playstationkonsolen regen zum Spielen an. Die diversen Freizeitmöglichkeiten speisen zugleich Präskripte wie Musikstücke oder Spielregeln in den Raum ein, die durch die Jugendlichen aufgegriffen werden können. Diverse Türen gehen vom Offenen Bereich ab, die auf weitere Nutzungsräume schliessen lassen, und es finden sich Pflanzen, die eine wohnliche Atmosphäre entstehen lassen sollen. In seiner Größe und Vielfältigkeit an Freizeitangeboten, Sitzgelegenheiten und visuellen Reizen signalisiert der Offene Bereich, dass es sich hierbei um einen für Jugendliche (und in Langenstadt auch für Kinder) und auch von Jugendlichen eingerichteten Raum handelt und Jugendliche sich selbst entscheiden können, was sie darin tun wollen. Diese Pluralität kann in fünf Dimensionen gegliedert werden: Die Offenen Bereiche sind erstens Orte der Informationsweitergabe, zweitens Spielorte, drittens Versorgungsorte, viertens multimediale Räume und fünftens Aneignungsorte des öffentlichen Raums.

Sitzarrangements des Offenen Bereichs

Neben den klar identifizierbaren Angebots- und Versorgungsleistungen bieten die Offenen Bereiche unterschiedliche Sitzgelegenheiten, die in unterschiedlichen Sitzgruppen arrangiert sind: In den drei Jugendzentren gibt es Sofagruppen,

Thekenreihen oder Tischrunden. Im Raum verteilt, bieten sie kleine Inseln oder einzeln stehende Randplätze – die Offenen Bereiche sind also Räume mit verschiedenen Sitz- und daher auch Platzierungsorten. Diese rhythmisieren und differenzieren: Die Tisch-Stuhl-Kombinationen bieten Plätze für tischbezogene Tätigkeiten wie das Spielen von Brettspielen, Gespräche oder die (gemeinsame) Aufnahme von Nahrung und verweisen zugleich auf andere Tisch-Orte wie etwa die privaten Familien- oder öffentlichen Caféτische. Somit sind diese Orte symbolisch aufgeladen. Diese Tätigkeiten sind kontinuierliche, aufeinander bezogene und zugleich in sich geschlossene Handlungen, während das Verhältnis zwischen Stuhl und Tisch den sitzenden Körper fixiert und die Blick- und somit die Aufmerksamkeitsrichtung auf die gemeinsame Tischrunde fokussiert. Die Theken zitieren gleichfalls Arrangements aus dem öffentlich-kommerziellen Freizeitbereich – sie finden sich in Discotheken, Bars oder Gaststätten wieder –, während die Sofaecken wiederum Arrangements aus der Privatsphäre wie das familiäre Wohnzimmer zitieren. Beide Orte sind gleichfalls symbolisch aufgeladen: Die Sofaecken bieten gemütlich-intimen Rückzugsraum an, während der Thekenplatz sowohl die Versorgung mit Getränken, aber auch die Möglichkeit des Gesprächs mit dem Thekenpersonal bedeutet. Die spezifischen Verwendungszwecke werden also nicht nur durch die realen Einrichtungsgegenstände, sondern auch durch deren symbolische Aufladungen vermittelt.

Auch die Arten des Sitzens lassen sich differenzieren: Allein die durch die Sitzmöbel erzeugten unterschiedlichen Sitzhöhen im gleichen Raum geben verschiedene Blickhöhen und -richtungen vor. Zugleich formen sie den Körper zu einer spezifischen Haltung. Während die Barhockerposition den Körper erhöht und zugleich aufrichtet, lässt die Sofaposition die Nutzerinnen und Nutzer in eine zurückgelehnte und entspannte Haltung sinken. Zugleich ermöglicht die Art des Sitzens auf dem Sofa eine erhöhte Differenziertheit körperlicher Nähe und Distanz, indem ab- und zusammengerückt werden kann. Dies lässt auch eher Änderungen der Körperpositionen zu, wie etwa sich nach vorne beugen, nach hinten lehnen oder den Platz wechseln als die Stuhl-Tisch-Kombination. Gleichzeitig findet beim Nebeneinandersitzen auf dem Sofa eine tendenzielle Angleichung der Blickrichtungen statt.

Die Sitzmöbelpositionierungen differenzieren bereits in ihrer Anordnung zwischen randständigen Plätzen, wie etwa den Bänke oder Sofas, oder exponierenden, wie etwa denen an der Theke. Damit bieten sie auch für die gegenseitige Beobachtung Plätze an: Am Billardtisch von Waldstadt beispielsweise bildet das Sitzarrangement von Bänken und Sofas einen Kreis um das Spielzentrum und differenziert damit zwischen Bühnen- und Zuschauer/innenraum. Eine Besonderheit bietet dabei Burghagen: Die auf dem Podest sich befindliche Sofagruppe erzeugt in der Mischung aus zurücklehnendem Einladungscharakter der Sofas selbst und ihrer exponierenden Position auf dem bühnenähnlichen Podest ein paradoxes Arrangement. Der Ort ist sowohl ein zur Exponierung als auch zur Beobachtung auffordernder Bühnen- bzw. Publikumsplatz.

Die Räumlichkeiten legen bereits im Arrangement Plätze des Sich-Zeigens und des Beobachtens an. Diese bilden Bühnen- und Publikumsräume, die durch trennwandähnliche Raumteiler separiert, aber nicht voneinander isoliert werden. Die Blickdurchlässigkeit wird in Form von Fenstern, verglasten Türen und Wänden gefördert und ermöglicht, dass der Hauseingang, die angrenzenden Räume und diversen Aktivitätszentren, wie etwa die Spielmöglichkeiten oder die Sofaecke, gesehen werden können. Damit werden raumgestalterisch nur wenige Blickrichtungen vorgegeben. Stattdessen dezentrieren die Arrangements den Blick.

Der Offene Bereich stellt sich als thematisch multioptional nutzbares Setting heraus, welches verschiedene jugendliche Selbsttätigkeiten anregen will: Auf den Sofas kann gesprochen und abgehangen werden, während Spiele wie etwa Tischfußball motorische Beweglichkeit und Reaktionsschnelle fördern oder Jugendliche im Playstationspiel SingStar ihre eigene Gesangsstimme erfahren. So können sich sowohl soziale als auch ästhetische Praktiken entfalten. Zugleich gestalten diese pädagogisch-räumlichen Arrangements auch Bühnen- und Zuschauer/innenräume, in dem die Jugendlichen als Akteurin oder Akteur in Erscheinung treten, bei denen sie von anderen Jugendlichen oder Erwachsenen beobachtet und wahrgenommen werden können.

Bezogen auf die fachliche Bildungsdiskussion materialisiert sich in diesen Räumen exemplarisch der Charakter der beiläufigen Aufforderung zur Selbsttätigkeit. Im Vergleich zu anderen Bildungsorten biete Jugendarbeit, so Deinet (2004), wenig vordefinierte Orte, sodass „Raumbildung (Spacing) möglich ist" (ebd.: 187), wobei dies vor allem auf den Offenen Bereich zutreffe (vgl. ebd.: 183). Im konzeptionellen Entwurf ist dessen Planung deshalb anspruchsvoll, da er einerseits offen für vielfältige Aneignungsprozesse und kollektive sowie individuelle Erfahrungsmöglichkeiten sein muss. Andererseits muss er immer auch für unterschiedliche Jugendliche dechiffrierbar und anschlussfähig sein.

4.2.2 Der Discoraum

Raumbeschreibungen

In allen drei Einrichtungen werden Discoabende veranstaltet. Jedoch stehen nur in Burghagen und Waldstadt eigene Räume dafür zur Verfügung. Die Umfunktionierung des Offenen Bereichs in Langenstedt zur temporären Disco wird hier nicht aufgenommen, da im Rahmen der Forschungsaufenthalte keine Veranstaltungen stattfanden.

Jugendzentrum Burghagen: *Ich (Forscher) betrete den Raum über den Flur des Offenen Bereichs. Zunächst fällt mir die hohe Decke auf. Der große Saal, der für Disco- und Konzertveranstaltungen genutzt wird, ist mit einer professionellen Licht- und Beschallungsanlage sowie Bühne ausgestattet. Gleich neben der Eingangstür stehen links drei Sofas, dahinter ist auf einem hohen Podest das Diskjockey-Mischpult, welches ebenfalls professionell ausgestattet ist. Weiter auf der linken Seite steht eine Theke mit fünf Barhockern, dahinter ein großer Kühlschrank. An der rechten Wandseite ist eine große Bühne, dahinter eine Großbildleinwand. Die Tanzfläche ist etwa 15 x 15 Meter groß. Rund um die große Tanzfläche sind auf der rechten Seite Holzbänke und auf der linken Seite Sofas aufgestellt. Die Wände sind weiß gehalten und die hohen Fenster mit schwarzen Vorhängen abgehängt.*

Jugendzentrum Waldstadt: *Der permanent geöffnete Discoraum ist über zwei Eingänge vom Offenen Bereich her zugänglich. Es ist ein sehr großer Raum mit hoher Decke, der nur sehr wenig Tageslicht hat und zusätzlich mit Vorhängen abgedunkelt werden kann. Unter der Decke hängen Neonröhren und eine Vielzahl an bunten Scheinwerfern. Die schwarz gestrichenen Wände sind (von Jugendlichen, wie ich, Forscher, später erfahre) mit bunten Noten bzw. prismenartigen Farbkombinationen bemalt. Die große Tanzfläche ist im vorderen Teil mit fest installierten, ebenfalls schwarz gestrichenen Sitzbänken und Tischen und im hinteren Teil mit einigen Sofas umrahmt. An der rechten Längsseite befindet sich eine abgeschlossene, frontverglaste DJ-Kabine mit einer kompletten Technikausstattung und einer großen Auswahl an CDs. Die Wand der DJ-Kabine ist großflächig mit Namen von Jugendlichen beschrieben. Rechts neben der Kabine steht eine mobile Theke. Davor ist außerhalb der Discozeiten eine Tischtennisplatte aufgebaut, die während den Discoveranstaltungen zusammen geklappt in der Ecke steht.*

Die Verräumlichung des Tanzthemas

Zugang zu den für alle Interessierten jederzeit geöffneten Discoräumen erhält man über den Offenen Bereich. Durch seine Lage ist der Discoraum privater, da er nicht wie der Offene Bereich zwangsweise durchquert werden muss. Die Raumgestaltung ist auf das Musikthema ausgerichtet: Für eine Disco- bzw. Konzertbeschallung ist entsprechende Technik vorhanden und der Raum abdunkelbar. Im Vergleich zum Offenen Bereich wirkt der Discoraum ansonsten karg. In Waldstadt gibt es um die Tanzfläche Sitzgelegenheiten, eine kleine

Theke und eine DJ-Kabine, während in Burghagen sich zusätzlich noch eine Bühne und eine Großbildleinwand finden. Während in Waldstadt die schwarz gestrichenen Wände farbig bemalt sind, erweist sich die Burghagener Wandgestaltung als schmucklos. Das vorhandene Material schlägt kaum andere Tätigkeiten als Musik hören/spielen und Tanz vor, da im Vergleich zum Offenen Bereich kaum weitere Gegenstände zur Verfügung stehen.

Damit gibt der Raum eine eindeutig zu identifizierende Verwendungsvorgabe vor: Jugendliche können sich hier ästhetisch produzieren und aufführen. Zentral ist die territoriale Binnenstruktur von Bühnen- und Zuschauer/innenplätzen: Mit der Tanzfläche wird ein Platz für mögliche Körperexponierung zentral markiert und stellt auch in seiner Großflächigkeit Raum für körperliche Aktionen bereit. Die Aufteilung in den rhythmisierten Tanzkörper und den ruhenden Beobachter/innenkörper erfolgt gleichfalls durch die randständigen Sitzplätze wie Bänke und Sofas. Diese sind auf die Tanzfläche hin ausgerichtet und somit auch die Blickrichtungen auf die sich dort bewegenden Akteur/innen. Diese Konstruktion der Zuschauer/innen- und Bühnenplätze lässt den offenen und begutachtenden Beobachtungsblick und die öffentliche Exponierung des Körpers zur Begutachtung zu.

Zudem findet eine räumliche Aufteilung zwischen Musikproduktion und Musikkonsum statt. Nicht nur die Konzertbühne in Burghagen produziert diese Differenz. Entweder ist für die DJs wie in Waldstadt eine abgeschlossene Kabine im Discoraum vorgesehen oder, so wie in Burghagen, ein erhöhtes Podest – beides grenzt die DJs vom Publikum ab. Dies lässt auf die Exklusivität des DJ-Status schließen, da dafür ein Zutrittsrecht zu diesen Plätzen besessen werden muss. Zudem befinden sich in beiden Räumen zusätzliche Theken, die während der Veranstaltungen bewirtschaftet werden. Die Notwendigkeit der raumeigenen Theke lässt sich so deuten, dass innerhalb des Veranstaltungsraumes Ereignisse stattfinden, die nicht durch einen Raumwechsel unterbrochen werden wollen. Beide Discoräume sind jedoch auch außerhalb der speziellen Musikveranstaltungen für die jugendlichen Besucherinnen und Besucher geöffnet.

4.2.3 Der Musikraum

Raumbeschreibungen
Zwar finden sich in allen drei untersuchten Einrichtungen Räume, in denen Jugendliche musizieren können. Jedoch wurde der Burghagener Musikraum nicht aufgesucht, da dieser ausschließlich örtlichen Bands zur Verfügung steht, die ihn unabhängig vom Jugendzentrumbetrieb nutzen.

Jugendzentrum Langenstedt: *Am Ende des Flurs liegt der Musikraum, der mir (Forscher) durch den Pädagogen Micha geöffnet wird. Später erzählt er mir, dass alle den Raum auf Anfrage einfach so nutzen dürfen und er die meiste Zeit aufstehe. Der zirka 20 qm große und sehr helle Raum ist professionell mit Instrumenten und Studiotechnik ausgestattet. Auf der rechten Seite stehen zwei Computer auf Schreibtischen, davor vier Stühle, während auf der linken Seite ein elektronisches Schlagzeug neben zwei Lautsprechern aufgestellt ist. An den Wänden laufen dicke schwarze Kabel entlang. Links neben der Tür steht ein Keyboard, diesem gegenüber, vor der Fensterfront, steht ein Mischpult auf einem Tisch. In der Mitte des Raumes stehen zwei Standmikrofone. Durch die großen Fenster sehe ich auf den Gehweg, der zum Haus führt. Die Wände sind weiß, jedoch kann ich bei genauem Hinsehen auf der linken Wand hinter den Computern eine großflächige, sehr filigrane Bleistiftzeichnung erkennen, vermutlich eine Vorskizze für eine Wandbemalung.*

Jugendzentrum Waldstadt: *Hinter dem Discoraum liegt der kleine, etwa 15 qm große Musikraum. Zutritt zu diesem Raum erhält man nur, wenn jemand von innen öffnet oder einen Schlüssel besitzt, da die Außentür nur einen Knauf hat. Ich (Forscher) komme mit dem Pädagogen Murrat hinein. Die Atmosphäre erinnert mich an viele andere verratzte Bandproberäume, die ich bereits gesehen habe. Links neben der Tür, direkt unter den mit langen dunklen Vorhängen umrahmten Fenstern, steht ein Sofa. Rechts neben der Tür stehen Musikinstrumente: Vom Sofa aus betrachtet steht das Schlagzeug mittig rechts, davor steht ein Verstärker, während links eine Gitarre und ein Bass in ihren Ständern stehen, dazwischen ein Mikrofonständer. Das Fenster hinter dem Instrumentenaufbau ist mit einem schwarzen Vorhang verdeckt. An der Wand hängt ein Belegungsplan. Ich erfahre später, dass es ortsansässige Bands sind und außerhalb dieser Zeiten andere den Raum bei konkretem Anliegen auf Anfrage nutzen können.*

Die Anregung zum Musizieren
In beiden Einrichtungen liegen die Musikräume etwas abseits. Der Zutritt in den Raum gestaltet sich im Gegensatz zu den bisher untersuchten Räumen weitaus schwieriger. Es sind verschlossene Räume, deren Zugang auf unterschiedlichste Weise über die pädagogischen Fachkräfte und spezielle Türöffnungsmöglichkeiten geregelt werden. Die beiden Räume selbst sind mit der für einen Musikraum zu erwartenden Technik ausgestattet und auf Funktionalität ausgerichtet. Die Ausstattung teilt den Besuchenden mit, dass hier aktiv (Musik-)Kultur produziert werden soll. Für beide Einrichtungen gehört es offenkundig zum

pädagogischen Konzept, mittels dieser Ausstattung Jugendlichen ein niederschwelliges Angebot im Sinne einer kulturell-musischen Bildung zu eröffnen.

Der Aufbau der Räume selbst unterscheidet sich ebenfalls kaum: Die Musikinstrumente und das dazugehörige Equipment sind auf der linken Seite des Raums platziert und so aufgestellt, dass sie ein in den Raum hinein offenes U bilden. Dieses Arrangement konstruiert bereits einen Aufführungsraum und sichert zugleich den Blickkontakt zwischen den Musizierenden, aber auch den Blick hin zu den Publikumsplätzen. Die Sitzgelegenheiten, in Waldstadt das Sofa und in Langenstedt die an der Wand stehenden Stühle, sind den Musiker/innenplätzen direkt gegenübergestellt. Diese Gegenüberstellungen reinszenieren die gängigen Arrangements von popkulturellen Bandauftritten, von Musikproduzierenden einerseits und Musikkonsumierenden andererseits.

Trotz der ähnlichen Raumarrangements und technischen Ressourcen unterscheiden sich die Nutzungsbedingungen der Räume: In Langenstedt können interessierte Jugendliche auf Anfrage Zutritt zum Raum haben, auch wenn sie keinen konkreten Nutzungsanlass benennen können. Im Waldstadter Jugendzentrum wird er von verschiedenen Personengruppen besetzt: Einerseits nutzen den Raum örtliche junge Bands, andererseits wird der Raum auch anderen Jugendzentrumgästen zur Verfügung gestellt, wenn sie einen Nutzungsanlass angeben können. Auch unterscheidet sich die Art der Herstellung von Öffentlichkeit: Während in Waldstadt Blicke von außen über Vorhänge reguliert werden und Publikum nur von innen in den Raum hereingelassen werden kann, gestaltet sich der Publikumszugang in Langenstedt anders. Die Tür ist von beiden Seiten zu öffnen und sperrt Gäste nicht aus, während die Fenster auf den Zugangsweg zum Haus hin ausgerichtet sind. Durch diese Offenheit können die Musizierenden von allen Einrichtungsgästen auf dem Weg zu den Eingängen jederzeit wahrgenommen werden, da ein Sichtschutz fehlt.

Die Einrichtung eines Musikraums führt eine in der Geschichte der Jugendarbeit langjährige und etablierte Tradition weiter und reflektiert den prominenten Stellenwert der Musik in allen Jugendkulturen. Das Setting ist hochgradig mit einem Bildungsanliegen aufgeladen, weil der Musikraum als ästhetischer Erfahrungsraum bei Jugendlichen das Interesse zum Experimentieren und selbstständigen Musiklernen wecken, aufgreifen und befördern will (vgl. Hill 1996). Gleichzeitig stellt er einen Entfaltungsraum für den eigenen musikalisch-ästhetischen Ausdruck Heranwachsender zur Verfügung und ist als Auftrittsbühne vor imaginärem oder realem Publikum angelegt. Die Interpretation der Inventargestaltung und -arrangement zeigte bereits, dass hierbei auch popkulturelle Skripte von Musikproduzierenden und Musikkonsumierenden reinszeniert werden, indem auch für Zuschauende Sitzplätze bereitgestellt werden.

4.2.4 Der Sofaraum

Raumbeschreibungen
Auch wenn alle drei Jugendzentren Sofaräume haben, konnten nur zwei aufgenommen werden: Der Langenstedter Sofaraum befand sich während des ersten Forschungsaufenthalts in der Neueinrichtungs- und während des zweiten in einer erneuten Umbauphase.

Jugendzentrum Burghagen: *Vom Offenen Bereich aus komme ich (Forscher) in den sogenannten Ruheraum, der permanent geöffnet ist. Dieser ist relativ klein, etwa 12 qm: Gegenüber der Eingangstür befindet sich ein großes Fenster, welches nahezu die gesamte Raumbreite einnimmt, jedoch mit einem bunten, orientalisch wirkenden Tuch abgedunkelt wird. An den rötlich gestrichenen Wänden hängen ebenfalls Tücher. Unter dem Fenster und an der rechten Seite steht drei Sofas, auf der linken Seite noch ein gepolsterter Hocker. Rechts neben der Eingangstür steht ein Fernsehgerät mitsamt einer Playstationkonsole. Der Raum wirkt auf mich, auch durch die farbigen Wände und bunten Tücher, wie eine gemütliche Höhle.*

Jugendzentrum Waldstadt: *Direkt links neben der Eingangstür steht ein Tisch, über dem rahmenlose Bilderrahmen mit Fotos von verschiedenen Jugendzentrumsaktivitäten angebracht sind. Es hängen lange, braune Stoffvorhänge vor der gegenüber der Tür liegenden Glasfront. Der Sofaraum ist zirka 40 qm groß und ist in drei Bereiche untergliedert: Im vorderen Bereich rechts stehen in einem offenen U selbst gebaute Holzkästen, die durch die Aufstellung einen Raum im Raum bilden. In diesen Kästen befinden sich die Computer. Im hinteren Bereich steht links vor der Fensterfront, schon vom Offenen Bereich einsehbar, eine Sofagruppe mit zwei Zweisitzern, einem Sessel, Stühlen und einem kleinen Tisch. Einige Rückenpolster fehlen. Gegenüber der Sofaecke ist eine durch zusammen geschobene Möbel gestaltete Nische: Hier steht ein Fernsehgerät mit einer Playstationkonsole. Dort vorbei geht es in den Technikraum. Die Wände sind bis auf diese Fotos weiß und wirken auf mich kahl, so wie der ganze Raum auf mich sporadisch eingerichtet und nicht gerade einladend wirkt.*

Orte des Rückzugs
Die mit Sofas ausgestatteten Räume sollen sich allein in ihrer Benennung und der Ausstattung von den anderen Jugendzentrumräumen unterscheiden, indem sie sich explizit von den aktivierenden und/oder multioptionalen Arrangements abgrenzen und zugleich Peergroup-Privatheit und Abgeschlossenheit ermöglichen wollen. Sie forcieren eine Themenrichtung: Es ist ein Ort des ‚Abhängens‘

und des Unter-Sich-Sein-Könnens. In seiner Gestaltung kann er zu Gesprächen, zum Rückzug, zur Erholung und zur Entspannung anregen.

Der Sofaraum in Langenstedt erscheint dem Ethnograf als intim: Die Enge, die Verhängung des Fensters und die Wandgestaltung unterscheiden diesen erheblich von den anderen Räumlichkeiten des Hauses. So wirkt er, obwohl er Teil einer öffentlichen Einrichtung ist, mehr wie ein Privatraum. Die Sitzmöglichkeiten sind ausschließlich auf Bequemlichkeit ausgerichtet und die Sitzkonstellation ermöglicht Face-to-face Interaktionen. Als fest installiertes Spielangebot wird den Jugendlichen nur ein Fernsehgerät mit einer Playstation zur Verfügung gestellt (vgl. dazu 4.2.5). Diese Spielmöglichkeit bietet auch der Sofaraum des Waldstadter Jugendzentrums an. In einer Nische steht neben der ersten Playstationkonsole im Offenen Bereich eine zweite. Jedoch setzt der dortige Sofaraum mindestens drei verschiedene thematische Impulse: Zum einen gibt es die Spielmöglichkeit, zum zweiten durch Möbel abgegrenzte Computerarbeitsplätze und drittens eine Sofaecke. Die drei zusammengestellten Sofas werden noch durch Sitzmöglichkeiten an den Fenstern ergänzt. Somit soll der Raum nicht nur zum Spielen und Surfen, sondern auch zur Unterhaltung anregen. Ob und wie dieser Raum zu einem Rückzugs- und Kommunikationsort Jugendlicher werden kann, stellt der Ethnograf jedoch mit seiner Raumbeschreibung in Frage: Zwar werden Themenimpulse gesetzt, allerdings vermittelt die Beschreibung des Raumes kaum einladenden Charakter. Die Sofaecke ist von einem anderen Raum aus bereits einsehbar und gewährt folglich kaum Intimität. Auch die beschriebene Ausstattung vermittelt kaum intime Atmosphäre: Die Sofapolsterung ist unvollständig und der Raum wirkt in seiner Schmucklosigkeit „kahl" und nur „sporadisch eingerichtet".

4.2.5 Die Playstationkonsole

Quer zu den bisher rekonstruierten Räumen liegt die Playstationkonsole, da sie keinen eigenständigen Raum darstellt, sondern als Spiel in diversen Räumen neben anderen Raumnutzungsoptionen steht. Jedoch erscheint es in zweierlei Hinsicht sinnvoll, die Konsole mitsamt dem häufig genutzten SingStar-Spiel aufzunehmen: Erstens werden bereits durch die innenarchitektonischen Gestaltungen den Spielkonsolen abgegrenzte Räumlichkeiten zugestanden. Zweitens sind die Konsole und das SingStar-Spiel im Gegensatz zu klassischen Jugendzentrumspielen wie Billard oder Kickertisch der Erwachsenenwelt so weit unvertraut, dass die genaue Inblicknahme, welche spezifischen Verwendungen dieses Spiel vorgibt, für die Interpretation der folgenden Performances Jugendlicher entscheidend ist.

Die Konsole ist in allen Einrichtungen vorhanden: Während in Waldstadt und Burghagen die Konsole für alle Besucherinnen und Besucher zur Verfügung steht, befindet sich diese in Langenstedt im Eingangsbereich des Kinderflügels und kann folglich nur von Kindern genutzt werden. Im Jugendzentrum Burghagen kann die PS2 im Sofaraum benutzt werden, während im Jugendzentrum Waldstadt zwei Konsolen zur Verfügung stehen: Eine Playstationkonsole der ersten Generation befindet sich in einer eignes dafür eingerichteten Nische des Sofaraums und die aktuelle Version im Offenen Bereich. Folglich steht diese Konsole an einem stark frequentierten und zentralen Ort, während drei der vier Konsolen sich an einem weniger stark frequentierten Ort befinden.

Die Playstationkonsole ist im Kontext der digitalen Videospiele, die auch auf einem herkömmlichen Fernsehgerät gespielt werden können, Mitte der 1990er Jahre auf den deutschen Markt gekommen. Seitdem wurden mehrere Generationen von Konsolen entwickelt, für die mehrere hundert Spiele zur Verfügung stehen: Mit der PS2-Konsole steht (für den Zeitraum der Beobachtung) in allen Einrichtungen den Jugendlichen die aktuellste Version zur Verfügung. Im Gegensatz zur ersten Generation lassen sich damit wesentlich komplexere und interaktiv aufwändigere Spiele spielen. Für PS2 ist das Karaoke-Spiel SingStar-Spiel kompatibel. Es gehört im breit gefächerten Sortiment an Videospielen zu den sogenannten „Rhythmus-Action-Games" (www.playstation.de) und wurde – neben einem Fußballspiel, welches die Jugendlichen ab und an in Waldstadt spielten – am häufigsten genutzt. Daher wird die Konsolennutzung in Verbindung mit dem Spiel nun eingehender vorgestellt.

SingStar ist ein Gesangsspiel – auf dem Fernsehgerät wird ein Musikvideo abgespielt, zu dem gesungen wird. Über die an ein Fernsehgerät angeschlossene Konsole können dazugehörige SingStar-CDs mit einer Vielzahl an Songs und den dazugehörigen Musikvideos abgespielt werden. Aus der beträchtlichen Bandbreite an verfügbaren, musikalischen Stilrichtungen sind in den Einrichtungen folgende CDs vorhanden: „SingStar 80s", eine Zusammenstellung von 1980er Jahre Hits; „Deutsch Rock-Pop", u.a. mit Annett Louisan und Tokio Hotel; „The Dome" mit aktuellen Hits aus der gleichnamigen Fernsehsendung; „Die Erste" und „Rocks!". Die Konsole selbst bietet Anschlüsse für ein bis zwei Mikrofone. Auf dem Fernsehbildschirm können die Spielenden die Auswahl der Videos über eine Bildleiste ansehen und die Clips kurz anspielen. Nach der Auswahl wird ein Song von der CD geladen und abgespielt. Dazu singen die Spielenden in die Mikrofone zu den Originalaufnahmen, während der Text auf dem Bildschirm abgelesen werden kann. Die gerade zu singende Textstelle ist farbig markiert, während gleichzeitig das dazu gehörende Originalvideo gezeigt wird. Somit gibt es, neben der auditiven Vorlage des Songs selbst, zugleich die visuelle Inszenierung des Stücks. Dies kann für die Spielenden bedeutsam sein, wenn die Videos selbst nicht als kleine Erzählungen angelegt sind, sondern hauptsächlich das Musizieren oder Tanzen zum Musikstück im Vordergrund steht.

Mit der Möglichkeit der zwei Mikrofonanschlüsse und der Bandbreite an medialen Vorlagen wird zugleich deutlich, dass das Spiel auf Wettbewerb angelegt ist. Zentrale Aufgabe der Spielenden ist, die Musikstücke über die Mikrofone so nachzusingen, dass die vorgegebene Tonhöhe möglichst genau getroffen wird. Während des Singens werden über das Programm generierte Bewertungen angezeigt: *„Die SingStar-Technik entscheidet, wie gut du bist! Es gibt Wettbewerbs-, Mehrspieler- und Einzelspieler-Modi"*[62] (www.SingStar.de). Damit legt das Spiel neben der Maxime des geselligen Spaßes auch ein ästhetisches Kriterium an: Die gelingende Imitation der Originalvorlagen wird zur Grundlage eines mehrstufigen Wettkampfmodus, der eine Einzel- und Vergleichsbeurteilung ermöglicht. Zugleich werden die gesanglichen Leistungsbeurteilungen durch die Spieltechnik externalisiert: Im Gegensatz zur menschlichen Rückmeldung, die etwa durch das anwesende Publikum stattfinden kann, entzieht sich die technoide jeglicher Subjektivität, und suggeriert stattdessen eine objektive Rückmeldung.

Im pädagogischen Raum der Jugendarbeit wird hier also ein stark normativ geprägter Spielmodus eingeführt, der den Maximen der Imitation, Konkurrenz, Leistungsbeurteilung und dem Peergroup-Vergleich folgt, ohne auf die Subjektivität und Selbstentfaltung der einzelnen Besucherinnen und Besucher einzugehen. Diese Maxime könnten nicht konträrer zu den im Vorfeld formulierten Bildungsansprüchen des Feldes stehen – und dennoch werden die später folgenden SingStar-Nutzungen zeigen, wie dies im pädagogischen Raum zu einem bildsamen Spannungsfeld werden kann. Denn gleichzeitig eröffnet das Spiel die Möglichkeit, einerseits in der Geselligkeit der Peergroup gemeinschaftlich etwas tun zu können und andererseits eine öffentlichkeitswirksame Bühne für die eigene ästhetische Performance zur Verfügung gestellt zu bekommen. Der Werbetext zielt auf die Gleichzeitigkeit dieser beiden Aspekte ab: *„Egal, ob du jeden Ton triffst oder lieber nur unter der Dusche singst: Jeder singt gerne. Jetzt gibt es keine Entschuldigung mehr, anderen deine Stimme vorzuenthalten! Schnapp dir das Mikro und ab ins Rampenlicht! SingStar gehört zu den neuen ,interaktiven Spielereignissen', die für ein breites Spielerpublikum geeignet sind, ... denn alles was man tun muss, ist – singen!"* (www.SingStar.de). Der Werbetext konstruiert Gesang als ein öffentliches und körperliches Ereignis: Gesang, so teilt der Werbetext mit, sei eine in jedem Menschen angelegte Fähigkeit und

---

[62] Diese und die weiteren Zitate stammen aus dem auf www.SingStar.de veröffentlichten Werbetext. Daneben gibt es noch einen Modus, der umgangssprachlich als Übung bezeichnet wird: Hier kann ohne den Bewertungsmodus gesungen werden.

dessen Exposition ein grundlegendes Bedürfnis. Zugleich verweist dieser auf die Besonderheit des Gesangs: Als eine herausgehobene, nicht der alltäglichen Stimmnutzung entsprechende Handlung benötige es jenseits der privat-intimen Klausursituation einer besonderen Sphäre, um sich überhaupt vor einem Publikum entfalten zu dürfen. Damit differenziert die Spielvorgabe explizit zwischen Publikum und sich produzierenden Performenden. Das Spiel konstruiert einen Spielrahmen für ein Ereignis, welches sich an den Maximen des Spaßes und der Geselligkeit orientiert. Den Singenden wird die Gelegenheit gegeben, sich vor sich selbst und zugleich anderen exponieren zu können. Spieleinsatz ist die eigene Gesangsstimme, deren Aufführung zunächst nicht an ästhetischen Kriterien gemessen werden soll und somit als integratives Ereignis ein von Beginn an angelegtes Scheitern verhindert.

Die Nutzung des Spiels transformiert zugleich unvermeidbar auch das Jugendzentrum in einen Bühnenraum: *„Also trete gegen deine Freunde an oder singe einfach darauf los – dabei ist es unwichtig, wie gut du singen kannst. Wenn du ein Mikro in der Hand hältst, bist DU der Star – und das ist alles, was zählt. [...] Dann kann es ja losgehen! Trommele deine Freunde zusammen, schließ die Mikros an und zeige, dass ein Star in dir steckt!"* (www.SingStar.de) Es sind nicht nur die medialen Einspielungen, sondern auch der Gesang der/des Spielenden akustisch präsent – sowohl vor dem Fernsehgerät, als auch über die Lautsprecher des Fernsehgeräts. Die Jugendlichen und nicht die eingespielten Medien sind die „Stars", während zugleich nicht das ästhetische Produkt, sondern die Aufführung selbst ausschlaggebendes Moment für das Ereignis ist: Das Mikrofon garantiert als technische Verstärkung der Stimme die unteilbare Hörbarkeit der eigenen Stimme und ist zugleich symbolisches Objekt des Übergangs von Nutzenden zu Stars. Mit dem Mikrofon gewinnt die Stimme performativ Hörweite und -raum. Das Mikrofon wird zur zentralen Inszenierungsrequisite, um sich selbst mit der ästhetischen Gesangspraxis in den Status eines Stars transformieren zu können. Diese ästhetische Selbsttransformation vom profanen in den künstlerischen Status soll, so schlägt der Werbetext vor, jedoch in einem sozialen Kontext stattfinden. Zu Teilhabenden und somit auch Ko-Konstruierenden der Aufführung werden die Umstehenden gemacht, die im performativen Vollzug miterleben können, wie sich die singende Person inszeniert.

Zusammenfassend lässt sich feststellen, dass entgegen der bislang vorgestellten Räume, in denen sich pädagogische Anliegen mehr oder weniger materialisiert finden ließen, die Playstation zusammen mit dem SingStar-Spiel einen Kontrast zur pädagogischen Bildungsmaxime darstellen: Die Spielnutzung verknüpft, ähnlich wie der Musikraum auch, ästhetische und soziale Praxis miteinander. Der Gesang als leiblich-ästhetische Praxis ist zentrales Spielelement. Das Spiel ermöglicht durch das Mikrofon und die medialen Vorlagen einen Rahmen, der die eigene Hervorbringung der jugendlichen Gesangsstimme in den Räumen der Jugendarbeit legitimiert. Die technische Ausstattung garantiert die weitreichende Entfaltung und Veröffentlichung der Stimme. Zugleich ist der Gesang Medium der Sozialität, indem er durch den Vollzug erst die spielerischen und geselligen Dimensionen ermöglicht und die (gelungene) ästhetische Aufführung bezeugt. Jedoch steht diese ästhetische Tätigkeit insofern quer zu den anderen Freizeitmöglichkeiten, als hier erstens, wie bereits beschrieben, ein Leistungs- und Konkurrenzkampf inszeniert wird und zweitens im konservativen Sinne die Selbstbildung des ästhetischen Ausdrucks nur eingeschränkt stattfinden kann: Während der Musikraum die musikalisch-handwerkliche Seite der Musikproduktion mitberücksichtigt, macht das SingStar-Spiel eigene instrumentale Fähigkeiten durch die Playbackvorlage überflüssig. Vielmehr stellt es den Gesang in das Zentrum des Ereignisses und fokussiert den Gesang hervorbringenden Körper. Damit bietet es eine auf den ersten Blick narzisstische Auftrittsplattform, die in ihrem lokalen Kontext zwischen semi-privater und öffentlicher Aufführung, zwischen Publikumseinbeziehung und -ausgrenzung variiert.

4.3 Die Differenz der räumlichen Präskripte

Zwar lassen sich die Jugendzentrumräume nicht in klar differenzierbaren Freizeit- und Bildungssettings klassifizieren, jedoch zeigen die Rekonstruktionen der Innenräume, dass bereits die Gestaltung der jeweiligen Räume spezifische Präskripte vorschlagen. Diese knüpfen an die Interessen und Bedürfnisse von Jugendlichen an und setzen zugleich beiläufige Anregungen und Impulse für die jugendliche Selbsttätigkeit. Sie konturieren also die Optionen, ohne die Handelnden darin festzulegen. Diese arrangierten Nutzungsoptionen können als strukturelle Gelegenheiten der Bildungsanregung und Bildungsherausforderung in vier Schwerpunkten gebündelt werden:

Thematische Impulse: Die Räume setzen verschiedene thematische Impulse, die als strukturelle Bildungsgelegenheiten bezeichnet werden können, ohne dies jedoch auf die zu vermittelnden Kompetenzen zu reduzieren. Sie ermöglichen als auf Selbsttätigkeit angelegte Prozesse ästhetische und soziale Erfahrungen, die jedoch gleichzeitig und auf unterschiedlichen Ebenen auftreten und verhandelt werden können (vgl. Müller/Schmidt/Schulz 2008). Dabei unterscheiden sich die räumlichen Impulse: Während einige Räume klar ein Thema vorschlagen, sind andere Räume wie der Offene Bereich multioptional angelegt.

Anschlüsse an Jugendästhetik: Ein zentraler Schwerpunkt der thematischen Impulse ist der Anschluss an ästhetische Jugend(kultur)praxen. Gleichzeitig bieten die räumlichen Ressourcen verschiedene Zugänge zu jugendästhetisch attraktivem Material an. Jedoch lassen sich anhand der räumlichen Verteilung die unterschiedlichen pädagogischen Gewichtungen in der Bildungsqualität erkennen: Selbst wenn die vorgegebenen Verwendungsoptionen von beispielsweise SingStar und Musikraum ähnliche sind, so sind sie dennoch räumlich unterschiedlich positioniert. Bei SingStar handelt es sich um ein Freizeitspiel, bei dem zwar der Gesang im Vordergrund steht, aber dennoch die spielerische Seite überwiegt und daher nicht notwendigerweise separiert werden muss. Der Musikraum hingegen ist ein traditionell (kultur-) pädagogisch intendiertes und gerahmtes Angebot zur musischen Förderung Jugendlicher. Jugendliche müssen offenkundig vor anderen geschützt werden, indem sie einen separaten, abgeschlossenen (Schutz-) Raum dafür erhalten.

Öffentlichkeit und Privatheit: Die Einrichtungsräume lassen sich in zentrale und randständige Räume differenzieren – der Offene Bereich stellt exponierte Plätze her, während die Spezialräume wie z.B. der Musikraum relativ abgelegene Orte sind. Dies schafft wiederum verschiedene Öffentlichkeit, die durch die Schlüsselhoheit des pädagogischen Personals verstärkt wird. Indem einige Räume temporär und andere durchgängig geöffnet sind, heben diese Öffnungsmodi die jeweiligen Tätigkeiten in den Räumen unterschiedlich hervor. Zudem unterscheidet sich die innenarchitektonische Gestaltung der Jugendzentren erheblich von anderen Bildungsinstitutionen wie z. B. der Schule: Das gesamte räumliche Arrangement der jeweiligen Einrichtungen ähnelt mehr einer Mischung von privatem Wohn- und öffentlichem Freizeitraum denn einer klassischen Bildungsinstitution. Es gibt Erholungs- und Aktivitätsbereiche, Spielmöglichkeiten, Tische für Gesprächs- oder Essensrunden. Zugleich sind die prominenten und niederschwellig zugänglichen Räume wie der Offene Bereich ähnlich dem familiären Ess- oder Wohnzimmer als Schnittstellen zwischen jugendlichen und erwachsenen Sphären gestaltet. Sie bieten Nutzungsoptionen an, die sowohl für Jugendliche als auch Erwachsene anschlussfähig sind, während andere Räume wie der Sofaraum private Rückzugsräume darstellen. Bildungsimpulse werden so im strukturellen Unterschied zur Schule beiläufig und verdeckt gesetzt: Auch wenn in der Schule die Räumlichkeiten gleichfalls jugendnah gestaltet sein können, unterliegen diese immer zuerst dem funktionalen, von außen zugewiesenen Lernzweck der Wissens- und Kompetenzvermittlung.[63] Dies ist für alle Beteiligten – sowohl Lehrende als auch Lernende – klar erkennbar. Die in den Jugendzentren zu findende verräumlichte Mischung verschiedener Lebenssphären wie den familiären oder kommerziell-freizeitorientierten Raum diffundiert auch die Bildungsintentionen der Institution.

---

[63]   Dies lässt sich auch an aktuellen Studien der Schulforschungen nachvollziehen (vgl. bspw. Mohn/Amann 2006; Breidenstein 2006; Wagner-Willi 2005).

Zuschauer/innen- und Bühnenräume: Durch die Gestaltung und Einrichtung entstehen Zuschauer/innen- und Bühnenräume. Die Räume halten für die Heranwachsenden verschiedene Arten der Platzierung bereit. Wie anhand der Differenzierung zwischen den gegebenen Sitz- und Auftrittsplätzen im Disco- und Musikraum gezeigt wurde, weisen bereits diese einen Status als Akteur/in oder Publikum zu. Auf Körperlichkeit bezogen lassen die Orte in ihrer Nutzung auch spezifische Körper entstehen: Besucher/innenkörper können und dürfen in den jeweiligen Räumen zu Tanz-, Spiel- oder Gesangskörpern werden. An strukturellen Bildungsgelegenheiten halten diese Settings demnach nicht nur die Möglichkeiten des Sich-Gegenseitig-Beobachtens offen. Die gegenseitige Wahrnehmung der spezifischen Körperlichkeiten kann, neben den anderen parallel aufgeführten Themen, für die Heranwachsenden ein wichtiges Bildungspotenzial darstellen.

Auf welche Weise diese spezifische Art der pädagogischen Förderung jugendlicher Aneignungs- und Selbstbildungsprozesse mit den noch zu rekonstruierenden jugendlichen Praktiken korrespondieren, wird nun genauer betrachtet. Dabei wird davon ausgegangen, dass *erstens* die Räume mit bestimmten Nutzungsoptionen, die Bildungsimpulse setzen, belegt sind. Wie diese Präskripte von Jugendlichen aufgenommen und verarbeitet werden, ist jedoch offen. *Zweitens* stellen die Räume ein unterschiedliches Maß an Öffentlichkeit und Privatheit her, indem sie Aufführungen rahmen und so in Zuschauer/innen- und Bühnenräume strukturieren. In den folgenden Kapiteln wird die mit- und gegenläufige Nutzung dieser räumlichen Präskripte als Performanceräumen, sowie der damit verbundene Wechsel zwischen alltäglichem Handeln und der Inszenierung und Aufführung von Performances untersucht. Folglich geht es hierbei nicht darum, zu zeigen, *dass* die räumlichen Präskripte aufgenommen und erfüllt werden, sondern *wie* Jugendliche sich in diesen Räumen körperlich-ästhetisch aufführen.

5. Der Wechsel vom alltäglichen Handeln zur Performance

5.1 Einstiegsarten

Bisher wurde gezeigt, wie die Arrangements der vier Räume Themenimpulse setzen und mögliche Bühnen schaffen. Nachfolgend werden ausschließlich Einstiegsarten in Performances rekonstruiert (vgl. 5.1), bei denen Mädchen und Jungen kulturelle Genres aufgreifen, sich selbst in Szene setzen und so Differenzen zu anderen herstellen. Daher werden erst im weiteren Verlauf der Arbeit diese und andere Ausschnitte unter dem Fokus der verschiedenen Performance-Genres vertiefend interpretiert. Diese Performance-Einstiege werden abstrahiert, um erste Merkmale jugendlicher Performances herauszuarbeiten (vgl. 5.2).

5.1.1 Tanzeinstiege

Offener Bereich Waldstadt: *Ich (Forscher) stehe an der Theke und unterhalte mich mit Georg (Jugendlicher), der gerade hinter der Theke seinen Dienst macht. Wir trinken beide Cola. Währenddessen kommt Flo (Jugendlicher) an die Theke und stellt sich neben mich. Ich sage „Hi!", schlage in seine Hand ein und er sagt „Na, und?" Ich setze gerade mit der Antwort an, als Flo mit dem Zeigefinger Richtung Anlage zeigt, Georg verblüfft ansieht und sagt „Das Lied!" Georg dreht sich schnell um und macht ein wenig lauter [...] Währenddessen hat Flo, neben mir stehend, plötzlich angefangen zu tanzen [...] Georg tanzt ebenfalls hinter der Theke. Ich beobachte, dass sie ab und zu mal Blicke wechseln. (Waldstadt 2a, MS)*

Discoabend in Burghagen: *Am Rand der Tanzfläche stehen und sitzen einige Jungen und Mädchen. Einige Sekunden, nachdem der Song „Macarena" angefangen hat, kommen neun Mädchen, die vorher am Rand gesessen haben, auf die Tanzfläche, stellen sich schnell in einer Zweierreihe nebeneinander auf, nur eine stellt sich zwischen das dritte Zweierpaar. Die Mädchen haben sich nach der Größe aufgestellt. Nach einem kurzen Abcheckblickkontakt, vermutlich warten sie gemeinsam auf den richtigen Einstieg, fangen sie an, synchron die jeweiligen Macarena-Schritte und Bewegungen zu machen. (Burghagen 3b, SS)*

In beiden Ausschnitten beginnen Jugendliche eine Tanzaufführung, für die offensichtlich ein eingespieltes Musikstück den Impuls gibt. Durch das Tanzen ästhetisieren die Jugendlichen ihre Körper, indem sie sich mit ihren Bewegungen auf die Musik beziehen und zugleich für alle anderen wahrnehmbar ästhetische Bewegungsabläufe aufführen. Jedoch zeigen die Ausschnitte unterschiedliche Arten des Wechsels von alltäglichem Tun in eine ästhetische Tanzperformance:

Der erste Tanz an der Theke erscheint im Vergleich zum Tanz in der Disco deshalb spektakulär, weil mit dem Tanzbeginn etwas passiert, womit der Beobachter nicht unbedingt gerechnet hat – es wird an einem Ort getanzt, der nicht explizit als Tanzort ausgewiesen ist. Der Ethnograf hält sich an der Theke auf und spricht mit einem Jugendlichen, der Thekendienst hat. Die Kontinuität des Gesprächs wird durch den hinzugekommenen Jungen unterbrochen. Die hinter der Theke stehende Stereoanlage spielt ein Musikstück, welches für beide Jungen offensichtlich bedeutungsvoll ist. Dies lässt sich am schnellen Situationswechsel ablesen: Der Fingerzeig und ein verbaler Hinweis von Flo, um Georg auf das gerade zu hörende Lied aufmerksam zu machen, reichen als Impulse aus, um den intergenerativen Gesprächsraum der Theke zu einem intragenerativen Tanzraum zu transformieren. Die Thekenkraft Georg erhöht die Lautstärke, während Flo bereits zu tanzen beginnt.

Mit dem abrupten Wechsel zeigen sie die Bedeutsamkeit des Lieds, indem sie sich nicht nur verbal-sprachlich, sondern auch körperlich-tänzerisch zum Lied in Beziehung setzen. Sie führen mit ihren Körpern ihre Choreografien auf. Damit wird die Theke zur öffentlichen Bühne des Körperzeigens: Indem sie sich mit dem Tanz öffentlich exponieren, stellen sie ihre Körper aus und die Tänzer schaffen eine Situation der gegenseitigen Beobachtung. Zum einen beobachten sich die Tanzenden während ihrer Performance, nehmen sich also wechselseitig im körperlichen Vollzug wahr. Zum anderen werden sie vom Ethnografen in ihrer Performance beobachtet. Zeitgleich differenziert die ästhetische Aufführung die Anwesenden in Akteure, die sowohl etwas als auch sich aufführen und Publikum, vor dem etwas aufgeführt wird, während der Thekenraum mit der Performance in Bühnen- und Zuschauer/innenplätze unterteilt wird. Der Thekenraum gibt zwar verschiedene Präskripte vor, zu denen auch das gemeinschaftliche Musikhören über die Musikanlage gehört. Jedoch gibt es weder räumliche Vorschläge, die den Thekenraum als Tanzraum ausweisen, noch eine architektonische Aufteilung zwischen Bühne und Publikumsort. Der Performanceort Theke, an dem man sich tänzerisch zur Musik bewegt, wird durch die beiden Jungen situativ hergestellt.

Dagegen scheint in der Discoszene der stattfindende Wechsel zur Performance für die Mädchen selbst zunächst relativ unaufwendig zu sein. Der Discoabend gibt das Tanzthema bereits vor und im territorial klar abgegrenzten Raum, der Tanzfläche, wird zu Musikstücken getanzt. Die Ethnografin beschreibt diesen Übergang vom Status der Zuschauenden, die sich am Rand der Tanzfläche platziert haben, hin zu Tänzerinnen vergleichsweise nüchtern: Das ‚Macarena‘-Lied[64] gibt den Impuls zu einer Tanzaufführung, an der Mädchen beteiligt sind. Die ersten Klänge des Songs reichen aus, damit sich neun Mädchen aus ihrer jeweiligen Zuschauerinnenposition herauslösen und sich auf der Tanzfläche einfinden. Weitere Jugendliche bleiben am Rand der Tanzfläche als Publikum zurück. Die Mädchen beginnen mit dem Betreten der Tanzfläche nicht umgehend und unabhängig voneinander mit einer individuellen Tanzchoreografie. Stattdessen ordnen sie sich ihrer Größe nach in Zweierreihen und kündigen damit eine kollektive Tanzperformance an. Die Lücke zwischen dem Songbeginn, verbunden mit dem Betreten der Tanzfläche, und dem Tanzbeginn ist bedeutsam: Sie zeigt, dass dieser Song mit einer spezifischen Choreografie belegt ist, die offensichtlich allen Tänzerinnen bekannt ist und kollektiv aufgeführt werden will. Diese Besonderheit lässt zu, dass sich alle auf der Bühne zunächst ordnen dürfen, bevor sie die eigentliche Aufführung als Teil des Gesamtkörpers der Tanzgruppe beginnen. Der Einstieg in den Tanz wird mittels Blickkontakt hergestellt: Die Mädchen starten synchron, ohne dass nach außen sichtbar jemand ein Zeichen gegeben hat. Dies lässt vermuten, dass sie nicht zum ersten Mal in dieser Konstellation zusammen tanzen. Der Tanz selbst findet ebenfalls synchronisiert nach einer bestimmten Abfolge von Bewegungsabläufen statt. Damit führen die Mädchen zumindest zwei Präskripte auf: Zum einen die räumliche Vorgabe des Discothemas und zum zweiten die medial vorgeschlagene Tanzchoreografie.

Zunächst lassen sich folgende Unterscheidungen treffen: Einerseits kann das im Ort angelegte Präskript modifiziert (Thekentanz) und ausgeführt (Discotanz) werden. Andererseits können Performances einer individuellen oder kollektiven Choreografie folgen. Diese Unterscheidungen zwischen vorgabenmodifizierenden und vorlagenahen Performances sind jedoch keine hierarchisierenden Aussagen über deren ästhetische Qualität.

---

[64] ‚Macarena‘ ist ein Sommerhit aus dem Jahr 1996. Zum Zeitpunkt der Beobachtung ist er bereits über ein Jahrzehnt alt. Dazu gibt es eine feste Choreografie, die als Gruppenformation getanzt wird und feminine Körper-Attribute gestisch betont. In festgelegter Reihenfolge werden mit den Händen Hüfte, Po und Brüste berührt, ein Hüftschwung schließt die Tanzeinheit ab, die sich dann wiederholt. Vgl. dazu Rose/Schulz 2007a: 102-110. Zu der genauen Bewegungsabfolge und der weiteren Binnendifferenzierung der Tänzerinnen vgl. Rose/Schulz 2007a: 108ff.

5.1.2 Musikeinstieg

Im Musikraum Langenstedt: Julia (Jugendliche) schließt die Tür. Am Keyboard links von mir (Forscherin) setzt sich Görkhan (Jugendlicher). Mir gegenüber setzt sich Sara (Jugendliche) ans elektronische Schlagzeug, während vor mir Anna (Jugendliche) sitzt und zu Julia schaut. Diese geht an eines der beiden Mikrofone, die vor dem Schlagzeug in der Raummitte stehen, und steht stumm dort. (Langenstedt 1b, MF)

Die darauf folgende Performance ist anhand des Ausschnitts unschwer zu erraten: Es soll musiziert werden. Es handelt sich um eine Gruppe von drei Mädchen, einem Jungen und der Ethnografin, die sich im Musikraum auf verschiedene Plätze verteilen. Die Türschließung signalisiert für alle den Übergang von profaner Handlung hin zum konzentrierten Beginn einer ästhetischen Aufführung. Jedenfalls lassen die jeweiligen Platzierungen und Handlungen der Jugendlichen und der Forscherin darauf schließen: Julia schließt die Tür und geht dann ans Mikrofon, Görkhan und Sara setzen sich an die Instrumente und Anna sieht Julia nach. Die Raumausstattung strukturiert die Plätze und folglich auch die Aktivitäten in rezipierendes Publikum oder aktive/r Musiker/in. Mit dem räumlich-körperlichen Arrangement wird eine theatrale Frontalsituation zwischen Publikumsreihen und Auftrittsbühne hergestellt. Jene Platzzuweisungen erzeugen diese Differenz und sichern zugleich einen formalen Auftrittsrahmen, in dem Julia, Sara und Görkhan sich durch ihr Handeln kollektiv als eine Band inszenieren, die etwas aufzuführen hat. Die Funktionen der einzelnen Musikplätze müssen ebenso nicht ausgehandelt werden, da sie aus den gängigen popkulturellen Formaten in ihren Funktionen bekannt sind. Die beiden Mikrofone sind der Hauptattraktion einer jeden Popband vorbehalten, dem Gesang. Mit der Platzeinnahme macht sich Julia zur Sängerin, Sara zur Schlagzeugerin und Görkhan zum Keyboarder und weisen sich selbst umgehend Aufgaben zu, ohne dass diese inhaltlich verhandelt werden. Der Eindruck einer Band, die souverän die Bühne betritt und ihre Plätze einnimmt, um gleich mit ihrer Performance zu beginnen, entsteht.

Anna folgt mit ihrem Blick der Sängerin, die als letzte die Bühne betritt und wendet ihr somit ihre Aufmerksamkeit zu. Auch weist sie sich, so wie die Ethnografin auch, die Aufgabe einer der Band gegenüber sitzenden Zuschauerin zu. Die Differenz zwischen dem Performer/innenkollektiv und den Rezipientinnen ist somit auch binnenräumlich hergestellt. Mit Julias Hinzutreten zum Mikrofon sind die Bedingungen für den Performance-Einstieg geschaffen. Der Moment der Stille ist ähnlich bedeutend wie das kurze gemeinschaftliche Abwarten der ‚Macarena'-Tanzaufführung. Es scheint, als ob die Musizierenden sich vor dem gemeinsamen Beginn kurz sammeln müssen. Auch die räumliche Trennung zwischen Performenden und Publikum scheint konstitutiv für die Bandperformance zu sein: Ähnlich wie beim ,Macarena'-Tanz, wo mit dem Positionswechsel von Publikum zu Tänzerinnen auch der Statuswechsel räumlich vollzogen wird, wird diese Differenz zwischen Territorien des Aufführens und Rezipierens gleichfalls räumlich manifestiert. Performen heißt, im Tun sich zu exponieren und daher auch auf sich aufmerksam zu machen.

5.1.3 Spieleinstieg

Am Billardtisch in Waldstadt: Ich (Forscher) sitze auf der Bank beim Billardtisch. Drei ältere Jungen stehen vor mir; an der von mir aus gesehen rechten Längsseite steht niemand, links, zwischen den Damen- und Herrenklos sitzen auf dem Sofa drei jüngere Mädchen, [...] an der Stirnseite sitzen drei jüngere Jungen. Die drei älteren Jungen spielen bereits die ersten Züge. Nach wenigen Momenten kommt Dave (Jugendlicher) hinzu, der [...] per Handschlag begrüßt wird und das Queue in die Hand gedrückt bekommt. Er steht auf der rechten Längsseite, muss allerdings für den nächsten Stoß die Seite wechseln und geht um den Tisch. Vor den drei auf dem Sofa sitzenden Mädchen stoppt er und streckt Karin, die mittig sitzt, die Queuespitze bis knapp vor die Nase entgegen, und sagt trocken: „Willste mal poppen?" [...] (Waldstadt 4b, MS)

Die Beschreibung des Ortes lässt das Bild einer Rundarena entstehen: In der Raummitte spielen zunächst drei Jungen Billard. Das Spiel ist offensichtlich für drei Mädchen, drei Jungen und den Ethnografen attraktiv genug, um sich als Publikum auf den Sitzplätzen um den Tisch zu verteilen und auf das Ereigniszentrum Billardtisch zu schauen. Aufgrund der Sitzkonstellation kann davon ausgegangen werden, dass beide Publikumsgruppen sowohl den Billardtisch samt Spielenden als auch die anderen Zusehenden in Blick nehmen können. Die drei Spieler führen die ersten Spielzüge aus, als Dave hinzukommt und als Mitspieler mittels der Übergabe des Billardqueues in das Spiel integriert wird. Mit jenem wird Dave der Status eines aktiven, den nächsten Spielzug vollziehenden Billardspielers zugewiesen. Für den anstehenden Spielzug muss er seine Tischposition wechseln. Jedoch führt er nicht das Spiel fort, indem er den nächsten Spielzug vollzieht, sondern inszeniert neben dem eher sportiv-konzentrierten Billardspiel eine scheinbar kontextlose Sex-Performance: Im Positionswechsel wendet er sich nicht dem Billardtisch, sondern dem Publikum zu und erweitert performativ den Bühnenraum. Dave wählt aus der Runde ein Mädchen aus und spielt sie zunächst gestisch gezielt an. Damit wird diese von einer das Billardspiel beobachtenden Zuschauerin unvorhergesehen und eventuell auch unfreiwillig zur Partnerin seiner Performance gemacht.

Als verbindendes Requisit zwischen dem vordergründigen Präskript des Ortes und der aktuellen Performance wird das Queue in seiner Funktionalität verfremdet. Dave zeigt damit auf Karins Nase, wobei die Geste doppeldeutig ist, da das Queue als phallusähnliches Objekt und als Zeigestab gedeutet werden kann. Daves anschließende Frage, ob sie „mal poppen" wollte, ist kurz, provokativ und ohne jegliches erotisches Spiel. Zugleich konterkariert er dies, indem er das Queue eben nicht auf ihren Schritt oder eine andere intime Stelle richtet. Die Frage und Geste erscheinen an diesem Ort, umringt von anderen Jugendlichen, absurd, da es sich keinesfalls um eine sozial angemessene Situation handelt, in der sexuelle Offerten gemacht werden. Die Handlung ist somit als Auftakt einer theatralen Performance zu verstehen. Die möglicherweise übergriffige Frage des Performers muss vom Publikum und von Karin nicht als ernsthaft gestellt wahrgenommen und daher nicht beantwortet werden.

Mit der Geste und der knappen Frage transformiert Dave das ortskonforme Billardspiel zu einer Sexspiel-Performance und sich selbst vom Spieler zum Performer, während das bis dato passiv-konsumierende und deshalb verborgene Publikum sichtbar wird. Mit dem Spielwechsel zieht Dave mutmaßlich eine andere Art der Aufmerksamkeit des Publikums auf sich, als es die Spieler mit ihrem Spiel vorher taten. Zugleich wird mit dem Wechsel der Spielgenres deutlich, dass jede und jeder der Umstehenden zu potenziellen Ko-Akteur/innen der Performance werden kann. Damit unterscheidet sich der Übergang vom Billardspiel zur theatralischen Performance von den bisherigen Einstiegsausschnitten. Mit dem Performanceauftakt tritt nicht nur der Performer selbst auf, sondern aktiviert ungefragt andere und fordert sie so zum Mitagieren auf.

5.2 Resümee: Der Übergang von Alltag zu Performances

5.2.1 Die Wechsel in die Performances

Jugendliche greifen sowohl die räumlichen Präskripte des pädagogisch arrangierten Settings als auch die kulturell vorhandenen und ihnen bekannten Aufführungsgenre als Material auf, um in die Performances zu wechseln. Indem sie etwas Ästhetisches hervorbringen, setzen sie sich selbst in Szene – als Musiker/innen, Sänger/innen, Battle-Duos oder Tänzer/innen. Am deutlichsten ist dies in der Discoszene: Die Mädchen tun das, was im räumlichen Arrangement bereits als eine mögliche Tätigkeit angelegt ist. Die eingespielte Musik wird nicht als Hintergrundkulisse genutzt, sondern dominiert den Raum akustisch und zentriert das im Raum stattfindende Geschehen. Die Musik soll die Anwesenden dazu animieren, auf der vorgegebenen Tanzfläche zu tanzen. Das räumliche Präskript der Jugendzentrumdisco gibt also vor, *dass* hier die Aufführung der tanzenden Körper erwünscht ist und *wo* sie stattfinden kann. Jedoch gibt das Arrangement nicht vor, *wie* sich diese Körper tatsächlich auf der Tanzfläche aufzuführen haben: Die Mädchen wählen den Kollektivtanz ‚Macarena' als Performance-Genre. Tanz ist, wie auch die späteren Performances zeigen werden, eine naheliegende, allerdings nicht die einzige Option, sich ästhetisch zu Musik in Beziehung zu setzen. Gleichermaßen schlagen die Musikinstrumente des Bandraumes vor, auf ihnen zu spielen, doch damit können sowohl alle Arten des Spielens und Nichtspielens als auch alle möglichen Musikgenres aufgeführt werden.

Die Performance-Einstiege müssen, wie die Ausschnitte zeigen, selbsttätig arrangiert werden – gleichgültig welche Nutzung konkret vorgeschlagen wird. Dies ist am Billard- und Thekenausschnitt nachvollziehbar: An beiden Orten findet anfänglich kontextkonformes Handeln statt, indem gespielt und getrunken wird. Das räumliche Arrangement der Theke und des Billardtischs gibt jedenfalls keine eindeutigen Impulse dafür, dass hier getanzt bzw. geschauspielert werden kann. Mit der akustischen Hervorhebung der Musik durch die im Anschluss tanzenden Jungen wird das Arrangement der Theke modifiziert und umgedeutet, ähnlich wie der Billardspieler seinen Queue als Requisit nutzt. Beide Räume werden mit geringem Aufwand durch die Jugendlichen zu anderen, vordergründig von den Präskripten abweichenden Bühnenräumen transformiert. Jedoch gilt für alle Performances gleichermaßen, dass sie mit jeder Aufführung den Raum neu bestimmen: Was es in der Disco auf der Tanzfläche, vor der Theke, im Musikraum oder am Billardtisch zu hören und zu sehen gibt, entscheiden die Performenden und führen es immer wieder neu auf.

Auch die Nutzungsarten der Präskripte lassen sich unterscheiden: Am markantesten ist die Differenz zwischen den beiden anfänglich vorgestellten Tänzen. Während die Mädchen eine eindeutig zu identifizierende Choreografie aufführen, die von der Ethnografin umgehend erkannt und benannt werden kann, fällt die Beschreibung der Choreografie der Jungen schwerer. Weder benennt der Ethnograf bestimmte Tanzfiguren der Tänzer, noch ist erkennbar, ob es sich um eine ausgearbeitete Choreografie oder um eine spontane Eigenkreation handelt. Zumindest kann davon ausgegangen werden, dass es sich nicht um eine einfach zu identifizierende oder populäre Choreografie handelt. Damit ist festzuhalten, dass Jugendliche in ihren ästhetischen Performances Präskripte aufnehmen, imitieren, reinszenieren oder modifizieren.

Beim Vergleich der Einstiege wird eine weitere Differenz deutlich: Impulsgebendes Material, welches Jugendliche zur Transformation in Performances nutzen, kann vielfältig sein. Der Wechsel von einem ortskonformen Billardspiel hin zu einem ästhetischen Ereignis ist nicht an bereits ästhetisch aufgeladenes Material oder Impulse wie beispielsweise Musikstücke gebunden. Stattdessen können zweckgebundene Requisiten wie ein Billardqueue dekontextualisiert bzw. für eine Verfremdung genutzt werden, indem sie entgegen ihrer ursprünglichen Wirkungszuschreibung benutzt werden.

Die Performance-Einstiege transformieren den potenziellen und im Prinzip ereignisoffenen Raum der Jugendarbeit in ein konkretes und reales, für sich und andere erfahrbares „Echtzeitgeschehen" (vgl. Charles 1989). Entgegen landläufiger Debatten über schwer zu aktivierende Mädchen und Jungen schaffen sich Jugendliche selbst in der Institution Jugendzentrum Situationen, um auftreten zu können. Diese Auftritte reproduzieren jedoch nicht das, was ihnen bereits durch die pädagogischen Fachkräfte mit ihrem Arrangement an entwicklungsanregenden und aneignenbaren Dingen vorgegeben ist. Auch wenn die Einstiege ein naheliegendes Präskript nutzen, führen Jugendliche es nach *ihren* Möglichkeiten und Modifikationen auf. Dies macht die Performances zwangsläufig einzigartig und unwiederholbar. Selbst wenn beispielsweise die Choreografie des ‚Macarena'-Tanzes unentwegt wiederholt werden würde, würde sich nur die Struktur, jedoch nicht die Performance selbst wiederholen lassen.

5.2.2 Das Körperliche des Wechsels

Für den Wechsel in die Performances werden eingespielte Musikstücke, ein Billardqueue oder Musikinstrumente als unterstützende Requisiten genutzt, um mit dem eigenen Körper von den Alltagsbewegungen abweichende Bewegungsabläufe zu vollziehen. Der Körper aber ist das eigentliche Hauptmaterial der Performances. Die körperlich hervorgebrachten Wechsel werden als ästhetische Selbsttransformationen aufgeführt: Mädchen und Jungen machen sich selbst zum Tanz-, Musik- oder Schauspielkörper. Dies verweist darauf, dass der adoleszente Körper immer kontextabhängig entsteht. Es gibt nicht nur den *einen*, zumeist geschlechtlich konnotierten, Körper, nur weil er physische Merkmale des Geschlechts trägt. „Vielmehr kann [generell] von verschiedenen Erscheinungsweisen eines Körpers ausgegangen werden. Jeder Körper ist mehrere: Lustkörper, Arbeitskörper, Sportkörper, öffentlicher und privater Körper" (Fleig 2000: 12). Dieser wird folglich zum jeweiligen Körper gemacht, indem er als solcher in Szene gesetzt wird oder von anderen als solcher angesprochen wird (vgl. Rose/Schulz 2007a). Daher erschöpft sich der Körper niemals dauerhaft in nur einer Körperdimension, wie später an den verschiedenen Performances weiter vertieft wird. Im Wechsel findet zudem eine Selbsthervorhebung und Körperaufführung statt. Dabei zeigen sie nicht nur *etwas*, indem sie beispielsweise einen Tanz oder ein Schauspiel aufführen, sondern sie zeigen *sich selbst* oder zumindest *etwas von sich selbst*.[65] Der Körper selbst wird gleichzeitig selbstbezüglicher Erfahrungsort und ein begutachtenswerter Träger von Körperwissen.

Die aufgeführten Körper sind dabei aber immer, nicht dualistisch gedacht, Produkte von Gesellschaft *und* Akteur/innen in Gesellschaft (vgl. Gugutzer 2004: 6f.): Mädchen und Jungen erfinden und inszenieren ihre Körper in ihren Performance-Einstiegen nicht neu, da diese immer schon kulturell vorgeformt sind. Dabei sind Jugendliche auf das vorhandene kulturelle Bricolagematerial, welches auch in den pädagogisch arrangierten Räumen zur Verfügung gestellt wird, als Aneignungsmaterial angewiesen (vgl. Hengst 1999). Jedoch müssen Jugendliche ihrerseits kompetent mit diesem Material umgehen, wie es das spontane Handeln beider Tanzausschnitte zeigt. Der Einspielungszeitpunkt des Impulssongs war für die anschließend Tanzenden so nicht vorhersehbar, sondern kam unvermittelt. Es handelt sich insofern um ein emergentes Ereignis, als die Tanzperformance zum Musikstück entgegen der Band- oder Theaterperformance keinen selbst bestimmten Einstiegszeitpunkt zulässt. Vielmehr mussten sich die Tanzenden situativ und schnell entscheiden, *ob* und *wie* sie einsteigen – ein hoch komplexes Unterfangen. Jedoch wird in beiden Ausschnitten der kollektive Einstieg in die Performance schnell vollzogen. Dies weist darauf hin, dass es vorgelagerte mimetische Körpererfahrungen und zuvor aufgeführte Choreografien gibt, mit denen die Jugendlichen als Performende sich in Bezug zu eingespielten Musikstücken setzen konnten. Diese Erfahrungen werden in den Performances im erneuten Vollzug aktualisiert und zugleich neu aufgeführt (vgl. Wulf 2001c). Die Tanzenden führen ihr Körper- und Bewegungswissen insofern auf, als sie nicht nur ihre bereits in den Körper eingeschriebenen Erfahrungen reaktivieren und vollziehen. Sie zeigen auch, dass sie ihre Körper einerseits zum Musikimpuls bewegen können und wollen und anderseits, dass sie diese zu modifizieren verstehen.

Mit dem Einstieg in den Tanz markieren die Performenden, dass sie nicht zu jedem beliebigen Musikstück tanzen: In der ‚Macarena'-Szene versammeln sich speziell zu diesem Song neun Mädchen auf der Tanzfläche, während der Jungentanz mit einem expliziten Hinweis auf das gerade zu hörende Musikstück angebahnt wird. Die bewusste und genaue Wahl durch die Tanzenden, zu welchem Stück getanzt werden soll, stellt somit einen aktiven Auswahlprozess dar und ist daher keineswegs als Automatismus zu verstehen. Folglich sind die vorgestellten

---

[65] Ute Karl (2005) klärt, wie man sich in verschiedenen Facetten zeigen kann: Da ist 1. das „Etwas-Zeigen", 2. das „Sich-Zeigen-als", 3. das Etwas-von-sich-zeigen und 4. das „allgemeine Sich-Zeigen" (ebd.: 317). Der Körper ist dabei nicht beliebiges, sachfunktionales Requisit der Aufführungen, sondern ihr eigentliches Zentrum.

Performances im doppelten Sinn hervorgehoben: Die Wechsel zwischen beiläufigen und ästhetisch hervorgehobenen Körperaufführungen sind bewusste Auswahlprozesse – Jugendliche wollen sich in einer ganz speziellen Weise inszenieren und aufführen.

5.2.3 Öffentliches Aufführen

Mit den Übergängen von beiläufiger Handlung hin zur ästhetischen Aufführung stellen Jugendliche körperlich-performative Differenzen zwischen sich und anderen her. Diese Differenzen werden unterschiedlich hergestellt: Eher unvorhergesehen wie in der Theken- oder Billardszene oder vorhersehbar wie die Separierung durch die bereits vorhandenen Performer/in- und Publikumsplätze in der Disco oder im Musikraum. Auch wenn die Performances in ihrem Vollzug den architektonischen Raum erst zu einem realen Bühnenraum machen, zeigen die Praktiken der Einstiege, dass die Jugendarbeitsräume dies- und jenseits der arrangierten und vorstrukturierten Settings zu Performancebühnen werden können.

Die vorgestellten Einstiege produzieren immer Öffentlichkeit und ziehen Blicke auf sich. Die Auftakte stellen demnach hohe Anforderungen an die Auftretenden, indem diese mit ihren Ereignissen etwas Sehenswertes initiieren müssen. Der Philosoph Richard Shusterman spricht daher von der „Kunst als Dramatisierung" (ebd. 2005: 110) und verweist darauf, dass „neben der Idee des Auf-die-Bühne-Bringens und des Einrahmens" (ebd.) Dramatisierung auch eng mit der „Intensität" (ebd.) verbunden sei. Das erstere verweise eher auf den formalen Akt, dass „das Werk vom Alltagsleben abgesetzt und als Kunst markiert" (ebd.) werde, während das letztere die Handlungs- und Erfahrungsebene thematisiere. So sind Performance-Einstiege Momente der Intensivierung und Verdichtung, wo zwar die Rahmenwechsel (vgl. Goffman 1980) Teil des Übergangs sind, jedoch vor allem die Jugendlichen sich mit der „mitreißenden Energie der intensiven Handlung selbst" (Shusterman 2005: 110) in Szene setzen: In allen vier Ausschnitten finden sich solche Einstiegsmomente in intensive Handlungen; sei es in den Pausen vor der eigentlichen Aufführung im Musik- oder Discoraum, sei es der verbale Hinweis auf „Das Lied" an der Theke oder die bewusst provokative Einstiegsfrage am Billardtisch. Da Jugendliche Ko-Produzenten des institutionellen Jugendarbeitsalltags sind, können sie mit den Performances an die Grenzen der institutionellen Rahmenbedingungen und der Erwachsenengesellschaft stoßen: Wenn Mädchen als Einstieg einen den erotischen Körper hervorhebenden Tanz bemühen oder Jungen öffentlich Sexakte anfragen, provozieren sie damit auch institutionelle Normalitäten, da sie sich tabuverletzend aufführen. Ob und wie dies zu Konflikten führen kann, wird im weiteren Verlauf der Arbeit diskutiert.

Zugleich zeigen die Einstiege, dass es sich nicht durchgängig grenzüberschreitend handeln muss, um aufmerksamkeitsbindende und dadurch intensive Ereignisse aufführen zu können. Die Herstellung von Ereignissen bedeutet auch nicht zwangsläufig eine Neuerfindung, sondern es kann auch das tatsächliche Eintreten eines erwarteten Ereignisses sein: „,Ereignis' in diesem Sinne ist zum Beispiel der ,Auftaktmoment', [...] – wenn auch auf ihn alle gewartet haben [...]. Ohne den Effekt solcher Auftaktereignisse – anders gesagt, wenn es tatsächlich allein um die Neuigkeit der Inhalte ginge – würden sich Inszenierungen in ihren regelmäßigen Wiederholungen rasch verbrauchen" (Gumbrecht 2001: 68). An den einzelnen Orten können Jugendliche damit rechnen, dass „Etwas" im Sinne einer intensiven und mitreißenden Handlung passiert, jedoch wissen die Beteiligten im Vorfeld nicht, *was* konkret aufgeführt werden wird, aber sie können wissen, *dass* etwas aufgeführt wird. Jedoch müssen sich Ereignisse von der alltäglichen Situation, in der sie aufgeführt werden, abheben, wenn sie von anderen als attraktive Ereignisse wahrgenommen werden sollen. Die Selbsthervorhebung als Differenz gegenüber anderen wird also im Tun in situ und performativ vollzogen. Genaue Absprachen, wer nun performt und wer zuschaut, wann eingestiegen wird, was gezeigt wird und wo sie stattfinden – also alles Merkmale des Theaters, welches zeitlich, räumlich und personell genau differenziert – sind bei den Performance-Einstiegen der Jugendlichen offen: Sie scheinen, vorläufig formuliert, emergente Ereignisse zu sein, in denen ein wechselseitiger Bezug zwischen körperlichen Potenzialen und eigenen Gestaltungswünschen, ästhetischen Vorlagen und Impulsen von außen sowie räumlichen Möglichkeiten hergestellt wird.

5.2.4 Individualität und Kollektivität

Die vier Einstiege zeigen, dass Jugendliche mit ihren Performances nicht nur auf das zur Verfügung stehende Material Bezug nehmen und der eigene Körper im Zentrum der Darstellung steht. Die Szenen zeigen auch, wie Individualität und Kollektivität erzeugt werden. Um überhaupt in die ästhetischen Aufführungen einsteigen zu können, müssen entweder Körper synchronisiert oder zumindest mimetisch angeähnelt werden (vgl. Wulf 2001c u. 1996): Die Musizierenden müssen sich synchronisieren, um gemeinsam beginnen zu können, ohne zugleich immer dasselbe zu tun. Anders bei den ,Macarena'-Tänzerinnen: Sie führen eine Performance des kollektiven Tanzkörpers auf, die die individuellen Körperbewegungen mittels einer für alle geltende Choreografie synchronisiert und somit vereinheitlicht. Die tanzenden Jungen führen im Vergleich dazu ihre individualisierten, auf die eigenen Bewegungskompetenzen und den eigenen Choreografiegeschmack bezogenen Tanzkörper auf, der dennoch dialogisch angelegt ist.

Aus der Subjektperspektive betrachtet ist der zentrale Bezugspunkt des eigenen Performens das körperliche Erleben in seinen verschiedenen sinnlichen Sphären (vgl. Klein 2005): Im Tanz als ästhetischer Körperexponierung bspw. werden die eigenen Bewegungen auf den Musikimpuls abgestimmt und eine sinnliche Sphäre geschaffen, die sich gegenüber anderen Körpererfahrungen abgrenzen lässt. Dennoch wird mit diesen Performances der Körper immer auch als gesellschaftliches Phänomen aktualisiert. Der Körper fungiert als Bindeglied zwischen dem Selbsterleben und dem Gemeinschaftserlebnis (vgl. Stauber 2004: 52f.), in dem sich sowohl ästhetische als auch soziale Bedeutungen verschränken. Jedoch sind die notwendigen Unterscheidungen zwischen Performenden/Publikum und den Binnendifferenzierungen unter den Performenden mit dem Einstieg kaum langfristig angelegt. Stattdessen sind die Differenzierungen, wie sich später zeigen wird, meist temporär und auf die jeweilige Performance bezogen. Die Herstellung von Gemeinschaft und das Zulassen des Beobachtetwerdens in der Öffentlichkeit bergen dennoch die Chance der wechselseitigen Wahrnehmung.

Damit zeichnet sich bereits der intermediäre Charakter der Performances ab: Gerade weil die Aufführungen das Ästhetische nicht als eine beliebige Form wählen, sind sie keine sozial-funktionalen Praktiken. Das sowohl *Etwas*- als auch *Sich-Zeigen*, in dem, was gerade getan wird, ist als eine ästhetische Selbstthematisierung der Jugendlichen deutbar. Das Zeigen verweist auf die Intersubjektivität des Prozesses und kann Rückkopplungen produzieren, während das Etwas-Tun prinzipiell als eine körperliche Tätigkeit angelegt ist, die Differenz in unterschiedlichen Bezügen erzeugt. Die durch die gemeinsamen Praktiken erzeugten Rückkopplungsschleifen können auch riskant sein, da die Jugendlichen nicht nur im Sinne eines Vollzugs etwas mit sich tun, sondern dieses Tun wiederum etwas mit ihnen macht. Daher ist die detaillierte Rekonstruktion der Prozesse selbst, also *wie* Performance-Einstiege und deren Verläufe hergestellt werden, für die Fragestellung dieser Arbeit bedeutsam. Es bleibt zu differenzieren, dass es sich hierbei nicht um bloße Bestandsaufnahmen von sozialen und/oder ästhetischen Lern- und Kompetenzzugewinnen handelt. Vielmehr geht es darum, differenziert darzustellen, wie die jugendlichen Performances auch hinsichtlich der Bildungspotenziale wenigstens als bipolar angelegt verstanden werden können: Die Performances als Aufführungsform können die Herstellung von Bildungsgelegenheiten sein. Zugleich müssen die Bildungsprozesse nicht über das hinausgehen, was im performativen Handeln selbst bereits stattfindet.

Um diese Spezifizierung weiter vornehmen zu können, wird das folgende ethnografische Material in drei ästhetische Genres systematisiert – in Tanz- und Akrobatikperformances (vgl. 6.), Gesangsperformances (vgl. 7.) und Theaterperformances (vgl. 8.). Diese Systematisierung orientiert sich an formalästhetischen Genrekriterien, ohne dass die konkreten Aufführungen selbst zwangsläufig die jeweiligen gesamten genrespezifischen bzw. künstlerischen Kriterien erfüllen müssen. Eine solche Engführung wäre schon allein deshalb für die hier entwickelte Forschungsfrage unangemessen, da erstens bereits am bisher vorgestellten, empirischen Material deutlich wurde, dass die Genregrenzen fluid sind und zweitens das hier entwickelte Performance-Verständnis nicht einer strengen Kategorisierung in ästhetische Formen folgt.[66] Stattdessen orientiert es sich erstens an der Art und Weise der Material- und Genrenutzung, zweitens an der Herstellung von performativer Räumlichkeit und drittens am Interesse der Performenden an ihren Wirkungen. Das dabei im Vordergrund stehende Verständnis von Körper leitet den forscherischen Blick auf die Techniken der Verkörperung und das nah erblickbare Körpergeschehen und weitaus geringer auf den Körper als ein Darstellungsmittel oder ein Medium. Dabei sind zwei Fragen für die vorliegende Arbeit relevant. Die erste ist, welche Arten von ästhetischen und sozialen Erfahrungsmöglichkeiten die Performances den Jugendlichen bieten. Die zweite Frage ist, in welcher Relation die jugendlichen Performances zum pädagogischen Raum stehen. Ziel der nun folgenden Rekonstruktionen ist demnach nicht, ein möglichst komplexes Bild an unterschiedlichen, interpretatorischen Zugängen zu jugendlichen Interaktionen vorzustellen, sondern den Fokus weiter auf das Handeln im ästhetischen Kontext zu lenken.

---

[66] Hier sind u. a. die Kriterien ‚Beteiligungsgrad des Publikums' und ‚Grad der Skriptdifferenziertheit' gemeint, anhand dessen u.a. Schechner 1989 oder Battcock/Nickas 1984 zwischen Happening und Performance unterscheiden.

6. Tanz- und Akrobatikperformances: Körper in Bewegugung

Tanz und Akrobatik sind Möglichkeiten, die eigenen Körperbewegungen in Differenz zum alltäglichen Bewegungsablauf zu ästhetisieren. Tanz, so die Kultursoziologin Gabriele Klein, stelle nicht nur in einem sportiven Sinne „primär die technischen Fähigkeiten und die Leistungspotenziale des Körpers" (Klein 1999: 254) dar, sondern ist im Sinne einer körperbezogenen Kunst „ästhetisches Medium" (ebd.). Akrobatik, die gemeinhin eher dem sportiven Sektor zugerechnet wird, ist wiederum dies- und jenseits tänzerischer Aufführungen zu finden. Gerade in den tänzerischen Breakdance- und HipHop-Aufführungen sind entsprechende Bewegungen integriert, die eine hohe Anforderung an die Körperkoordination und -kondition stellen. Jedoch können akrobatische Performances auch als circensische Aufführungen ohne einen Tanzbezug aufgeführt werden. Wie das folgende Material zeigen wird, sind die Übergänge zwischen tänzerischen und akrobatischen Bewegungen fließend. Daher ist die vorgeschlagene Differenzierung zwischen Tanzperformances (vgl. 6.1) und Akrobatikperformances (6.2) für die Analyse der verschiedenen Aufführungen sinnvoll, ohne jedoch die ästhetische Qualität des Gezeigten zu bewerten. Stattdessen zeigen sie die Breite der Möglichkeiten, wie Jugendliche ihren Körper im Jugendzentrumsraum unterschiedlich und ‚zwischen' den etablierten künstlerischen Disziplinen in Szene setzen können und werden daher im Resümee (vgl. 6.3) aufeinander bezogen diskutiert.

6.1 Zu Musik tanzen

Musik fordert nicht nur zum Zuhören, sondern auch zum Tanzen auf. Der Tanz macht als körperbezogene Kunstform „Musik körperlich sichtbar" (vgl. Klein 1999: 254). Wie bereits diskutiert wurde, besitzen Musikstücke einen Aufforderungscharakter. Dass diese Bezugnahmen keine vereinzelten Phänomene sind, dokumentiert die Beobachtungsnotiz des Ethnografen, die über das Waldstadter Jugendzentrum Folgendes berichtet: *„Es ist mir bereits im Offenen Bereich aufgefallen, als Jugendliche in die kleine Hausanlage direkt hinter der Theke ihre Musik einlegen durften, dass einige Jugendliche immer wieder zu tanzen* *angefangen haben"* (Waldstadt 2a, MS). Offenkundig verursacht die Musik zweierlei: Erstens schafft sie eine spezifische Atmosphäre, indem sie den Raum als Tanzraum definiert. Zweitens bietet sie mit Choreografien den Jugendlichen Aufführungsvorlagen an. Dabei fällt gerade im Tanz das Sich-Zeigen und Etwas-Zeigen zusammen. Daher soll nun im Folgenden nicht nur dokumentiert werden, dass getanzt wird, sondern auch differenziert werden, wo getanzt wird.[67] Darüber hinaus werden die Tanzperformances nach verschiedenen Choreografiearten und Praktiken der Schaffung von Räumlichkeit untersucht.

6.1.1 Ausschnitt: Spontantanz an der Theke

Ich (Forscher) stehe an der Theke und unterhalte mich mit Georg (Jugendlicher). Er ist ein etwas kleinerer, aber muskelbepackter Breakdancer, der hinter der Theke gerade seinen Dienst macht. Wir trinken beide Cola und er erzählt mir von seinen Geschwistern. Währenddessen kommt Flo (Jugendlicher) an die Theke, ein guter Kumpel von Georg, vermutlich im gleichen Alter, aber zwei Köpfe größer als Georg und schlaksig. Er stellt sich neben mich. Ich sage: „Hi!", schlage in seine Hand ein und er lässt sich eine Cola geben und sagt: „Na, und?" Ich setze gerade mit der Antwort an, als Flo mit dem Zeigefinger Richtung Theke weist, hin auf die dort stehende Anlage, Georg verblüfft ansieht und sagt: „Das Lied!" Georg dreht sich schnell um, macht ein wenig lauter und ich höre ein HipHop-Lied, welches ich nicht kenne. Währenddessen hat Flo, neben mir stehend, plötzlich angefangen zu tanzen, HipHop-mäßig, mit ausladenden Armbewegungen und im Takt wiegendem Oberkörper, um dann auf seinen Händen herumzuwirbeln. Georg tanzt ebenfalls hinter der Theke, schlägt dann einen Flickflack. Zwischen beiden ist die Theke. Sie sehen sich nicht ständig. Ich beobachte nur, dass sie ab und zu mal Blicke wechseln. Georg macht hintereinander einige Hand- und Kopfstände. Flo bewegt viel die Arme und die Hüften, indem er roboterartige Bewegungen macht. Einige Besucher, die in der Sofaecke nebenan sitzen, sehen rüber und klatschen im Takt. Die Pädagogin Silke läuft durch den Raum und grinst mich an, weil ich wohl ein dummes Gesicht mache. Nach dem Lied, beide sind richtig aus der Puste, schlägt Georg bei Flo ein, beide nippen an ihrer Cola und Georg macht die Musik wieder leise. Flo dreht sich zu mir, grinst mich an und sagt: „Na, und?" Ich grinse und sage: „Toll, mir wird's anscheinend nie langweilig!" Sie lachen, ich grinse beide an und sage: „Und? Bei euch alles okay?", sie sehen sich an, grinsen, lachen,

---

[67]   Jedoch reflektieren nur wenige Studien die Verknüpfung zwischen den jugendlichen Tanzauf-
        führungen und dem Aufführungsort Jugendarbeit (vgl. etwa Althans/Schinkel/Tervooren 2008),
        obwohl diese in den institutionellen Kontexten erhoben wurden.

sagen: „Jaja, alles klar ..." und „Alles ok im Kopf." Flo fragt, ob wir den Päda-
gogen Murrat gesehen hätten. Wir verneinen beide und Flo geht von der Theke
weg. Georg nimmt den Faden von vorhin wieder auf und erzählt weiter von
seinen Geschwistern. (Waldstadt 2a, MS)

Im voran gegangenen Kapitel wurde bereits der Wechsel von Besucher zu
Tänzer rekonstruiert (vgl. 5.1.1). Eine zentrale Rolle spielte dabei das gerade zu
hörende HipHop-Stück. Die erhöhte Lautstärke verändert zugleich die Raum-
wirkung: Sie macht den vormals eher unspektakulären Ort der Theke zu einem
Clubraum und zieht nun auch akustisch die Aufmerksamkeit Anderer auf sich.
Zugleich stört sie etwaige verbale Kommunikationen, die qua dominierender
Musiklautstärke auf ein Minimum beschränkt werden müssen – aus dem Gesprächsraum wird, ähnlich einer Discoveranstaltung, ein nonverbaler und körper-
bezogener Tanzraum. Den verbal-sprachlichen Aktivitäten wird eine körperlich-
physische Kommunikation gegenüber gestellt, bei der der bewegte Körper
Gegenstand des Zeigens und Betrachtens wird. Die beiden Tänzer zeigen nicht
nur sich selbst, indem sie sich in eine exponierte Position heben, sondern sie
zeigen zugleich auch etwas – ihr tänzerisches Können.
   Dabei ist nicht nur das Musikstück selbst als solches bedeutungsvoll, sondern die beiden Jungen haben offensichtlich eine Vorstellung davon, dass und
wie sie sich tänzerisch dazu in Bezug setzen können. Ob sie einen standardisier-
ten, zum Musikstück entwickelten Tanz, der beispielsweise über einen Videoclip
verbreitet wurde, oder selbst entwickelte Choreografien aufführen, ist nicht
nachzuvollziehen. Gleichgültig dessen tanzen die beiden Jungen jedoch unterschiedliche Choreografien. Die Körper werden trotz des gleichen Performance-
impulses nicht synchronisiert, sondern führen jeweils eigene Choreografien auf:
Georg, eingangs als muskulöser junger Mann beschrieben, führt balanceorien-
tierte und kräftezentrierte Tanzfiguren auf, die eine erhöhte Bein- und Arm-
muskelkraft erfordern. Mit dem Flickflack oder den Hand- und Kopfständen
führt er den Wechsel zwischen oben und unten auf und hebt dabei scheinbar
mühelos die Schwerkraft auf. Während Georg also Figuren zeigt, die mehr dem
akrobatischen Breakdance nahe stehen, zeigt Flo ganze Tanzfiguren. Er nutzt
zwar auch die akrobatischen Tanzfiguren des Breakdances, integriert jedoch
mehr Bewegungen des Rumpfes und der Arme. Sein Rumpf synchronisiert sich
mit der Musik und wird so rhythmisiert, während seine Arme in den Raum
greifen und Gesten aus dem tänzerischen Genre des HipHop zitieren. Zudem
führt er eine kontrastive Körperfigur gegenüber Georgs geschmeidiger, die
Schwerkraft negierende Aufführung auf: Er technisiert seinen Körper, indem er
ihn als Roboterkörper inszeniert und so die geschmeidigen Bewegung ironisiert.
Diese Tanzfigur, die gleichfalls häufig im HipHop beobachtbar ist und analog

zur „human beatbox"[68] gelesen werden kann, versteift die Glieder, indem jegliche Bewegungen nur ruckartig und somit mechanisch aufgeführt werden.

Die parallel gezeigten Tanzfiguren werden trotz der Differenzen nicht unverbunden aufgeführt. Beide Tänzer blicken sich während des Tanzens immer wieder an und scheinen sich auf diese Weise sowohl gegenseitig zu beobachten als auch zu koordinieren. Diese gegenseitige Wahrnehmung des jeweils anderen bewegten Körpers wird von der Theke immer wieder unterbrochen. Zugleich zieht die Performance auch weitere Blicke auf sich: Offensichtlich hat die mit der Performance stattfindende Ereigniszentrierung, gesteuert durch die auditive Präsenz und die körperliche Aufführung, das Interesse Anderer geweckt. Jugendliche, die sich im Offenen Bereich aufhalten, machen sich selbst zu teilnehmenden Zuschauern der Aufführung, indem sie ihre Aufmerksamkeit in Richtung Theke lenken und zu klatschen beginnen. Damit führen sie sich ebenfalls hörbar auf, da sie mit ihrem Klatschen nicht nur selbst Geräusche erzeugen, sondern zugleich sich in den Takt der Musik einfinden und so rhythmisieren.

Das Ende des Musikstücks markiert zugleich das Performanceende: Beide Jugendliche zeigen Erscheinungen körperlicher Verausgabungen. Sie beenden ihre tänzerische Aufführung mit der abschließenden Anerkennungsgeste des Handschlags und vollziehen damit den Übergang vom Tanzkörper zurück in den Thekenkraft- und Besucherkörper. Damit kehren sie zum anfänglichen Thema, dem Thekengespräch, zurück. Mit der Wiederholung des gleichen, vor der Tanzunterbrechung gesetzten Gesprächsimpulses wird der Forscher wieder integriert und zur Kommentierung aufgefordert. Das Grinsen des Jugendlichen wird vom Forschenden aufgenommen, der die Aufführung als ein Moment der Abwechslung kommentiert und zugleich seine Irritation mitteilt: Seine Frage nach ihrer Befindlichkeit und den Verweis eines Jungen auf seine geistige Normalität zeigt, dass alle drei um das Spektakuläre und Ereigniserzeugende ihrer Tanzperformance wissen. Mit dieser Versicherung können nun auch wieder andere, nämlich kontinuierliche Tätigkeiten aufgenommen werden: Das Gespräch wird fortgesetzt und es zeigt sich, dass der hinzu gekommene Junge auf der Suche nach einem Pädagogen ist. Die Frage nach der pädagogischen Fachkraft holt die Beteiligten kollektiv wieder an den Jugendarbeitsort zurück: Offensichtlich ist es an diesem Ort nichts Ungewöhnliches, sich auf der Suche nach dem Pädagogen eine Cola zu kaufen, kurz zu tanzen, um dann die Suche fortzusetzen.

---

[68] Darunter ist die täuschend ähnliche Imitation von u.a. Instrumenten mit dem Mund, sprich dem Zusammenspiel von Zunge, Rachen, Lippen, Kehlkopf bzw. Stimmbänder zu verstehen.

6.1.2 Ausschnitt: Mädchen tanzen in der Disco

Ich (Forscherin) betrete den Saal, aus dem laute Discomusik kommt und setze mich auf ein Sofa, von dem ich den Raum gut überblicken kann. Dieser ist gut gefüllt, auf den Bänken und Sofas rund um die Tanzfläche sitzen viele Mädchen und wenige Jungen. Auf der Tanzfläche tanzen in kleinen Gruppen etwa zehn Mädchen sehr eng zusammen. [...] Die Mädchen sind zwischen 12 und 15 Jahren alt. Sie bewegen sich zum Rhythmus, manche berühren sich oder halten sich die Hände Sie stecken immer wieder die Köpfe zusammen und unterhalten sich beim Tanzen. Nach dem Lied leert sich die Tanzfläche, die Mädchen gehen teilweise aus dem Saal, teilweise setzen sie sich auf die Bänke und Sofas. Die Tanzfläche ist für einen Moment leer. (Burghagen 3b, SS)

Im Vergleich zum zuvor beschriebenen Geschehen ist diese Tanzperformance zwar auch auf ein Musikstück bezogen, in seiner Form erscheint der Tanz allerdings beiläufiger, da die Mädchen keine exponierte Performance vollziehen. Die Tänzerinnen sind bereits vor dem Eintritt der Ethnografin auf der Tanzfläche. Die Ethnografin positioniert sich am Rande des Tanzgeschehens. Mit dieser beiläufigen Einführung in den Situationskontext beschreibt sie nicht nur ihre Aufgabe als Forscherin, sondern auch, was sie als Beobachterin machen muss, um überhaupt beschreiben zu dürfen. Sie muss sich distanzieren, um schauen zu können. Ihr Handeln verweist auf das implizite und inkorporierte Wissen um die territoriale Abgrenzung zwischen der Tanzfläche und dem Randbereich: Auf die Tanzfläche geht man nur, um sich zu bewegen, während auf den Sitzplätzen beobachtet werden darf.

Sie beschreibt einen Kreis von nicht tanzenden Zuschauenden, die sich am Rand der Tanzfläche auf den Sofas und Bänken positioniert haben, und eine Gruppe von Mädchen, die sie nicht weiter differenziert. Die Angaben erscheinen zunächst vage und der Ausschnitt stellt, trotz punktueller Differenzierungen in der Beschreibung, zwei in sich homogene Gruppen gegenüber. Jedoch unterscheidet sich die Gruppengröße der Zuschauenden von der der Tanzenden: Während die Zahl der Mädchen auf der Tanzfläche noch geschätzt werden kann – es sind *„etwa zehn"* – ist die Anzahl des Publikums nicht überschaubar und daher nicht beziffert. Der große Raum ist *„gut gefüllt"*; es sind *„viele Mädchen"* und *„wenig Jungen"* da. Mit diesem Unverhältnis zwischen wenigen Performenden und vielen Zuschauenden beschreibt die Ethnografin ein grundlegendes Phänomen von Performances.

Wie genau sich die einzelnen Mädchen in ihren jeweiligen Choreografien tänzerisch unterscheiden, wird nicht beschrieben; lediglich, dass sich die Mädchen rhythmisch zur Musik bewegen. Die Forscherin vermittelt das Bild eines tanzenden Gruppenkollektivs, dessen Bewegungen an den eingangs vorgestellten ‚Macarena'-Tanz erinnern (vgl. 5.1.1). Die Tanzperformance stellt keine Binnendifferenzierung her. Die Konstellation schützt zugleich die einzelnen Tänzerinnen bei ihrem Auftritt, indem sie das individualisierende – und damit immer auch potenziell verunsichernde – Moment des öffentlichen Tanzens durch die Einbindung in ein Kollektiv abschwächt. Die Differenz zum ‚Macarena'-Tanz liegt in der Choreografie selbst: Es werden keine charakteristischen Tanzfiguren oder Bewegungsabläufe dieses Tanzes aufgeführt. Die Choreografie erscheint einfach und für andere Tanzinteressierte potenziell anschlussfähig. Dadurch wird weder eine besondere Individualität und Expressivität einzelner Tänzerinnen im Kollektiv herausgestellt, noch unterscheidet sich die Tänzerinnengruppe gegenüber anderen Jugendlichen im Raum bezüglich der Exklusivität der Aufführungspraxis. In diesem Punkt unterscheidet sich dieser Tanz auch erheblich von der vorherigen Thekenperformance der beiden Jungen: Während die Jungen diese Differenz expressiv durch tänzerische Individuation herstellten, indem sie klare Kompetenzen der eigenen Körperbeherrschung aufführen, tritt bei dieser Aufführung das soziale Moment in den Vordergrund: Die Mädchen tanzen aufeinander bezogen. Prominent sind die in den tänzerischen Bewegungen gleichzeitig eingebundenen sozialen Kontaktgesten der körperlichen Nähe zwischen den Mädchen und die Beobachtung der Ethnografin, dass sich während des Tanzens Gelegenheiten zur Kommunikation ergeben. Damit teilt die Forscherin ihr implizites Wissen mit: Kontakt- und Kommunikationselemente wären in anderen Discokontexten nicht selbstverständlich, da dort die Tanzflächen grundsätzlich nonverbale Räume der Körperexposition sind, während die Randzonen verbale Kommunikationsorte darstellen. In der Jugendzentrumdisco wird beides – eine ästhetische Tanzperformance und ein soziales Ritual – parallel aufgeführt, wobei letzteres überwiegt. Die Tänzerinnen spielen kompetent mit dem Präskript Disco, ohne es jedoch vollends ausfüllen zu müssen.

Auffällig ist, dass während des Stücks keine weiteren Tanzenden hinzukommen. Es handelt sich um temporäre Trennung zwischen Publikum und Tänzerinnen, wobei die Choreografie nicht alleiniger Ein- und Ausschlussgrund der Performanceteilhabe sein kann. Selbst wenn die Choreografie beherrscht werden sollte, muss sich ein/e sich neu einfügende/r Mittänzer/in zugleich einer der kleinen Gruppen zuordnen können, wenn sie/er nicht als Soloperformer/in auftreten will. Diese Gleichzeitigkeit, sowohl des ästhetischen Sich-Zeigens als auch des sozialen Vergemeinschaftens, stellt die Hürde für Außenstehende dar. Die Gruppenkonstellation löst sich umgehend nach dem Musikstückende auf. Alle Mädchen verlassen die Bühne der Tanzfläche und damit den Status der Tanzenden. Mit dem Performanceende markieren die Tänzerinnen, das sie nicht zu einem beliebigen Musikstück tanzen. Die Entscheidung für ein Musikstück stellt einen aktiven Auswahlprozess dar. Der Bühnenraum bleibt leer, da der neue Musiktitel zunächst von den Jugendlichen als Tanzstück überprüft werden muss. Ob das Territorium der Tanzfläche erneut als Aufführungsraum performativ aktualisiert wird, also Besucher zu Performenden werden lässt, hängt demnach von der Kompatibilität des Musikstücks und dem Geschmack des Publikums ab.

6.1.3 Ausschnitt: Nachmittäglicher Tanz im Discoraum

Ich mache die Tür zum Discoraum auf, stecke meinen Kopf in den Türspalt und sehe hinein. Drinnen sind Jessica und Selina (Jugendliche), es läuft Musik und beide tanzen dazu. Da ich nicht stören will, lächele ich sie nur an – sagen kann ich eh' nix, da die Musik sehr laut ist – und mache die Tür wieder zu. Dann gehe ich weiter, doch hinter mir geht die Tür auf und Jessica ruft mir nach: „Du musst nicht gehen, kannst gerne reinkommen, wenn du magst!" – „Aber ich wollte euch nicht stören." – „Tust du nicht, wir hören bloß ein wenig Musik." Ich gehe rein, setzte mich hinter den Ghettoblaster und sehe den beiden, die zwei Meter von mir weg sind, zu: Es läuft HipHop Musik und sie tanzen dazu. Zuerst machen sie immer wieder Faxen und ich lache mit ihnen. Doch dann scheinen beide in eine Art von Kontemplation zu versinken. Sie tanzen mit geschlossenen Augen, mehrere Minuten gibt es keinen Blickkontakt, sondern sie scheinen völlig mit sich selbst beschäftigt und in sich versunken zu sein, während sie sich zu der Musik – Sprechgesang mit harten Rhythmen, stark pulsierend und treibend – bewegen. Sie tanzen nur in sehr kleinem Radius. Hauptsächlich schwingen sie ihren Oberkörper und ihre angewinkelten Arme im Takt, während sie sehr kleine Schritte vor und zurück machen. Ich selbst fühle mich hin und her gerissen: Zum einen habe ich das Gefühl, dass die Situation sehr intim ist und ich hier nichts zu suchen habe, zum anderen berührt mich die Situation, so dass ich weiter zusehe. Nach diesem Stück schauen die Mädchen sich an, als ob sie gerade aufgewacht wären, lächeln und Selina sagt „Leg mal das Lied von [unverständlich] auf!" Sie kommen zu mir. (Waldstadt 2a, MS)

Die Tür zum Waldstadter Discoraum ist geschlossen. Zwar kann davon ausgegangen werden, dass die Musik auch außerhalb des Raumes zu hören ist, jedoch muss die Schwelle der Tür erst überwunden werden, um registrieren zu können, was im Raum geschieht. Wie aus dem Gesamtprotokoll hervor geht, ist es Nachmittag. Der Ethnograf nimmt während des kurzen Einblicks in den Raum wahr, dass zwei Mädchen tanzen und schließt wieder die Tür. Ihre Musik dominiert das Geschehen. Offenkundig hat der Forscher den Tanz als eine private

Aufführung interpretiert, die nicht für ihn bestimmt ist. Der Rückzug des Ethnografen zeigt zweierlei auf: Auch wenn das Jugendzentrum per se ein öffentlicher Raum ist, kann dieser jedoch zeitweilig zu einem privaten Raum werden. Durch Praktiken, wie etwa der Türschließung, wird der Raum intimisiert und kann von anderen als solcher wahrgenommen werden. Es verweist damit auch auf das inkorporierte Wissen des Ethnografen, dass die temporäre Privatheit im Jugendzentrum einen Platz hat. Zum zweiten zeigt das Handeln des Forschers, dass trotz lauter Musikbeschallung und tänzerischer Körperexponierung nicht jede Performance per se öffentlich und für alle zugänglich sein muss.

Die Privatheit des Raumes wird jedoch durch eine der Tänzerinnen aufgehoben, indem sie den Forscher zurückruft: Sie lädt ihn ein, mit in den Raum zu kommen. Damit sorgt sie zugleich für Publikum. Das, was die beiden Mädchen tun, wird als eine Handlung, die beobachtet werden darf, kenntlich gemacht und zugleich trivialisiert. Auf die Mutmaßung des Ethnografen, dass er sie stören könnte, reagiert das Mädchen mit dem Hinweis, dass sie *„bloß ein wenig Musik"* hörten. Dabei dethematisiert sie ihre körperliche Art des Musikhörens. Diese hier anklingende Irritation des Forschers setzt sich im weiteren Verlauf fort: Offensichtlich verbindet der Ethnograf mit der Aussage des Musikhörens eine andere Körperpraktik, nämlich das im Sitzen stattfindende Zuhören. Im Gegensatz dazu führen die Mädchen ihre Bezugnahme zur Musik im Tanz auf – sie bewegen sich, während sie hören. Im Raum platziert sich der Ethnograf denn auch als inaktiver und distanzierter Beobachter, der hinter dem Ghettoblaster sitzt.

Die Tanzaufführung verläuft zweistufig: Beschrieben wird, dass zu Anfang *„Faxen"* gemacht werden, der Tanz zu ihrer HipHop-Musik also zunächst von Spaß geprägt ist. Mutmaßlich wird damit eine Möglichkeit gefunden, den hinzu gekommenen Forscher zu integrieren. Die spielerisch-humorvolle Aufführung kann so als eine Überleitung zum eigentlichen Tanzteil interpretiert werden, in die sich der Ethnograf bereitwillig einfügen lässt. Er lacht mit den Mädchen, erkennt also an, was sie aufführen. Nachdem der neue Zuschauer integriert wurde, wird er auf den ersten Blick paradoxerweise wieder allein gelassen: Die Mädchen scheinen den Kontakt zu ihm abzubrechen, indem sie die Augen schließen, einige Zeit keine Blicke mehr austauschen und autark für sich tanzen. Zugleich findet im Tanz der Mädchen etwas statt, was als ein Versinken in eine *„Kontemplation"* beschrieben wird: Es findet ein Übergang von einem geselligen und gemeinschaftlichen miteinander Tanzen und Lachen zu etwas Selbstbezüglichem statt. In der Rücknahme ihrer „Außen-Sinne" – des Blickabbruchs und der gegenseitigen Bezugnahmen – schließen die Mädchen das soziale Ritual der Integration und Vergemeinschaftung zugunsten des Modus der ästhetischen Selbsterfahrung im Tanz. Eine exakte Choreografie des Tanzes wird nicht beschrieben. Sie scheint für die Tanzperformance, obwohl sie gerade in der

Hervorbringung der Körperlichkeit besteht, marginal zu sein. Zentraler ist der Wechsel hin zur transzendenten *„Kontemplation"*: Was die Mädchen nun genau erfahren, wie sie sich spüren und worin diese Erfahrungen sich untereinander differenzieren lassen, bleibt als individueller ästhetischer Bildungsprozess dem Außenblick verschlossen. Dass dennoch etwas Atmosphärisches passiert, lässt sich aus der Beschreibung des Forschers nachvollziehen: Expliziter als bei den bisherigen Performances wird der ästhetische Selbstbezug und die starke Konzentration auf den eigenen Tanzkörper sicht- bzw. durch den ethnografischen Blick spürbar. Die Mädchen tanzen nicht nur, um ihre Körper vor anderen zu exponieren und präsentieren, um zu zeigen, was sie alles mit ihrem Körper können, sondern auch, um sich selbst in Bewegung zu erfahren, zu spüren und auf sich zu konzentrieren. Der transzendente Prozess besteht darin, dass sie sich gewissermaßen in die Musik einschmiegen. Diesen Übergang von gemeinschaftlicher Körperexposition zur konzentrierten Körpererfahrung spürt der Ethnograf insofern, als er seine Beobachtung als ambivalent erfährt: Einerseits will er hinsehen und weiter beschreiben, da ihn die Situation emotional berührt. Zudem haben die Mädchen ihn explizit eingeladen, ihnen zuzusehen. Von daher lässt sich mutmaßen, dass dieser externe Blick, wie später gezeigt wird, für die Mädchen bedeutsam ist. Andererseits will er seinen Blick normieren, da das Tanzmoment sich ihm als intimer Einblick offenbart. Die Tanzperformance entfaltet ihre eigene Wirkung – die Situation wird durch ihre Beschreibung von Intimität als erotisch hochgradig konnotiert erfahrbar. Offensichtlich führen die Mädchen nicht nur sich selbst als tanzende Körper auf, sondern erzeugen mit und in ihrem Tanz eine stimmige Atmosphäre, die sich kaum sprachlich fixieren lässt: Die Beschreibung des Musikgenres – *„HipHop und harter Sprechgesang"* – einerseits und andererseits die Betonung der starken körperlichen Wirkung der Musik selbst – *„pulsierend und treibend"* – verdichten die Atmosphäre, ohne sie klar zu definieren.

Der atmosphärische Wechsel wird auch über die Körperlichkeit erfahrbar: Die anfängliche körperliche Distanz – eingeführt durch Platzierungspraktiken und dem sozialen Ritual der Integration – wird zugunsten einer emotionalen und dadurch distanzlosen Berührung aufgelöst. Was diesen Tanz im Vergleich zur vorher vorgestellten Discoaufführung der Mädchen unterscheidet, ist die Absenz an haptisch-taktilen Erfahrungen. Weder berühren sich die Tanzenden, noch blicken sie sich an. Gerade der Blickkontakt, der Blickwechsel und das Sich-Zusehen-Lassen kann als eine visuelle Form der taktilen Bezugnahme verstanden werden: Das Sich-Zeigen funktioniert mit dem Wissen, dass gleichzeitig beobachtet wird. Zugleich können mit Gestik und Mimik die Blicke anderer kontrolliert und gegebenenfalls sanktioniert werden. Jedoch beanspruchen diese Kontroll- und Regulierungstechniken, also das komplexe Ineinandergreifen von

Rückkopplungsschleifen, auch eine hohe Aufmerksamkeit der Jugendlichen. Die Aufgabe der Blickkontrolle ermöglicht den Mädchen wiederum die selbstbezügliche Konzentration, die im vorgestellten Ausschnitt Nähe und Intimität herstellt – gerade in der Abwesenheit von haptisch- oder visuell-taktiler Berührung. Kontrastiv zeigt dies gerade der Abschluss des Tanzes: Die Mädchen schauen, *„als ob sie gerade aufgewacht wären"*, und lächeln sich an. Mit der Abwesenheit des Blickkontakts während des Tanzens wird die gemeinsam geteilte ästhetische Erfahrung paradoxerweise erst hergestellt, die retrospektiv im Blickwechsel und dem Lächeln bestätigt wird. Durch das Sich-Anlächeln geben sie sich zu verstehen, dass sie um die soeben geteilte Erfahrung wissen und diese nicht weiter versprachlichen müssen. Ob sich diese Erfahrung auf ein gemeinsames früheres Erlebnis bezieht, welches mit dem Musikstück in Verbindung gebracht wird, oder andere Motive verfolgt, kann anhand des Ausschnitts nicht rekonstruiert werden. Die Beleuchtung dieses gemeinsamen persönlichen Hintergrunds wäre zwar für individuell-(bildungs-)biografische Aspekte relevant, ist aber für die Deutung des Situationsverlaufs nicht maßgebend. Entscheidender ist, dass die Mädchen „Musikhören" als Tanz aufführen.

Nach dem Tanz führt Selina Jessica auf das eingangs angesprochene Thema zurück, indem sie einen Musikwunsch äußert. Der CD-Wechsel eröffnet den beiden Mädchen auch die Möglichkeit den Bühnenraum zu verlassen und zum Ethnografen zurückzukehren:

Jessica steht vor mir am Ghettoblaster. Selina, die jetzt neben mir sitzt, kramt in ihren selbst gebrannten CDs, die ich mir ebenfalls ansehen darf, zieht eine CD heraus und legt sie auf. Es kommt Nu Soul Musik, in welchem sie abschnittsweise mitsummen und auch den Refrain mitsingen. Immer wieder unterhalten sie sich kurz, wobei der Inhalt für mich nicht nachvollziehbar ist – es geht um Musik, aber auch um Bekannte und Freunde, für mich alles sehr knapp und verschlüsselt. Sie fragen, ob ich die Musik mag und ich sage „Ja, ist okay." Währenddessen geht die Tür auf und zwei Jungen kommen rein. Sie sagen nichts, gehen auf die Tanzfläche und machen Breakdance, passend zur Musik in slow motion. Drei Mädchen und zwei Jungen kommen dazu, stehen am Tanzflächenrand und sehen zu. [...] Dann fragt ein Mädchen, ob es die Musik wechseln darf, was okay ist. [...] Sie und zwei Jungen hören gemeinsam die neue CD von Sido [Berliner HipHop mit deutschen Texten], sprechen zum Teil die Texte mit und tanzen dazu. Ich selbst sitze nach wie vor mit Jessica und Selina am Rand der Tanzfläche und die anderen Jugendlichen haben den Ghettoblaster, nachdem er ein Mal kurz wo anders hin getragen wurde, wieder direkt am Tisch aufgebaut und stehen dort, wenn sie nicht tanzen, auch herum und unterhalten sich. Nebenbei necken sie sich immer wieder. (Waldstadt 2a, MS)

Das Thema des Musikhörens wird weiter fortgeführt: Eines der Mädchen zeigt ihre Auswahl an Tonträgern, die auch der Forscher begutachten darf. Ihre Musikauswahl ist zugleich ihre selbst verantwortete Auswahl an Performancepräskripten. Aus dieser Kollektion wählt sie ein bestimmtes Lied aus, welches das weitere Geschehen rahmt. Sie setzen sich zur eingespielten Musik in Beziehung, indem sie den Text mitsingen oder die Melodie mitsummen. Welche genaue Bedeutung das Musikstück für die Mädchen hat, kann anhand des Ausschnitts nicht nachvollzogen werden; allenfalls, dass es bedeutsam ist. Jedoch ist das Mitsingen weitaus weniger konzentriert als der soeben gezeigte Tanz: Zwar handelt es sich ebenfalls um eine Performance, nämlich die der eigenen Gesangsstimme.[69] Sie erzeugt aber gegenüber der Musikanlage nur einen vergleichsweise kleinen auditiven Raum. Auch reduzieren die Mädchen durch verschiedene andere Tätigkeiten ihre ästhetische Präsenz, indem sie sich während des Musikstücks unterhalten, sich etwas zur Musik erzählen und auch soziale Kontakte thematisieren. Für den Ethnografen ist der Wechsel zwischen Sprechen, Singen und Mitsummen, zwischen ästhetischer Tätigkeit und sozialem Ritual in seinem diskontinuierlichen Ablauf schwer nachvollziehbar. Dennoch wird er von den Mädchen erneut integriert, indem sie ihn fragen, ob er die Musik möge. Somit sprechen sie als Performende wiederholt das von ihnen eingeladene Publikum an. Seine Reaktion ist jedoch verhalten: Die Aussage, dass die Musik *„okay"* ist, verweist auf eine kulturelle Differenz, die sich nicht nur als Kommentierung der zu hörenden und ihn befremdenden Musik verstehen lässt. Sie ist zugleich als Aussage darüber zu lesen, dass er zwar die Musik wahrnimmt, aber dennoch kaum nachvollziehen kann, was die Mädchen mit der Musik verbinden. Ihm fehlt die geteilte emotionale Beziehung zur gemeinsam gehörten Musik.

Damit lässt sich eine weitere Praktik des jugendlichen Umgangs rekonstruieren: Es ist der performative Prozess des doing peer, der die Differenz zwischen Erwachsenen und Jugend einerseits und Binnenvergemeinschaftung andererseits erzeugt und sich in der für den Erwachsenen irritierenden Diskontinuität und Gleichzeitigkeit verschiedener Tätigkeiten manifestiert. Deutlich zeigt sich dies am Eintritt der beiden Jungen, die nicht nur die Schwelle der geschlossenen Tür offensichtlich problemlos überwinden, sondern sich umgehend zur Musikvorlage der Mädchen in Beziehung setzen. Sie führen mit ihrem eigenen kulturellen Tanzgenre des Breakdances eine Antwort auf die auditive Vorlage auf und erweitern den Bühnenraum. Während die Mädchen mit ihrem vorangegangenen Tanz vergleichsweise wenig Raum eingenommen haben, sind die Breakdancebewegungen ausladender. Zugleich aber führen sie ihre Tanzbewegungen in *„slow motion"* auf und zeigen so, dass sie sich zu dieser Musik – und demnach

---

[69] Die Verschiedenartigkeit des Singens wird im nachfolgenden Kapitel 7. Gesangsperformances vertieft, daher soll die Breite des Gesangs hier nur angedeutet werden.

auch zu den Mädchen – tanzreflexiv in Beziehung setzen können. Die Breakdanceaufführung löst die anfängliche Privatheit des Raumes zugunsten eines geteilten Aufführungsraums auf. Durch die geöffnete Tür kommen weitere Jugendliche hinzu, die sich umgehend als Zuschauende positionieren. Dies zeigt, dass Privatheit und Öffentlichkeit im institutionellen Rahmen des Jugend-zentrums temporäre Phänomene sind.

Selina und Jessica treten als Performerinnen sukzessiv in den Hintergrund: Weder exponieren sie sich weiter, noch halten sie an ihren eigenen Musikstücken fest. Auch sind keine Tendenzen zu Konflikten zu erkennen. Jenseits der ästhetischen Bildungsgelegenheiten im Tanz wird so auch die soziale Seite zu einer „en passant"-Bildungsgelegenheit – vorher selbst besetzte Räume und die eigenen Hauptakteurspositionen werden wieder an andere abgegeben. Die Mädchen vollziehen damit einen Wechsel von Performerinnen zu Zuschauerinnen, während die neu Hinzugekommenen den Raum zu ihrem Performanceraum umgestalten. Der Wechsel der Musik produziert eine ähnliche Art der Aufführungspraxis: Wie im vorherigen Abschnitt wird auf der Tanzfläche zur Musik getanzt und die Texte werden mitgesprochen. Wenn nicht getanzt wird, wird am Rand der Tanzfläche geredet, den anderen zugesehen oder miteinander geflirtet. Die ästhetische Performance auf der Tanzfläche und das soziale Ritual am Rand bleiben voneinander abgegrenzt, durchdringen sich jedoch permanent, indem die Personen ihre jeweiligen Positionen und Funktionen im Raum wechseln.

6.1.4 Ausschnitt: Tanzen im Musikraum

Julia, Anna und Sara (Jugendliche) sitzen auf dem Boden und spielen über ein Handy Musik ab. Es kommt das Lied „Blue Laguna": Sara springt hoch und sagt „Maik [ein Jugendlicher] tanzt zu dem Lied immer so…" und zeigt einige komplizierte Tanzschritte, die ich (Forscher) nicht beschreiben kann. „Dann dreht er sich nach vorne…" und dreht sich dabei „ … so nach hinten…", sagt sie weiter, beugt sich nach hinten und bleibt stehen. „Und das machte er in der Schule und auch in der Klasse." „Voll cool Alter", sagt Anna begeistert, steht auf und macht den Tanzschritt nach. Dann setzen sie sich wieder. (Langenstedt 2b, MS)

Die eingespielte Musik, nun über ein Handy, und die Erinnerung an eine grandiose tänzerische Performance eines Jungen wird Anlass für einen Tanzauftritt eines Mädchens. Die Aufführung der Choreografie verweist einerseits darauf, dass der Tanz als ein vielschichtiges Geschehen für eine orale Erzählung und Widergabe durch Beschreibung zu komplex erscheint, wie auch der Ethnograf selbst am Versuch einer detaillierten Beschreibung scheitert. Andererseits schafft Sara eine Situation, in der sie ihr Können zeigen kann: Die Tänzerin führt bildhaft ihre Erinnerung an den Tanz als Tanz vor Publikum auf und kommentiert dies. In ihrem Tanz wird die von ihr beobachtete Performance erzählend und tänzerisch aktualisiert, idealisiert und reflektiert. Dies geschieht auf drei Ebenen: Erstens dokumentiert sie mit ihrer Erzählung die Körperbeobachtungen, die sie gemacht hat. Sie kennt die körperbezogenen Performances anderer durch ihre Beobachtung genau. Auf einer zweiten Ebene kann sie diese Beobachtungen nicht nur artikulieren, sondern trotz der Komplexität tänzerisch selbst aufführen. Sie ist in der Lage, die Tanzschritte des Jungen selbst körperlich nachzuvollziehen. Ihre Kommentare zu den Bewegungen sind weniger ein Hilfsmittel, die mögliche Lücken ihrer Aufführung verbal schließen sollen, als vielmehr Hinweise auf die Komplexität ihres Tanzes. Zugleich nivelliert sie die bestehende Geschlechterdifferenz zwischen ihr und dem Jungen zugunsten der Ähnlichkeit der körperlichen Bewegungsmöglichkeiten. Der individuelle Geschlechterkörper wird zum geschlechterübergreifenden Tanzkörper. Auf der dritten Ebene reflektiert das Mädchen trotz dieser tänzerischen Anähnlichung die für sie relevante Differenz: Zwar beherrschen beide Tanzenden die gleichen Körperpraktiken, jedoch führt der Junge seinen Körper *„in der Schule und auch in der Klasse"* auf. Damit verweist sie auf die enge Verknüpfung zwischen Performance und Performancekontext. Mit diesem Hinweis markiert sie, dass beides keine Orte sind, an denen sich Jugendliche normalerweise tänzerisch in Szene setzen. Dass der Junge diese Orte zu Performanceorten machen kann, erklärt ihn zu einer besonderen Person und unterscheidet sie in diesem Moment von ihm, da sie mit ihrem Tanz im Rahmen des schützenden Musikraumes bleibt.

Ein weiteres Mädchen nimmt diesen vorgeführten Impuls umgehend auf. Sie drückt nicht nur verbal-sprachlich ihre Anerkennung für diese Tanzperformance aus, sondern vollzieht jene gleichzeitig auf einer körperlichen Ebene nach. Sie macht diese tänzerische Erfahrung nicht nur zu einem gedankenexperimentellen, sondern auch zu ihrem eigenen leiblich-spürbaren Erlebnis. Folglich ist eine Verkörperung notwendiger Teil der Darstellung.

6.2 Zwischen Tanz und Akrobatik

6.2.1 Ausschnitt: Treppensteigen an der Theke

Im Offenen Bereich: Hinter der Theke steht Georg (Jugendlicher), der mir (Forscher) mit seinen Breakdancekünsten schon aufgefallen war. Ich wandere mit meinem Blick und halte etwas irritiert bei ihm an: Es ist ruhig im Haus, vor

der Theke ist nichts los und er scheint auch auf keine Person Bezug zu nehmen.
Und trotzdem: Er steht am rechten Ende hinter der Theke und geht langsam auf
das linke Ende zu. Dabei ist sein Blick stur nach vorne gerichtet. Bei jedem
Schritt, den er vorwärts geht, wird er ein Stückchen kleiner, so, als ob er eine
hinter der Theke liegende Treppe hinunter steigen würde. Dort geht es aber
nirgendwo hin. Am linken Ende ist er nun ganz verschwunden. Einige Sekunden
später taucht er, als ob er eine Treppe aufsteigen würde, allmählich wieder auf.
Ich sehe, dass er, immer größer werdend, eine Colaflasche in der Hand hält. Am
rechten Ende der Theke angekommen, wieder zu seiner vollen Größe gelangt,
dreht er sich dann zur Theke hin, öffnet die Cola und trinkt daraus. Dabei
verzieht er keine Miene. Es sieht für mich unglaublich komisch aus, aber es hat
anscheinend kaum einer bemerkt. (Waldstadt 1a, MS)

Der Ausschnitt spielt sich am prinzipiell exponierten, aber aktuell ereignisarmen
Ort der Theke ab: Die ehrenamtliche Thekenkraft nutzt jenseits ihrer Aufgaben-
erfüllung – dazu gehören Getränke- und Speisenausgabe und Spielverwaltung,
Musikeinspielungen und Abrechnung der Kasse – ihren Arbeitsbereich hinter der
Theke für eine Aufführung. Georg, der bereits als Breakdancer qualifiziert
wurde, führt ein akrobatisches Stück auf. Die dabei erzählte Geschichte könnte
lauten: Ein Mann geht in den Keller, um sich ein Getränk zu holen. Die Mimik
und Gestik des Jungen verleiht der Handlung Beiläufigkeit. Die Pointe ist, dass
es keine Treppe gibt, sondern die Imagination des Treppauf- und -abgehens
allein durch seine Körperbeherrschung erzeugt wird. Jedoch bleibt die Performance, wie der Ethnograf berichtet, von weiterem Publikum unbemerkt. Der
Bereich ist zum Aufführungszeitpunkt nicht besucht; jedenfalls beschreibt der
Forscher keine weiteren Jugendlichen, die sich im Raum aufhalten.

Die deutliche Irritation des Beobachters ist in der Beschreibung spürbar: Er
beobachtet eine Performance und versteht nicht, für wen diese aufgeführt wird.
Seine Irritation verweist auf die implizite Annahme, dass Performances für ein
reales Publikum aufgeführt werden. Die Abwesenheit des direkten Gegenübers
kann dazu verleiten, die Bedeutung der Aufführung auf ihre mögliche Zweck-
mäßigkeit zu verkürzen. Folgt man einem zweckgebundenen Denken, böten sich
zumindest zwei Lesarten an: Zum einen könnte der Junge mit der Performance
für spätere öffentliche Auftritte die Leerlaufzeiten seines Thekendiensts im Sinne
einer Probe für Übungszwecke genutzt haben, um den zukünftigen und damit
eigentlichen Auftritt zu perfektionieren.[70] Ersteres ist nicht für den öffentlichen

---

[70]   Vgl. dazu Goffman (1980), der von Probeläufen spricht, mit denen Erfahrungen gesammelt und
geübt werden soll (vgl. ebd.: 73). Dies entspräche analog zu den bildenden Künsten dem Verhältnis zwischen Entwurf und Endprodukt: Es werden Entwürfe und Skizzen angefertigt, die
dann in langen und mühseligen Entwicklungsschritten zu einem gelingenden Bild führen.

Blick bestimmt, während letzteres von allen begutachtet werden darf. Dieser Lesart entspricht der Situation, in der die Performance aufgeführt wird: Der Junge wählt einen Zeitpunkt, an dem kein Publikumsbetrieb herrscht, es sich somit eine unbeobachtete Situation für Übungen bietet. Jedoch fehlt dem Performanceverlauf ein Übungs- bzw. Entwurfscharakter. Daher bietet sich eine zweite Lesart an: Die Aufführung ist eine Selbstunterhaltung des Jugendlichen, der Spaß daran hat, sich mit seinem Körper auseinander zu setzen, weil er mit seiner eigentlichen Aufgabe als Thekenkraft nicht ausgelastet ist. Es folgt die Zuschreibung, dass die Langeweile mit einem selbst inszenierten Ereignis gefüllt wird. Beide durchaus plausiblen Lesarten laufen in ihrer Frage nach dem Zweck der Aufführung jedoch Gefahr, dabei die Qualität der Performance als Bildungsgelegenheit selbst aus dem Auge zu verlieren: Bei der ersten ist implizit angelegt, den Fokus auf das zukünftige Endprodukt zu legen, während die zweite als schnelle Erklärung für die jugendkulturelle Eigentümlichkeiten dienen kann. Beide blenden dabei den Vollzug der Aufführung selbst aus.

Daher bietet es sich an, den Prozess der Aufführung als eine körperbezogene Bildungsgelegenheit genauer zu betrachten. Georgs akrobatische Performance thematisiert in ihrem Vollzug selbst das Verhältnis zwischen Körper und dem Raum, zwischen Publikum und Aufführenden: Erstens wird der anders bestimmte, funktional-materielle Raum mit und in seiner Performance zu einem imaginären Raum. Er transformiert die Jugendzentrumtheke in einen *anderen*, zeitlich begrenzten und daher flüchtigen Bühnenraum, der trotzdem mit seiner realen und aktuellen Funktion als ehrenamtliche Thekenkraft im Jugendzentrum in Verbindung steht. Daher ist die Einlage trotz der Abwesenheit eines direkten (menschlichen) Gegenübers, dem die Aufführung gezeigt wird, als eine auf andere Zuschauende bezogene Performance zu interpretieren. Georg korrespondiert mit dem öffentlichen Raum der Jugendarbeit, indem er ihn mit seiner Aufführung bearbeitet. Damit wird ein konkreter Aneignungsprozess beschrieben. Zweitens muss er sich zugleich den durch ihn aufgeführten Treppeneffekt aus einer exzentrischen Position heraus vorstellen können: Die Theke ist Teil des von ihm genutzten Bühnenaufbaus. Sie verdeckt und zeigt ihn nur aus der Perspektive des vor der Theke stehenden Publikums als Performer. Er vollzieht zwar die Performance, ihre Pointe entfaltet sie jedoch nur für das Publikum. Da der Täuschungseffekt nur für diese Betrachter wahrnehmbar ist, muss er sich vorstellen können und daran arbeiten, wie er von dem Platz vor der Theke aus wirken könnte. Nach der suggerierten Rückkehr an das rechte Ende der Theke führt er weiter Handlungen aus, die wiederum zur Routine einer Thekenkraft gehören: Er dreht sich zur Theke, öffnet die Flasche Cola und trinkt daraus. Mit jenen schließt er zugleich seine Performance, die als flüchtiges Ereignis wieder Vergangenheit ist. Sie erfährt keinerlei weitere Materialisierung, sondern kann nur noch durch die Beschreibung des Ethnografen nachvollzogen werden. Dessen Reaktion zeigt, dass er die akrobatische Täuschung für gelungen hielt.

Anders als Georgs artistische Soloeinlagen, die eine in sich geschlossene Aufführung mit klar markiertem Anfang und Ende zeigten, führen in der folgenden Szene drei Mädchen parallel tänzerische und akrobatische Elemente auf:

6.2.2 Ausschnitt: Auf dem Rücken balancieren oder tanzen?

Im Discoraum: Ich (Forscherin) setze mich im vorderen Bereich des Raums auf die Eckbank. Es sind einige Jugendliche im Saal. Eine Gruppe von vier Jungen und einem Mädchen sitzt in der Sofaecke am anderen Ende des Saals und unterhält sich. [...] Das Geschehen, das ich beobachte, spielt sich rechts von mir im vorderen Teil des Saals ab. Drei Mädchen – Sandra, Silke und Jasmin – tanzen am Rand der Tanzfläche. Direkt vor ihnen sitzen drei jüngere männliche Jugendliche – Christopher, Marius und Phillip – auf den Tischen und sehen permanent zu den Mädchen hin. Es läuft Musik aus dem daneben stehenden Ghettoblaster. Silke steht gebückt, Sandra liegt quer über Silkes Rücken. Dabei versucht Silke, sich zu drehen, ohne dass Sandra vom Rücken fällt. Dies gelingt nicht. Sie lachen sich dabei kaputt, probieren es noch ein Mal, fallen wieder um und lachen. Jasmin macht derweil rhythmisch zur Musik Tanzschritte neben ihnen und lacht auch. Alle drei sind sehr ausgelassen und haben offensichtlich viel Spaß dabei. Dann wechseln die drei Mädchen über mehrere Minuten mehrfach die Konstellationen. Während die Eine die Andere auf dem Rücken halten und drehen will, tanzt die Dritte. Die jüngeren Jungen sehen nach wie vor zu. Hamit kommt kurz herein und macht für einen Moment Breakdance auf der Mitte der Tanzfläche, fällt auf die Hände und hüpft wieder nach oben. [...] Es macht auf mich nicht den Eindruck, als beziehe sich der Junge mit seinem Tanz auf die Mädchen, da er sie weder anspricht noch „antanzt", sondern recht schnell wieder verschwindet.

Silke und Sandra probieren es wieder. Silke gelingt es, Sandra auf dem Rücken zu halten und sie schafft ein paar Drehungen mit ihr. Danach hört sie auf, sich zu drehen, bleibt in gebückter Position mit Sandra auf dem Rücken stehen, und Jasmin haut dieser ausgiebig und kräftigt auf den Hintern. Sandra fängt an zu lachen und zu kreischen, und Silke kann die Stellung nicht mehr halten, beide fallen um und alle drei lachen. Die Jungen auf dem Tisch reden miteinander, was ich aber wegen der lauten Musik nicht verstehen kann. Jasmin und Sandra verlassen die Tanzfläche [...] Silke folgt ihnen erst, dreht dann wieder um, um ihre Tasche zu holen. Dann geht sie in ganz kleinen Tippelschritten mit hoch erhobenem Kopf durch den Saal an den Jungen vorbei und wirft,

bevor sie den Saal verlässt, den Kopf in den Nacken, mit einem lauten „Phhh!"
in Richtung der Jungen. (Waldstadt 2b, SS)

Die Ethnografin dokumentiert zunächst die verschiedenen Nutzungsmöglich-keiten des Waldstadter Discoraums: Während eine Gruppe Jugendlicher die in einer Ecke stehenden Sofas für ein gemeinsames Abhängen nutzt und sich dort unterhält, bewegen sich drei Mädchen auf der Tanzfläche und drei weitere Jungen sehen ihnen dabei zu. Offensichtlich bietet der Raum genügend Platz für unterschiedliche Gruppierungen und Themen. Die Forscherin ordnet sich selbst sowohl in der Sitzplatzwahl, als auch in ihrer Aufmerksamkeitsfokussierung den Tanzenden zu. Vordergründig ist dies eine beiläufige Handlung, die plausibel zu erklären ist: Aus dem Gesamtprotokoll ist ersichtlich, dass sie sich einen Platz zum Notizenmachen suchte und daher die Eckbank wählte. Jedoch wählt sie nicht die vom Tanzgeschehen entfernte Ecke aus, an dem sich offenkundig Jugendliche trotz der Musiklautstärke unterhalten können, sondern einen Platz, an dem sie sich anderen Zuschauern zuordnen kann. Ihr beiläufiges Handeln ist daher als Integrationsprozess in eine Zuschauer/innenmenge zu verstehen, aus der beobachtet werden darf. Zugleich spiegelt es ihr stummes soziales Wissen über Privatheit und Öffentlichkeit wider: Während die von ihr gewählte Auf-enthaltszone eine öffentliche ist, da dort performt wird und es bereits Zu-schauer/innen gibt, wird der andere Teil des Saals, die Sofaecke, als private Zone konstruiert, die real und gleichzeitig symbolisch *„am anderen Ende des Saals"* liegt und dadurch für sie nicht erreichbar zu sein scheint.

Die Mädchen nutzen den vorderen Bereich des Raums, den sie mit mini-malen Eingriffen in ihre Auftrittsbühne transformiert haben. Der mobile Ghet-toblaster spielt ihre Musik ab, während sie sich unterschiedlich am Rand der Tanzfläche bewegen. Zwei Mädchen versuchen eine spektakuläre akrobatische Hebefigur: Auf dem Rücken des einen Mädchens wird die andere nicht nur balanciert, sondern die Tragende soll zugleich eine Drehbewegung machen. Es ist eine Figur, die an Elemente des Breakdance angelehnt ist. Sie erfordert nicht nur körperliche Kondition und ein Gefühl für Balance, sondern ein hohes Maß an Koordination beider Körper. Diese Einlage scheitert jedoch immer wieder. Die Artistinnen Silke und Sarah fallen um, lachen dabei und wiederholen die Figur. Parallel dazu tanzt Jasmin zur Musik. Ihre Tanzschritte werden nicht explizit in ihrer Abfolge beschrieben, was darauf hinweisen könnte, dass es sich nicht um eine für die Ethnografin besondere Choreografie handelt. Jedoch kann festgehal-ten werden: Während die Tänzerin explizit die eingespielte Musik als Strukturie-rungsvorlage ihrer Bewegungen nutzt – also ihren Körper zur Musikvorlage koordiniert –, beziehen sich die Artistinnen in ihrem Rhythmus des Hebens und Haltens nicht auf die Musik.

Zwar werden die Aufführungselemente fortwährend von der Mädchengruppe wiederholt, jedoch wechseln sie untereinander die Positionen. Die jeweiligen Positionen der Tänzerin und der Akrobatinnen sind folglich nicht personen- sondern figurgebunden. Demnach ist vor allem die Wiederholung der Hebefigur nicht als bloße Trainingsprozedur zu interpretieren, da es nicht primär um die technische Perfektionierung *eines* spezifischen Artistenduos geht. Eher steht das Teilen der gemeinschaftlichen körperlichen Erfahrung als Aufführungsthema im Vordergrund. Der Tausch ermöglicht es jeder, die Erfahrung des Hebens und Haltens zu machen, so wie jede auch das Scheitern für sich erfährt. In unterschiedlichen Konstellationen machen sie die Erfahrung, wie physisch anstrengend die Hebefigur ist und dass es Arbeit bedeutet, diese gegebenenfalls aufführen zu können. Es geht also um ein körperlich-haptisches Nachvollziehen der Tanzfigur in der Gemeinschaft und weniger um eine individuelle Aneignung durch Anschauung oder gezieltes Training. Die jeweils Zuschauende begibt sich in die Position der Tänzerin. Damit entfernt sie sich nicht von der akrobatischen Performance, sondern findet innerhalb dieser Konstellation eine andere Bewegungsfigur, die ihr ermöglicht, sich in die Aufführung einzufügen.

Zudem wird die Dramatik eines konsequenten und ernsthaften Trainings schon dadurch gebrochen, dass die gesamte Situation diskontinuierlich ist: Weder werden die Bewegungssequenzen von den Artistinnen streng wiederholt, noch ordnet sich das dritte Mädchen eindeutig einer inaktiven Schülerinnenposition zu, aus der sie durch Beobachtung lernen könnte. Die Performance ist durch ihren Unernst und der Gleichzeitigkeit verschiedener körperlichen Tätigkeiten geprägt. Die beiden Parallelperformances komponieren ein Bild der Polaritäten: Die Tanzfigur suggeriert eine beiläufig-simple, in den Körper bereits eingeschriebene Aufführungspraktik. Die Ethnografin beschreibt, wie bereits erwähnt, keine spektakuläre Tanzperformance, die sich in verschiedene Figuren ausdifferenzieren ließe. Die beschriebene Rhythmisierung des Tanzkörpers wirkt leicht und unangestrengt, während die Koordinierungs- und Balanceversuche der Artistinnen als anspruchsvolle Körperarbeit identifiziert werden könnten. Mit dem Scheitern an der Hebefigur wird der Körper in seiner Begrenztheit für die Mädchen selbst und für andere erfahrbar. Die Differenz zwischen Können/Nichtkönnen und der Vollzug des körperlichen Erlernens von Bewegung kann vom Publikum im Wechsel beobachtet werden: Während die Akrobatinnen mit ihrer spektakulären Aufführung als Hauptperformerinnen fungieren und den Lernversuch körperlich beobachtbar und nachvollziehbar machen, übernimmt die Tänzerin die Funktion eines einerseits unterstützenden und die Aufführung unterstreichenden Rahmenprogramms, andererseits führt sie das bereits habitualisierte Können auf. Dadurch, dass die jeweiligen Positionen nicht personalisiert sind, entsteht trotz der Binnendifferenzierungen eine egalisierte Gruppenstruktur, die ihren Bildungsraum selbst produziert. Es wird damit eine verbindende Gemeinschaft erzeugt, die auch für die Zuschauenden sichtbar und erfahrbar ist.

In der direkten Blickschneise der Mädchen sitzt eine Gruppe von Jungen. Diese führen sich als passives Publikum auf, indem sie, wie die Ethnografin es beschreibt, ruhig sitzen, ihre Aufmerksamkeit auf die Tanzfläche ausrichten und stumm zusehen. Damit grenzen die Jungen sich auch von der anderen, sich im Raum aufhaltenden Gruppe ab. Wie die Aufführung der Mädchen von den zuschauenden Jungen bewertet wird, scheint für den Performanceverlauf nicht maßgebend zu sein. Jedoch ist die Präsenz dieses Publikums, was schon die räumliche Nähe zeigt, bedeutsam. Die Gruppierungen bleiben in sich homogen und geschlossen, erzeugen jedoch ein Spannungsfeld zwischen Akteurinnen und Zuschauern, in dem sich beide Seiten aufeinander beziehen. Der Discoraum als öffentlicher Ort ermöglicht einerseits den Mädchen, sich aufführen zu dürfen und mit einem Publikum rechnen zu können, andererseits den Jungen die Position der legitimierten Zuschauer. Sie können und dürfen – ähnlich wie die Ethnografin – die Mädchen betrachten, ohne dass dies als grenzüberschreitendes und zudringliches Beobachten normiert und diszipliniert würde.

Die Performance der Mädchen wird durch den Auftritt eines hinzukommenden Solotänzers kontrastiert. Dieser wählt für seine tänzerische Aufführung die Mitte der Tanzfläche und erweitert somit die Performancebühne. Dort führt er zur Musik der Mädchen Breakdance als eine geschlossene Tanzsequenz auf, auch wenn die Ethnografin diese nur punktuell beschreibt. Obgleich die Ethnografin selbst keine Verbindung zwischen der Mädchen- und der Jungenperformance sieht, bezieht der Junge sich tänzerisch unmittelbar auf die ästhetische Performance der Mädchen. Er führt mit seinem Tanz nicht Gemeinschaft, sondern Differenz auf. Bei der Nähe der erprobten Hebefigur zu Breakdance-Sequenzen kann sein Tanz als Zitat des Übungsprozesses interpretiert werden, der Kompetenz performativ demonstriert. Was die Mädchen am Rand der Tanzfläche noch ausprobieren müssen, kann er bereits in der Mitte des Raumes als Tanzsequenz aufführen. Mit der Beendigung der Sequenz verlässt er umgehend die Tanzbühne. Damit führt seine performativ hervorgebrachte Differenzierung der Tanzfläche die verschiedenen Funktionen der einzelnen Tanzflächenzonen als Bühnenraum auf: Das Zentrum der Tanzfläche wird dann genutzt, wenn das, was man darbieten möchte, ausgearbeitet ist und von anderen als Aufführung betrachtet werden soll, ansonsten verbleibt man am Rand der Bühne, während für Nichttänzer die Tanzfläche grundsätzlich tabu ist. Es spielt somit eine Rolle, wo und wie man auf der Bühne tanzt – aufeinander bezogen zu tanzen bedeutet nicht, miteinander, sondern auch in Abgrenzung zueinander zu tanzen.

Im Vergleich zur kurzen Breakdance-Einlage des Jungen wird deutlich, dass der Auftritt der Mädchen als ein Zitat der ästhetischen Breakdance-Präskripte verstanden werden kann, die die Mädchen in den Räumen beobachten können. Diese dominante Bewegungskultur wird von den Mädchen jedoch nicht nur imitiert, sondern in eine eigene Kultur transformiert. Sie entheben in ihrer Aufführung das maskuline Tanzpräskript seiner Ernsthaftigkeit, indem die strenge Körperdisziplin des Breakdances in ein eigenes spielerisches Körper-experiment transformiert wird. Das Scheitern kann daher mit einem Lachen quittiert werden. Die Mädchen nähern sich der männlich konnotierten Bewegungskultur an und probieren sich in ihr aus. So führen sie im körperlich-mimetischen Nachvollzug auf, dass sie jene wahrnehmen und ihr Können aner-kennen. Gleichzeitig wird die Aufführung nicht zum Akt der Identifikation, sondern der Selbstkonturierung einer sich davon unterscheidenden Körperkultur. Vor diesem Hintergrund lässt sich die Schließung ihrer Performance verstehen: Die Tanzfigur stabilisierte die Bühnensituation, deren maßgeblicher Zweck es war, die Hebefigur als Bewegungssequenz zu zeigen. Mit dem Hieb der Tänzerin löst diese das gesamte Szenario auf, da die Performance mit dem Gelingen der Hebefigur nun beendet werden kann. Der Hieb selbst zitiert und persifliert als mögliche Karikatur maskuline Inszenierungspraxen, mit der das Mädchen die Differenz zwischen den Breakdance-Performances der Jungen und ihren eigenen Kultur wiederholt markiert.

Die durchgängige Anwesenheit des Publikums zeigt, dass die Beobachtung des gesamten Prozesses des Versuchens und Scheiterns interessant war. Mit dem Aufführungsende wird das Publikum aktiv: Während sie vorher geschwiegen haben, unterhalten sie sich nun. Offensichtlich versteht Silke in den Äußerungen der Jungen etwas, das sie zu einem theatralischen Abgang herausfordert. Während die Mädchen zunächst einen unspektakulären Abgang vollziehen, vollführt sie beim zweiten Mal eine Neuauflage, die nun bewusst und demonstrativ für ein Publikum gestaltet wird und einen endgültigen Schlusspunkt in Form eines kunstvollen, Abgangs setzt, der mit weiblichen Stereotypen ironisch spielt.

6.3 Die ästhetische Hervorhebung des Körpers im Tanz

Die vorgestellten Tanz- und Akrobatikauftritte weisen sowohl Ähnlich-keiten als auch Differenzen auf: Zunächst sind sie als Aufführungen des Körpers flüchtige Ereignisse, die keine greifbaren Spuren hinterlassen oder andere Arten der Materialisierung erfahren. Die akrobatischen Performances unterscheiden sich von den Tänzen insofern, als dass sie ihren Schwerpunkt auf das circensisch-artistische Moment legen. Dennoch überschneiden sich Akrobatik- und Tanzgen-re dort, wo Akrobatik nicht ausschließlich den sportiven, disziplinierten und beweglichen Körper aufführt, sondern zugleich, wie vorrangig im Breakdance, diesen rhythmisch als Bewegungsfigur in den Tanz integriert. Welche Wirkungen diese Praktiken entwickeln können und welche Erfahrungshorizonte lokalisierbar sind, wird im Folgenden gemeinsam und getrennt weiter herausgearbeitet.

6.3.1 Die Ästhetisierung des Bewegungswissens

Die vorgestellten Tänze und Akrobatikaufführungen grenzen sich performativ als ästhetische Bewegungsmuster gegenüber den alltäglichen Bewegungsabläufen ab und sind als solche auch für die Zuschauenden identifizierbar. Nach Klein (1999) ist der Tanz „als eine Körper-, Raum- und Zeitkunst" (ebd.: 256) immer eine öffentlich-dialogische Performance und ein körperlicher und expressiver Akt. Öffentlich-dialogisch insofern, als er immer mit einem Gegenüber korrespondiert, auch wenn es ein Imaginäres ist. Körperlich und expressiv deshalb, weil er nicht nur den Körper zeigt, sondern diesen durch Bewegung im Raum exponiert. Tanzen zu können heißt zunächst, seinen Körper in Beziehung zur Musik zu setzen, die Körperspannung bewusst einzusetzen und die eigenen Bewegungen im Takt der Musik koordinieren zu können. Zur Wirkungsweise der Musik sagt der Jugendliche Georg im Gespräch: *„Also, die muss da sein sonst hat man irgendwie nichts, wo man zuhören kann. Man muss ja auch zur Musik tanzen. Das ist schon das wichtige" (Waldstadt 2a, Int. Georg, MS).*

Auf der motorischen Ebene erfordert Tanzen als „Schatz stummer Erfahrungen" (Gehlen 1978: 170, zit. n. Gebauer 1997: 502) ähnlich den akrobatischen Performances eine hohe Koordinations- und Beweglichkeitsleistung. Diese Leistungen sind kulturell geprägt: Ute Holl (2007) hebt hervor, dass die menschlichen Bewegungen „von den Dingen des Alltags geformt" (ebd.: 17) seien und zählt als bewegungsformende Gegenstände beispielsweise Stühle oder Tische auf. Tanzen hieße, so Holl weiter, diese „Routinen der Alltagsbewegung zu dezentrieren. Zu variieren" (ebd.). Die Tanz- und Akrobatikperformances können als ästhetische Routinierungs- und Verfremdungspraktiken und somit als körperliche Bildungspraktiken verstanden werden: Durch Körperbewegung werden die inkorporierten Körperästhetisierungspraktiken einerseits mimetisch aufgeführt und immer wieder neu vollzogen (vgl. Wulf 2001c), andererseits nicht-mimetisch dezentriert und variiert, indem sie das Bewegungsspektrum durch das Spielen mit Bewegungskonventionen erweitern. Der Körper wird zum Ort der Selbstkonturierung, da er im Aufführen nicht nur unbestimmt etwas macht, sondern vielmehr dieser das inkorporierte Körperwissen vollzieht, erweitert und sich wiederum darin erfährt.

Im Kontext der Performancedebatte wurde bereits darauf verwiesen, dass der tätige Körper vielfältig bezeichenbar ist. In den Szenen wechseln etwa die Zuschauer/innenkörper durch Bewegung zu ästhetisierten Körper. Dabei exponieren die Jugendlichen ihre Körper in akrobatischen und tänzerischen Bewegungen und stellen dadurch unterschiedliche Varianten des subjektiven Körpers her. Gerade an den Tanzausschnitten lassen sich diese differenten Verläufe nachzeichnen: Entweder die Jugendlichen synchronisieren ihre Tanzkörper und inszenieren diesen als Kollektivkörper; oder sie individualisieren ihren Tanzkörper, indem sie keine strengen Choreografien aufführen und stattdessen frei improvisieren. Gerade das Oszillieren zwischen beiden Tanzpraktiken, wenn sich stabilisierende, den Bewegungsablauf strukturierende Elemente mit Variationen und Improvisationen verzahnen, lassen den inszenatorischen Umgang mit dem eigenen Körper und das Spiel mit der lokalen und situativen Selbstdarstellung des Körpers erfahrbar werden. Mit den Tänzen können, wenn man sich die wiederholte Aufführung der Bewegungsabläufe betrachtet, nicht nur individuelle Differenzerfahrungen gegenüber der Vorlage, sondern auch kollektive innerhalb der Peergroup gemacht werden. Durch die kollektive Vereinheitlichung der Körperformation werden Differenzen und Ähnlichkeiten innerhalb der Peergroup visualisiert und zugleich führen die Beteiligten gemeinsam ihr annähernd gleiches Körperwissen auf. Es stellt sich die Frage, welche Bedeutung das Sich-Ähnlich-Machen und Noch-Einmal-Machen in der Peergroup für die Formungsprozesse des Subjektkörpers hat: Bildungstheoretisch gesehen ist das kollektive Aufführen auch kollektive Einschreibungspraxis in die Körper. Körperbildung ist nicht nur individueller Prozess, sondern darüber hinaus ein gemeinsam hergestelltes und performativ aufgeführtes Wissen um den ‚Anderen‘ in Bezug auf sich selbst, welches vertieft und verfestigt wird.

Die hier vorgestellten Ausschnitte, in denen Mädchen und Jungen sich artistisch aufführen, scheinen mehr oder weniger von einem Übungsmodus und einer Könnens- bzw. Scheiternsaufführung geprägt zu sein. Jedoch muss die Frage gestellt werden, weshalb jedoch beide Aufführungen für Zuschauende unabhängig vom Ge- und Misslingen attraktiv sind. Offenkundig speist sich für das Publikum die Attraktivität der Performances nicht aus der Aufführung von Kompetenz vs. Inkompetenz. Mit den akrobatischen Performances als selbst hergestellte Erfahrungsgelegenheiten arbeiten die Heranwachsenden ähnlich wie in den Tanzausschnitten mit und an ihrem Körper: Im Theken-Ausschnitt (vgl. 6.2.1) setzt sich Georg in Bezug zu seinem Körper, indem er ihn aufführt – gleichgültig, mit welchem Zweck die artistische Performance belegt wird. Er nutzt diesen als Material und führt sich selbst als einen gelenkigen und flexiblen Körper auf, der für ihn und dem Publikum in diesem ästhetischen Modus spürbar wird. Sein Körper wirkt auf andere geschmeidig und die Körperbewegungen leicht, obwohl dieser Eindruck nur durch hohe körperliche Kraft und Disziplin zustande kommen kann. Die Aufführung zeugt davon, dass er bereits früher erlerntes Körperwissen wiederholt und variiert. In der Benutzung seiner Körperflexibilität ähnelt diese Aufführung anderen Performancevorlagen, die aus dem Slapstick- oder Pantomimebereich kommen und mit der Körperkomik arbeiten, wozu auch die vermeintliche Ausdruckslosigkeit des Gesichts gehört. Die gezeigte Coolness[71] ist nicht als Hinweis auf Teilnahmslosigkeit oder Langeweile zu lesen, sondern gehört als Teil des komödiantischen Gesamtbilds im Stil der zitierten Darstellungsweisen dazu.[72] Ähnliche Rückgriffe auf präskriptive theatrale Darstellungsstile führen die Mädchen auf: Einerseits greift die Tänzerin auf bereits vorhandenes und offensichtlich schon früher erworbenes Körperwissen zurück, um sich als Tanzkörper aufführen zu können. Andererseits führen die Artistinnen das auf, was Georg bereits vollziehen kann – sie erlernen gemeinschaftlich und im permanenten Wechsel die Bewegungsabläufe. Zugleich stellen die Performenden einen Dialog mit sich selbst und den Anderen her: Georg macht in seinen Bewegungen seinen Körper für Andere beobachtbar und zugleich für sich selbst spürbar. Indem er seinen Körper als Ausdrucksmittel für seine Ideen nutzt, kann er zugleich seine eigenen Möglichkeiten und Begrenzungen für sich erspüren: Er hat die Kraft, seinen Körper so einzusetzen, dass er im Spiel die Sinne Anderer täuschen kann. Ähnlich verhält es sich bei den Mädchen, indem sich hier Selbsterfahrung und Gemeinschaft, gegenseitiges Beobachten und Körperausstellen inszenieren. Offensichtlich ist die Attraktivität für das Publikum nicht ausschließlich an die Perfektion der Akrobatikperformances gebunden. Die Zuschauenden wollen *etwas* sehen, jedoch ist dieses unbestimmte ‚Etwas‘ im Spektrum von prozessualem Erlernen und der Aufführung des Könnens, der Wahrnehmung eigener Potenziale und der Fähigkeiten Anderer angesiedelt.

Welche weiteren Bildungsthemen wiederum im Tanz implizit aufgeführt werden können, wird deutlich, wenn der Tanzkörper zugleich Geschlechterkörper wird, der sich im gesellschaftlichen Kontext bewegt: Der enge Zusammenhang zwischen Tanz und Sexualität bestehe darin, so Judith Lynne Hanna (vgl. 1988: Xiii), dass beide das gleiche Medium, nämlich den menschlichen Körper,

---

[71]   Zur Ambivalenz der Coolness als Verweigerung von Emotionalität sei hier auf Poschardt 2002 verwiesen.

[72]   Auch wenn nicht davon ausgegangen werden muss, dass dem Jugendlichen solche theatralen Modelle direkt vertraut sind, sind ihm als Breakdancer die aktuellen Adaptionen des Slapsticks doch bekannt. Als eine Weiterentwicklung des Breakdance gilt das sogenannte Clowning, welches Tanz- mit Zauber- und Pantomimeelemente verbindet und damit diese Slapstickelemente wieder aufgreift.Zugleich ist dieser Körperumgang nicht umgehend als geschlechtercrossendes Moment im Sinne einer Verweiblichung des Männerkörpers zu verstehen. Darüberhinaus ist diese Körperflexibilisierung, auch wenn sie gegen den Mainstream der männlichen Körperverhärtung steht, im Kontext des Breakdance eine Variante des männlichen Körperbildes.

benutzen würden. Der Tanz sei ein auffälliges Medium der Inszenierung, sich für andere identifizierbar zu machen und mit sich zu identifizieren. Zugleich sei er eine Praxis, die körperliche Grenzen durch Bewegung konturiere oder lösche (vgl. ebd.). Mit den Tanzperformances werden die Bilder des eigenen Körpers, aber auch die des anderen Geschlechterkörpers ästhetisch aufgeführt, für sich selbst und andere wahrnehmbar gemacht und bearbeitet: Das ‚Andere' dient entweder als Referenzpunkt für die Tanzenden, oder die eigenen Körperbilder werden in den Darstellungen explizit thematisiert. Folglich können die im Tanz aufgeführten Geschlechterbilder als körperliche Selbstbildungspraktiken gedeutet werden, die Körperwissen produzieren, dieses konturieren und fortwährend neu ausloten.

6.3.2 Kontextbezogene Körperbewegungen

In den Tanzausschnitten setzen sich Jugendliche körperlich zu einem Musikstück in Beziehung. Exemplarisch dazu antwortet in einem Gespräch die Besucherin Jessica auf die Frage, wie wichtig ihr Musik beim Tanzen ist, folgendes: *„Die Musik muss eigentlich schon meinen Geschmack treffen und dazu passen, zu dem, was ich tanzen will oder gerne möchte"* (Waldstadt 1, Int. Jessica, MS) Der Breakdancer Georg wiederum betont, dass ihm der Liedtext weniger wichtig erscheint, er sagt stattdessen: *„Ich will wissen, wie der Klang ist, um dazu zu tanzen"* (Waldstadt 1, Int. Georg, MS) – es geht also mehr um den Sound/ Rhythmus und weniger um die in den Texten vermittelten Inhalte (vgl. dazu Kapitel 7).

Die vorgestellten Tänze differenzieren sich in Bezug auf Bewegungsfiguren und -abfolgen, Positionierungen und tänzerischen Raumerweiterungen, und sind in vier Choreografiearten unterscheidbar: Erstens das choreografisch vorgegebene, synchron aufeinander abgestimmte Tanzen als Kollektivaufführung (‚Macarena'-Tanz), zweitens das an einem Rhythmus orientierte gemeinsame Tanzen ohne synchrone Choreografie (Disco-Tanz), drittens das choreografisch ausdifferenzierte, aber individualisierte gemeinsame Tanzen (Thekentanz und Breakdance im Discoraum) und viertens der vordergründig individuelle, aber dennoch gemeinsame Tanz ohne Blickkontakt (Discoraum).

So wie die Choreografien und Sinnhaftigkeit verschiedener Tanzkonstellationen erschlossen werden können, muss auch deren Kontextbezug berücksichtigt werden: Die Tatsache, dass einerseits die bereits vorgegebenen räumlichen Präskripte reinszeniert (Discoraum) und andererseits Orte zu Tanzbühnen umdefiniert werden (Theke), wirft die Frage auf, ob die Discotänze und Tänze jenseits der Discoveranstaltungen letztlich identisch sind oder ob die Tanzperformances nicht nur körper-, sondern auch kontextgebunden arbeiten. Die Tänze sind öffentlich und werden beobachtet – seien es die der eigenen Tanzbewegungen oder die der anderen, sei es als Tänzer oder als Publikum. Damit sind sie, so wie die akrobatischen Körperaufführungen auch, kontextuell legitimierte Orte der Körperbetrachtung und -darstellung. Es geht um Sehen und Gesehen werden, um Zeigen und Betrachten. Der Tanzkörper kann scheinbar mühelose, aber offenkundig im Vorfeld erarbeitete Abläufe vollziehen oder sich prozessual Bewegungsabläufe aneignen. Andere Jugendliche betrachten diese und reagieren darauf – sei es tänzerisch, in verbalen Kommentaren, mit rhythmischen Klatschen oder durch aufmerksames Zusehen. Es können Gesten der Anerkennung oder auch der Ablehnung sein (vgl. dazu Kapitel 9). Zugleich stellen die Tanzperformances Bühnen her, auf denen Beziehungen geknüpft und gestaltet, soziale Zugehörigkeiten und Abgrenzungen intensiv erarbeitet und zur öffentlichen Darstellung gebracht werden. Diese Gleichzeitigkeit der ästhetischen und sozialen Tätigkeiten zeichnet ein Bild der Diskontinuität, bei dem sich die kontextbezogenen Tanzperformances – Tanzen während der Jugendzentrumdisco, Tanzen im Offenen Bereich und Tanzen im Discoraum – zunächst kaum unterscheiden lassen.

Beim zweiten Blick stellt sich jedoch heraus, dass sich die Kontexte erheblich unterscheiden: Bezug nehmend auf Milton Singer gehören Veranstaltungen wie Discos zu *cultural performances*, die sich durch einen definierten Zeitablauf, eine Gruppe von Performern, dem Publikum, einen Grund und einen Ort der Performances auszeichnen (vgl. Klein/Friedrichs 2003: 154). Auf die hier vorgestellte Discosituation bezogen, handelt es sich um einen offiziell formalisierten Raum, welcher bereits durch seine räumlichen Präskripte das Tanzthema vorgibt, dem sich Jugendliche kaum entziehen können. Auftritte wie Tänze, und alle weiteren als präskriptnah zu bezeichnenden Praktiken, wären demnach als integraler Bestandteil der *cultural performances* bereits im Kontext angelegt. Zugleich verfügen die Tanzenden in der Disco über relativ wenig Eingriffsmöglichkeiten, was die musikalische Gestaltung anbelangt – sie können sich zwar Liedtitel wünschen, ob und wann jene gespielt werden, bleibt allerdings offen. Dennoch zeigen die vorliegenden Ausschnitte, dass die Choreografien sich erheblich unterscheiden.

Die Aufführungen jenseits des Veranstaltungskontexts folgen Performancepräskripten, wie der Disco, als vorstrukturiertem Tanzort. Die entscheidende Differenz ist jedoch, dass die Mädchen und Jungen bei ihren Tanzperformances im Alltag selbst darüber bestimmen können und müssen, wann, wo und wie sie die Performances aufführen werden. Gleichzeitig loten die Performances die nicht als Tanzorte definierten Orte wie den Offenen Bereich hinsichtlich ihrer Bühneneigenschaften aus. Die Rekonstruktionen des Materials zeigt, dass der

Raum der Jugendarbeit mit den Tanzperformances nicht in eine beliebige imaginäre Sphäre transformiert wird, sondern der jeweilige räumlich-soziale Kontext
entsprechend der bekannten Präskripte modelliert und modifiziert wird: Die
bildsamen Aneignungsprozesse sind aktive Momente der räumlichen Erweiterung, Differenzierung oder Umdeutung.

Auch die Akrobatikperformances arbeiten an der ästhetischen Transformation des Raumes. Sowohl der Thekenbereich als auch ein spezifischer Teil des
Discoraums werden zur Performancebühne, ohne dass der reale Raum bloß in
einen anderen, imaginären Raum transformiert wird. Vielmehr verknüpfen die
Performances auf das Engste Reales und Imaginäres miteinander: Georg erweitert den Thekenbereich, in welchem er als reale ehrenamtliche Kraft arbeitet,
indem er die imaginäre Treppe durch seine Körperbewegungen simuliert und mit
seiner realen Tätigkeit – der Getränkeausgabe – in Verbindung zur pädagogischen Einrichtung und seinem Ehrenamt setzt. Er verschränkt so seine selbst
geschaffene Bildungsgelegenheit mit dem Bildungsort Jugendarbeit. Die strukturellen Bildungsangebote der Jugendarbeit – also die potentiell zu erwerbenden
Kompetenzen, die es sich im Bereich des Thekendienstes anzueignen gilt (vgl.
dazu Müller/Schmidt/Schulz 2005: 157ff.), oder die Aushandlung und Ausdifferenzierung der jeweiligen Positionen – gehen mit einer eigenen ästhetischen
Verwendung des vorhandenen Materials Hand in Hand. Die Mädchen verweisen
einerseits mit ihren Hebefiguren und ihrem Tanz auf die reale Funktion des
Discoraumes und ihre Beobachtungen der Körperpraktiken anderer Besucher.
Andererseits arbeiten sie an diesem konkreten Ort an ihren eigenen Auffüh-
rungsgrenzen. Sie nutzen die institutionellen Strukturen, um Räumlichkeit
herzustellen und ihren Auftritten Platz zu verschaffen (vgl. Althans/Schinkel/
Tervooren 2007). Dabei eröffnen sie ihre Bühne für ein an-wesendes Publikum,
machen ihr vorläufiges Scheitern der Hebefigur zum bühnenreifen Aufführungs-
und Erfahrungsthema und führen zugleich auf, was sie bereits können – tanzen
und die Kunst eines würdevollen Abgangs. Bereits erlernte und noch zu erler-
nende Bewegungen greifen ineinander, während die Akrobatikperformances
selbst die Präskripte des Jugendarbeitsraums darstellen. Neben der Arbeit mit
und am Raum zeichnet sich folglich bei allen Akrobatik- und Tanzperformances
ab, dass Aufführungen hinsichtlich ihrer Verzahnung von ästhetischen mit
sozialen Erfahrungsebenen reflektiert werden müssen.[73] Dies wird, die Tanzperformances fokussierend, im Folgenden weiter vertieft.

---

[73]   Gabriele Klein (1999) verweist hinsichtlich dieser empirisch rekonstruierten Gleichzeitigkeit
        darauf, dass der „Tanz […] als Forschungsgegenstand […] in besonderer Weise geeignet [ist],
        um den Leib als Ort sozialer und zugleich ästhetischer Erfahrung und Erkenntnis in den sozio-
        logischen Diskurs einzuführen. Tanz ist auch das Medium, an dem das Verhältnis zwischen
        Ästhetischem und Sozialem anschaulich wird" (ebd.: 256).

6.3.3 Doing Peergroup-Prozesse

Die Tanzaufführungen schaffen vielfältige soziale und ästhetische Differenzlinien: Sie unterscheiden nicht nur praktisch zwischen Tänzern und Publikum,
sondern auch zwischen Frauen und Männern oder zwischen Erwachsenen und
Jugendlichen. Jedoch sind diese Differenzierungen nicht statisch und als isolierte
Phänomene zu betrachten, sondern sie springen oder treten parallel auf.

Der Wechsel von der Gesprächs- zur Tanzformation in der Thekenszene,
oder der Tanz der beiden Mädchen im Mehrzweckraum exkludiert die erwachsenen Forschenden insofern, als dass die Jugendlichen die Forschenden mit ihrem
Tanz zu Zuschauenden machen und sich damit separieren. Im Anschlusskom-
mentar zur Thekenszene beschreibt der Ethnograf, wie sehr ihn diese für ihn
unerwartete Situation irritiert hat: *„Ich selbst bin verblüfft, wollte ich doch
gerade etwas sagen und stehe nun zwischen zwei Jugendlichen, die wie wild
gemeinsam tanzen. Durch dieses Gefühl der Irritation weiß ich vor allem nicht,
was gerade passiert und wo ich zu erst hinsehen soll"* (Waldstadt 2a, MS) Der
für den Forscher plötzlich eingetretene Wechsel vom Gespräch zum Tanz und
damit verbundene Bruch irritiert ihn, indem sie von der Kontinuität der bisherigen Gesprächssituation zu einem diskontinuierlichen und emergenten Geschehen wechseln muss. In seinem Kommentar führt er seine Irritation als Begründung dafür an, dass er seine Blickschneise verliert. Das Gespräch ist unterbrochen und die Jugendlichen tanzen *„wie wild"*. Zunächst kann dies als ein Vollzug einer generativen Differenz verstanden werden: Die zu beforschenden
Jugendlichen zeigen, abweichend vom Gespräch zwischen Forscher und Be-
forschten, etwas den Forscher Befremdendes. An einem Nicht-Tanzraum wird
getanzt. Der Tanz wird als eine von den Jugendlichen aufgeführte Tätigkeit zum
Symbol kultureller Differenz und zur Praktik des *doing youth*. Ähnlich verhält es
sich mit der Aufführung der beiden Mädchen im Mehrzweckraum: Auch ihre
Aufführung und ihre Art des Musikhörens berührt und befremdet den Ethnografen und stellt performativ eine Differenz her.

Dabei handelt es sich nicht nur um generelle Praxen des *doing youth*, son-
dern eine spezifische Praktik des *doing peergroup*: Bereits Cloos u.a. (2007)
verwiesen im Rückgriff auf soziolinguistische Diskurse, dass über Codes wie die
Praktiken des Begrüßens oder des Miteinander-Sprechens vielfältige Zugehörigkeiten innerhalb des Jugendzentrums hergestellt werden (vgl. ebd.: 74). „Diese
Praktiken verweisen nicht nur auf die Herstellung von Zugehörigkeit zu einer
Peergroup, sondern sind immer auch Produktionsweisen, wie Zugehörigkeit zu
Orten der Kinder- und Jugendarbeit hergestellt wird" (ebd.: 75). Diese Performativität des Unter-Sich-Seins, also „wie jugendliche Gleichaltrigengruppen sich
durch einen spezifischen kommunikativen Vergemeinschaftungsprozess bilden

und aufrecht erhalten" (Schmidt 2005: 85), wird jedoch nicht nur durch Sprechakte stabilisiert, sondern auch durch gemeinsame Tätigkeiten. Das aufeinander bezogene Tanzen kann als eine Vergemeinschaftungspraxis verstanden werden, welche die sozialen Beziehungen untereinander stabilisieren: Die Performances werden als intensive und intime Momente erfahren, in denen durch die körperliche Nähe und das gegenseitige Wahrnehmen als Tanzende emotionale Beziehungen vermittelt und manifestiert werden können.

6.3.4 Bildhaftigkeit und Mimesis

Mit dem Kommentar des Forschenden zum Jungentanz verweist er auf ein für Performance-Kunst konstitutives Merkmal: In der Simultanität der Ereignisse – im Fall des Thekenauftritts die Herausstellung zunächst hintergründiger Musik, differente Tanzfiguren und die Aktivierung vormals nicht wahrgenommener Jugendlicher zum klatschenden Publikum – ist der Blick der Beteiligten nicht hierarchisch geführt, sondern kann und muss sich zwischen den parallel stattfindenden Ereignissen entscheiden. In anderen Szenen diffundiert der deskriptive Blick noch mehr: Es fanden zeitgleich unverbundene Ereignisse statt, die gleichzeitig oder nacheinander fokussiert werden konnten. Zugleich versicherte sich die Tanzperformance als Ereignis immer auch der Beobachtung durch Zuschauende, selbst wenn es nur der registrierende Blick des Forschers war. Die Performenden können sich dergestalt sicher sein, dass sie *beachtet* werden, indem man sie *beobachtet*. Der beobachtende und bewertende Blick ist demnach konstitutiver Teil der Hervorbringung von körperlicher Ko-Präsenz: Die Performance als Ko-Produktion zwischen Akteur/innen und Publikum produziert permanente Positionen- und Rahmenwechsel, führen diesen zugleich herbei und lösen Rückkopplungen aus – alles in gegenseitig spürbarem Einvernehmen (vgl. Fischer-Lichte 2004a).

Zugleich entziehen sich die Jugendlichen im Tanz der verbalen Kommunikation. Selbst wenn der Ethnograf in der Thekentanz-Szene hätte fragen können, was dieser mit dem Lied verbindet, hätte er kaum diese schließlich aufgeführte ästhetisierte Beschreibung erhalten. Das, was die Jungen mit dem Lied verbinden, wäre, verbal-sprachlich benannt, für das Feldprotokoll schriftlich exakter zu fixieren gewesen. Der Ausschnitt zeigt die ethnografischen Beschreibungslücken, die zwangsläufig mit der Vertextlichung und Dokumentation des Tanzes als komplexem körperlich-motorischen Vorgang entstehen. Von daher zeigt der ethnografische Text nicht nur seine dokumentierte Begrenztheit, sondern spiegelt zugleich die Differenz zwischen dem sprachlich-reflexiven Erzählen und dem bildhaften Aufführen von Körperwissen wider, welches sich kaum sprachlich übersetzen lässt. Ähnlich, wie Performance-Kunst als eine Aufführung lebender Bilder betrachtet werden kann (vgl. Joos 2004), zeigen die Akrobatik- und Tanzszenen, dass sich die Jugendlichen als lebendes Bild im Zusammenspiel von Körper und Bewegung gegenseitig wahrnehmen können.

Mit den Tänzen wiederholen Jugendliche im Jugendzentrum, was sie andernorts beobachtet haben. Allerdings belassen sie es nicht bei der Imitation. Innerhalb dieser Wieder-Aufführungen entfalten sich für die Akteur/innen eigene Wirklichkeitssphären in der mimetischen Annäherung an das Material. Dies gilt im Übrigen nicht nur für Tanzperformances, sondern für alle mimetischen Prozesse. Mimesis ist, wie bereits ausgeführt (vgl. 2.2.1) keine „individuelle Besonderheiten aufgebende Anpassung, sondern eine sie einbeziehende Anähnlichung, [...] in der die Differenz zum Vorbild konstitutiv ist" (Wulf 1996: 316).[74] Ohne die vorausgegangenen mimetischen Erfahrungen wären Jugendliche nicht in der Lage, ihre aktuellen Performances aufzuführen (vgl. Wulf 2001c). Demnach sind sie notwendige Voraussetzung der Erfahrung einer Außenwelt, der Auseinandersetzung mit generalisierten Sozialformen und der Ausbildung eines praktischen Körperwissens. Sie ermöglichen „performative Annäherungen an verschiedene Subjektpositionen" (Fritzsche 2003: 261): Es ist nicht anders denkbar, als über den Rückgriff auf die bereits vorhandenen Materialien und deren Präskripte sich selbst performativ hervorzubringen. Um diese Selbsthervorbringungen überprüfen und weiterentwickeln zu können, bedarf es der Rückmeldungen anderer. So sind die Performances bereits strukturell auf das Verhältnis von Aufführung und Beobachtung angelegt.

6.3.5 Bildung und die Geselligkeit des Tanzes

An den Ausschnitten lässt sich ein fortwährendes Wechselspiel von Aufführungen, gegenseitiger Beobachtung und eigenen Nachvollzügen nachzeichnen. Diese finden in verschiedenen Konstellationen statt: In geschlechterhomogenen und -heterogenen Gruppen oder zwischen Älteren und Jüngeren. Auffällig ist dabei, dass bei den Tanzperformances keine pädagogischen Fachkräfte als Ko-Akteur/innen beobachtet wurden. Diese Selbstbezüglichkeit auf die eigene Peergroup und die daraus zu ziehenden pädagogischen Konsequenzen sind im jugendarbeiterischen Kontext vielfältig reflektiert worden. Zugespitzt formuliert: Nachdem die Fachpraxis die eigene Bedeutsamkeit, die anfänglich von einer

---

[74] Zugleich sind es keine jugendspezifischen sondern lebenslange Vorgänge. Bei der Verkörperung und authentischen Ausfüllung von Statuspositionen und -übergängen werden unentwegt vorhandene kulturelle Vorlagen mobilisiert – Prozesse, die sich jedoch in der Regel präreflexiv vollziehen und von daher dem Bewusstsein oftmals verschlossen sind.

Selbstüberschätzung der eigenen Erziehungsfunktion gegenüber der Peer Education geprägt war (vgl. Müller 1996: 24), relativieren musste, wurde den Jugendlichen selbst die Erziehungsexpertenschaft ihrer Peers zugestanden. So stellt beispielsweise Martin Nörber (2003) die Peer Education als eine indirekte pädagogische Interventionsmöglichkeit dar, da auch andere Studien nachgewiesen hätten, dass über die jugendlichen „Peer-Educator" (BZgA 2001) die Jugendlichen erreicht werden könnten, die sich den Erwachseneneinflüssen entzögen. Damit erweckt der Diskurs um die Peer Education den Eindruck, dass der Verlust des direkten pädagogischen Zugriffs über die Zuschreibung der Erziehungskompetenz einzelner, für die Peergroup bedeutsamer Jugendlicher kompensiert wird. Diese transportieren dann – pointiert gesagt – als Hilfspädagogen die Themen der Erwachsenen in die Peers. Aus der in dieser Studie entwickelten Performance-Perspektive lässt sich zu der Debatte um Peer Education folgendes anmerken:

Die vorgestellten Tanzperformances belegen einerseits, dass im Jugendzentrum jenseits pädagogisch offerierter Angebote zentrale Prozesse der Peer Education stattfinden, die nicht pädagogisch initiiert und angeleitet, sondern durch Jugendliche autonom organisiert und getragen werden, auch wenn die Pädagogik dafür den Raum bereitstellt. Jedoch lässt sich anhand der Rekonstruktionen darstellen, inwiefern die bisherige Peer Education-Debatte die jugendlichen Interaktionen mit einem Zweck belegt: Der Nutzen der Peer Education wird in den erworbenen (und als nützlich erachteten) Kompetenzen, wie der Unterstützungsleistung bei der Bewältigung von Problemen und Konflikten, verortet (vgl. Nörber 2003; BZgA 2001). Dabei wird die Komplexität der Interaktionen reduziert. Als kulturelle Praxen können sie *auch* unter dem Gesichtspunkt ihrer Bildungschancen, nämlich als bildungsfördernde Geselligkeitspraxen (vgl. Sting/Sturzenhecker 2005) interpretiert werden:

Erstens lassen sich die Performances als an autonomen Inhalten ausgerichtete Lerngemeinschaften betrachten, die mehr als bloße Tanztechniken oder Choreografien vermitteln. Dies gilt im Übrigen auch für die Akrobatikperformances. In diesen Aufführungen beanspruchen Jugendliche völlig selbstverständlich Leitungs- und Lehrautorität gegenüber Gleichaltrigen und schaffen so kollektive Bildungsgelegenheiten. Jedoch erschöpft sich der Bildungsgehalt nicht nur im bloßen Erlernen von Tanzschritten, da Peergroups „Geselligkeitskontexte mit kollektiven Werten und Normen, mit gemeinsam akzeptierten sozialen Hierarchien [stiften], die Macht, Status und soziale Anerkennung innerhalb der Gruppe zum Ausdruck bringen" (Sting/Sturzenhecker 2005: 239). Dies zeigen auch die Tanzperformances: Die Lehrenden profilieren sich als Erfahrene und Kompetente, um diese Überlegenheit aber nicht zur Abgrenzung, sondern zur Vergemeinschaftung zu nutzen. Die Lehrbeziehung, so sehr ihr auch eine prinzipielle Differenz innewohnt, festigt doch gleichzeitig Gruppenkohärenz. Die Lehrenden zeigen Verbundenheit, Nähe und Zugehörigkeit zu denen, denen sie sich unterweisend zuwenden. Die Lernenden bestätigen ihre Bindung zu den Lehrenden, indem sie sich unterweisen lassen. Die hierarchische Konstellation sorgt nicht für Differenz, sondern für Bindung in Form von Geselligkeit.

Zweitens sind die kollektiven Tanzperformances wie die Discotänze auch Ereignisse mit Initiationscharakter. Könner/innen wenden sich anerkennend und fürsorglich den Anderen zu und organisieren und rahmen für sie Wege der Aneignung von Körperwissen. Sie sichern so das soziale Kollektiv. Für die Initianden enthält die Beziehung zur Mentorin, bzw. zum Mentor das Versprechen des Aufstiegs und der Aufnahme in eine neue Statusgruppe. Solche Tätigkeiten der Könner/innen als eine Bildungsimpulse setzende Praxis zu bezeichnen macht wenig Sinn, da es den Bildungsbegriff ins Beliebige erweitert. Wohl aber kann man sagen, dass sie für ihre Initiand/innen (und sich selbst) Gelegenheiten schaffen, die zur Selbsterprobung und -auffassung genutzt werden können. Für die Tanzperformances heißt dies: Die lehrenden Jugendlichen schaffen diese Gelegenheiten und sorgen dafür, dass sie auch als soziale Ereignisse funktionieren können. Die Unterwiesenen erleben die Aufnahme in den Kreis der kompetenten Tanzteilnehmenden. Durch die Tanzaufführungen erfahren die Tänzer/innen nicht nur individuelle, sondern auch kollektive soziale Anerkennung durch das Publikum. Ihre Selbsterprobung wird so zum intersubjektiven Prozess und knüpft an bereits gemachte Bildungsprozesse an (vgl. ebd.).

Drittens schwächen die kollektiven Praktiken das Risiko für das einzelne Individuum ab, stärken aber zugleich die Chancen der Individuation. Gerade mit den Tanzperformances müssen Jugendliche sich entscheiden, mit wem sie wie tanzen, ob als Paar- oder als Soloaufführung. Darin zeigt sich der vielschichtige Sinn der zahlreich beobachtbaren Gesellungspraxen: Jugendliche tanzen und üben das Tanzen in Gruppen, sie besetzten in Gruppen die Tanzfläche, finden sich dort zu Unterhaltungen zusammen, inszenieren sich mit spektakulären Spielen als Gruppe. Mit diesen Vergemeinschaftungspraxen wird die Vereinzelungsanforderung des Tanzes entschärft, aber zugleich als individuelle Wahlmöglichkeit bestätigt. Dazu passt auch, dass der ansonsten so hoch angesehene Stellenwert der ‚richtigen‘ Musikstückwahl (vgl. u.a. dazu Kap. 7.2.2) relativiert werden kann. Dies erzählt die Besucherin Jessica: *„Das ist teilweise meine Lieblingsmusik und teilweise ist es mir eigentlich auch egal, was für Musik. Weil freitags, wenn Disco hier ist, da läuft ja auch nicht immer die Musik, zu der man normalerweise nur tanzt. Also uns ist das eigentlich egal und mir auch" (Waldstadt 1a, Int. Jessica, MS).* Offenkundig entlasten die Geselligkeits- und Vergemeinschaftungspraxen das Individuum darin, die selbstbestimmte Entscheidung für die für sie/ihn richtige Musikwahl treffen zu müssen. Jeder Tanz stellt eine performativ getroffene Entscheidung dar, welche die Individuen als Ausdruck ihres eigenen Geschmacks selbst verantworten müssen. Dafür bietet das tanzende Peer-Kollektiv einen Ort, an dem das Individuum nicht entscheiden muss, ob und welches Musikstück nun für die eigene Performance richtig oder falsch ist. Dass dies nicht nur Reaktionen auf den sogenannten Individualisierungszwang sind, zeigt Jessica im weiteren Verlauf des Gesprächs: *„Wenn man es genau nimmt, wenn man will, kann man zu jedem Lied tanzen" (Waldstadt 1a, Int. Jessica, MS).* Für einen stattgefundenen Bildungsprozess spricht nicht nur ihre Reflexion, dass sie zu jedem Lied tanzen kann. Vielmehr verweist sie auf die Bildungsmöglichkeiten in der Gruppe, die ihr einerseits die Gelegenheit ermöglicht, Erfahrungen zu sammeln, andererseits das kollektive Tanzen zur Gelegenheit zum intersubjektiven Bildungsprozess macht.[75]

---

[75] Hier wird bewusst Bildung von Erziehung, welches ebenso als Teilaufgabe der Offenen Kinder- und Jugendarbeit betrachtet werden kann (vgl. Müller 2007), unterschieden.

7. Gesangsperformances: Selbst Musik machen

Musik hat in den meisten Jugendkulturen einen hohen Stellenwert, worauf auch die drei besuchten Jugendzentren entsprechend reagieren. Bereits in den räumlichen Arrangements und in der materiellen Ausstattung finden sich musikkulturelle Anknüpfungsmöglichkeiten (vgl. 4.). Jugendlichen werden verschiedene Gelegenheiten des Musikauflegens, -hörens und Machens gegeben. So können differente Performances – Jugendliche als Sängerinnen und Sänger, Instrumentalisten, in Solo- oder Gruppenauftritten usf. – realisiert werden.

Gerade die Musikräume (vgl. 4.2.3) führen eine in der Geschichte der Jugendarbeit lange und etablierte Tradition fort und werden als Beitrag zu einer kulturellen/ästhetischen Bildung diskutiert (vgl. dazu etwa Hill/Josties 2007; Baacke 1999; Hill 1996). Auch das SingStar-Spiel bietet den Jugendlichen Gelegenheiten, sich als Sängerinnen und Sänger zu profilieren (vgl. 4.2.5). Im Folgenden soll diskutiert werden, welche jugendlichen Praktiken des Musikhörens und -machens in den vier Räumen rekonstruiert werden können und ob diese entlang der im 4. Kapitel rekonstruierten pädagogischen Zuweisungen – einerseits Musikmachen als ernst zu nehmende Tätigkeit oder als freizeitorientierter Spaß andererseits – stattfinden. Daher werden die Performances mit und ohne Playback (vgl. 7.1 und 7.2) und im Musikraum (vgl. 7.3) zunächst getrennt diskutiert, um im Anschluss gemeinsame Perspektiven aufzuzeigen (vgl. 7.4).

7.1 SingStar spielen

7.1.1 Ausschnitt: Mit dem Rücken zum Publikum

Ich (Forscherin) beobachte Jasmin, Jennifer und Silke (Jugendliche) nicht die ganze Zeit, aber immer, wenn ich den Offenen Bereich durchquere, sehe ich die drei Mädchen vor dem Fernsehgerät sitzen. Sie spielen das SingStar-Spiel über die Playstationkonsole. Sie wechseln zwischendurch die Plätze, da immer nur zwei Personen ins Mikrofon singen können. Dabei konnte ich folgende Szene beobachten, als ich irgendwann kurz auf dem Sofa im Offenen Bereich saß, mit direktem Blick auf die Mädchen: Die drei sitzen mit dem Rücken zum Raum, mit Blick auf das Fernsehgerät, dahinter die Wand. Jasmin und Jennifer sitzen jeweils in einem Sessel mit einem Mikrofon in der Hand und singen und rappen zum im Fernsehgerät zu sehenden Video (‚Shut up' von Black Eyed Peas), über die Fernsehgerätboxen ist beides deutlich zu hören. Silke sitzt direkt mittig hinter ihnen auf einem Barhocker und singt auch leise mit. Mir gegenüber hinter der Theke ist Jackie (Jugendliche), die gerade Thekendienst hat, und am Billardtisch spielen einige Jugendliche. (Waldstadt 2b, SS)

Die Forscherin beschreibt, wie der Offene Bereich zum Performanceraum wird: Der Spielort Playstationkonsole wird von den Mädchen entsprechend genutzt – es entsteht für die Außenstehenden die Situation einer klar abgegrenzten Bühne. Offenkundig haben sich die drei Mädchen an diesem Spielort etabliert und ihr Gesang scheint zu den alltäglichen Aufführungen der Einrichtung zu gehören. Jedenfalls erregt ihr Gesang keine kontinuierliche Aufmerksamkeit. Über die tatsächliche ästhetische Qualität des Gesangs, der von der Forscherin offenkundig über längere Zeit wahrgenommen wird, sagt sie im weiteren Verlauf nichts. Von größerem Interesse scheint für sie die soziale Seite der Performance zu sein.

Alle drei Mädchen nutzen gleichermaßen das Spiel und wechseln sich bei der Nutzung ab. Der Spielrahmen gibt zweien die Gelegenheit, ihre Stimme durch das Mikrofon zu verstärken und gegebenenfalls durch das Programm bewerten zu lassen. Die externe und vom Programm als unparteiisch inszenierte Bewertung bezieht sich auf die Gesangsleistungen. Die Stimme wird an der möglichst genauen Ähnlichkeit gegenüber der Originalvorlage gemessen. Jedoch modifizieren die Mädchen zweifach den Spielrahmen und entziehen sich so der vorgegebenen Spiellogik:

Erstens findet eine Modifikation der auditiven Dimension statt. Das stimmlich unverstärkte Mädchen verändert das SingStar-Format, indem sie ohne Mikrofon singt. Damit bleibt die Qualität ihres Gesangs vom Programm unbewertet – sie singt zwar mit, aber spielt nicht mit. Im Vergleich zum verstärkten Gesang ihrer Freundinnen macht sie ihre Stimme als einen leisen, aber dennoch wahrnehmbaren Gesang hörbar. Damit bindet sie sich ästhetisch in das gesamte Gesangsereignis ein. Gleichfalls sind die jeweiligen Plätze nicht personen-, sondern funktionsgebunden. Der kontinuierliche Wechsel zwischen verstärkter und vom Spiel kontrollierter Vordergrund- und unverstärkter und zugleich vom Spiel unkontrollierter Hintergrundstimme zentriert ihre Aufmerksamkeit auf das gemeinsame Singen und vergemeinschaftet in der Ähnlichkeit ihrer Tätigkeit die Dreiergruppe. Der Gesang wird zum integrativen Moment. Zugleich missachten sie das mediale Präskript, da das Lied einen Wechselgesang zwischen Sängerin und Rapper vorsieht. Vor dem Fernsehgerät singen die Mädchen beide Parts, sowohl die des Mannes als auch der Frau.

Die zweite Spielmodifikation findet auf der visuellen Ebene ihrer Performance statt. Ihre Aufführung ist, entgegen des medial vermittelten Vorbildes, keine explizit bewegte und dadurch Hervorgehobene. Weder stehen oder tanzen sie zum Gesang, noch wenden sie sich ihren potentiellen Zuhörenden zu. Stattdessen fixieren sie ihre Körper und sitzen mit dem Rücken zur Öffentlichkeit. Dies scheint paradox zu sein, da sie andererseits die formal korrekte, an der medialen Vorlage orientierte Bühnenposition wahren. Sie sitzen in einer Dreieckskonstellation: Die beiden Hauptsängerinnen befinden sich mit den Mikrofonen im Bühnenvordergrund, während die Dritte als unverstärkte Sängerin sich im Hintergrund aufhält.

In ihrer Gesangsperformance geht es demnach weder um die Aufführung des gesamten oder bewegten Körpers, noch um die explizite Unterhaltung des anwesenden Publikums, sondern um die Aufführung ihres stimmlichen Gesangskörpers als gemeinschaftliche Selbsttätigkeit. Die erzeugte Differenz zwischen Publikum und Auftretenden scheint undurchlässig zu sein. Die Transformationshandlungen sind nicht auf eine singende Einzelperson beschränkt, sondern finden im singenden Kollektiv statt und sind dennoch selbstbezüglich. Trotz ihrer über einen längeren Zeitraum erzeugten akustisch-räumlichen Präsenz scheinen sie sich zugleich unauffällig zu machen. Sie sind der Öffentlichkeit des Jugendzentrums stimmlich, also leiblich zu-, aber gesamtkörperlich abgewandt. Mit der Position der Spielkonsole befinden sie sich zwar im öffentlichen Raum, nutzen das Spiel aber so, dass sie für sich ihren privaten ästhetischen Erfahrungsraum herstellen. Das Verhältnis zwischen räumlichem und körperlichem Arrangement erweckt den Eindruck, als ob die Mädchen gleichzeitig sowohl als Zuschauerinnen zusehen als auch auf der Bühne performen. Für die Außenstehenden sind sie vor dem Fernsehgerät, also im realen Zuschauer/innenraum, den sie mit ihrem Livegesang zu ihrer Auftrittsbühne verwandeln. Das Fernsehgerät, genauer gesagt das eingespielte Video, ist der virtuelle Bühnenort, der durch die Ausrichtung der Mädchen zu ihrem imaginären Gesangsort wird. Folglich können innerhalb dieser Konstellation weder das virtuell sie beurteilende Spielprogramm noch das real begutachtende Publikum Platz finden. Die Mädchen stellen sich einem auf öffentlichen Wettbewerb und Exponierung angelegten Programm und modifizieren es erheblich, indem sie eine private Sphäre erzeugen, in der sie auftreten können. Etwaige Rückmeldungen der Umstehenden werden durch die Konsolenplatzierung, aber auch durch die Körperpositionierungen und dem abgewandten Blick unmöglich gemacht.

Die SingStar-Performance stellt so besehen ein von den Mädchen entwickeltes, hoch diffiziles Arrangement dar, welches einerseits ihre ästhetische Produktion ermöglicht, aber sie dennoch nicht aus dem Geschehen des Jugendzentrums ausgrenzt. Zugleich scheint die Gesangsperformance an einem öffentlichen Ort wie dem Offenen Bereich eine komplexe Herausforderung zu sein: Die Mädchen singen und schützen sich zugleich im öffentlichen Raum vor etwaigen Reaktionen.[76] Daher ist es notwendig, ihre Performance für sich ästhetisch attraktiv, aber zugleich für andere unauffällig zu gestalten. Es entsteht eine nach außen hin abgeschlossene, temporäre und selbst geschaffene Privatbühne der Sängerinnen, in der die Anderen nicht weiter gebunden und auch ohne bauliche Begrenzungen auf Distanz gehalten werden. Das im Spiel angelegte ritualisierte Konkurrenzprinzip scheint dabei irrelevant zu sein.

7.1.2 Ausschnitt: Duett zu dritt im Sofaraum

Die Tür des Sofaraums geht auf und Eileen (Jugendliche), die vorher nicht wollte, dass ich (Forscherin) reinkomme, sagt zu mir „Sie können jetzt reinkommen!" Eileen lässt die Tür einen Spalt auf und ich gehe hinein. Ich setze mich auf das Sofa an der linken Wand und sitze damit schräg hinter den Mädchen. Diese stehen vor dem Fernsehgerät mit der Playstation. Saskia und Sara (Jugendliche) haben immer noch die Mikros in der Hand. Das vierte Mädchen, Tamara, lehnt mit dem Rücken an der Wand neben dem Sofa, auf dem ich sitze. Sie waren vermutlich gerade mit einem Lied fertig, als ich dazu kam, denn sie lassen zu diesem Zeitpunkt gerade die Liederauswahl der SingStar CD durchlaufen, um sich für eines zu entscheiden. Sara sagt „Los lass uns weiter Duett machen!", Saskia antwortet „O.K., aber dann machen wir Duell." Sie entscheiden sich für den Popsong „We are familiy" (von der Gruppe Sister Sledge). Das Duett findet in der Konstellation zwei gegen eine statt, da Tamara nicht mitsingt. Während die drei Mädchen im Stehen singen und ihren Oberkörper rhythmisch zum Lied bewegen, läuft das Video und es erscheinen in regelmäßigen Abständen eingeblendete Bewertungen wie „Cool", „Grausam" oder „O.K.". Als das Lied zu Ende ist, erscheint auf dem Bildschirm eine Bewertung, welche Partei die meisten Punkte hat. [...] Eileen dreht sich zu mir um und guckt mich an. (Burghagen 1b, SS)

Aus dem Gesamtprotokoll geht hervor, dass die Forscherin schon im Vorfeld die singenden Mädchen gehört und versucht hat, den geschlossenen Raum zu betreten. Dies ist ihr von Eileen verwehrt worden, verbunden mit dem Angebot, zu

---

[76] Eine Abwehrreaktion dieser Mädchengruppe wird in Kap. 9.1 unter „Beobachtende antworten" diskutiert. An dieser Stelle möchte ich daran erinnern, dass das Jugendzentrum einen zweiten Konsolenplatz anbietet, der sich im Sofaraum befindet. Jedoch wurde während der gesamten Zeit nur eine Nutzung beobachtet. Somit kann davon ausgegangen werden, dass gerade die Anwesenheit von Publikum attraktiv für die Mädchen erscheint.

einem späteren Zeitpunkt hinzu zu kommen. Der stattgefundene Aufruf vermittelt den Eindruck, dass sich im Raum die Mädchen zunächst ordnen mussten, um externes Publikum zuzulassen. Der Einladung ist implizit, dass die Beobachtung von Gesangsperformances nicht immer erlaubt ist. Auch wenn die Gesangsstimmen außerhalb des Raumes zu hören sind und dadurch zwangsläufig öffentlich werden, bedeutet dies nicht, dass der Performance auch zugesehen werden darf. Analog zur Privatisierungspraxis der zuvor diskutierten SingStar-Szene im Offenen Bereich wird deutlich, dass die Performerinnen das entgrenzende Moment ihrer Aufführung kennen. Der Gesang erweitert den architektonischen um den auditiven Raum. Diese auditive Entgrenzung muss mit Regulierungen wie etwa einem Beobachtungsverbot kontrolliert werden.

Die Ethnografin muss die Türschwelle überwinden, um an der Performance teilhaben zu können. Die Türöffnung selbst enthält eine weitere Symbolik: Die Tür wird nicht zum bequemen Eintritt, sondern einen Spalt breit geöffnet. Dies ist wichtig, wenn man sich die institutionelle Logik des Jugendzentrum vergegenwärtigt: Die zur Verfügung stehenden Räume sind prinzipiell für alle zugänglich. Die Türanlehnung markiert den anderen Nutzer/innen, dass die Tür als Barriere wahrgenommen werden soll. Der dahinter liegende Raum soll weiterhin als nicht öffentlicher Ort identifizierbar bleiben. Die Privatheit der Räume wird mit feinen Markierungen performativ hergestellt. Mit dem Raumeintritt ordnet die Forscherin sich den Zuschauer/innenplätzen zu und beschreibt die Aufstellung: Sie sitzt, während die Mädchen stehen. Das Körperliche der Stimme wird nicht visuell minimiert, vielmehr bewegen sich die Mädchen rhythmisch zu der von ihnen gewählten Musikvorlage.

Die Mädchen nehmen die Spielvorgaben auf und debattieren über den zu wählenden Spielmodus, der verschiedene Arten des Sich-Messens vorgibt. Offenkundig nutzten die Mädchen bislang in der Party-Funktion den Duett-Modus. Ob der angekündigte Wettkampfwechsel und der Rückzug des vierten Mädchens, durch den es zu einer ungleichen Situation kommt, mit dem Eintritt der Forscherin zusammenhängen, ist anhand des Materials nicht nachzuvollziehen. Die Auswahl des geeigneten Musikstücks findet nach der Wahl des Spielmodus gemeinschaftlich statt. Mit dem Beginn des Gesangs bewegen sich die bis dato stehenden Mädchen zur Musik. Offenkundig stellt das Präskript die Mädchen vor eine weitere Herausforderung: Wie kann der singende Körper gleichzeitig als Tanzkörper mit der Musik koordiniert werden? Es scheint paradox zu sein, dass getanzt wird, obwohl dies vom Beurteilungsprogramm unberücksichtigt bleibt und daher für ein gutes Abschneiden im Wettkampf nicht notwendig erscheint. Jedoch transformieren sich die Mädchen in ihren Bewegungen auf eine reale/imaginäre Bühne, indem sie nicht nur einen Gesangs-, sondern auch einen Bewegungsraum erzeugen und sich sowohl stimmlich als auch tänzerisch der

Vorlage mimetisch annähern. Mit ihrem Tanz vor dem Fernsehgerät machen sie sich zum imaginären Teil des Videos: Bei einer späteren Sichtung des Originalvideos fiel den Forschenden auf, dass es die Sängerinnen durchgängig zu ihrem Lied tanzend zeigt und damit mitteilt, dass das Musikstück nicht nur zum passiven Zuhören, sondern zum aktiven (Mit-)Tanzen da ist. Der direkte Vergleich zwischen dem Originalvideo und der ethnografischen Beschreibung der Mädchenaufführung lässt eine feine Differenz feststellen: Mit den Mikrofonen heben die Mädchen sich in die Position der Sängerinnen und sichern sich den imaginierten Platz im Video, indem sich ihre eigenen Gesangsstimmen mit den Originalstimmen der Vorlage vermischen. Zugleich ist der Tanz der Mädchen im Vergleich zur Videovorlage weitaus weniger extrovertiert. Ein Grund kann sein, dass die Sängerinnen durch die verkabelten Mikrofone an die Spielkonsole gebunden und so in ihrer Bewegungsfreiheit eingeschränkt sind. Plausibler ist, dass die Mädchen wissentlich die Differenz zwischen ihrer Performance und dem medialen Präskript aufrechterhalten. Sie nähern sich diesem an, beziehen sich aber auf sich, indem sie sich tänzerisch und gesanglich selbst konturieren. Zugleich scheinen sie zu wissen, wer was begutachtet: Sie spielen SingStar, dessen Spielrahmen sie befolgen. Das Spielprogramm bewertet für alle sichtbar ihre Gesangsleistungen, die zugleich für alle hörbar sind. Jedoch zeigen sie mit ihrem Tanz, dass die Performance nicht nur für das Spielprogramm, sondern für das real anwesende Publikum aufgeführt wird. Die tänzerischen Bewegungen werden von den Umstehenden wahrgenommen – und wenigstens implizit zur Beurteilung der Stimmigkeit der gesamten Performance mitbewertet.

Für die Forscherin scheint die Bewertung durch das Programm nicht relevant zu sein. Jedenfalls beschreibt sie weder die Wirkung des Gesangs, noch die abschließende Programmbewertung. Jedoch nimmt die Forscherin unmittelbar nach Beendigung des Lieds den Blick von Eileen wahr: Sie war diejenige, die sie als Zuschauerin ablehnte und sie letztlich einlud. Der Blickwechsel kann als Zeichen der Unsicherheit gelesen werden. Jedoch beinhaltet er mehr: Das Abwenden vom Fernsehgerät hin zur Beobachterin lässt darauf schließen, dass sie weiß, dass ihre Performance von einer Erwachsenen beobachtet und bewertet wurde. Die objektive, aber virtuelle Leistungsbeurteilung scheint für Eileen weniger wichtig zu sein, als die reale und zugleich subjektive Rückmeldung der Erwachsenen. Worin die Bedeutung für die Mädchen besteht, lässt sich verstehen, wenn man davon ausgeht, dass der jugendliche Wunsch nach Rückmeldungen nicht nur die ästhetische Performanceleistung umfasst. Dies erledigt zumindest zum Teil das Spielprogramm. Stattdessen geht es um die Rückmeldung zur gesamten Person. Die Jugendlichen wissen, dass der Gesamtauftritt stimmig sein muss, da die Wirkung ihres Auftritts mit ihrem Auftreten als Person untrennbar verschränkt ist. Insofern ist die Rückmeldung von einer erwachsenen

Person, ob die gezeigte Selbstaufführung als gelungen betrachtet wird, für Jugendliche notwendiger Teil der Selbstkonturierung.[77]

Auch wenn sich die Motivationslagen der Mädchen nach der Beobachtung durch Erwachsene anhand der vorliegenden Szene nicht genau rekonstruieren lassen, zeigt sich hier, wie zentral die in der Jugendarbeit angelegte Dimension der Intergenerativität situativ sein kann. Es reicht daher nicht aus, dass räumliche und materielle Ressourcen zur Verfügung stehen. Jugendliche nutzen offenkundig nicht nur Aufführungsräume, sondern ebenso Publikum, welches ihre Performances wahrnimmt und Rückmeldungen gibt – einschließlich Erwachsener. Der Ausschnitt dokumentiert, wie sich für die Jugendlichen der ‚Gebrauchswert' der Erwachsenen verändert, indem diese situativ ausgegrenzt und marginal, aber auch relevant und zentral werden können.

7.1.3 Das SingStar-Spiel als popkulturelles Bricolagematerial

Vordergründig betrachtet könnte SingStar auf eine Spielmöglichkeit reduziert werden, welche Jugendliche eine imaginative Eintrittskarte in die Popwelt anbietet und diese die bereits medial vorgegeben Präskripte imitieren. Jedoch zeigen die beiden Ausschnitte, dass Mädchen das Spiel als Plattform für ihre eigenen Gesangsperformances nutzen und dabei die Spielvorgaben modifizieren.[78] Damit schaffen sie sich auch ohne architektonische Umgrenzung performativ einen in sich ausdifferenzierten und nach außen abgegrenzten ästhetischen Erfahrungsraum. Offenkundig ist die für die Transformation von einer beiläufigen zur hervorgehobenen Handlung notwendigen Bühnensituation nicht allein räumlich durch die Platzierung der Spielkonsole oder der spielenden Personen gegeben. Vielmehr zeigen die Ausschnitte, wie die Mädchen Bedingungen, unter denen die Performances stattfinden können, aktiv selbst herstellen. Zugleich entwickeln sie Techniken, wie sie diese Performances kontrollieren können.

Spielvorgaben und Nutzungspraxen
Auch wenn die Mädchen zunächst das Gleiche taten – nämlich zu den eingespielten Vorlagen zu singen – unterscheiden sich die Performances erheblich in der Art, wie die Mädchen die jeweils spezifische „Leibkörperlichkeit der Stimme" (Waldenfels 2006: 201) aufführten und verschiedene Bühnen herstellten.

---

[77] Die damit verknüpften Themen können vielfältig sein: Das gleichgeschlechtliche Urteil einer älteren Frau kann für das Mädchen ebenso interessant sein wie ein Urteil einer für sie fremden Erwachsenen, die sie neu wahrnimmt (vgl. Rose/Schulz 2007a).

[78] In Rose/Schulz 2007a haben wir die SingStar-Nutzung als die performative Herstellung eines Mädchenortes rekonstruiert (vgl. ebd.: 73ff.). Daher gehe ich auf diesen Aspekt nicht weiter ein.

Bei der ersten Szene modifizierten die Mädchen die Spielvorgabe, indem sie als Gruppe mitsangen – ob mit oder ohne Mikro. Bei der zweiten Szene modifizierten die Mädchen gleichfalls die Spielrahmung des Duetts, indem sie dieses zu dritt sangen. Die Erzeugung der Differenz zwischen profanem Alltagsgeschehen einerseits und ästhetisiertem Aufführungsraum andererseits ist zwar grundlegend in der Spiellogik angelegt. Vor allem das Mikrofon wird zum zentralen Objekt für die Herstellung des Übergangs zwischen Sängerin und Publikum. Das Singen ist als ästhetische und zugleich hervorgehobene Tätigkeit angelegt und ordnet die Beteiligten im Raum. Jedoch ist diese durch das Spiel angelegte Unterscheidung weder statisch, da die Positionen wechseln können, noch garantiert sie eine gelingende Aufführung.

Zentraler für die SingStar-Performances sind stattdessen die Teilhabeprozesse. Die Performances sind umso riskanter, je entgrenzender sie sind: Im Gegensatz zu anderen Aufführungsarten ist die Musik und somit auch der Gesang über architektonische Grenzen hinweg öffentlich hörbar. Schon dadurch entfalten die Sängerinnen ihre akustische Präsenz auch für andere. Deshalb muss der gesamtkörperliche Vorgang der Performance gegenüber Fremdbeobachtungen reguliert werden: Bei der ersten Szene schaffen die Mädchen durch ihre Abwendung einen performativ abgeschlossenen Raum für ihre Aufführung. Bei der zweiten Szene übernimmt diese Wirkung die Tür. Diese Unterschiede verweisen darauf, dass die Gesangsperformances entgegen landläufig kolportierten Feststellungen nicht Ausdruck narzisstischer Exponierungszwänge Jugendlicher sind, die vor beliebigem Publikum aufgeführt und durch entsprechende Medienformate gefördert werden. Stattdessen werden in den unterschiedlichen Nutzungspraxen Momente der Selbstbezüglichkeit und Sozialität deutlich. Die Mädchen verfügen über verschiedene, fein ausdifferenzierte Techniken des Sich-Verbergens und des Sich-Zeigens.

Die SingStar-Performances sind nicht nur auditive Aufführungen, sondern arbeiten mit einer gesamten, körperlich situierten Wahrnehmung. Im Fokus steht die physische Qualität des Stimmkörpers. Über das Programm ist das Produkt des Gesangs hörbar, vor der Konsole kann aber beobachtet werden, *wie* gesungen wird. Diese visuelle Dimension des Gesangs, die Beobachtung der Gesamterscheinung des Körpers im Singen, wird durch die Kollektivität vor der Spielkonsole, zwischen Hauptakteurinnen und etwaigem Publikum, erzeugt. Gerade bei der ersten Szene wurde das Sich-Verbergen gegenüber dem potentiellen Publikum heraus gearbeitet: Der SingStar-Ort stellt durch seine Lage permanent Öffentlichkeit her. Die Mädchen formen mit ihrer Körperhaltung eine Privatsphäre, um sich damit auch vor unvorhersehbaren Störungen von außen zu schützen. Auch wenn die Performance ein gewisses Maß an Konzentration erfordert und dieses Jugendzentrum auch einen zweiten, relativ abgelegenen

Playstationplatz anbietet, wurde dieser jedoch während des Forschungsaufenthalts nicht genutzt. Offensichtlich sind die SingStar-Performances keine Unterhaltungs- oder Übungssituationen, die ausschließlich selbstbezüglich sind. Vielmehr scheint es für die Performenden wichtig zu sein zu wissen, dass sie wahrgenommen werden, ohne sich zugleich permanent Rückmeldungen ausgesetzt zu sehen. Zugleich stellen die Beteiligten gemeinsam eine Atmosphäre her, in der diese Auftritte erst möglich sind. Diese entsteht nicht durch sprachlich präzise und in diesem Sinn diskursive Aushandlungsprozesse, sondern durch die gemeinsame ästhetische Tätigkeit selbst (vgl. Göhlich 2001). All dies regulieren zu können stellt eine hohe Kompetenz dar.

Aufführung und Wiederholung der Performances
Die Beliebtheit des SingStar-Spiels zeigt sich auch in der langen Nutzungsdauer. Die Ethnografin bemerkt im Vorspann zum Gesangstrio Jasmin, Jennifer und Silke, dass sie über zwei Stunden *„ausdauernd"* mit dem Spiel beschäftigt sind. Mit dem Verweis auf die Ausdauer der Sängerinnen schwingt zugleich ein gewisses Maß an Verwunderung über die offenkundige Attraktivität des Spiels mit. Ähnliche Hinweise finden sich in der folgenden Notiz: *Fast den gesamten Trefftag wird SingStar genutzt. Wir (Forscher-Team) können über den Nachmittag und Abend hinweg immer wieder beobachten, dass einige der Mädchen über Stunden hinweg singen. Marc und ich (Susanne) sind irgendwann ziemlich genervt davon, dass es einige Lieder gibt, die zig Mal wiederholt werden. Manche Lieder werden einige Male hintereinander gesungen, manche hören wir mehrfach über den Tag verteilt. Die Mädchen wechseln sich zwischendurch ab, es kommen immer wieder neue Mädchen dazu, andere gehen dafür wieder. Manchmal setzen sich auch Jungen dazu, die zuhören, aber nach unserer Beobachtung das Gerät nicht aktiv nutzen. (Waldstadt 1b, SS)*
Die Notiz verweist nicht nur auf die hohe Nutzungsfrequenz, die auf einen attraktiven Spielort rückschließen lässt, sondern auch auf die Wirkung, die diese auf die Erwachsenen ausübt: Die Forschenden reagieren auf die Wiederholungen *„genervt"*, während die Mädchen genau diesen Modus wählen. Jedoch zeigen die Mädchen ein hohes Maß an Engagement, indem sie sich im Rahmen des Spiels offensichtlich ausdauernd und kontinuierlich engagieren. Warum ist die SingStar-Nutzung für die Mädchen offensichtlich so attraktiv? Zu kurz greift, wie vorher schon beschrieben, die gängige These des massenmedial geförderten Extrovertierungszwangs Jugendlicher. Verstehbar wird die Attraktivität, wenn man sich vergegenwärtigt, wann (nicht nur) Jugendliche ihre eigene Singstimme als ein selbst erzeugtes ästhetisches Medium erfahren können. Der Gesang ist immer an einen bestimmten Rahmen gebunden und hat im Alltag kaum Platz.

Das SingStar-Spiel bietet diese Gelegenheit, die Stimme als Gesang hervorzuheben. Das scheinbar bloße Nachsingen wird zum Prozess ästhetischer Erfahrung.

Im oben zitierten Ausschnitt erwähnt das Ethnografenteam auch, dass manche Lieder *„zig Mal wiederholt werden"*: Diese Wiederholungen konnten mehrfach beobachtet werden und irritieren andere Jugendliche, aber vor allem die Erwachsenen (vgl. Rose/Schulz 2007a). Mit den Wiederholungen machen die Mädchen etwas, dessen Sinn sich der Erwachsenenwelt verschließt, wie auch die Musikstücke selbst den ästhetischen Geschmack Erwachsener angreifen. So werden nicht nur die Musikstücke, sondern auch die Praktik der Wiederholung selbst zum Ausdruck von Generationendifferenz. Als selbst geschaffene Erfahrungsmomente werden die Wiederholungen verkannt, wenn sie lernpsychologisch als bloßes Einübungsszenario interpretiert werden. Die Qualität dieser ästhetischen Erfahrung, die gerade das SingStar-Spiel anbietet, indem Gesangsperformances unentwegt wiederholt werden dürfen, lässt sich jedoch umkehren: Wulf (1996) hat im Kontext seines Mimesis-Konzepts daran erinnert, dass es bei Wiederholungen immer nur um die „einbeziehende Anähnlichung" (ebd.: 316) gehen kann. Der Philosoph und Psychoanalytiker Slavoj Zizek (2003) verweist darauf, dass „Wiederholungen eher dazu da [sind], die Differenz zu markieren" (ebd.: 30). Auch wenn der jugendliche Wunsch besteht, sich mit der Vorlage zu identifizieren oder mit ihr zu verschmelzen, löst sich in der Wiederholung von Vorlagen die Differenz zwischen dem Selbst und der Vorlage letztlich niemals auf, sondern manifestiert diese nachhaltig. Der Unterschied zwischen Selbst und dem Anderen wird im eigenen (Nach-)Vollzug nicht nur kognitiv erfahrbar, sondern konkret sinnlich-körperlich spürbar und mit jeder Wiederholung deutlicher. Jugendliche erfahren an sich selbst die Paradoxie der Einverleibung des Fremden, welches dennoch sich nie auflöst. Somit können die Wiederholungen auch Bildungsmomente beinhalten: Sie sind selbst entworfene Prozesse der Differenzerfahrung, die nicht nur rational-kognitiv, sondern im Vollzug auch körperlich erlebbar und spürbar werden.

Selektion und Modifikation der Präskripte
Das SingStar-Spiel bietet mit seiner Auswahl an musikalischen Themenschwerpunkten zahlreiche, in Genre und Zeitepochen unterteilte Liedvorlagen an. Diese Vielfältigkeit an Performancepräskripten animierten wiederum die Sängerinnen, für sich und die Gruppe die geeignete Vorlage für ihre Auftritte auszuwählen. Diese Auswahlprozesse können, so zeigt die Rekonstruktion des Materials, schwierige und komplizierte Momente des Abwägens, der Unentschiedenheit oder Diskussion sein. Wie folgender Ausschnitt zeigt, führen als unpassend interpretierte Vorlagen zu drastischen Abwehrreaktionen: *Sheila und Felicitas (Jugendliche) kommen mit dem eingeblendeten Text nicht mit, setzen immer*

wieder mit dem Singen aus und bekommen am Ende eine sehr schlechte Bewer-
tung auf dem Bildschirm. Sheila kommentiert dies damit, dass das ja auch voll
das blöde Lied gewesen sei, worauf Felicitas ihr zustimmt. (Burghagen 1b, SS)

Weder sind die zur Verfügung stehenden Präskripte für alle in gleicher Weise für die eigenen Gesangsperformances nutzbar, noch ist es für die Jugendlichen
irrelevant, welches Lied gesungen wird. Stattdessen ist der genaue Selektionsprozess des geeigneten Präskripts sehr bedeutsam. Damit ist die kompetente
SingStar-Nutzung auch als symbolische Metapher einer modernen, individualisierten und pluralisierten Gesellschaft lesbar: Von den Jugendlichen müssen die
biografischen Verortungen selbsttätig in einem offenen Feld ästhetischer Kulturen über persönliche Stilbildungen geleistet werden. Der Gesang als selbst
ausgesuchte und aufgeführte Performance hat damit neben der Bedeutung als
ästhetischer Erfahrungsraum auch eine soziale Identifikationsfunktion. Dadurch
werden die genauen Überprüfungen der angebotenen Vorlagen und die Auswahl
der Musikstücke durch die Performerinnen nachvollziehbar. Sie wollten nicht
einfach nur singen, sondern mit der Aufführung fremder Präskripte sich selbst
öffentlichen zum Ausdruck bringen. Daher muss die passende Vorlage herausge-
sucht werden, die es den Performenden ermöglicht, für andere in Erscheinung zu
treten. Wie entscheidend die richtige Selektion für die Verkörperung ist, zeigt
sich am eben angeführten Ausschnitt: Wenn die Identifikationsmuster, die das
Lied bietet, die Performerinnen irritieren, kann der Akt der Anähnlichung und
Einverleibung nicht stattfinden (vgl. Rose/Schulz 2007a).

Die Komplexität der passenden Vorlagenauswahl liegt darin, dass sie eine
subjektive und damit auch persönlich zu verantwortende Entscheidung darstellt.
Es gibt dabei keine externen Instanzen, die normative Kriterien vorgeben, an
denen sich Jugendliche anlehnen können. Die Mädchen und Jungen sind herausgefordert, für sich selbst diese Entscheidungen fällen zu müssen, wie sie auftreten wollen. SingStar rahmt damit den Gesang neu: Es markiert die Gesangsperformance als bewussten Selbstbezug und macht es zu einem Konstruktionsakt
der ästhetischen Selbstkonturierung und Selbstaufführung. So heißt es auch im
Werbetext des Spiels: *„Zeige, dass ein Star in dir steckt!"* Die kollektive Funktion des Singens wird dadurch mit der Vorstellung der ästhetischen Selbsthervorbringung verschränkt. Die gemeinsam geteilte Erfahrung im ästhetischen Ge-
sangsraum findet durch die subjektiv-körperliche Bezugnahme auf die medialen
Vorlagen statt (vgl. Rose/Schulz 2007a).

SingStar formuliert ein Spielprogramm und einen Spielsinn, welche performativ zum Teil erheblich verändert werden: Das Spiel eröffnet die Gelegenheit
zum Stimmtraining und Wettbewerb und bietet den Raum zur imaginativen
Annäherung an Popstars. Diese Sinngebung kann sich in den Performances
entfalten, dennoch regt es jugendliche Nutzerinnen zur Selbsttätigkeit an, indem

diese verschiedenartige Nutzungsvarianten entwickeln. Das kommerzielle Spiel kanalisiert daher nicht die Gestaltungskreativität der Mädchen, sondern fungiert letztlich nur als kulturelles Bricolagematerial, welches zu eigenen Zwecken modifiziert wird.

Die gezeigten Praktiken wie das Mitsingen ohne Mikrofon oder das Tanzen zum Video sind präskriptmodifizierende Selbsttätigkeiten Jugendlicher, die als elementare Bildungssituationen zu werten sind: Die gemeinsame ästhetische Praxis eröffnet die Chance, durch die Bedeutungsteilung Sozialität, also Gemeinschaftlichkeit und Beziehungsnähe, und Intersubjektivität herzustellen. Momente der Intimität und Konzentration entstehen im gemeinsamen Bezug auf die Vorlagen, während die Singenden sich körperlich nah sind. Somit ist es auch nachvollziehbar, warum die Performance zwar durch das Spielprogramm begutachtet werden soll, dieser programmierte Bewertungsmodus in den beobachteten Situationen jedoch relativ marginal ist. Entscheidender ist das gemeinsame, aufeinander bezogene Tun, genauer gesagt die realen Rückkopplungsschleifen, vor der Konsole. In den Prozessen der Verkörperung und Selbsthervorbringung sind die Rückmeldungen der Peergroup, aber auch der Erwachsenen zur eigenen Aufführung für die Jugendlichen existentiell für deren Selbstkonturierung. Diese individuellen Rückmeldungen, die auch in der Art des Blickwechsels und anderen nonverbalen Gesten bestehen können, sind nicht durch einen automatisierten Coach, wie etwa das SingStar-Programm, ersetzbar.

Indem die Singenden performative Räumlichkeiten erzeugen – also mit ihrer Nutzung einerseits den lokal-architektonischen Raum der Spielkonsole besetzen, andererseits die Gesangsaufführung jenen entgrenzen – schaffen die Performerinnen Aufmerksamkeit und nachdrückliche Präsenz. Die Gesangsperformances können, wie im weiteren Verlauf gezeigt wird, wiederum Anknüpfungsmöglichkeiten für die Performances andere Jugendliche darstellen.

7.2 Gesangsauftritte ohne Playback

7.2.1 Ausschnitt: A-capella-Auftritt

Im Sofaraum: Eileen (Jugendliche), die vor der Playstation steht, übergibt mit den Worten „Jetzt du" das Mikro an Sara (Jugendliche), geht zu Tamara (Jugendliche), die auf dem Sofa sitzt, und stellt sich direkt vor sie. Eileen beginnt, das Lied „Durch den Monsun" von Tokio Hotel a capella zu singen, während Saskia und Sara, vor der Spielkonsole stehend, die CD durchlaufen lassen und die einzelnen Stücke kurz anspielen. Eileen begleitet dabei ihren Gesang durch eine pointierte Gestik: Bei „ich" zeigt sie mit dem Zeigefinger auf sich; macht dann ausladende Gesten, mit der sie bogenförmig die „Welt" über ihrem Kopf andeutet; bei „Ende der Zeit" macht sie eine waagerechte abrupte Handbewegung; bei „Regen" imitiert sie mit den Fingern herab fallenden Regen über ihrem Kopf und bei „gegen den Sturm" nimmt sie eine angestrengte Körperhaltung ein und macht einige Schritte auf der Stelle, als ob sie sich gegen einen harten Wind bewege. Dabei hat sie die ganze Zeit ein Lachen im Gesicht und schaut abwechselnd zu Tamara und mir (Forscherin), da ich auf dem zweiten Sofa neben Tamara sitze. Auch Tamara lächelt und sieht ihrer Freundin zu. (Burghagen 1b, SS)

Während zwei Mädchen ihre Gesangsperformance via Spielkonsole vorbereiten, eröffnet Eileen ihre eigene Bühne. Sie erhebt mit der Übergabe des Mikrofons und der dazu gehörigen Aufforderung Sara zur Performerin. Die Sängerinnen sind mit der Auswahl einer für sie geeigneten Performancevorlage beschäftigt. Sie greifen sich nicht ein spezielles Stück heraus, sondern spielen mehrere kurz hintereinander an. Dieser Selektionsprozess zeigt erneut, dass die mediale Vorlage für die Aufführung bedeutend ist. Aus der Vielfalt der Vorlagen muss für eine gelingende Aufführung das entsprechend passende Stück ausgesucht werden, mit dem sich die Performerinnen ein Stück weit identifizieren wollen.

Offensichtlich wendet sich Eileen absichtsvoll vom Bildschirm ab und dem anwesenden Publikum zu, um sich zu präsentieren. Mit dem Wechsel löst sie sich von der Spielvorlage, indem sie aus der imaginären Teilhabe an der Videoperformance heraustritt. Stattdessen positioniert sie sich allein und unabhängig von der Vorlage im Raum und beginnt, über das Singen hinaus, das Lied mit Gesten ästhetisch zu verkörpern. Mit dieser Verkörperung erschafft sich Eileen selbst als Popstar – ganz nach dem eingangs zitierten Werbemotto von SingStar: *„Du bist ein Star – also benimm dich wie einer!"* – und eröffnet einen Experimentierraum. Die ehemalige Spielnutzerin, die zuvor die fremde Beobachterin zurückgewiesen hatte, verkörpert sich nun als Solosängerin des Stücks, indem sie ihre künstlerischen Ausdrucksmöglichkeiten einem Publikum präsentiert. Ihre Arbeit an sich selbst macht sie in ihrer Aufführung beobachtbar und hörbar. Mit der Wahl, das Stück a-capella aufzuführen, geht sie ein künstlerisches Experiment ein. Sie muss sich sicher sein, dass mit der Alleinstellung ihrer Stimme ihre Gesangs-, Rhythmus- und Textsicherheit nicht versagen und der Auftritt gelingt. Dies ist umso riskanter, da davon auszugehen ist, dass die populäre Vorlage den Zuhörerinnen als Vergleichsmaterial präsent ist.

Ihr Bühnenauftritt vermischt private Gesangspraxis und öffentliche Aufführung: Ihre Performance ist in der Verbindung zwischen körperlicher Berührung und eigenem musikalischem Ausdruck zwar nah an der Vorlage und die Art der Körperlichkeit auf den ersten Blick eher textillustrativ. Mit der Verkörperung der

Vorlage ist es jedoch sekundär, ob das Musikstück von ihr selbst stammt oder von anderen verfasst wurde. Durch ihren Gesang macht sie es zu ihrem Stück. Eileens ästhetische Soloperformance erzeugt Intimität und Authentizität, indem sie lächelt, sich beim Singen selbst berührt und damit aufführt, wie sie die Musik mit ihrem Körper in Beziehung setzt. Sie zeigt Gesten, die auf den Text verweisen und ihn in Bilder übersetzen, und zeigt zugleich mit dem Lächeln eine innere Berührung. Damit entgrenzt sie das enge SingStar-Präskript: Dieses liefert Ausgangsmaterial, welches nun eigenständig weitergestaltet, variiert und zu einer Soloperformance transformiert wird.

Folgende Performanceaspekte lassen sich bündeln: Erstens führt Eileen performativ das komplexe Wechselverhältnis zwischen Singen und Hören, zwischen Tätigsein und Geschehenlassen, aber auch zwischen sinnhaftem Textinhalt und sinnlicher Stimmaufführung auf. Ihr Gesang ist im positiven Sinne distanzlos, da er innerhalb dieses Wechselspiels das zuhörende Gegenüber emotional berührt. Diese Berührung findet auf der Seite des Publikums eine Rückmeldung: Tamara, die zusieht, lächelt die Sängerin an und bewertet damit ihre Aufführung als eine gelungene. Zweitens beschreibt die Ethnografin Eileens Verbindung zwischen Gesang, Text und Gesten genau: Der gesungene Liedtext wird mit eher illustrativen Gesten visualisiert. Diese genaue Beschreibung könnte der Frage folgen, ob zwischen dem textlichen Inhalt und der stimmlichen Aufführung eine Differenz entstehen muss. Während im alltäglichen Sprechen der Inhalt des Gesagten und Gehörten privilegiert ist und unangemessene Gesten den Inhalt inkongruent erscheinen lassen, sind die kulturellen Codes von Gesangsperformances andere: Diese stellt Eileen mit ihrer Gesangsperformance vor die Herausforderung, den Gesang nicht einfach nur bildhaft zu verdoppeln und damit den Hörerinnenfokus auf den Textinhalt zu lenken, sondern diesen gestisch zu erweitern. Diesem Code folgt sie jedoch nicht, sondern verdoppelt bis zum Schluss den Text gestisch. Mit dem Lächeln signalisiert Eileen, dass sie sich dieser Verdopplung bewusst ist, diese jedoch kompetent als ironisches Stilmittel verwenden kann. Sie setzt sich als Sängerin ihres Stücks in Szene, markiert aber durch die Distanz schaffende Mimik, dass es nicht als ernsthafte Kunst, sondern als Unterhaltungsstück zu interpretieren sei – unabhängig davon, dass die Performance selbst einen eigenständigen ästhetischen Erfahrungsraum darstellt. Drittens schafft Eileen zwar performativ Differenz zwischen ihr als Performerin und dem Publikum, stellt aber zugleich Gemeinschaft her, indem der gemeinsame Wahrnehmungsfokus auf die kollektiv hergestellte Atmosphäre gelenkt wird. Es entstehen innerhalb des architektonischen Raums, der zuvor eine kollektiv agierende Gruppe beherbergt hat, performativ zwei Bühnen und somit zwei Räumlichkeiten. Tamara und die Ethnografin werden erfolgreich mittels Blickkontakt in Eileens Geschehen eingebunden.

7.2.2 Ausschnitt: Porno-HipHop am Billardtisch

Es wird Billard gespielt. Nach einer Weile, als Daniel (Jugendlicher) dran ist, fängt Dave (Jugendlicher) zu zappeln an, tanzt für mich (Forscher) völlig unvermittelt los und rappt rhythmisch: „Heute fickt dich deine Mutter, Sohn" und wiederholt diese Zeile immer wieder, mit Füllern zwischen durch wie „Jo Mann", „Krass krass", „Du Opfer". Ich bin etwas perplex, da ich nicht nachvollziehen kann, woher nun dieser plötzliche Impuls kommt. Denis lacht und Dave macht ein paar HipHop-Sprünge hin und her, hüpft zu den Mädchen und stellt sich vor sie hin, gestikuliert weiter und macht Beatboxgeräusche. Karin (Jugendliche) sagt trocken und ohne sich auf den Beat zu beziehen: „Fick doch dein' Vater." Dann sagt Daniel: „Dein Vater ist doppelt so groß wie du, der fickt dich, Alter!" quer über den Tisch, haut Dave das Queue auf den Kopf und rennt vom Billardtisch weg, Dave hinter her. Denis steht am Rand und lacht sich kaputt und geht gemütlich hinter ihnen her. (Waldstadt 4b, MS)

Im Vorfeld des Ausschnitts stellt Dave Karin bereits die Frage, ob sie „mal poppen" will (vgl. 5.1.3). Nun eröffnet Dave eine neue Performance, indem er zu rappen beginnt. Zwar kann dafür kein Auslöser eruiert werden, dennoch verfehlt dieser nicht seine Wirkung: Dave transformiert die Billard- zu einer HipHop-Bühne und verkörpert sich als Solorapper. In der weiteren ethnografischen Beschreibung verliert sich die Trennschärfe zwischen der Person und der Figur, da Dave vom Forscher als Kippfigur wahrgenommen wird – als eine Person, die etwas spielt (den Rapper), aber zugleich jemand ist (der Billardspieler).

Den Bühnenwechsel erzeugt Dave mit einer vom Spiel abweichenden Taktung seines Körpers: Zunächst rhythmisiert er sich, indem er seinen Körper als Tänzerkörper hervorhebt. Das Billardspiel verlangt eine disziplinierte und konzentrierte Körperkoordination, um überhaupt erfolgreich agieren zu können, während unkontrollierte Spielbewegungen es scheitern lassen. Dave inszeniert seine Körperlichkeit, indem er alle Gliedmaßen bewegt. Er „zappelt" und exponiert seinen Körper, den er zuvor disziplinieren musste, vor seinem Publikum. Daran anschließend rappt er synchron zu seinen Bewegungen. Textlich inszeniert er ein Spektakel, indem er inzestuösen, jenseits gesellschaftlicher Normen stattfindenden Sex thematisiert. Der Sohn wird heute von der Mutter „gefickt", wobei der Sohn sich in der Rolle des Objekts befindet. Dave schlüpft dabei in die Rolle einer väterlichen Person, die den Sohn über diese inzestuöse Handlung, die folgen wird, aufklärt. Zugleich doppelt Dave in seinem Rap die Rollen und rahmt sie als Kunsttext: Mit den Worten „Jo Mann", „Krass, krass" und „Du Opfer" unterscheidet er sich als Kommentator der Inzest-Textpassage von dieser selbst und dramatisiert den Textinhalt. Auch wenn Dave als reale

Person/Rapperfigur diese Texte ausspricht, dürfen sie nicht als reale Aussagen bewertet werden, sondern stehen im ästhetischen Kontext von Klang, Rhythmus und Texten. Dies zeigt allein schon die Reaktion des zunächst irritierten Forschers. Dieser nimmt offenkundig wahr, dass es hierbei nicht um die schlichte Unterscheidung zwischen spaßhaften, aber im Grunde genommen ernst gemeinten Männlichkeitsgebaren und adoleszenten Größenphantasien geht, sondern reale und imaginierte Ebenen untrennbar miteinander verwoben werden. Seine Suchbewegungen, etwaige Impulse identifizieren zu können, verweisen auf die ritualisierte Seite der textlichen Botschaft. Sie zeugen von einem gemeinschaftlich geteilten Wissen um die Bedeutung des Auftritts, nämlich *dass* es sich um eine Performance handelt.

Wie aus dem Gesamtprotokoll hervorgeht, ließen sich keine direkten medialen Vorlagen zu dem Stück auffinden. Dennoch lassen sich in der Art des Textaufbaus und -inhalt Analogien zu deutschsprachigen sogenannten „Pimp-Rappern" herstellen. Jene arbeiten mit stark sexualisierenden Texten und grenzen sich u.a. damit von anderen Subgenres des HipHop ab. Dass die Aufführung also nicht reale, auf den Vollzug sexueller Praxen selbst abzielende Botschaften an die Umstehenden aussendet, sondern eine ritualisierte Form der Binnendifferenzierung darstellt, wird von den Zuschauenden gleichfalls erkannt und entsprechend dechiffriert. Dies zeigt zumindest die Reaktion von Denis. Der bis dato mitspielende Denis kommentiert den Performance-Einstieg mit einem Lachen und setzt sich so zu Dave in Beziehung. Damit zeigt er, dass er mit dieser Art der Unterbrechung des Billardspiels einverstanden ist und macht sich vom Ko-Akteur des Billardspiels zum Publikum der HipHop-Soloperformance.

Mit den HipHop-Tanzbewegungen vergrößert Dave seine Bühne. Er wendet sich den Mädchen zu und wechselt in den Battlemodus, indem er die „human beatbox" mimt und sich damit in den Hintergrund des Musikrhythmus zurückzieht. Dies ist jedoch doppelbödig: Einerseits bietet Dave den Mädchen eine offene Einstiegsstruktur an, indem er den Rhythmus legt. Andererseits stellt Dave mit dem Battlemodus die Mädchen performativ vor eine konkrete Aufgabe. Karin nimmt die Aufforderung an, um diese umgehend mit ihrer Einstiegsart zurückzuweisen: Sie greift mit ihrer direkten Ansprache Dave nicht als Performer, sondern real und persönlich an. Damit lehnt sie das Performanceangebot ab, indem sie die Form des rhythmischen Sprechgesangs und letztlich des Battles ignoriert, und stellt stattdessen eine reale Konfliktsituation her.

Daniel weist Karin in ihre Schranken, indem er den Battlemodus der grotesken und übersexualisierten Steigerung aufnimmt. Dieser ist gleichfalls doppelbödig: Einerseits greift er sie direkt und real an, andererseits führt er damit auf, dass sie die Situation nicht versteht. Aus Daniels Sicht scheint der Aufgeforderten nicht klar zu sein, dass es hierbei um eine Rap-Performance geht, auf die sie ästhetisch angemessen zu reagieren hat. Zugleich schließt Daniel mit der Billardrequisite des Queues die misslungene Performance. Mit dem Schlag auf Daves Kopf eröffnet er eine neue Performance – einem kindlichen Verfolgungs- und Fangspiel. Dave nimmt dieses Angebot an, indem er sich aus seiner expressiven, aber doch relativ statischen Position vor den Mädchen wieder heraus löst, seinen Körper in Bewegung bringt und sich vom Ereignisort Billardtisch entfernen kann. Erneut bestätigt Denis die Aussetzung des raumgegebenen Billardspiel-Themas mit einem Lachen und verfolgt die Akteure.

7.3 Auftritte im Musikraum

7.3.1 Ausschnitt: Verzögerter Bandauftritt

Julia (Jugendliche) schließt die Tür. Am Keyboard links von mir (Forscherin) setzt sich Görkhan (Jugendlicher). Mir gegenüber setzt sich Sara (Jugendliche) ans elektronische Schlagzeug, während vor mir Anna (Jugendliche) sitzt und zu Julia schaut. Diese geht an eines der beiden Mikros, die vor dem Schlagzeug in der Raummitte stehen und steht stumm dort. Anna und Görkhan fordern Julia auf, ein Lied zu singen. Keine Reaktion. Sara: „Jetzt sing eben!" Julia sagt genervt: „Nein, ich will nicht! Görkhan, du machst das, du kannst das, ich habe dich nämlich schon mal gehört!" Görkhan steht von seinem Platz am Keyboard auf und läuft zum Mikrofon, während Julia seinen Platz am Keyboard einnimmt. (Anmerkung: Später stelle ich fest, dass niemand das Instrument spielen kann.) Görkhan spricht die ersten Zeilen von „Alle meine Entchen" ins Mikrofon und ich höre seine Stimme aus den Lautsprechern. Er schüttelt seinen Kopf und sagt: „Ey, ich kann das nicht!" Julia, Sara und Anna bitten ihn zu singen, doch er weigert sich. Er schaut zu Sara und Anna und sagt: „Und, warum singt ihr nicht, hä, ihr könnt's doch auch!" Sara und Anna kichern und meinen, Görkhan sei doch viel besser als sie. Es klopft an der Tür, die Tür geht auf und die Pädagogin Conny schaut rein. Sie spricht die Mädchen an. (Langenstedt 1b, MF)

Wie bereits zuvor diskutiert, strukturiert das räumliche Arrangement die Aktivitäten vor: Es bietet sowohl Zuordnungsmöglichkeiten als Zuschauende und als Musizierende (vgl. 4.2.3). Allein diese Differenz ordnet eine theatrale Frontalsituation zwischen Publikumsplätzen und Auftrittsbühne an. Die Zuordnungen der Jugendlichen läuft ohne Diskussionen ab: Die Ethnografin vermittelt mit ihrer Beschreibung den Eindruck, dass die Besetzung der jeweiligen Plätze bereits schon im Vorfeld geklärt sei und entwirft das Bild eines souveränen Bandauftritts, bei dem, wie in popkulturellen Arrangements üblich, die Sängerin zuletzt das Bühnengeschehen betritt. Mit der eingeschobenen Bemerkung, dass keine/r der Anwesenden ein Keyboard spielen kann, weist die Forscherin bereits auf die sich ankündigende Irritation hin.

Die erste Irritation bei der Positions- und Aufgabenverteilung der Performenden entsteht am Mikrofonplatz und verhindert den Einstieg in den Auftritt. Die Instrumentenplätze Schlagzeug und Keyboard werden durch Sara und Görkhan bereits belegt, so dass für Julia ausschließlich der Mikrofonplatz als Positionierungsort zur Verfügung steht, wenn sie nicht, so wie Anna, zuschauen will. Die Sängerinnenposition nimmt sie ein, füllt sie aber nicht adäquat aus: Julia wird sowohl vom Publikum als auch von den Musizierenden zum Singen aufgefordert und gerät unter Druck. Durch ihre Verweigerung verzögert sich der Performancebeginn. Als Grund gibt die Sängerin jedoch nicht ihre mangelnde Gesangskompetenz, sondern ihren Unwillen an. Diese zentrale Position scheint dem Mädchen unangenehm zu sein, da sie so unter den Zwang zur Inszenierung und damit der Extrovertierung gerät. Der eben noch hergestellte ästhetische Performanceraum zerfällt umgehend zu einer Diskussionsrunde. Die Interventionsversuche sollen den Performancerahmen stabilisieren: Die Musizierenden wollen mit dem Auftritt beginnen und die Zuhörenden das Produkt sehen und hören. Diese Forderungen entsprächen jedoch einer a-capella-Gesangsperformance und würden die Aufmerksamkeit auf ihre Singstimme konzentrieren. Die Abwehr dessen verweist darauf, dass die Beteiligten jedoch darum wissen, dass diese Art von Einstieg keinesfalls den gängigen popkulturellen Mustern entspricht, demgemäß einem Musikintro erst der Gesangseinsatz folgen würde. Damit wird deutlich, dass mit dem Genrerahmen „Popband" gespielt wird, ohne dass es zu weiteren inhaltlich-formalen Aushandlungsprozessen kommt. Die Gruppe scheint irritiert zu sein, da zum gemeinsamen Spiel der Auftakt und somit der Anfang fehlt. Sie wollen sich kollektiv inszenieren, wissen aber nicht, wie ein gemeinschaftliches, aufeinander bezogenes Spiel beginnen kann. Weder wird geklärt, ob jemand der Anwesenden Keyboard, Schlagzeug spielen oder singen kann, noch wird das popkulturelle Material gemeinschaftlich ausgewählt und danach ausgerichtet. Dies lässt zwei Lesarten zu: Zum einen, dass die miteinander Musizierenden miteinander vertraut sind und sich daher auf ähnliche popkulturelle Musikgenres beziehen. Von daher wäre diese Art von Aushandlungsprozess nicht notwendig, zudem auch die instrumentellen Fähigkeiten bei allen fehlen. Zum anderen lässt sich die Nichtverbalisierung auch so interpretieren, dass mit dem Performanceauftakt es nicht zentral ist, welches Gesangsstück konkret aufgeführt wird, sondern das das Ritual des Beginnens und Aufführens im Vordergrund steht.

Beide Lesarten stützen die Deutung, dass alle bereits darum wissen, was jetzt folgen müsste, aber verunsichert sind, wie sie den Einstieg vollziehen

können. Implizit wird von der Sängerin verlangt, dass sie mit ihrem Gesangsein-
stieg die Entscheidung für eine Vorlage trifft, mit der sie als Band auftreten
können. Es wäre die komplette Umkehrung sonst üblicher popkultureller Vorlagen: Die Instrumente sollen nicht den Gesang tragen und den Rahmen für ein
komplexes Zusammenspiel bieten, sondern umgekehrt – der Gesang soll die
ansonsten instabile instrumentale Rahmung zusammen halten. Die Bandperformance braucht für die Erzeugung von Kollektivität eine Einzelentscheidung, die
jedoch prekär ist, da mit dieser Entscheidung über den weiteren Verlauf bestimmt wird. Julia versucht diese doppelte Aufgabenzuteilung der Inszenierungs-
rahmung und des Performancebeginns an die Mitspielenden abzugeben, indem
sie auf deren gesangliche Leistungen, die bereits früher Anerkennung gefunden
haben, verweist. Der Verweis auf eine bereits gelungene Aufführung erlaubt, die
prekäre Position des Gesangs an den Jungen weiter zu delegieren. Deutlich wird
dabei, dass alle Anwesenden wissen, dass das Singen eine äußerst profilierende,
aber auch riskante Inszenierungsform ist. Jedoch scheint dies für den schnellen
Wechsel der Positionierungen kein Problem zu sein, da offenkundig die Stabili-
sierung des Performancerahmens im Vordergrund steht. Mit dem Platztausch
machen sich der Junge und das Mädchen paradoxerweise zu mehrfach kompetenten Musizierenden: Das (nicht)singende Mädchen macht sich qua Position zur
Keyboarderin, während der ehemalige Keyboarder sich zum Sänger macht.
Entscheidend für die Performancebeteiligung ist demnach nicht die individuelle
musikalische Kompetenz, sondern der zur Verfügung stehende Platz.

Allein mit dem Unterschied des Stehens und des Sitzens wird die Aufmerksamkeit, die die Beteiligten auf sich ziehen, reguliert: Das Keyboard scheint für
die Jugendlichen offensichtlich weniger fokussierend zu sein als das Mikrofon.
Beide Aktivitäten fordern zu verschiedenartigen Demonstrationen der Kompetenz auf, wobei das Keyboard als ein externes Gerät eher die technisch-
instrumentale Beherrschung hörbar macht, während das Mikrofon Verstärker der
gesungenen Stimme ist und der eigene Körper zum Instrument wird. Wieso dies
zu den gezeigten Unsicherheiten führen kann, wird deutlicher, wenn die unterschiedlichen, kulturell geformten Bedeutungsaufladungen der aufgeführten
Körperlichkeiten mit betrachtet werden: Die Stimme ist, so die praktizierte
Unterstellung, etwas körperlich Gegebenes und daher allerorts aufführbar.
Zugleich wird mit dem Gesang etwas vom eigenen Körper preisgegeben, das
nicht unmittelbar zu sehen und kulturspezifisch als intime Praktik konstruiert ist.
Daher darf dieser nicht per se öffentlich veräußert werden, sondern ist im priva-
ten Bereich angesiedelt. Die Anerkennung dieser kulturspezifischen Regel
führen die Jugendlichen auf, indem sie sich beim Gesang zurückhaltend zeigen.
Im Gegensatz dazu steht das Spielen des Keyboards: Es zeigt als Vorführung des
Körperlichen die Bewegung der Hände vor, welches nicht als intim gilt und für

jeden daher sichtbar und zugänglich sein darf. Jedoch setzt das Keyboard Übung und Kenntnis des Geräts voraus, um es überhaupt nutzen zu können. Da diese Voraussetzungen innerhalb der Gruppenkonstellation von niemandem erfüllt werden und alle Anwesenden daher das gleiche Kompetenzniveau zeigen, scheint das Risiko, sich mit seinem instrumentalen Beitrag gegenüber den Anderen zu blamieren, relativ gering zu sein.

Diese Ambivalenz führt der Junge am Mikrofon performativ auf: Er bietet der Gruppe eine Gesangsperformance an. Zwar entäußert er sich seiner Stimme in der Logik eines Musikauftritts über das Mikro und füllt also die Funktion aus. Jedoch konterkariert er dies mit dem Aufführungsinhalt und der Form, indem er mit einem Kinderlied eine jugendkulturell unbrauchbare Vorlage anbietet. Die ernsthafte Popmusik-Performance wird ironisiert, indem er sich und alle anderen auf ein musikalisch kindliches und daher anspruchsloses Niveau begibt und damit die Auftaktbemühungen infantilisiert. Zudem spricht er den Text und distanziert sich so von der geforderten gesanglichen Intimität. Er unterbricht sich selbst, wohl aus dem Wissen, dass so der von allen gewünschte Performanceauftakt nicht stattfinden kann. Die Situation entfaltet immer mehr ihre eigene und zugleich sehr reale Wirklichkeit: Zwar ist die Situation freiwillig gewählt und die Beteiligten führen den Wunsch, sich ästhetisch inszenieren zu wollen, selbst auf. Jedoch ist es kein spielerischer Rahmen, der alle Beteiligten entlastet und die realen Konsequenzen vermindert. Der Versuch, eine performative Transformation von Alltags- zur Performancehandlung gemeinschaftlich herzustellen, setzt die Beteiligten unter realen Druck, da innerhalb der Gruppe selbst kein fiktives, So-tun-als-ob-Handeln stattfinden darf. Dies zeigt der unmittelbare Rückzug des Jungen. Zugleich wird das Ringen um einen gelingenden Einstieg, der sich in der Sänger/in-Position manifestiert, nicht nur zu einem ästhetischen, sondern auch sozialen Thema: Die Jugendlichen erfahren die Begrenzungen ihrer eigenen Fähigkeiten, indem sie einerseits ihre ästhetisch-popkulturellen Phantasien aufführen wollen und in diesem Vollzug mit ihren realen Grenzen konfrontiert werden. Es wird offenkundig, dass selbst bei der vorhandenen Gesangskompetenz es nicht gleichgültig ist, in welchen sozialen Kontexten und unter welchen Bedingungen diese aufgeführt wird. Die Ängste, die die Jugendlichen mehr oder minder versteckt artikulieren, werden jedoch von den jeweils Anderen gespiegelt und widerlegt: Diese teilen ihr Beobachtungswissen mit und stärken die jeweils Angesprochenen, indem sie einerseits auf die individuellen ästhetischen Qualitäten der Gesangsstimmen verweisen und andererseits sozialen Halt in der Gruppe anbieten.

Die Gruppe sieht sich einem hohen kollektiven Leistungsdruck ausgesetzt: Erstens erzeugen die jeweiligen Positionierungsorte innerhalb der Bandkonstellation verschiedene Grade der eigenen körperlichen Preisgabe. Zweitens entsteht durch diese Preisgabe eine öffentliche Aufführung der eigenen Kompetenzen, wobei dem Gesang eine Schlüsselposition zukommt. Drittens müssen sie den Rhythmus finden, der sie aufeinander bezogen interagieren lässt und viertens muss dies, um popkulturellen Kriterien entsprechen zu können, als gemeinsames, kunstvolles Musizieren wahrgenommen werden können. Dieser anspruchsvolle Inszenierungswunsch setzt hohe Maßstäbe, der die selbst erzeugte reale Herausforderung einer Popband-Performance unerreichbar erscheinen lässt. Offenkundig wollen sie sich jedoch dieser freiwilligen Herausforderung stellen. Niemand entzieht sich ihr. Es scheint so, als ob sie zwar mit ihren Auftrittsängsten zu kämpfen haben, diese jedoch auch mit einem Moment der Lust verbunden sind. Sie wollen diese Erfahrungen am eigenen Leib spüren. Dieses Ringen um die Erfüllung der selbst auferlegten Herausforderung wird jedoch von außen unterbrochen: Eine Pädagogin öffnet die Tür und spricht die Mädchen an.

Hinsichtlich der Aneignungspotenziale, die die Jugendarbeit als Bildungsgelegenheiten bereithält, beschreibt der Ausschnitt die ambivalente und arbeitsreiche Seite dieser Selbstzumutungen: Arrangements der Jugendarbeit werden nicht einfach angeeignet, indem Jugendliche Räume füllen und die zur Verfügung stehenden Potenziale nutzen. Vielmehr stellen die Aneignungsprozesse als Bildungsgelegenheiten auch sperrige und die Heranwachsenden vor Herausforderungen stellende Situationen dar.

7.3.2 Ausschnitt: Gastsängerin im Musikraum

Maria (Jugendliche) schaut noch in Jacke und Rucksack in den Raum und begrüßt Görkhan (Jugendlicher) und Julia (Jugendliche), die beide am Keyboard stehen, lautstark mit einer Singsang-Stimme: „Hallo!" Sie erwidern den Gruß und Maria bleibt an der Tür stehen. Julia fragt sie gleich, ob sie nicht singen wolle. Görkhan: „Genau, du hast ja bei der letzten Party so gut gesungen!" Julia: „Und auf der CD auch!" Maria: „Nee", verschränkt die Hände hinter dem Rücken, schaut auf den Boden und malt mit einem Fuß Kreise auf den Boden. Dann grinst sie und läuft zum Mikrofon. Sie singt mit einer vollen Stimme kurz das Lied „No woman, no cry" von Bob Marley an, lacht und schlägt mit den Händen auf ihre Oberschenkel. Görkhan beginnt das Lied „Alle meine Entchen" in einer hohen Tonlage auf dem Keyboard zu spielen und Maria singt dazu mit einer tiefen Stimme. Dann legt sie ihre Jacke und den Rucksack ab und singt das Lied „Buffalo Soldier" mit tiefer Stimme. Mitten in der Strophe wechselt sie von der tiefen in eine höhere Gospel-/Soulstimme. Görkhan steht vom Keyboard auf und macht schlangenartige tänzerische Bewegungen mit dem

Oberkörper. Er tanzt nun zwischen Julia, die jetzt vor dem Keyboard sitzt, und
Maria, die am Mikrofon steht und singt. (Langenstedt 1b, MF)

Die im vorherigen Ausschnitt vorgestellte Bandkonstellation hat sich aufgelöst.
Nach der Begrüßung versuchen Julia und Görkhan umgehend, Maria zum
Mitmachen zu animieren und sie über die räumliche Grenze der Türschwelle zu
heben. Die beiden Jugendlichen beziehen sich in ihrem Einbindungsversuch auf
die ihnen bekannten Gesangsleistungen des Mädchens: Einerseits wird der vor
Partypublikum aufgeführte Auftritt zum Anlass einer persönlichen Rückmel-
dung, zum anderen wird die auf Tonträger dokumentierte Gesangsleistung des
Mädchens ebenfalls als positiv bewertet. Damit verdichten sich die Hinweise
darauf, dass die Musikinstrumente eine eher nachrangige Rolle spielen und der
Gesang als eigentliche Aufführungstätigkeit einen zentralen Platz einnimmt.

Die Reaktionen des Mädchens sind ambivalent: Sie wirkt mit ihrer Gestik
kokett, während sie sich zunächst zurückhaltend zeigt. Schließlich überschreitet
sie die Türschwelle und nimmt die angefragte Position ein, ohne jedoch ihre
Jacke auszuziehen und den Rucksack abzusetzen. Umgehend profiliert sie sich
als professionelle Sängerin, indem sie aus ihrem Repertoire ein Gesangsstück
frei rezitieren kann. Das eingegangene Arbeitsbündnis löst Maria umgehend
wieder auf, jedoch wird sie durch das Mitspielen des Jungen weiter zur Sängerin
gehoben. Dieser fordert sie nicht verbal-sprachlich zum Weitersingen auf,
sondern bietet ihr stattdessen ein Musikstück als Gesangsgrundlage an. Das
Einbindungsritual, sich von anderen in bestimmte Positionen heben zu lassen,
verweist auf die Praxis, das eigene gesangliche Können nicht sofort öffentlich zu
präsentieren. Die eigenen Kompetenzen werden zunächst herabgesetzt, um dann
von anderen aufgefordert, jene performativ voll zu entfalten.

Görkhan spielt einen Melodiebogen, der ihr zwar ein Kinderliedformat anbietet, aber mutmaßlich sein Können auf dem Keyboard darstellt und deshalb
nicht zum Affront wird. Dies wird in der Reaktion Marias deutlich: Sie antwortet
auf die Liedvorgabe, indem sie den dazu gehörigen Text singt und zugleich eine
andere Tonlage wählt. Damit führt sie den Anderen vor, dass sie in der Lage ist,
selbst triviale Vorlagen als attraktive Stücke zu interpretieren. Der bislang
missglückte Aufführungswunsch erhält eine klangliche Gestalt und es entsteht
ein Duett. Offenbar findet die gemeinsame Performance auch bei ihr Gefallen:
Nach dem Duett legt die Sängerin ihre Jacke und den Rucksack ab und signalisiert so, dass sie sich an deren Performance weiterhin beteiligen will. Dass sie
sich nun als Teil des Ensembles versteht, welches zusammen arbeitet, verbalisiert sie nicht explizit, sondern performt es: Sie singt erneut frei ein Musikstück.

Mit ihrem Gesang zeigt sie ihr gesamtes stimmliches Können und singt
nicht nur verschiedene Lieder, sondern bringt diese auch in verschiedenen

Stimmfärbungen zu Gehör. Sie führt ihren Umgang mit ihrer stimmlichen Körperlichkeit und deren Spannweite auf und interpretiert zugleich die medialen Präskripte. Jene singt sie nicht nur nach und versucht sich klanglich anzunähern, sondern eignet sich diese neu an. Der Junge reagiert darauf mit einer ästhetischen Rückmeldung: Tänzerisch setzt er sich zu ihr in Beziehung und erweitert die Gesangsperformance. Mit seiner Bewegung hebt er einerseits die Differenz zwischen aktiver Sängerin und passivem Zuhörer auf und stellt ebenfalls seinen Körper zur Schau. Andererseits markiert er weiterhin eine Differenz zwischen beiden Performances. Mit seinem Auftritt zeigt er, dass er auf den Gesang des Mädchens tanzen kann und will und zugleich demonstriert er seine körperliche Beweglichkeit, die von der Forscherin als *„schlangenartig"* beschrieben wird. Auch wenn eine differenzierte Ausführung der Choreografie fehlt, ist dennoch davon auszugehen, dass es sich um eine die Körpergeschmeidigkeit betonende Performance handelt. Die beiden Performances verhalten sich komplementär zueinander. Mit seinem Tanz hat der Junge eine neue Form gefunden, sich in die Performance ohne Stimm- oder Instrumenteneinsatz einzubinden.

Der Ausschnitt zeigt nicht nur, wie sich Jugendliche von anderen in den Stand von Performenden heben lassen, sondern auch, welche Rückkopplungsschleifen möglich sind. Jugendliche antworten nicht nur verbal-diskursiv, sondern führen diese Rückmeldungen performativ-ästhetisch auf. Zugleich sind diese ästhetisierten Rückmeldungen auch soziale Botschaften: Die ästhetischen Praktiken sind auch Gesten der gegenseitigen Wertschätzung und Anerkennung und stabilisieren die Beziehungen zwischen den Beteiligten.

7.4 Die Einverleibung ästhetischer Vorlagen in den Gesangsperformances

7.4.1 Der Bildungscharakter der Gesangsperformances

Im Kontext der pädagogischen Diskurse um die Effekte musikalischer Bildung werden signifikante Zusammenhänge zwischen ästhetischer Produktion und sozialer Kompetenz, die Jugendliche für ein späteres Arbeitsleben qualifizieren sollen, konstruiert (vgl. etwa BKJ 2004 u. 2003). So hat beispielsweise Hans Günther Bastian (2000) in seiner Langzeitstudie zur Musikerziehung von Grundschülern diagnostiziert, dass sich – auch wenn er selbst anmerkt, dass Kausalitäten zwischen Bildungsgegenstand und -subjekt schwer herstellbar sind – u.a. die sozialen Kompetenzen oder die Lern- und Leistungsmotivationen verbessern (vgl. ebd., Umschlagtext). Auch andere Autoren wie Burkhard Hill (2007 u. 1996) stellen ähnlich positive Kompetenzgewinne als Effekte musikalischer Bildung fest. Es ist offenbar Konsens, die Dimension ästhetische Bildung mit dem gleichzeitigen Zugewinn von sozialen Kompetenzen und den positiven Effekten für die Persönlichkeitsentwicklung verknüpfen zu wollen. Diese Argumentationen haben als Legitimationsstrategien ihre Berechtigung. Sie sind allerdings problematisch, wenn sie zu normativen Maßstäben werden: Erstens werden die musikalisch-ästhetischen Tätigkeiten abgewertet, wenn sie neben ihrem autonomen Erfahrungshorizont zusätzlich mit sozialem Nutzen gerechtfertigt werden. Zweitens formuliert die Fachpraxis falsche Zielsetzungen, wenn die Bildungsqualität durchgängig an den erfolgreichen Kulturprodukten der Jugendlichen gemessen wird. Dabei gehen die alltäglichen musikalisch-ästhetischen Praktiken, wie sie im Rahmen dieser Arbeit dokumentiert werden, verloren.[79]

Die Jugendlichen agieren in den Gesangsperformances fortwährend sowohl auf ästhetischen als auch sozialen Ebenen. Jedoch ist die soziale Seite nicht, wie die landläufigen Bildungsdiskurse glauben machen wollen, der positive Effekt der ästhetischen oder umgekehrt. Vielmehr führen Jugendliche performativ eine ästhetische und soziale „Fingerfertigkeit" (Rose/Schulz 2007a: 209) auf: Diese „umfasst die Fähigkeit, Regeln, Bedeutungen und Positionen aufeinander beziehen und zugleich einschätzen zu können, bis wohin das eigene Können und das der anderen geht und was die Situation performativ hergibt. Zudem gilt: Wer die Dynamiken nicht konzentriert verfolgt und Verschiebungen präzise registriert, läuft Gefahr, den Anschluss zu verlieren oder unpassend zu agieren. Das Gleiche gilt für den, der nicht bereit und in der Lage ist, das eigene Tun immer wieder entlang der Emergenz der Prozesse nachzujustieren. Um die eigene Handlungsfähigkeit zu sichern, ist die permanente Überprüfung des eigenen habituellen Repertoires erforderlich" (Rose/Schulz 2007a: 287). Diese Fingerfertigkeit kann allerdings, so zeigen die Rekonstruktionen, aufgrund der diskontinuierlichen Bedingungen, unter der die Performances stattfinden, permanent umspringen (vgl. Fischer-Lichte 2004a): Einstiege müssen arrangiert, geeignete Präskripte gefunden, Positionen geklärt, Rückmeldungen aufgenommen und Aufmerksamkeit muss fokussiert werden, um in einer gemeinsamen Form auftreten zu können. Auch wenn diese Aushandlungsprozesse glücken, sind sie kaum beständig. Immer wieder kommt es zu Krisen, nach denen wieder neue Arrangements gefunden werden müssen. Die Schwierigkeiten, weshalb diese jugendlichen

---

[79] Es zeigt sich ein grundständiges Problem, welches m. E. eng mit der fehlenden Materialität des Diskussionsgegenstands korrespondiert: So flüchtig und situativ alle bislang rekonstruierten musikalischen, aber auch tänzerischen Performances sind, so schwer lassen diese sich festhalten und verdinglichen. Sie verschwinden unmittelbar nach der Aufführung. Die oben aufgezeigten kulturpädagogischen Diskursstrategien sind m. E. Transferversuche: Ähnlich wie Performance-Kunst selbst durch Fotos, Videos, Tonaufzeichnungen oder Texte dokumentiert wird und dennoch die Performance selbst nur bruchstückhaft dokumentieren, können die komplexen Erfahrungen nur selektiv materialisiert werden. Daher scheint die Strategie der Komplexitätsreduktion darin zu liegen, die Prozesse und deren Potenzial als Bildungsphänomene selbst auszublenden und die Endprodukte als „Bildungseffekte" oder „Kompetenzgewinne" zu materialisieren.

Praktiken kaum diskutierbar erscheinen, haben, neben der schweren Erfassbarkeit des Ästhetischen, meines Erachtens zwei Ursachen:

Erstens entstehen in den vorliegenden Gesangsperformances kaum objektiv messbare, erfolgreiche ästhetische Produkte. Die ad hoc-Stücke scheinen mehr auf die Prozesse selbst ausgerichtet zu sein, da die situativ entstandenen Peer-Aufführungen sich als kaum ergebnisorientiert darstellen. Die Performances sind nicht zwingend darauf angelegt, dass nach ihrem Ende etwas Konkretes entsteht. Viel eher geht es darum, etwas auf die Bühne zu bringen und zugleich um die Erzeugung und Erfahrung von Intensität, die mit allen Beteiligten geteilt wird – diesseits und jenseits eines verzweckten Sinns. Dieser Blick auf Bildungsphänomene ist, wie bereits ausgeführt, zum Teil nur schwer mit den eingangs skizzierten Bildungsdiskursen vereinbar, vor allem, wenn sie sich an normativen Bildungsidealen orientieren. Mit einem Bildungsverständnis, welches mit Begriffen wie Nachhaltigkeit oder Emanzipation gekoppelt ist, die letztlich auf eine kognitiv-reflexive Zentrierung von Bildungswirkung zulaufen, können die hier gezeigten Bildungspotenziale nur marginal bleiben.

Zweitens greifen Inhalt und Gestalt der Performances den persönlichen Geschmack der Erwachsenenwelt an. Wo bei anderen Performances noch der Blick abgewendet werden kann, zeigen sich Gesangsperformances als wesentlich ein- und zudringlicher. Sie überschreiten hörbar architektonische Raumgrenzen. Den Aufführungen folgen zu wollen, erfordert ihnen gegenüber oftmals eine hohe Offenheit, Toleranz und Neugier seitens der Erwachsenen. Dies fiel manchmal auch den Ethnografenteams schwer, da die Feldprotokolle auch affektgeladene Momente der Enervierung seitens der Forschenden dokumentierten. Ähnlich verhält es sich im Umgang mit jugendlichen Abweichungen von den Nutzungspräskripten – pädagogische Fachkräfte entscheiden beispielsweise darüber, ob die Musikraumnutzenden jenen auch sinnvoll nutzen oder wann SingStar-Spiele keinen Sinn mehr ergeben (vgl. dazu Rose/Schulz 2007a). Diese (ab-)wertenden Reaktionen, die sich sowohl auf den Inhalt als auch auf die Form beziehen, machen es nachvollziehbarerweise schwer, den autonomen Wert der Gesangsperformances anzuerkennen.

Zugleich ist eine andere, vordergründig die jugendlichen Praktiken respektierende Position aufzufinden. Die Performances werden zwar wahrgenommen, aber von den Erwachsenen als Übung dechiffriert – ein Phänomen, welches sich als dominantes pädagogisches Grundmuster in der Beurteilung jugendlichen Handelns finden lässt. Diese Position hat einen doppelt negativen Effekt: Zum einen schwächt es das Jugendzentrum als Bildungsort, da der dortige Alltag als Probebühne für die (zukünftige) Lebenspraxis definiert wird. Die Bildungshierarchien zwischen den eingangs diskutierten Bildungsorten werden damit weiter manifestiert. Zum anderen verdeckt es die tatsächlichen ästhetischen Leistungen der Jugendlichen und damit auch den spezifischen Bildungscharakter der Gesangsperformances, da sie als „Probeläufe" (Goffman 1980) nicht erst genommen werden müssen.[80] Nicht nur die Musik-, sondern auch die anderen Performances dokumentieren jedoch, dass das Jugendzentrum von den Mädchen und Jungen *auch* als ernsthafter Aufführungsort wahrgenommen wird und die dortigen Aufführungen bereits andernorts erprobt wurden. Exemplarisch wird dies im folgenden Interviewausschnitt mit dem Jugendlichen Chris, der sich als Diskjockey des Waldstadter Jugendzentrums engagiert, deutlich. Auf die Frage, wann das Musikauflegen bei ihm begonnen hatte und wie er übt, antwortet er:*„Ja, das hat angefangen, da war ich 8 Jahre alt und ich hab mir das genau, wie das hier im Jugendzentrum, [...] habe ich mir zu Hause genau so aufgebaut. Ich habe die gleichen CDs, den gleichen CD-Ständer gebaut, den gleichen Kasten, in dem die ganzen Geräte drin sind, Mischpult, so'n Lichtpult, Nebelmaschine, habe ich auch alles zu Hause, aber nur'n kleinen Partyraum halt."* *(Waldstadt 1, Chris Int., MS)* Im weiteren Verlauf erzählt Chris, dass er zu Hause zunächst für sich und dann mit Freunden geübt habe, um anschließend in der Disco des Jugendzentrums aufzulegen. Aktuell lege er zu Hause dann auf, um die Passgenauigkeit der Übergänge *„vom Gefühl her abschätzen"* zu können. Zunächst vermag die Erzählung zu irritieren, da der Junge den Discoraum des Jugendzentrums en miniature zu Hause nachgebildet hat. Offenbar hat nicht nur das flüchtige Musik- und Tanzereignis Disco, sondern auch die Materialität des Discoraumes auf ihn eine große Faszination ausgeübt. Zugleich beschreibt er, dass in seiner Nachbildung nicht nur das Musikauflegen, sondern sein Job als DJ geübt werden musste. Erst allmählich stellt er sich einer Öffentlichkeit. Seine Beschreibung lässt keinen Zweifel daran, dass seine Arbeit als DJ als eigenständige, ästhetische Leistung zu betrachten sei. Offenkundig stellt für Chris das Musikauflegen in der Jugendzentrumdisco keinesfalls eine Probebühne, sondern eine sehr reale und ernsthafte Auftrittssituation dar. Sein Hinweis auf die biografischen Übungs- und Routinephasen lässt darauf schließen, dass er außerhalb der Institution sich die Performance aneignete, um sich in jener als Disco-DJ zu profilieren. Der Hinweis, dass seine Privatdisco nur noch für Anspieltests genutzt wird, verweist einerseits auf seine zwischenzeitlich erreichte Routine. Andererseits verdeutlicht es aber auch, dass mit der Performance als DJ in der Disco des Jugendzentrums ein Bewusstsein für deren Qualität verbunden ist – ein weiteres Argument gegen die Zuschreibung, dass es sich generell um Übungsprozesse handele.

---

[80]   Die Mechanismen der Relativierung jugendlichen Handeln, jenes nicht als ernsthaftes anzuerkennen, spiegelt sich auch in pädagogischen Diagnosen wider: In einem Gesprächs über ein Mädchen stellten zwei Fachkräfte komplexe Überlegungen an, wieso dieses, die sich als lesbisch outete, nun aus verschiedenen Gründen nicht lesbisch sei. Besonders auffällig war dabei die Zuschreibung, dass es sich um ein „Ausprobieren" handele. Vgl. dazu Rose/Schulz 2007a: 258ff.

Mit den Möglichkeiten des Musikkonsums, der Aneignung und Verfeinerung von musikalischen Fähigkeiten stehen den Jugendlichen nicht nur entsprechend förderliche Settings zur Verfügung, sondern auch Auftrittsbühnen vor imaginärem oder realem Publikum. In der voran gegangenen Reflexion über die SingStar-Performances (vgl. 7.1.3) wurde herausgearbeitet, dass Jugendliche in den Ausschnitten Ähnliches tun, jedoch sich die jeweiligen Aufführungskontexte unterscheiden: Mal scheinen die Performances den ernsthaften Charakter von Prüfungen und Wettbewerben zu haben, mal sind sie auf Unterhaltung und Selbstprofilierung angelegte Ereignisse – je nachdem, an welchem Ort des Jugendzentrums diese stattfinden. Jedoch zeigen alle vorliegenden Szenen, wie Jugendliche ihre Kultur performativ herstellen.

Die Gesangsperformances greifen als Praktiken reflexiver Körperästhetisierung sowohl räumliche als auch mediale Präskripte auf. Gerade die popkulturellen Bezüge sind offensichtlich: Mit der SingStar-Nutzung werden fremde Musikstücke reinszeniert und auch die Performances im Musikraum zitieren mediale Vorlagen, indem nicht nur Songs nachgespielt, sondern auch die dazu gehörigen Körperhaltungen nachvollzogen werden. Dabei zeigt sich, dass diese Präskripte Jugendliche in ihren Gesangsperformances unterstützen, aber auch stark verunsichern können. Gerade die Auftritte als a-capella-Sängerinnen bzw. Sänger oder die kollektiven Bandauftritte, die eine verzahnende Koordination und Kontinuität fordern, sind riskant. Zunächst müssen die Mädchen und Jungen mit diesen Performances Einstiege finden und ihre Auftrittsstrukturen selbst schaffen. Diese lehnen sich an vorstrukturierende Präskripte an, die auf gemeinsam geteilten Erinnerungen basieren, während die Karaoke-Musikstücke unmittelbare Vorgaben bereithalten, denen die Jugendlichen folgen können. Auch deshalb scheinen vor allem die Gesangsauftritte, die jenseits der Spielkonsole stattfinden können, auch höchst profilierend zu sein: Sie können situativ an verschiedenen Orten aufgeführt werden, die zunächst nicht als Gesangsbühnen angelegt sind. Daher müssen die verschiedenen Eigenlogiken der Gesangsperformances diskutiert werden, wozu ich im Folgenden verschiedene Blickschneisen auf jene entwickle. Die folgenden Versuche zur Verstehensannäherung mögen zwar von den Theoriebezügen disparat erscheinen, jedoch folgen sie einer empirischen Logik, die versucht, die kontextuelle Gebundenheit der jugendlichen Selbsttätigkeiten als Bildungsphänomene differenzierter zu beschreiben, und nicht einer Nivellierungslogik monokausal geführter Bildungsdiskurse.

7.4.2 Räumliche Grenzen der Gesangsperformances

Die Rekonstruktionen zeigen, dass die unterschiedlichen Arten der Produktion und des Konsums von Musik aufeinander angewiesen sind und als Tätigkeiten faktisch kaum voneinander getrennt werden können. Zugleich lässt sich rekonstruieren, dass beide Tätigkeiten, also sowohl das Hören als auch Performen, *aktive* Handlungen sind. Bereits mit den Tanzperformances wurde diskutiert, wie wichtig die Auswahl der Musikstücke ist, zu denen getanzt werden soll. Ebenso lassen sich die dynamischen Wechsel zwischen den jeweiligen Positionen als Publikum, Allein- oder Ko-Akteurinnen als entsprechend aktive Handlungen nachvollziehen, wenn zugleich wahrgenommen wird, wie sich Teile des Publikums mit parallelen Stücken aktiv zu Ko-Akteur/innen machen oder Performerinnen sich auf Publikumsplätze zurückziehen können. Bereits Willis (1991) verweist darauf, dass das „Interesse von Jugendlichen am Musikmachen und Auftreten [...] stets aus ihren Aktivitäten als Konsumenten, Fans und Tänzern" (ebd.: 102) entsteht. Das Interesse, als Musizierende auftreten zu wollen, „erwächst aus der Lust und elementaren Ästhetiken des Hörens und Genießens von bestimmten Musikstilen" (ebd.), also auch in der eigenständigen Verkörperung der gehörten und präferierten medialen Vorlagen. Jedoch zeigen die Ausschnitte auch, dass Musikhören und Musikmachen innerhalb der Einrichtungen unterschiedlich verbreitet sind: Gehört wird Musik in nahezu allen Räumen der Jugendzentren, während Performances, in denen Jugendliche als im klassischen Sinn Musizierende auftreten, nur an wenigen Orten der Einrichtungen stattfinden. Die Akrobatik- und Tanzperformances wurden durchgängig in stärker frequentierten Räumen aufgeführt, wohingegen die Gesangsperformances zumeist in privatisierten Kontexten stattfanden. Diese Privatheit wird nicht nur qua räumlicher Arrangements, sondern auch durch die Performancepraktiken selbst hergestellt.

Ein erster Grund für diese Differenz mag sein, dass die Tanz- und Akrobatikperformances flexibler sind, da sie kaum mehr Material als einen Ghettoblaster und den eigenen Körper benötigen. Daher sind sie weniger an die räumlichen Gegebenheiten gebunden als die musikalischen Performances, die auf Verstärkergeräte wie Mikrofone oder Instrumente angewiesen sind. Ein zweiter Grund für die Differenz liegt an den räumlichen Arrangements und deren symbolischer Bedeutungsaufladung: Den Musizierenden wird institutionell ein hohes Maß an geschützter Privatheit in Form von separaten Räumlichkeiten und besonderen Zugangsbedingungen zugestanden. Bereits die Arrangements teilen den Nutzer/innen mit, dass die Tätigkeiten an diesen Orten Konzentration und Ruhe benötigen und daher nicht für jeden zugänglich sind. Die Zugangsschwellen werden auch anderweitig erhöht, wie insbesondere an der Wirkung der Türen in den Raumrekonstruktionen und den vorgestellten Ausschnitten belegt werden kann: Im Waldstadter Musikraum ist die Tür nur von innen zu öffnen und wenn, wie im Langenstedter Musikraum oder Waldstadter Sofaraum, die Tür beidseitig geöffnet werden konnte oder gar offen stand, war dies dennoch keine selbstverständliche Zutrittserlaubnis für andere Jugendliche oder Erwachsene. Somit sind diese Türschwellen, wie Michael Göhlich und Monika Wagner-Willi (2001) bereits im schulischen Kontext rekonstruiert haben, sensible architektonische Requisiten zur Regulierung des zwischenmenschlichen Kontakts. Die Türen zu den Räumen der Musikschaffenden bieten die Möglichkeit, Grenzen zu markieren, aber auch zu öffnen. Es wird damit ein Innen und ein Außen geschaffen, eine öffentliche und eine private Sphäre, ein Rahmen, um auch Gruppengrenzen zu konturieren und zu festigen (vgl. ebd.: 197). Die Ausschnitte dokumentieren den sorgfältigen Umgang mit diesen Grenzen: Bei ihren musikalischen Performances achteten die Jugendlichen auf eine geschlossene Tür. Sowohl Erwachsene als auch Jugendliche klopfen an oder warten zunächst ab, ob sie von den im Raum befindlichen Jugendlichen eine Zugangsberechtigung erhalten. Folglich ist es nicht nur die bereits baulich angelegte Geschlossenheit, sondern auch das Handeln der Raumnutzenden, welches anzeigt, dass darin etwas geschieht, was Abgrenzung und Privatheit benötigt. Daran schließt der dritte Unterschied an: Unerwartete Störungen irritieren die Gesangsperformenden erheblich mehr als die Tanzenden. Störungen können zur Folge haben, dass die Performances umgehend beendet werden. Die Singenden wollen, jedenfalls zum größten Teil, bei ihrer Tätigkeit nicht beobachtet werden, obwohl sie auch außerhalb der Räume gehört werden können, während andere, die etwa Musikinstrumente spielen oder nur zuhören, keine Abwehrreaktionen gegenüber den Eindringenden zeigen. Offenkundig ist die Gesangsposition prekär und die Fragilität der Performancesituation muss immer wieder stabilisiert werden. Welche Praktiken genutzt werden und welche Wirkungen diese entfalten können, soll weiter vertieft werden.

7.4.3 Die spezifische Verkörperung über den Gesang

Die Prominenz des Gesangs lässt sich kaum mit dem Hinweis erklären, dass in den medialen Formaten wie etwa in Castingshows oder Bandauftritten den Sängerinnen und Sängern zentrale Positionen zugeschrieben werden und damit der Gesang als Höhepunkt aller Performances, also auch der eigenen, gilt. Darüber hinaus dokumentieren die Rekonstruktionen des Materials die Kenntnis der Jugendlichen, dass mit den Gesangsperformances das Spektrum der Möglichkeiten der eigenen Stimmnutzung wie etwa das Spiel mit ihrem Klang oder

Timbre aufgeführt und erfahren werden kann. Im Gegensatz zum alltäglichen Stimmgebrauch hebt die Gesangsstimme sowohl die Sinnlichkeit, sprich ihre spürbare Unmittelbarkeit und Leiblichkeit, als auch ihre Sinnhaftigkeit als Textträgerin und Übermittlerin von Botschaften hervor. Doris Kolesch und Sybille Krämer (2006) beschreiben die Stimme daher als „ein Schwellenphänomen, nicht einfach Körper oder Geist, Sinnliches oder Sinn, Affekt oder Intellekt, Sprache oder Bild, Index oder Symbol, sondern sie verkörpert stets beides" (vgl. ebd.: 2). Gegenüber dem alltäglichen Stimmgebrauch, der die Sprechstimme vornehmlich als Botenträgerin nutzt und so auch von anderen wahrgenommen wird, wird mit dem Gesang der Stimme der rein funktionale Charakter eines Mitteilungsorgans entzogen. Mit dieser Stimmmanipulation wird auch anderen zu verstehen gegeben, dass sie selbstreferenziell ist (vgl. Barthes 1990b: 280) und mehr als die Textbotschaft übermittelt werden soll.

Mit den Gesangsperformances distanzieren die Jugendlichen sich von der Sprechpraxis des Alltags und schaffen ästhetische Erfahrungsräume: Der Gesang lässt eine erhöhte Aufmerksamkeit und Selbstbezüglichkeit zu und berührt emotional und sinnlich das zuhörende Gegenüber. Diese Momente finden sich vielfach in den Ausschnitten: Die Gesangsperformances erfahren Aufmerksamkeit und Hinwendung, indem ihnen zugehört wird und finden in ihrer ästhetischen Qualität Anerkennung oder Ablehnung, während die Singenden konzentriert oder selbstversunken wirken. Was beim Gesang wahrgenommen werden kann, hat Roland Barthes (1990a) in seiner Beschreibung der „Rauheit der Stimme" (ebd.: 269) exemplarisch an einem russischen Bass zu fassen versucht, indem er als Zuhörender die enge Beziehung zwischen dem singenden Körper, der Musik und der Sprache des Gegenübers beschreibt: „Etwas ist da, unüberhörbar und eigensinnig (man hört nur *es*), was jenseits (oder diesseits) der Bedeutung der Wörter liegt, ihrer Form [...], der Koloratur und selbst des Vortragsstils: etwas, was direkt der Körper des Sängers ist, der in ein und derselben Bewegung aus der Tiefe der Hohlräume, Muskeln, Schleimhäute und Knorpel und aus der Tiefe der [...] Sprache an das Ohr dringt, als spannte sich über das innere Fleisch des Vortragenden und über die von ihm gesungene Musik ein und dieselbe Haut" (ebd.: 271, H.i.O.). Selbst wenn der Sänger nur ge*hört*, aber nicht ge*sehen* wird, gibt der Gesang selbst also über den Körper Auskunft, der mehr ist als das Subjekt. Die enge Verwobenheit des Sängers, des Körpers und dessen, was zwischen Sprache und Musik geschieht, macht die Spannungen während den Gesangsperformances nachvollziehbar: Der Körper wird bewusst ästhetisiert und eigenleiblich in der singenden Stimme und der körperlichen Resonanz gespürt. Zugleich wird dessen Wirkmächtigkeit und Begrenzung für den Performenden, aber auch für die Zuhörenden beobachtbar – und erfahrbar. Vor anderen zu

Singen bedeutet für die Performenden ein hohes Maß an Körperentblößung[81], da sie mit ihrer Stimme nicht nur etwas mitteilen oder ausdrücken, sondern diese Verkörperung ihre sinnliche Eigendynamik entwickelt, die durch die Singenden nicht vollständig kontrollierbar ist. Sich dabei zusehen zu lassen steigert diese empfundenen Anspannungen, da die sonst schon präsente Körperauskunft durch den Gesang mit der Beobachtung des Prozesses gesteigert wird. Die Rekonstruktionen arbeiteten heraus, dass die Jugendlichen um diese Wirkung ihres Gesanges wissen. Gerade wenn das Mikrofon ihre Stimme verstärken soll, sind die Reaktionen der Jugendlichen, wie folgender Musikraum-Ausschnitt zeigt, ambivalent: *Sara (Jugendliche) hat ein Mikrofon in der Hand und singt den „We will rock you"-Refrain [ein Song der Rockband „Queen"]. Sie wiederholt ihn mehrfach: Zunächst singt sie ihn mit ihrer gewöhnlichen, dann in einer höheren, dann in einer tieferen Tonlage und danach flüstert sie den Refrain. Sara nimmt Anna (Jugendliche) in den Arm und versucht ihren Kopf an das Mikrofon heran zu ziehen. Sie sagt mehrfach zu ihr: „Sing doch mit!" Anna sagt wiederholt: „Ich sing nicht ins Mikro!" (Langenstedt 2b, MS)*

Offensichtlich irritiert das Mikrofon: Einerseits gehört es als transformierende Requisite dazu, um sich in den Status einer Sängerin zu heben. Sara nutzt das Mikrofon, um sich als kompetente Sängerin aufzuführen und ihr Stimmvolumen auszuschöpfen. Andererseits macht das Mikrofon etwas mit der Stimme, was Anna missbilligt. Es vergrößert die Stimme, indem es sie technisch verstärkt, und damit auch den gesamten eigenen Körper, wie es die Wahrnehmbarkeit selbst des Flüsterns zeigt – die Stimme ist überall und von allen genau zu hören. Die Weigerung Annas lässt sich als Abwehr dieser Entäußerung des eigenen Körpers verstehen: Durch die technische Verstärkung vergrößert sich nicht nur das Gefühl der Entblößung, sondern die Stimme entzieht sich der vollständigen Selbstkontrolle. Sie wird nicht nur als etwas Subjektiv-Leibliches erfahren, sondern wird als etwas Objektives über die Verstärkung gehört.

Die Leiblichkeit, also die Selbstbezüglichkeit und das Selbstspüren des Gesangs, ist jedoch nicht damit zu verwechseln, dass die Stimme als Trägerin des Authentischen und des Subjektiven, also „als ‚unmittelbarer' und ‚unverfälschter Ausdruck' einer Person" (Kolesch 2006: 50) naturalisiert wird. Dies zeigt sich bereits an den verschiedenen Techniken des Stimm- und Gesangseinsatzes der jeweiligen Szenen, dass die Stimme jenseits des Gegebenen auch etwas zu Schaffendes ist: Die Sängerin Maria führt es in ihren Performances eindrücklich vor, wie sie ihre Stimmen modulieren und so mit unterschiedlichen Ausdrucksfacetten spielen kann. Entgegen des Natürlichkeitsmythos führen die Singenden

---

[81]   Welche Bedeutungsaufladung diese Entblößungen haben, ist selbstredend kulturspezifisch und wird entsprechend vermittelt – ebenso wie die Intimität des Gesangs selbst. Nachfolgend gehe ich auf den Aspekt „Scham als Privatisierungspraktik" ein.

auf, dass das Singen sich nicht in der bloßen Betätigung des Stimmapparats erschöpft. Es kann geübt und verfeinert werden, wie es beispielsweise auch das SingStar-Spiel mit seinem Übungsmodus für den Gesang anbietet. Der Stimme wird erst allmählich durch die Wiederholungen und Übungen ein eigener, unverwechselbarer Subjektkörper verliehen, der mit der Person des Singenden in Verbindung gebracht werden kann und diesen so von anderen Stimmkörpern individualisiert und differenziert (vgl. Macho 2006: 132).

Somit ist die Arbeit am eigenen Stimmcharakter nicht mit psychologisch angelegten Perspektiven zu verwechseln, bei denen das Gesangs-Ich identisch mit dem persönlichen Ich ist. Nicht die körperlich-psychische Verfasstheit, das Innere ist entscheidend, sondern, wie es Gabriele Klein und Malte Friedrich (2003) im HipHop-Kontext zeigen, die Art der glaubwürdigen Darstellung in der kunstvollen Erzählung. An ihr lässt sich zeigen, wie sich diese Differenz zwischen dem Essentiellen und der Arbeit an der eigenen Darstellung fassen lässt.

7.4.4 Die Kunst der Erzählung

Klein/Friedrich (2003) zeigten anhand der HipHop-Kultur, dass dort nur das als ‚real' (vom englischen ‚realness') bezeichnet wird, „was glaubhaft in Szene gesetzt wird" (ebd.: 9). Als zentrale diskursive Kategorie des HipHop unterscheidet sich *realness* insofern von Authentizität, als es sich hierbei um keine substanzielle, verinnerlichte Eigenschaft handelt. Vielmehr wird ‚Realness' auf der Rezeptionsseite hergestellt und ist der Glaubwürdigkeit der Darstellung geschuldet.[82] Damit entlastet der ‚Realness'-Begriff sozusagen den Blick auf die Performance der Jugendlichen, indem er ausschließlich den Blick auf die Aufführung lenkt: Die erzählende Person besitzt die Fähigkeit, Erzählungen (auch zu aktuellen Ereignissen) zu improvisieren (vgl. Willis 1991: 97) und dabei auf andere glaubhaft zu wirken. Diese Improvisationsfähigkeit wird auch im folgenden Ausschnitt erprobt. An der Theke stehen drei Jungen mit dem Pädagogen Murrat und unterhalten sich. Dabei entwickelt sich folgender Dialog: *Hamit (Jugendlicher) sagt zu Dave (Jugendlicher): „Ne, die sind von Dönerwetter, voll Krass Alta!" – darauf hin fängt Orhan (Jugendlicher) an, auf Türkisch zu rappen, bricht ab und sagt zu Murrat (Pädagoge): „Ah, das türkisch, wie heißt das ‚Ich hab 'nen Döner im Arsch'?" – alle lachen. Murrat sagt etwas auf*

---

[82] Gerade der Sprechgesang der Rap-Musik, der sowohl soziale, respektive politische Botschaften übermittelt, aber auch Sound und Ritual ist (vgl. Lipsitz 1999: 82f.), ist dafür paradigmatisch. Nach Stephanie Menrath (2001) handelt ‚Realness' „von kultureller Authentizität" (ebd.: 96). Gleichfalls sprechen die HipHop-Performerinnen im Sammelband von Anjela Schischmanian und Michaela Wuensch (2007) von Realness und betonen, dass diese von anderen zugeschrieben oder bestätigt werde und es sich folglich um eine performative Praxis handelt.

Türkisch und Dave rappt mehrfach: „Döner im Arsch/Döner im Arsch/Döner im Arsch/Dönerwetter!", wobei er „Döner im Arsch" im staccato rappt und „Dönerwetter" dehnt. Dave macht eine Kopfbewegung Richtung Fernsehgerät und sagt zu Hamit: „Ey, wann kommt endlich wieder Dönerwetter?" – „Du bist voll Lan Alta, Döner im Arsch!", die Jungen an der Theke lachen. (Waldstadt 1b, MS)

Im Zentrum des Dialogs steht das Sprachspiel mit den Kompositen *„Dönerwetter"* und *„Döner im Arsch"* und dem „guten Reim": Der *„Döner"* wird als stilisierter Code für türkische Kultur genutzt, den einerseits der Rapper jedoch *„im Arsch"* hat. Andererseits wird mit *„Dönerwetter"* mit der phonetischen Nähe zu „Donnerwetter" gespielt. Im Verlauf werden diese Begriffe von den Beteiligten in ihren Antworten mit aufgenommen und eingebaut. Hierbei wird für den ‚guten Reim' der Pädagoge als Sprachexperte angerufen, um eine türkische Übersetzung nachzuliefern. Aus dem Gesamtprotokoll der Forschungsgruppe (vgl. Rose/Schulz 2007a) geht hervor, dass der Pädagoge Murrat, ebenso wie die Jugendlichen Dave, Hamit und Orhan einen türkisch-deutschen, bzw. englisch-deutschen Familienhintergrund haben. Somit hat die Anfrage an den Pädagogen zwar einen nachvollziehbaren Hintergrund, wobei jedoch der zu übersetzende Inhalt irritiert. Weder stehen auf der Seite des Pädagogen, noch der der Jugendlichen die Wortwahl zur Diskussion, noch fühlt sich jemand angegriffen. So ist nachvollziehbar, dass es sich hierbei nicht um eine kritische Reflexion von Essgewohnheiten und kulturellen Zuschreibungen handelt, sondern um die in der grotesken Übertreibung inszenierten kulturellen Referenzpunkte, die dennoch in realer Verbindung zu den Jugendlichen selbst stehen. Sie sind *real* ohne zwangsläufig authentisch sein zu müssen, indem sie etwa ihre Jugendsprache nutzen, um diese extrem zu verdichten (z.B. *„Du bist voll Lan Alta, Döner im Arsch!"*) und so zu stilisieren. Der Rap spielt zeitgleich mit allen Ebenen – und dies in einer ritualisierten Form: Zum einen thematisieren die Jugendlichen mit der Aufführung ethnische Differenz, die sie jedoch ironisch bearbeiten und auch Nichtzugehörige darauf antworten können. Zum anderen nivelliert die Thematisierung dieser sozialen Differenz die bestehende Generationendifferenz, da auch der Pädagoge mitagiert. Ihm kann unterstellt werden, dass er das Spiel versteht: Er nimmt sowohl die reflexiven Selbstironisierungen der Sprachkulturen als auch die Aufführungsform wahr und antwortet darauf kompetent, indem er mit seiner Übersetzung seinen Teil zum Gruppendialog beiträgt, mitlacht und der Dialog weiter als Battle inszeniert werden kann.

Damit sich die Beteiligten nicht persönlich angegriffen fühlen, muss der Battle, wie es bislang herausgearbeitet wurde, gewissen Ritualen folgen. Die „Regeln der rituellen Beleidigung" hat William Labov (1972) rekonstruiert. Diese Improvisationen verlaufen nach einem festgelegten Schema: Das Objekt

der Beleidigung ist meist eine nahe Verwandte, der alle nur erdenklichen Ab-
artigkeiten zugeschrieben werden. Entscheidend ist, dass der rituelle Charakter
jederzeit erkennbar macht, dass es nicht um einen persönlichen Kampf geht. Zur
Erkennbarkeit des Rituals gehört, dass formale Strukturen eingehalten werden.
Zudem müssen die Unterstellungen so überzogen und absurd sein, dass alle
Beteiligten wissen, dass dies nicht der Wahrheit entspricht. Die Beleidigungen
dürfen nichts enthalten, was die Beleidigten tatsächlich aufweisen. Dies alles
befreit die Kontrahenten von persönlicher Verantwortung (vgl. Labov 1972, zit.
n. Breidenstein/Kelle 1998: 170).

Diese im HipHop ritualisierte Battlepraxis verdeutlicht, dass es sich beim
Gesang nicht um eine Selbstoffenbarung des Inneren handelt, die externalisiert
wird, sondern um eine Praxis der Selbstinszenierung. Klein (2005) weist in
diesem Kontext darauf hin, dass die Selbstinszenierung jedoch kein „Rollenspiel,
das vom Eigentlichen, Authentischen abweicht oder ablenken soll und nur das
Äußere, die Hülle zur Schau stellt" ist (ebd.: 49). Vielmehr sei die Inszenierung
„unhintergehbarer Bestandteil von Identität geworden" (ebd.). Die subjektive
Bedeutung für die Jugendlichen kann demnach nicht an Dichotomien wie
Selbst/Rolle oder Poplied/Kunstlied entschieden werden. Zentral ist also nicht
die sinnhafte Bedeutung des Textes, sondern der Klang durch den Rhythmus des
gelungenen Reimtextes. Dies wird offenkundig auch von den Zuhörenden so
empfunden, da sie die Performances nicht textexegetisch rezipieren: Der Waldstadter Jugendliche Georg, der im Interview zunächst eine große Zahl an Hip-
Hop-Größen als seine Lieblingsmusiker aufzählt, berichtet im weiteren Verlauf,
dass der Klang der Stücke ihn interessiert, weniger der Text. Dieses relativiert er
aber, als der Forscher ihn fragt, ob denn zum Tanzen[83] der Rhythmus das Wich-
tigste für ihn sei: „Ja, und aber auch was die sagen, damit man das auch versteht" (Waldstadt 3a, Int. Georg, MS). Auf die Nachfrage des Forschers, was die
Texte ihm erzählen, antwortet Georg: „Oh, weiß ich gar nicht mehr. Ich höre
manchmal nicht so richtig zu, ich fange dann einfach an zu tanzen" (ebd.).
Offenkundig ist bei seinen Lieblingsmusikern etwas Dazwischenliegendes für
den Tänzer attraktiv: Keinesfalls sind es nur die ästhetischen Teilelemente wie
die Texte, die Beats oder Melodien, sondern die Art der gesamten Selbstinszenierung, als das, „was die so rüberbringen" (ebd.). Dies gilt gleichermaßen für
die Gesangsperformances der Jugendlichen: Auch hier werden nicht nur die
ästhetischen Qualitäten der Gesangsperformances, sondern das gesamte Auftreten von anderen beobachtet und bewertet.

---

[83]   Die Verschränkung zwischen Musik und Tanz ist beim HipHop zentral: George Lipsitz (1999)
      verweist auf den Zusammenhang zwischen dem Zusammenspiel von Rhythmus, Gesang und
      der Aufführung des Tanzkörpers und der auf Sound aufbauenden Musikkultur (vgl. ebd.: 82f.).

7.4.5 Scham als Privatisierungspraxis

Die Differenz zwischen Zuhörenden und Musizierenden wird über ein Kompetenzgefälle erzeugt, indem die Performenden dem Publikum ihre musikalischen Fertigkeiten demonstrieren und dieses die Performenden gewähren lässt. Mit dem Beobachtungsverbot differenzieren die Performenden jedoch zwischen zwei Aufführungsmodi: Es geht in den Ausschnitten immer wieder um die Erlaubnis, während des Singens nicht nur zu*hören*, sondern zugleich zu*sehen* zu dürfen. Entscheidend ist nicht nur das zu hörende Produkt, sondern auch der Prozess selbst. Bereits im Kontext der Playstation-Auftritte (vgl. 7.1.3) wurde diskutiert, dass die Prozesse des Musizierens hör- und sichtbare Körperexponierungen sind. Diese Exponierungen werden an die jeweiligen Orte angepasst, indem Jugendliche unterschiedlich performen. Die Performance der Waldstadter Mädchengruppe (vgl. 7.1.1) etwa wurde als eine Technik der Präsenzreduktion gegenüber dem potenziellen Publikum interpretiert, indem die Distanzlosigkeit und die hohe Eindringlichkeit ihres Gesangs mit der Reduktion weiterer körperlicher Expressivität kaschiert werden. Folglich sind dies „Privatisierungsreaktionen" (Duerr 1999: 376), da das, was das räumliche Arrangement an Geschlossenheit und Intimität nicht leistet, durch die Performance hergestellt wird.

Die Jugendlichen bestimmen darüber, inwieweit ihr Gegenüber in ihren „leiblichen Raum" (Schmitz 1998: 52) eintreten darf und wie viel sie vom Vollzug des eigenen körperlichen Prozesses Preis geben wollen. Damit reiht sich auch das Empfinden und Zeigen von Scham in die performative Herstellung von Privatheit ein (vgl. Duerr 1999): Die Schamstandards sind gesellschaftlich anerkannter Ausdruck von zu großer Nähe, deren Einhaltung an den möglichen Rückzug anderer appelliert. Damit wird eine Regulation der Anwesenheit des Publikums gewährleistet, die eine Abgeschlossenheit und Exklusivität der Peer-Situationen herzustellen vermag. Beim Zutritt von Zuschauenden in die geschlossenen Räume lassen sich Abwehrmanöver beobachten. Die Performenden zeigen Nervosität und erklären die Unfähigkeit, vor anderen zu *singen* mit dem Empfinden von Peinlichkeit und Scham. Der Verweis auf die Schamhaftigkeit ist zunächst verwunderlich, wenn man sich vergegenwärtigt, dass sich Jugendliche in den vorgestellten Performances freizügig in verschiedensten Formen öffentlich inszenieren und dabei oft kulturelle Tabus verletzen. Die Differenzierung, was beschämend sein kann und was nicht, hat nicht nur etwas mit den Arten der Gesangsperformances – einerseits Gesang und andererseits Instrument – zu tun: Der Gesang wird zwar leibnah definiert, da er in der Körpermitte entsteht und folglich als zu sich selbst näher und intimer empfunden wird als das Musizieren mit den Händen oder Füßen. Dass diese Leibnähe als intime Praxis aufgeladen und eine spezifische Wirkung entfaltet, ist wiederum kulturell geformt (vgl.

Schmitz 1998: 16ff.), während das Spiel der Instrumente hingegen randständig bleibt. Die Ästhetisierung des Körpers erhält durch den Gesang eine gesteigerte Aufmerksamkeit. Im Gegensatz zu den Instrumenten, deren Spiel zwingend langwierig geübt werden muss, um tatsächlich zur Eigenprofilierung beitragen zu können, unterliegt die Gesangsstimme dem Natürlichkeitsmythos, sprich dieser sich nur entsprechend entfalten muss.

Jedoch reicht dies als Erklärung kaum aus, da das Zeigen von Scham mit dem Publikum und den Aufführungskontexten zusammenhängt. Daher stellt sich zunächst die Frage, vor wem sich die Performenden schämen. In einigen Protokollausschnitten wird deutlich, dass sich die Jugendlichen vor den fremden Forschenden schämen. Die schamhaften Reaktionen können so im Sinn von Norbert Elias als Ausdruck von „Angst vor der sozialen Degradierung" (vgl. Elias 1939, zit. n. Duerr 1999: 376) gedeutet werden, um soziale Entblößungen gegenüber Fremden zu verhindern. Sie wären Ausdruck dessen, dass Jugendliche in ihren eigenen Gesangsperformances die Differenz zwischen ihrem eigenen Können und der Medieninszenierungen jugendlicher Idole erfahren und sie sich deshalb davor ängstigen, die Gesangsperformances öffentlich zugänglich zu machen. Dies würde sich in die von Elias dargelegten zivilisatorischen Vorgänge der Differenzierung des privaten und des öffentlichen Körpers einreihen. Sie schließt ein, dass qua Schamstandard der private Körper vor den Blicken der Öffentlichkeit verhüllt werden muss und nicht ungehindert exponiert werden darf. Hans-Peter Duerr (1999) argumentiert, auf empirische Studien Bezug nehmend, dass nicht *soziale Distanz*, sondern *soziale Nähe* die Peinlichkeits- und Schamstandards erhöhe (vgl. ebd.: 15ff.). Dies ist jedoch nicht deterministisch zu verstehen: Es bedeutet nicht, dass enge Freundschaften zwingend höheren Schamstandards unterliegen als lockere Bekanntschaften. Die Perspektive verweist jedoch darauf, dass nicht per se das Fremdheitsverhältnis zwischen Forschenden und Performenden eine hohe Scham begründet. Stattdessen kann die Scham als *Code* verwendet werden, um Privatheit herzustellen. Damit verändert sich auch der Blick auf die Beziehungsgeflechte der Jugendlichen: Diese stoßen in den Jugendeinrichtungen nicht auf anonyme Fremde, die in ihrem Alltag nur kurzzeitig eine Rolle spielen, sondern auf Personen, zu denen sie in einer Beziehung stehen. [84] Die Zuschauenden, vor denen die Performenden sich schämen, sind, wenn von den Forschenden Abstand genommen wird,

---

[84] Diese Beziehungen dürfen jedoch nicht als ein ausschließlich emotional gebundenes Netzwerk von Freundschaften oder Cliquen missverstanden werden. Stattdessen sehen sich Besucherinnen und Besucher der Jugendzentren auch mit Gleichaltrigen konfrontiert, zu denen es außerhalb der Einrichtungen kaum Kontakt gibt: So haben Jugendliche der Burghagener Einrichtung in Interviews darüber berichtet, dass sie es als eine Qualität der Einrichtung empfänden, auf Gleichaltrige anderer Schularten zu stoßen. Zugleich seien diese Differenzen jedoch auch Konfliktquellen. Vgl. Burghagen 1a, Int. Kai und Resat, SS/MS. Vgl. dazu auch Delmas/Scherr 2005.

zumindest Personen des gemeinsam geteilten sozialen Raumes Jugendarbeit, den sie regelmäßig aufsuchen.

Auch der vor den hinzugekommenen Erwachsenen Scham zeigende Rapper Dave verweist auf die Kontextabhängigkeit des Schamempfindens, wenn er auf die pädagogische Nachfrage: *„Ja, aber wieso, ihr müsst doch auch vor Publikum spielen, was macht ihr dann?"* mit: *„Das ist was anderes."* *(Waldstadt 4b, MS)* antwortet. Die sich situativ entfaltende Wirklichkeitssphäre der Performances lässt sich daher weniger an den jeweiligen Präskripten, sondern an der subjektiven Bedeutungserzeugung ablesen. Die Performances als gemeinsame ästhetische Praxis entfalten verschiedene Sphären von Realitäten, die sowohl ernsthafte, als auch spielerische Seiten haben. Dazwischen oszillieren die Performances in ihrem Verlauf, gleichgültig, ob nun deren Beginn eher einen spielerischen oder ernsthaften Charakter besitzt. Darin spiegelt sich auch ein spezifisches Strukturmerkmal der Jugendarbeit wider: Sie bietet Gelegenheiten, in denen Jugendliche selbst ernsthafte Situationen erzeugen können, ohne dass die institutionellen Strukturen zwingend darauf angelegt sind. Die Mädchen und Jungen stellen sich Herausforderungen, die sie bewältigen wollen und mit denen sie ihre eigenen Fähigkeiten erfahren können. Zugleich konstruieren diese Rückkopplungssituationen: Jugendliche wollen auch Rückmeldungen aus ihrem sozialen Umfeld auf ihr ästhetisches Tun erhalten. Mit den Gesangsperformances findet eine enge Verknüpfung von Selbstbezüglichkeit und Außenwahrnehmung statt, während sie selbst auferlegte Herausforderungen schaffen.

Zugleich lassen die Parallelen zwischen den hier vorgestellten Performances auf einen Aufführungscode schließen, der die Auftritte vorstrukturiert. Wie präsent dieser Performance-Code ist, zeigt sich beispielsweise an mit Laptops aufgeführter Musik, so der Musiktheoretiker Kim Cascone (vgl. 2003: 103): Trotz der Anwesenheit von Musizierenden und deren Bedienung des Musikinstrumentes Laptop sind für das Publikum keine körperlichen und dadurch als Musik erzeugende Handlungen beobachtbar. Diese erwarten jedoch, gemäß dem Performance-Code, eine expressiv-körperliche „Vorführung musikalischer Fertigkeiten, die sie selbst nicht besitzen" (vgl. ebd.: 104). Daher muss diese Abwesenheit durch visuelle Mittel wie Videoeinspielungen oder Bühnentänze kompensiert werden. Wie stark dieser Performance-Code kulturell eingeschrieben ist, beschreibt auch der Musiksoziologe Simon Frith (1996), der darauf verweist, dass selbst bei der Abwesenheit der Musikproduzierenden der Zuhörende imaginär ein Tätigkeitsbild erzeuge. Er selbst als Rezipient versuche sich vorzustellen, wie der Musizierende die gerade zu hörende Musik körperlich erschafft (vgl. ebd.: 211).

Diese popkulturellen Performance-Codes gelten auch für die vorgestellten Aufführungen. Die Performenden tragen ein inkorporiertes Wissen in sich, was gezeigt werden muss, damit der Auftritt für andere stimmig erscheint. Folglich sind die gezeigten Anspannungen der Jugendlichen auch Situationen, in denen diese prüfen müssen, was mit den Auftritten vor wem geleistet werden kann und muss. Offenkundig erfordert nicht jede Gesangs- oder Bandperformance eine Ausweitung zur synchronen Stimm- und Körperaufführung, die sich öffentlichen Blicken auszusetzen hat und deshalb in sich atmosphärisch stimmig sein muss: In der Sofaraumszene differenziert die Sängerin Eileen mit ihrem Verweis auf einen späteren Begutachtungszeitpunkt auch zwei Typen von Gesangsperformances. Es gibt private Auftritte, die nicht von Außenstehenden begutachtet werden sollen, als auch öffentliche Auftritte, zu denen Publikum zugelassen ist. Ähnliches formuliert der Rapper Dave, indem er zwischen der jetzigen Probe und den späteren Auftritten differenziert. Ohne den begutachtenden Blick ist es innerhalb des Peer-Raumes offenbar legitim, dass Gesangsperformances in ihrer ästhetischen Gesamterscheinung nicht stimmig sein müssen – so lässt sich jedenfalls die Zurückweisung der Erwachsenen verstehen. Die Aufführungen können mit der Privatisierungspraxis der Scham belegt werden, die verhindert, dass dieser Unterschied aufwändig erklärt werden muss und dennoch Andere im wörtlichen Sinn vom Leib hält. Der reflexive Umgang mit dieser Differenz ist für die Jugendarbeitspraxis insofern aufschlussreich, als dass die Performenden ihr praktisches Wissen über die beschriebenen Aufführungscodes mitteilen. Zugleich markieren sie damit, dass sie selbst bestimmen können, wann sie beobachtet werden wollen und wann die für ihr Empfinden stimmige Performance erst geübt werden muss.

7.4.6 Rückmeldungen durch Erwachsene und Peers

Ein weiterer Grund für die Regulierung von Zuschauenden kann darin liegen, dass die Gesangsperformances vergleichsweise einfach und schnell an den jeweiligen medialen Vorlagen gemessen werden können. Letztendlich besitzt jede/r anhand eigener subjektiv-ästhetischer Kriterien die Expertise zur Beurteilung und Rückmeldung. Die Rekonstruktionen zeichnen nach, wie Rückmeldungen auf vielfältige Weise eingefordert, reguliert, kanalisiert oder blockiert werden und wie Zugangsmöglichkeiten für bestimmte Personen, die zuschauen dürfen und sollen, hergestellt werden. Offensichtlich ist es nicht gleichgültig, wer zuschaut und von den Performenden die Expertise für Rückmeldungen zugesprochen bekommt. Die Ausschnitte zeigen, dass diese Expertise sowohl der Peergroup, als auch Erwachsenen zugestanden wird, während die Gesangsperformances verschiedene Arten von Rückmeldungen konstruieren.

Erwachsene treten nicht als aktive und situationssteuernde Personen auf, sondern geben kleine Impulse – ein Blick oder Lachen, ein Hinweis oder eine vorsichtige Nachfrage. Sie sind weniger in der Position von dominierenden Ko-Performenden, sondern in der eines aufmerksamen und punktuell mitspielenden Publikums. Nun könnte man sich die Frage stellen, ob die in den Performances auftauchenden Erwachsenen *zu sehr* zurückhaltend waren. Diese Frage pauschal zu beantworten würde die kontextuellen Bezüge und die Situationslogik ausblenden. Teilweise scheint es für die Jugendlichen einen eigenen Reiz zu haben, sich dem Blick der Erwachsenen aussetzen und standhalten zu können. Die Ausschnitte dokumentieren dieses Changieren zwischen dem Wunsch, beobachtet zu werden und der Unsicherheit, die mit der Performance entfaltete Wirkung nicht kontrollieren zu können. Diese Ambivalenz deutet darauf hin, dass die Jugendlichen sich der Wirkung ihrer Auftritte nicht nur reflexiv bewusst sind, sondern die Entfaltung ihrer eigenen Präsenz spüren: In einigen Szenen scheint es den Performenden gleichgültig zu sein, ob man ihnen zuschaut, da sie auf sich selbst bezogen agieren, in anderen legen die Jugendlichen ihre Aufführung explizit auf eine gute Unterhaltung des Publikums an. Wieder andere Ausschnitte belegen, wie die Verkörperung die Beteiligten inklusive den Ethnografen emotional tief berührt, indem diese sich als ergriffen zeigen. Dies lässt auf ein weiteres Potenzial der Jugendarbeit schließen: Jugendliche können hier einen Raum konstruieren, in dem verschiedene Arten der Rückmeldungen durch Erwachsene zur eigenen Person, zum Wert des eigenen Tuns und zu normativen Grenzen gegeben werden können – als Zeichen des Wahrgenommenseins.

Das Sample der vorliegenden Studie ist darauf angelegt, ausschließlich jugendliche Selbsttätigkeiten zu rekonstruieren (vgl. 3.). Daher ist es naheliegend, dass Erwachsene hier eher marginale Personen des Geschehens sind. Jedoch rekonstruieren auch die eingangs vorgestellten empirischen Studien zur Jugendarbeit die dominanten Interaktionen als Peer-Interaktionen. In den Peergroup-Performances werden die Medienprodukte der Popkultur als rituelle Vorlagen für die Vergemeinschaftungspraxen der Gruppe genutzt: Diese Gemeinsamkeit entsteht, wie Constanze Bausch und Stephan Sting (2001) beschreiben, in den aufeinander abgestimmten, sich wiederholenden instrumentellen und stimmlichen Musikerzeugungen (vgl. ebd.: 252f.). Die Medienvorlagen seien „eine gemeinsame Plattform für ihr Handeln" und „errichten [...] ein mit den Interaktions- und Lebensräumen Familie, Schule und Peergroup vielfältig verschränktes und zugleich eigenständiges Lern- und Erfahrungsfeld, das für Heranwachsende eine wichtige Rolle bei der Ausgestaltung ihrer alltäglichen Formen von Geselligkeit und sozialer Praxis einnimmt" (ebd.: 252). Das angestimmte Musikstück lasse eine Übereinstimmung erleben, die bestehende Differenzen lösche (vgl. ebd.: 253).

Die Qualität der Gesangsperformances wird kaum explizit thematisiert und verbalisiert, sondern zumeist performativ beantwortet: Jugendliche lassen sich als Zuschauende binden und geben so einen Teil ihrer Zeit ab; lachen, klatschen und spielen als Ko-Akteur/innen mit. Zugleich finden Versuche statt, Kontakt zu unbeteiligten Jugendlichen herzustellen, sie in das Ereignis zu integrieren und während dessen Beziehungen zu knüpfen und halten. Auch ist permanent in Verhandlung, was man in welcher Form miteinander tun will. Somit ist der Bildungscharakter der vorgestellten Gesangsperformances vielschichtig: Jugendliche können die Performancesituationen selbst konturieren, sich den begutachtenden Blicken anderer aussetzen und öffentlich narzisstisch exponieren, den Aufführungen eine ästhetische Gestalt geben, sich medialen Idolen anähneln und in Bezug zur Musik setzen, den Körper erfahren. All dies spiegeln sowohl die aufgeführten Leistungen, als auch die Kompetenzen Jugendlicher wider, die auf verschiedene Weise in den Gesangsperformances zum Tragen kommen. Diese Performances verschaffen den Jugendlichen nicht nur Vergnügen, sondern fordern geradezu krisenhafte Situationen heraus, die bewerkstelligt werden müssen. Dies kann für ihre „Selbstauffassungsarbeit" (Bernfeld 1978: 31), also der Selbsterfahrung ihrer Potenziale und Begrenzungen, bedeutsam sein. Zugleich findet diese Arbeit an der Selbstkonturierung nicht kontextlos, sondern im Bezug auf andere statt – es sind Peers und pädagogische Fachkräfte, die die Jugendlichen kritisch bewerten, aber auch ihnen Halt geben.

8. Theaterperformances: Sich selbst spielen

In den bisherigen Ausschnitten inszenierten sich Jugendliche akrobatisch, tänzerisch oder musikalisch und nutzten dabei das ihnen von der Einrichtung zur Verfügung gestellte Material. Darin unterscheiden sich die folgenden Ad-hoc-Stücke, die das Stehgreif-Theaterspiel als Aufführungsform nutzen. Mädchen und Jungen wechseln ihre Positionen und deuten aktuelle Alltagssituationen um. Dabei halten sie sich nicht an theaterrelevante Kriterien wie bspw. ein für alle Agierenden verbindliches Drehbuch, klare Aufteilung der Rollen oder festgelegter Zeitpunkt der Aufführung. Gerade in diesen formalen Kriterien unterscheiden sich diese Performances von den von pädagogischen Fachkräften initiierten und gesteuerten Theaterpraxen:[85] Entgegen dieser auf Kontinuität und Linearität aufbauenden theaterpädagogischen Praxis sind die jugendlichen Theaterperformances meist von kurzer Dauer und scheinen kaum raumgebunden zu sein. Im Folgenden werden diese Performances in drei verschiedenen Genres systematisiert: In Kampfperformances (vgl. 8.1); Playback- und Hörspielperformances (vgl. 8.2) und Slapstick-Performances (vgl. 8.3) und abschließend diskutiert.

8.1 Kampfperformances

8.1.1 Ausschnitt: In den Schwitzkasten nehmen

Susanne und ich (Forschende) sitzen [...] auf dem Sofa, welches auf dem Podest steht, und unterhalten uns. Während dessen habe ich zwei Jungen, ca. 14 Jahre, im Blick, die einige Meter weiter an den zwei Computerterminals rechts vom Podest sitzen. Diese stehen von ihren Hockern auf, gehen zwei Schritte in unsere

---

[85] Konstitutiv für die meisten dieser Theaterpraxen ist, dass Jugendliche unter der Anleitung eines (theater-)pädagogischen Spielleiters Stücke entwickeln, die zu einem späteren Zeitpunkt als Theaterstücke vor Publikum aufgeführt werden können.Für die Arbeit mit Kindern und Jugendlichen gibt es lang erprobte und erfolgreiche Arbeit mit theaterpädagogischen Ansätzen, um jungen Menschen eine Stimme zu geben. Diese Angebote sind wiederum auf biografische oder lebensweltrelevante Bezüge hin evaluiert worden und weisen positive Wirkungen aus, wenn es etwa um die Verbesserung von Empathiefähigkeit oder die Verhinderung von Gewalt geht (vgl. z.B. Küffer 2007; Finke/Haun 2001).

Richtung und dann sagt der Eine dem Anderen etwas, was ich zwar akustisch, aber inhaltlich nicht verstehen kann. Ich mutmaße, dass es Türkisch ist. Der Andere antwortet ebenfalls auf Türkisch, wobei seine Tonlage kampflustig klingt. Der erste Junge nimmt den zweiten sofort in den Schwitzkasten und sie ringen während des Gehens miteinander. Dabei sagen sie sich gegenseitig etwas, beide lachen immer wieder und klingen weiter kampflustig. Sie sind nach einigen Schritten auf der Höhe des Podests. Der Erstere drückt den Anderen gegen das vor uns stehende Sofa und versucht, ihn darüber zu schieben. Währenddessen lacht er und sieht uns an. Der unterlegene Junge sagt zu ihm: „Sedan, du Hurensohn", während er uns ansieht und dann sprechen sie auf Türkisch in einem spaßhaften Tonfall weiter. In diesem Moment kommen zwei Mädchen, etwa gleich alt wie die Jungen, rechts aus dem Computercafé. Ihre Blicke richten sich direkt auf diese. Dann sehen sie weg und gehen ganz langsam einen großen Bogen links Richtung Ausgang. Sie sprechen nicht miteinander und haben die Köpfe geradeaus gerichtet. Ich sehe aber, dass sie weiter aus den Augenwinkeln die Szene verfolgen. Sedan sieht zu den Mädchen, lacht sie an und ringt weiter mit seinem Freund, wieder unterbrochen von einem Blick zu den Mädchen. Jene gehen sehr langsam weiter. Als sie aus dem Raum verschwinden, lässt Sedan den anderen Jungen los und beide gehen den Mädchen in Richtung Ausgang hinterher. (Burghagen 2b, MS)

Das Podest im Offenen Bereich wird mit der Kampfaufführung zur Tribüne. Zwei Jungen ringen miteinander und messen ihre Kräfte sowohl körperlich als auch verbal-sprachlich, während sie den Raum in ihrem Kampf abschreiten. Das unter den Erwachsenenblicken stattfindende Ringen ist kein selbst bezügliches Geschehen, sondern als interaktives Ereignis für die Zuschauenden angelegt.

Die Jungen wollen den Offenen Bereich verlassen und fangen im Gehen an, miteinander zu ringen. Zunächst ignorieren sie die Erwachsenen. Jedenfalls findet sich im Verlauf des Protokolls kein Hinweis auf verbale oder andere Kontakte zwischen den Erwachsenen und Jungen. Es scheint dennoch so, als ob die Jungen den beiden (fremden) Erwachsenen, die in *ihrem* Offenen Bereich auf *ihrem* Podest sitzen, etwas bieten wollen. Der anfänglich auf Türkisch geführte Wortwechsel hat noch den Charakter eines Privatgesprächs. Auch wenn der Inhalt vom Ethnografen aufgrund seiner fehlenden Sprachkenntnisse nicht verstanden werden kann, vermittelt die Klangfärbung ihrer Stimme, die als „*kampflustig*" beschrieben wird, dass es sich wahrscheinlich nicht um eine ernsthaft-aggressive und körperverletzende Auseinandersetzung handelt. Gestützt wird diese Beobachtung durch das beiderseitige Lachen der Ringer.

Unterhalb des Podests wird das Kampfgeschehen intensiver und zugleich stellen beide Kämpfer aktiv Kontakt zum Erwachsenenpublikum her, indem sie sich über Blickkontakt ihrer Aufmerksamkeit vergewissern. Damit wird allen Anwesenden deutlich mitgeteilt, worum es bei dem Kampf geht: Aus dem anfänglichen privaten Spiel ist ein weiterhin spielerisches, aber öffentliches Kampfereignis für andere geworden. Auch der Wechsel von der türkischen zur deutschen Sprache lässt sich als gezielte Öffnung für das anwesende Publikum verstehen. Der körperlich unterlegene Junge benennt den Stärkeren mit dessen Vornamen und bezeichnet ihn öffentlich und auf Deutsch als *„Hurensohn"*. Damit kann sich der Junge sicher sein, dass diese Beschimpfung die Erwachsenen aufmerksamer werden lässt. Ob dies als eine gezielte Provokation der Erwachsenen zu verstehen ist, ist wiederum völlig offen.

Die Jungen belegen körperlich den Raum: Mit ihrem Raumabschreiten rahmen sie diesen als ihre Ringarena. Zufällig erweitert sich der Publikumskreis um zwei Mädchen. Diese wollen offenbar ebenfalls die Einrichtung verlassen. Dabei registrieren sie den Kampf der Jungen für einen kurzen Moment mit einem direkten Blick, um danach ein Spiel um Nähe und Distanz folgen zu lassen. Vordergründig spielen sie die Rolle der desinteressierten Passantinnen, die kontinuierlich ihren Weg durch den Raum gehen und nicht inne halten, um das Geschehen direkt zu beobachten. Der Ethnograf beschreibt jedoch eine wahrnehmbare Entschleunigung ihres Gangs, den sie gleichzeitig mit einem *„großen Bogen"* um die Jungen verbinden. Ihr Auftreten kann somit als theatralisch bezeichnet werden: Mit der Verlangsamung und der Umschreitung der Jungen signalisieren sie ein schwach dosiertes, aber dennoch erkennbares Interesse für die Aufführung der Jungen. Sie wenden zwar umgehend ihren direkten Blick ab, aber bekräftigen ihre Neugier, indem sie die Jungen *„aus den Augenwinkeln"* beobachten, und sich am Rand der performativ hergestellten Kampfarena aufhalten. Folglich führen sie mit ihrem Gang und ihrer Blickart als Rückkopplung auf die Performance der Jungen ihr eigenes Stück auf, indem sie ihr ironisch-übertriebenes Desinteresse inszenieren. Dieses fassen die beiden Jungen offenbar als eine Antwort auf ihre kämpferische Aufführung auf: Die Mädchen werden während des Ringens angelacht und angeschaut. Das erwachsene Publikum ist als dialogisches Gegenüber in den Hintergrund getreten. Die Aufführung findet ihr Ende darin, als die Mädchen den Offenen Bereich verlassen.

Die Performance ist mehr als ein als typisch zu bezeichnendes männlich-pubertäres Kräftemessen vor einem (erwachsenen) Publikum, denn die Aufführungsform ist hoch ästhetisiert: Beide Jungen spielen mit der Form eines authentischen Zweikampfes, der jedoch für und vor Publikum in distanzierten Rollen aufgeführt wird. Die Handlungen sind höchst real, jedoch werden die aufgeführten körperlichen und verbalen Kräfte vor dem Publikum angedeutet, aber bewusst nicht ausgespielt. Den Kampf daher nicht nur als real-aggressive Handlung, sondern als theatralische Aufführung zu betrachten heißt, seine spielerische

Seite anzuerkennen. Diese Lesart eröffnet eine andere als die sonst verbreitete Deutung, die sich auf die als typisch zu bezeichnende pubertär-maskuline und narzisstische Selbstexponierung männlicher Jugendlicher konzentriert.[86] Der Kampf kann als Vergemeinschaftungsgeste verstanden werden. Mit dem körperlichen Angriff des Anderen wird die Belastungsfähigkeit der Beziehung auf die Probe gestellt – und diese Bindung zugleich öffentlich thematisiert. Zugleich ist der Kampf nach außen und auf die Rückmeldungen anderer ausgerichtet: Anfänglich werden Erwachsene, dann aber gegengeschlechtliche Gleichaltrige als Resonanzkörper gesucht. Dieses Interesse des Gegenübers, welches das Selbst wahrnehmen soll, muss geweckt werden. In dieser Situation ist es der Kampf, mittels dessen sich die Jungen ästhetisch exponieren. Diese öffentliche Exponierung hat einen weiteren Effekt – er individualisiert die Jungen. So ist der Kampf in zwei Richtungen angelegt – als Differenzierungsinszenierung nach außen und Vergemeinschaftungsgeste nach innen. Die Szene zeigt, dass Performances andere Aufführungen anregen: Die Jungen inszenieren sich als Objekte der Neugierde, welches die Mädchen in ihrer Performance responsiv spiegeln.

8.1.2 Ausschnitt: Affengebrüll und Haare ausbeißen

[Im Eingangsbereich] treffe ich Heiko (13 J.), allein auf der Bank sitzend. Ich setze mich neben ihn [...]. Nach einer Weile kommt ein schmächtiger Junge, der wie 12 oder noch jünger aussieht, an die Eingangstür und imitiert Affengebrüll [...]. Ich sage: „Hallo", Heiko ruft ihm zu: „Halt die Klappe. Du siehst doch, dass ich mich gerade unterhalte.", und deutet auf mich. Der Junge kommt näher. Ich frage: „Hallo. Wer bist denn du?" – „Michel. Und du?" [...] Plötzlich macht er einen Satz, schreit und haut Heiko auf den Kopf. Dieser packt den Angreifer von hinten, umklammert und zieht ihn auf die Bank zurück. Heiko setzt sich auf die Bank, Michel auf seinem Schoß arretierend, der versucht, sich frei zu ringen [...]. Michel versucht mit Kopfbewegungen auf Heikos Kopf zu treffen, der weicht aber immer wieder aus. Dann versucht Michel ihm auf die Füße zu treten, dreht dabei seinen Kopf und beißt Heiko einige Haare ab, die er dann ausspuckt. Darauf hin beißt Heiko ihn ebenfalls in seinen Hinterkopf und reißt Haare heraus. Es sind aber beide Male nur wenige Haare. Michel versucht Heiko in den Arm zu beißen, kommt aber hier nicht weit, weil Heiko eine dicke Jacke

---

[86] Der mögliche Einwurf, dass mit der Betonung der spielerischen Seite die ernsthafte verdeckt und etwaige tiefere Bedeutungsschichten damit nicht bearbeitet werden, vergisst, dass die Performances zwischen beiden Polen – der Unterhaltung und der Wirksamkeit – oszilliert (vgl. Schechner 1989). Eine jugendpädagogische Kompetenz müsste m.E. nicht darin bestehen, permanent das Dahinterliegende des jugendlichen Handelns, sondern die Oszillationen zu deuten.

trägt. Dann dreht Michel seinen Kopf ganz weit nach hinten, so dass er mit seiner Zunge an Heikos Hals kommt und leckt ihn dort. (Waldstadt 3b, MS)

Auch dieser Ausschnitt zeigt eine Abfolge von aggressiven Handlungen, die dennoch von theatralen Elementen durchdrungen ist: Michel stört zunächst den Ethnografen und Heiko nicht einfach so, sondern mit *„Affengebrüll"*. Dieser theatralische Auftakt soll offenkundig die Aufmerksamkeit aller zentrieren. Heiko beleidigt darauf hin Michel verbal und wird im Gegenzug körperlich attackiert. Doch Heiko scheint damit gerechnet zu haben, da er ihn erfolgreich in einer Umklammerung festsetzt und so an weiteren gewalttätigen Ausbrüchen hindert. Die Arretierung ist ein ambivalentes Spiel zwischen Nähe und Distanz, da sie deeskalierend wirkt, aber gleichzeitig die Konfliktpartner körperlich extrem nah aneinander bindet. Letztlich sind beide in ihrer Position handlungs-eingeschränkt und eng aufeinander verwiesen. Das theatralische Spiel wird weiter fortgeführt. Alles wirkt wie ein zu schnell ablaufender brutal-komödiantischer Film, da die beiden Akteure in ihren Choreografien routiniert und die Sequenzen einstudiert wirken. Die Jungen versuchen sich in ihrer Um-klammerung mit Tritten und Kopfschlägen Verletzungen zuzufügen, ohne dass die an Brutalität zunehmende körperliche Auseinandersetzung unkontrolliert wirkt. Der Ethnograf beobachtet dabei Züge des Intimen und der wechselseitigen Vorsicht. Die Jungen kommen sich körperlich sehr nah, da die Haare des Geg-ners mit dem Mund aufgenommen und ausgerissen werden.

Gerade die Milde der gegenseitig zugefügten Blessuren zeugt von einer ge-wissen filigranen Umsicht im Umgang miteinander. Diese Milde wird im Lecken des Gegners fortgeführt. Zwar ist das Lecken des Halses gleichfalls ambivalent, da es sowohl mit Ekel als auch Erotik spielt. Dennoch ist diese Praxis nicht denkbar, wenn nicht die Wahrung der Form für beide Jungen entscheidend wäre: Die Kämpfenden senden immer wieder Signale an die Mitkämpfenden, aber auch an die Zuschauenden aus, damit die theatralische Seite des gemeinsamen Kampfes deutlich sichtbar bleibt. Auch wenn der Kampf nicht als zügelloser und gewalttätiger Übergriff verstanden wird, beschreibt der Forscher zur Szene in seinem Forschungstagebuch, wie sehr ihn die Situation verunsichert und ob bzw. wann er einschreiten sollte: Der Kampf wirkt auf ihn einerseits bedrohlich, andererseits nimmt er die zwar als brutale, aber dennoch für ihn offensichtliche Ästhetik und Theatralität des Kampfes wahr.

8.1.3 Kämpfe als ästhetisierte Vergemeinschaftungsrituale

Physische und verbale Konflikte und Kämpfe zwischen Jugendzentrumbesuchenden waren und sind Teil des Einrichtungsalltags.[87] Diese stellen die pädagogische Profession fortwährend vor erhebliche Schwierigkeiten, da sie oftmals nicht nur die Kämpfenden, sondern auch das Publikum unter Kontrolle zu bringen haben und in diesen Situationen die Professionellen zu schnellen Interventionen herausfordert sind.

Kampf ist, ähnlich wie Michel Foucault (1983) es auf den Begriff Sex bezog, ein „heißer Begriff" (ebd.: 8), der durch seine eindeutig negative Konnotation mit Gewalt eine starke Sogkraft entwickelt. Die dominante pädagogische Deutungspraxis der Kämpfe ist, sie als unkontrollierte und aggressive Ausbrüche der jugendlichen Gewalt zu verstehen, deren Ursache in der Kompensation von emotionalen Defiziten liege. Sie stellen dennoch gefährdende Handlungen dar, die durch die pädagogischen Fachkräfte zu normieren sind. Die Destruktivkraft der Kämpfe drängt die Fachpraxis nach einer möglichst schnellen Befriedung. Die aggressiv-destruktive Seite der Kämpfe soll hier nicht relativiert werden, da es eine Verklärung der Realität wäre.[88] Jedoch zeigen die bisherigen Rekonstruktionen, dass jene *auch* als ästhetisch-stilisierte, Verbindung und Halt schaffende Körperpraktiken gelesen und erwachsenerseits anerkannt werden können. Dies stellt Erwachsene, wie es am Beispiel des verunsicherten Forschers deutlich wurde, vor die permanent neue Herausforderung, die eigene Wahrnehmung und das Situationsverstehen zu überprüfen. Die Schwitzkasten-Szene war laut Forscher für ihn deshalb situativ ambivalent, da er den Inhalt des Dialogs nicht nachvollziehen konnte. Erst mit der deutschsprachigen Aussage *„Sedan, du Hurensohn"* greift der Ethnograf die Sinn- und Bedeutungsebene der Sprache wieder auf und für ihn schließt sich das Gesamtbild.

In beiden Szenen zeigen die Jungen sich gegenseitig, über wie viel Kraft sie verfügen, ohne den Anderen jedoch ernsthaft zu verletzten. Vergleicht man jedoch die Szenen, wird ein interessanter Unterschied deutlich: Während die beiden Kämpfer in der Schwitzkasten-Szene körperlich etwa gleichrangig sind,

---

[87] Davon zeugen auch Studien und Berichte, die dieses Alltagsgeschehen dokumentieren: Jörg Reiner Hoppe u.a. (1979) berichten von sich prügelnden Jugendlichen (vgl. ebd.: 47ff.) und bewerten dieses sowohl als Kämpfe um Führerschaften, aber auch als verstellte Bedürfnisäußerungen nach Nähe und enger Beziehung (vgl. ebd.: 52). Auch Küster (2003) berichtet von gewalttätigen Konflikten, mit denen zugleich der solidarische Zusammenhalt zum Ausdruck komme (vgl. ebd.: 72ff.).

[88] In Rose/Schulz 2007a haben wir auf die problematischen Seiten dieser Gruppenrituale verwiesen: In den dort vorliegenden Szenen werden Mädchen oder Jungen (vgl. ebd.: 175ff. und 247ff.) auch zu Verlierern, die den anderen Jugendlichen ausgeliefert sind. Diese Demütigungen sind für die Betroffenen kaum als Praktiken der Anerkennung zu verstehen. Dennoch zeigte sich in den Protokollen, dass die Gedemütigten integriert blieben.

stellen Heiko und Michel ein ungleiches Paar dar. Während des Kampfes gibt der ältere und größere Heiko einen Teil seines überlegenen Status auf und begibt sich auf eine, dem jüngeren und von der körperlichen Konstitution unterlegenen Michel, fast ebenbürtige Ebene. Trotz dieser eindeutigen Überlegenheit wird der Kampf aufgeführt. Vielmehr noch: Heiko lässt sich auf Michels körperliches Niveau ein und lässt die Nähe zu. Intergenerative Kämpfe wie diese, bei denen Ältere trotz des offensichtlich ungleichen Kräfteverhältnisses Jüngere gewähren lassen, finden sich in ähnlich ritualisierter Form als Theaterperformances immer wieder in den Rekonstruktionen des Materials.

In den Performances steht also zur Disposition, ob und wie weit der Jüngere bereits in der Lage ist, trotz seines kindlichen Alters schon die Spiele der Älteren mitzuspielen. So besehen geht es nicht um Gewalt an und für sich, sondern um sozialen Aufstieg verbunden mit der Durchlässigkeit der Altershierarchien. Als spektakulär-provokantes Thema wird etwa Sexualität[89] dazu benutzt, die Performance als Initiationsritus zu rahmen, in dem der junge Kandidat gegenüber einem älteren Prüfer seine Schlagfertigkeit proben und sich verbal-sprachlich messen kann. Die ritualisierte Form der Performance selbst gewährt ihm Schutz, während die wechselseitigen Abwertungen und Provokationen ein komplexes Spiel mit der Bekräftigung von wechselseitiger Anerkennung und innerer Verbindung in Gang setzen.[90]

Die Form des Kampfes als Ritual der Statusaushandlung und Beziehungsbestätigung wird vor allem von einer männlichen Peergroup bedient (vgl. Rose/Schulz 2007a). Diese als Transformationen anzuerkennen, die „gefährliche Begegnungen in der Wirklichkeit in weniger gefährliche Zustände sozialer und ästhetischer Wirklichkeit" (Schechner 1989: 67) verwandeln, kann für Erwachsene – vor allem, wenn Sexismen im Spiel sind – manchmal abstoßend und verstörend sein. Jedoch erfordert eine ritualisierte und ästhetisierte Form der Konflikt- und Differenzbearbeitung von den Beteiligten eine hohe Kompetenz, die es anzuerkennen gilt. Zugleich können die Kampfperformances in ihrer ästhetischen Ausgestaltung als Initiationsriten und Vergemeinschaftungsgesten

---

[89]   Auch wenn Sex/Sexualität als Performancethema bei allen Performance-Genres durchgängig auftaucht, wird der Stellenwert im Rahmen der Arbeit nicht weiter diskutiert. Denn ob und wie Sex/Sexualität zugleich Bildungsthema sein kann, haben wir in Rose/Schulz 2007a, insbesondere ab 275ff. ausführlich dargelegt.

[90]   Jedoch ist auffällig, dass das Signifikat, also die inhaltliche, die Bedeutung übermittelnde Seite des Gesprochenen und Gesungenen immer dann in den (Beschreibungs-)Vordergrund tritt, wenn der Sprechtext verstanden wird. Der Textinhalt kann so fälschlicherweise zum zentralen Moment der Performance und folglich zum prominenten Diskursgegenstand erhoben werden. Es ist die Kehrseite dessen, was bereits bei den Tanz- und Gesangsperformances diagnostiziert wurde: Wo jene Körperperformances sich den sprachlichen Beschreibungen entziehen und das gezeigte Körperwissen kaum adäquat schriftlich fixiert werden kann, vereindeutigt der gesprochene Text die Performances.

gelesen werden, die vordergründig unkontrolliert und aggressiv wirken, während sie bei genauerer Betrachtung hochgradig formalisiert und damit entschärft sind.[91]

8.2 Playback- und Hörspiel-Performances

8.2.1 Ausschnitt: Tokio Hotel nachmachen

Ich (Forscher) stehe mit der Pädagogin Silke an der Theke und über dieser läuft schon eine ganze Weile VIVA im Fernsehgerät. Es kommt wieder das Video „Durch den Monsun" der Gruppe Tokio Hotel. Darin steht die Band knietief in einem See und es regnet stark. Die Musiker spielen dabei ihre Instrumente (Gitarre, Bass und Schlagzeug), während der Sänger Bill Kaulitz seinen Gesang mit ausholenden Gesten begleitet, die Arme in den Himmel reißt, sich in das Wasser fallen lässt oder die nassen Haare schüttelt. [...] Während ich mit Silke spreche, sehe ich mir drei Mädchen und zwei Jungen an, die eben ins Haus gekommen sind und nun vor uns zwischen Sofa und Theke stehen. [...] Einer der Jungen, Justin, kniet plötzlich vor Selina (Jugendliche), die gerade zur Gruppe hinzukommt und „Hallo" sagt. Mit beiden Händen hält er ihre rechte Hand und singt einige Textzeilen des „Monsun"-Songs tonlos mit. Dabei sieht er Selina intensiv mit dramatischem Blick an, zieht die Augenbrauen hoch und betont durch sein Mienenspiel den Songtext – auf mich wirkt es völlig überzogen und ich muss grinsen. Nach einigen Textzeilen sieht er uns mit einem Grinsen an und schaut wieder zu Selina zurück, dabei setzt er wieder die gleiche Miene auf wie vorher. Sie ist sichtlich amüsiert, lächelt ihn an und bleibt so einige Momente stehen, ohne Blickkontakt zu den Anderen aufzunehmen. Dann wirft sie theatralisch ihren Kopf zurück, sieht ihn mit zusammen gezogenen Augenbrauen an, ohne ihr Lächeln aufzugeben und ‚watscht' ihn mit zwei gespielten Ohrfeigen nach einigen Textzeilen ab. Sie zieht ihre Hand aus seiner Umklammerung und lässt sie langsam in die Höhe Richtung Schulter fahren, kurz über der Schulter hält sie inne. Kurz verharrt sie in dieser auf mich dramatisch wirkenden Pose. Wir Umstehenden lachen. Dann geht Selina weg, ohne einen Ton gesprochen zu haben, während Justin von seinen Knien aufsteht. (Waldstadt 1b, MS)

---

[91]   Wie diese Arten der Rituale im Geschlechteralltag der Jugendarbeit sich für das Kollektiv als symmetrisch-egalisierend ausweisen, haben wir bereits in Rose/Schulz 2007a, S. 247ff. ausgeführt. Auch lieferten Breidenstein/Kelle (1998) in ihrer Studie zum schulischen Geschlechteralltag aufschlussreiche Hinweise (vgl. ebd.: 268f.).

Der Anfang beschreibt eine profane Situation im Jugendzentrum: Erwachsene stehen an der Theke und unterhalten sich, das Fernsehgerät läuft und jugendliche Besucherinnen und Besucher kommen ins Haus. Diese versammeln sich vor der Theke und werden von einem bereits anwesenden Mädchen begrüßt. Justin nutzt ihr Hinzukommen und das eingespielte Popvideo, um eine spontan wirkende Vollplayback-Performance aufzuführen. Diese verwandelt den profanen Raum der Theke zu einer Auftrittsbühne.

Doch bevor die Performance selbst weiter diskutiert wird, scheint ein kurzer Blick auf die Gruppe „Tokio Hotel" und deren mediale Bilder, die in das Jugendzentrumgeschehen eingespeist werden, angemessen zu sein: Die zum Beobachtungszeitpunkt im Jahr 2005 relativ junge Band und der Song haben einen enorm hohen Popularitätsgrad und sind entsprechend medial präsent. Der Song wird häufig gespielt – dies teilt auch der Forscher mit, dem auffällt, dass das Video bis zum dokumentierten Ausschnitt bereits mehrfach gelaufen sei. Zu jenem Zeitpunkt lehnt sich die Band in ihrer optischen Inszenierung an den Gay und Fantasy Chic an. Vor allem der Sänger präsentiert sich mit seiner, aus japanischen Comics entliehenen Manga-Frisur und dem Make-Up als sexuell uneindeutige Person, während der Liedtext von „Durch den Monsun" die Erfahrung einer tiefen Liebesbeziehung thematisiert.[92] Dieses mediale Präskript ist in den Einrichtungen präsent und wird von den Jugendlichen auch selbst reinszeniert (vgl. 7.2.1). Durch die Häufigkeit der medialen Wiederholungen und Zitationen kann davon ausgegangen werden, dass alle Anwesenden das Bezugsmaterial als Referenzrahmen für die Performance kennen.

Dennoch ist der tatsächliche Zeitpunkt der Clipeinspielung trotz Wiederholungen nicht voraussehbar. Der Performance-Einstieg Justins ist eine situative und spontane Improvisation. Er inszeniert seine eigene Interpretation des Stücks, indem er Selina als Ko-Akteurin seiner Aufführung zur Videopräsentation auswählt, vor ihr kniet und ihre Hand hält. Damit nähert er sich ihr an und fixiert sie körperlich, während er stimmlos den Text mitsingt. Ohne diese Theatralik wären diese Gesten möglicherweise als Zudringlichkeit auslegbar. So jedoch markiert er, dass es sich um eine humorvolle Aufführung handelt, innerhalb derer er sich spielerisch-körperlich dem Mädchen nähert.

Anfangs wirkt Selina wie eine überraschte und daher zunächst handlungsunfähige Statistin. Mit seinen Gesten der Demut und Zuneigung, die Justin als

---

[92] Die mediale Inszenierung der Band führte bereits mit ihrer Debütsingle im Jahr 2005 zu Kontroversen in den Jugendzeitschriften und diversen Internetblogs. Besonders kritisch wurde die fehlende Glaubwürdigkeit der Bandperformance debattiert. Diese machte sich an der Differenz zwischen dem Alter der Musizierenden – diese waren zwischen 15 und 18 Jahre alt – , dem damit verbunden Auftreten und der textlich suggerierten Lebenserfahrung und -reife fest. Jedoch polarisieren nach meiner eigenen Beobachtung vor allem die visuelle Körpergestaltung und die darin eingelagerten Geschlechterskripte die Diskussionen.

Mann vor einer Frau in die Knie gehen lassen, persifliert dieser das Video, indem er die dort gezeigten Bilder in seiner Aufführung übersteigert. Er überzeichnet mimisch und gestisch die mit dem Songtext ohnehin schon dramatische Erzählung einer großen Liebe. Dabei rezitiert er den Liedtext, formt ihn mit seinen Lippen, ohne ihn mit seiner Stimme auszufüllen. Die Tonspur des Videos wird zum Playback seiner Performance: Sänger Bill Kaulitz wird zur gesungenen Off-Stimme, die nicht auf dieser situativ entstandenen Bühne präsent ist. Justin suggeriert Selina mit dem intensiven Blickkontakt, dass er diese Performance nur für sie aufführt. Die Dramatisierung teilt dem Publikum zugleich mit, dass es ihn nicht ernst zu nehmen braucht. Seine Überzeichnungen sind sowohl für das Publikum, als auch für die Auserwählte als ein Kommentar zu diesem Stück und dessen Qualität lesbar. Mit der Performance verkörpert Justin seine Distanz gegenüber einem bestimmten männlichen Habitus. Er führt auf, was er nicht sein will – weder will er ein demütiger Schwärmer sein, noch sich mit dem Image der Band identifizieren. Dass er um den beobachtenden Blick des Publikums weiß, wird schnell deutlich: Die Rückmeldungen des Publikums holt er sich durch seinen Blickwechsel ein. Er behält nicht das dramatische Mienenspiel bei, sondern grinst, um den Umstehenden zu versichern, dass seine Performance ironisch ist. Das Lächeln seitens des Publikums teilt mit, dass es die Situation nicht als realen Übergriff, sondern als Performance zu verstehen weiß.

Selina, die die Performance mit ihrem Lächeln akzeptiert, wechselt von der Statistin zur Ko-Akteurin. Sie straft den Verehrer mit Blicken und angedeuteten Ohrfeigen ab und steigert diese theatralisch-aggressive Abwehr durch ihre körperliche Distanzierung. Sie löst sich aus der körperlich nahen Haltung und verkörpert so die Figur der überlegenen Abweisenden. Die umklammerte Hand wird Justin entzogen und für alle sichtbar erhoben. Die absichtsvolle Langsamkeit der Gesten steigert die Theatralik, bis sie in einem Standbild endet. Mit dem Lachen und Abtritt von Selina schließt die Performance.

Es wäre spekulativ, die Performance als einen realen Annäherungsversuch von Justin zu lesen, da sie vielschichtiger angelegt ist: Sie zeigt nicht nur, dass sich Mädchen und Jungen annähern, sondern welche ästhetischen Gestaltungsmöglichkeiten diese nutzen, um sich in Szene zu setzen. Dabei greifen die Akteure ad hoc auf ästhetisches Material zurück, welches der Thekenraum in diesem Moment zur Verfügung stellt: Das Video bietet beiden Performenden nicht nur den Anstoß für ihre eigene Aufführung und entsprechendes Bricolagematerial, sondern fordert beide zu Performances heraus, mit denen sie sich vom Material distanzieren, um sich zugleich selbst schärfer zu profilieren. Die medial eingespeisten und allen präsenten (Körper-)Bilder der Musikband werden imitiert und verzerrt, um sich von diesen abzusetzen: Justin führt sich als Schwärmer auf und macht diese Figur gleichzeitig in seiner Überzogenheit lächerlich.

Dadurch, dass Selina mit ihrer Reaktion diesen schwärmerischen Verehrer öffentlich diffamiert und bestraft, macht auch ihr Teil der Performance das Original lächerlich. Ihre Persiflage richtet sich gleichermaßen gegen das dort aufgeführte Körperbild von Männlichkeit und die Inszenierung von heterosexueller Liebe. Sie führen dabei die Anbahnung der Beziehung nicht nur als eine ernsthaft-reale Situation auf, sondern spielen lustvoll mit dem Komischen und Dramatischen. Justin eröffnet mit seiner Performance eine Alternativfassung zu einem Video inmitten des Offenen Bereichs, während Selina dies fortführt, indem sie typische Posen aus Liebesdramen zitiert. Dies erfordert von Beiden nicht nur Spontaneität und schnelles Reagieren, sondern auch die Fähigkeit, im Spiel situativ aufeinander einzugehen.

Diese Aufführung wird vom Publikum nicht nur beobachtet, sondern honoriert: Das Lachen ist nicht nur eine Vergemeinschaftungsgeste zwischen den Agierenden und Zuschauenden, sondern auch zwischen Erwachsenen und Jugendlichen. Auch diese erkennen die Performance nicht nur als legitim, sondern auch als gelungen an.

8.2.2 Ausschnitt: Sex-Hörspiel am Billardtisch

Ich (Forscher) sitze auf der Bank beim Billardtisch [...], links, zwischen den Damen- und Herrenklos sitzen auf dem Sofa drei jüngere Mädchen [...], an der Stirnseite sitzen drei jüngere Jungen. [...] Dave und Daniel (Jugendliche) rennen zurück, hinter ihnen Denis (Jugendlicher). Alle drei rennen in die Herrentoilette und schlagen hinter sich mit einem lauten Knall die Tür zu. Aus der Toilette höre ich, dass jemand Affengebrüll imitiert. Es rumpelt laut, von innen wird gegen die Tür geschlagen und jemand fängt an, laut zu stöhnen. [...] Dann ist es für einige Momente still. Ich schaue zu den Jugendlichen, die noch da sitzen und bemerke, dass alle, ähnlich wie ich, gespannt die Tür anstarren. Die Tür geht auf, Denis rennt raus, springt hinter den Billardtisch und duckt sich. Dave schaut aus dem Türspalt heraus, sieht sich um und ruft in Richtung Denis: „He du da, du deutsche Kartoffel, lutsch mich." Denis schnellt hoch und rennt zur Toilettentür, Dave schlägt sie vor seiner Nase zu und hält sie von innen zu. Während Denis an die Tür bollert, wird die Tür ruckartig aufgerissen und er fällt auf den Boden der Toilette. Daniel und Dave lachen sich kaputt, die Mädchen, die jüngeren Jungen und ich lachen auch, und die beiden Jungen laufen aus dem Klo heraus. Sie steigen über Denis, Daniel hilft ihm auf und sie stehen wieder vor dem Billardtisch. (Waldstadt 4b, MS)

Die Performance findet als explizit auditives Ereignis statt. Die drei Jungen kehren nach dem Fangspiel (vgl. 7.2.2) wieder an den Billardtisch zurück. Jedoch verschwinden sie umgehend aus dem Sichtfeld ihres Publikums, indem sie sich in der Herrentoilette verbergen. Mit dem räumlichen Wechsel verlagern sie das Geschehen und somit ihre Performancebühne an einen Ort, der zwar unmittelbar neben der Billardbühne liegt, faktisch jedoch das weibliche Publikum ausschließt. Mit der Türschließung verwehren sie zudem den Blick und den Zugang für andere, die nicht Teil ihres Performancekollektivs sind. Der Offene Bereich und insbesondere das Areal um den Billardtisch, welches vormals Billardspiel-, Battle- und zuletzt Fangspielbühne war, werden zum Hörraum. Die Performer sind gesamtkörperlich ab- jedoch akustisch anwesend.

Der die Aufmerksamkeit zentrierende Türknall eröffnet die Audioperformance: Drei Jungen führen für die vor der Tür sitzenden und lauschenden Zuhörenden eine akustische Collage auf. Der Beobachter beschreibt „Affengebrüll", dann Schlag- und Stoßgeräusche, denen ein lautes Stöhnen folgt. Trotz ihrer körperlichen Abwesenheit erwecken die drei Protagonisten mit der Geräuschcollage körperbezogene, sexuell konnotierte Assoziationen beim Zuhörenden. All diese Assoziationen gehen mit Praktiken einher, die gesellschaftlich nicht anerkannt sind und im öffentlichen Raum untersagt sind: Weder darf man sich als Verrückter gebären („Affe"), gewalttätig auftreten, noch öffentlich Geschlechtsverkehr vollziehen. Dieses Aufführungsverbot wird mit der Performance nur teilweise eingehalten, indem die Tonspur der Handlungen geliefert wird, während das Darstellungsverbot, also das Bildhafte, eingehalten wird.

Der für das Publikum plötzlich erscheinende Abbruch des Hörstücks und die anschließende Stille erzeugt nachhaltig Spannung. Der Ethnograf stellt fest, dass die Zuhörenden die Tür mit Blicken fixieren. Offenkundig konnte das Hörspiel die ungeteilte Aufmerksamkeit aller erfolgreich binden. Nach der Stille öffnet sich die Tür und es erfolgt, entgegen der bis dato statt gefundenen animalisch-sexualisierten Performance, die Aufführung eines weiteren Kinderspiels: Denis verlässt den Aufführungsraum Toilette und versteckt sich vor den Augen des Publikums hinter dem Billardtisch. Dave spielt das von Denis vorgeschlagene Spiel mit und überführt es jedoch in einen Battle: In seiner rituellen Beschimpfung thematisiert er erstens eine kulturelle Differenz, indem er Denis als „deutsche Kartoffel" diffamiert. Zweitens greift er das Thema des Oralsexes des vorangegangen Battles erneut auf, indem er Denis zu einem „lutsch mich" heraus fordert. Damit wird Denis in doppelter Weise öffentlich als von der Norm abweichend benannt und diffamiert: Er ist deutsch und schwul.

Die Aufforderung kann als Reprise zum eben abgeschlossenen Hörstück interpretiert werden: Da drei Jungen in der Herrentoilette ein sexualisiertes Audiostück aufführen, liegt die Assoziation zum homosexuellen Sex nahe. Diese

Assoziation wird von Denis explizit verbalisiert. Diese Diffamierung verlässt aber nicht den spielerischen Tenor. Die Kombination der kulturellen und sexuellen Diffamierung von Denis durch Dave als Antwort auf seine Kinderspielinszenierung ermöglicht Dennis, umgehend aus seinem kindlichen Status des Spielenden in einen körperlich gereiften Status zu wechseln. Er reagiert mit einer spielerischen Kampfansage, indem er Dave körperlich zu überwältigen versucht. Der weitere Verlauf der Performance ähnelt dem von Slapstickkomödien, die u.a. körperlich grobe Späße enthalten: Die Tür geht von innen auf und der in die Toilette eintretende Denis fällt hin. Mit diesem Höhepunkt wird die Performance geschlossen. Die Performer treten aus ihrem Stück heraus und kehren zum ursprünglichen Thema, dem Billardtisch, zurück, während sie mit dem Publikum über sich selbst lachen.

Auch wenn erneut das Thema Sex als spektakuläre Requisite genutzt wird, erfährt jedoch die Aufführungsart einen elementaren ästhetischen Wandel: Die körperliche Seite von Sex, der Geschlechtsakt selbst, wird ausschließlich auditiv aufgeführt, wogegen er in den vorangegangenen, gesamtkörperlichen Performances nur diskursiv und körperdistanziert thematisiert wurde. Wo es vorher um die versprachlichten Bilder von Geschlechts- und Oralverkehr ging, werden jetzt die Tonspuren zu den bildlosen sexuellen Handlungen geliefert. Dies ist jedoch nicht Ausdruck von Scham, sondern als kompetenter und zugleich subversiver Umgang mit Erwachsenennormen zu werten. Indem die Jugendlichen zwischen kindnahen Tätigkeiten des Spielens und der Imitation von Tätigkeiten, die der Erwachsenenwelt vorbehalten sind, gewissermaßen springen, führen sie ihr verkörpertes Wissen reflexiv auf. Sie sexuieren sich insofern, als dass sie sich als Jugendliche in den Status der sexuell aktiven Erwachsenen transformieren, ohne diesen Status komplett ausfüllen zu müssen (vgl. Breidenstein/Kelle 1998).

8.2.3 Die Arbeit an und mit Bildern

Mit dem Hörspiel und dem Playbackauftritt führen die Performenden sich nicht als bloße Imitatoren von populären Formaten der Medien- und Kulturindustrie auf. Stattdessen profilieren sie sich als Expertinnen und Experten im aktiven Umgang mit medialen Formaten: Einmal reinszenieren sie eine mögliche Variante einer Videoinszenierung einer Popband und profilieren sich damit selbst. Ein anderes Mal ist es eine Hörspielfassung, bei der gesellschaftlich Normiertes zu Gehör gebracht und dadurch imaginäre Bilder beim Publikum erzeugt werden. Diese medienreflexiven Aufführungen sind als Arbeiten mit und an Bildern und der Bildhaftigkeit der eigenen (jugend-)kulturellen Bezüge zu lesen.

Bereits im Tanzkapitel wurde die Bildhaftigkeit der Performances thematisiert: Es wird nicht nur über etwas gesprochen, sondern es wird etwas als bewegtes Bild gezeigt (vgl. 6.1.4). Klein/Friedrich (2003) diagnostizieren in ihrer HipHop-Studie die generelle Bildhaftigkeit von Popkultur und lokalisieren dabei das Fernsehen als wichtigstes Bildmedium des Alltags, welches „die zentrale Vermittlungsinstanz zwischen Globalem und Lokalem" (ebd.: 114) darstelle. Für die lokalen Popkulturen ist die per Videoclip visualisierte Musik für die Weiterentwicklung entscheidend: Dieser transportiert nicht nur akustisches, sondern auch visuelles Material wie etwa tanzchoreografische Vorschläge, modische Inszenierungen oder andere Stilvorgaben. Auch das eingespeiste Tokio-Hotel-Video transportiert derartiges Material und zeigt damit Entwürfe von Körperbildern, die zu Irritationen führen können, da sie gegen gültige Geschlechternormen verstoßen. Somit produzieren die Medienvorlagen nicht nur jugendliche Imitationswünsche, sondern auch Abwehrhaltungen, die anderen mitgeteilt werden wollen: Es ist davon auszugehen, dass das Bild des Gendercrossings und damit die Auflösung des bipolaren Geschlechterbildes auch die Performance der Jugendlichen anregt. Die Vielzahl der jugendlichen Performances, die andere Vorlagen aufgreifen, um Imitationen, aber auch Gegenentwürfe, Parodien oder sonstige Modifikationen aufzuführen, lässt darauf schließen, dass diese nicht nur verbal-sprachlich, sondern bildhaft kommentiert werden wollen. Offenkundig genügt es nicht, den Respekt oder die Ablehnung nur auszusprechen. Vielmehr müssen diese Antworten auf die Bildvorlagen in Form eigener Bilder aufgeführt und damit im eigenen körperlichen Vollzug gezeigt werden, um den nötigen Grad an Ernsthaftigkeit und Nachdruck zu erzielen. Mit ihrer Aufführung teilt das Playbackpaar in der Tokio Hotel-Szene performativ und *für sich* spürbar ihre eigenen Körperbilder in Differenz zum Gezeigten mit, die durch das gemeinschaftliche Lachen auch durch andere bestätigt werden.[93]

Auch andernorts wie etwa auf Internetplattformen lassen sich diese dialogisch angelegten Kommentare finden. Video-Internetplattformen dienen auch dem Austausch und der Veröffentlichung selbst produzierter Videos[94] und stellen ohne hohe Zugangsschwellen Möglichkeiten der Ansicht und der Kommentierung bereit. Da diese Foren grundsätzlich interaktiv angelegt sind, finden sich in

---

[93]   Die gesamte Paaraufführung spielt mit medialen Referenzen: Ihre abschließende Fixierung und Erstarrung des Körpers zu einer verharrenden Pose beispielsweise entspricht dem, was Birgit Joos (2004) als ‚lebendes Bild' „szenische[n] Arrangement von Personen, die für kurze Zeit stumm und bewegungslos gehalten werden und sich so für den Betrachter zum Bild formieren" bezeichnet. (ebd.: 272)

[94]   Der selbst produzierte Film ist Teil der alltäglichen Dokumentationspraxis geworden: Die massenhafte Verbreitung von Aufzeichnungsgeräten wie Mobiltelefone, Digitalkameras o. ä. vereinfacht das Drehen kleiner Videos, die sich ohne hohen technischen Aufwand ins Internet einstellen lassen.

den Postings zu den jeweils eingestellten Videos zustimmende oder abwertende Kommentare. Zugleich animieren die Videovorlagen auch zu eigenen Video-performances: Die eingestellten Videos werden beantwortet, indem die Bilder der Anderen überarbeitet, manipuliert oder komplett neue Videos gedreht werden. Dieser interaktive Umgang mit dem Material anderer schafft Produkte der Anerkennung, aber auch der Ironisierung und Diffamierung.[95]

Die Mädchen und Jungen zeigen in der Arbeit an Bildern vielfältige Kompetenzen: Statt die Bilder anderer und deren Mitteilungen direkt verbal anzugreifen, werden Performances entworfen und aufgeführt. Sie sind herausgefordert, situativ und spontan miteinander zu improvisieren. Im Billardausschnitt bspw. demonstrieren die drei Jungen ein hohes Niveau an Improvisationsfähigkeit, indem sie eine facettenreiche Aufführung inszenieren. Sie arbeiten mit körperlicher An- und Abwesenheit, mit verschiedenen Dynamiken wie Rennen und Innehalten oder Lärm und Stille, und verschiedenen kulturellen Genres wie dem Kinderspiel, Battle oder Hörstück und erzeugen so unterschiedliche Arten der körperlichen Präsenz. Auf diese Weise performen zu können, lässt darauf schließen, dass die Agierenden wissen müssen, wie Bilder evoziert werden. Ohne dieses Repertoire wäre es ihnen kaum möglich, spontan auf die Vorlagen antworten zu können. Zudem schaffen die Performenden Ereignisse, welche sowohl für die Zuschauenden als auch für sie selbst ein attraktives Erlebnis darstellen.

8.3 Slapstick-Performances

8.3.1 Ausschnitt: Tischtennis für Gebrechliche

Im hinteren Teil des Discoraums ist die Tischtennisplatte aufgebaut. Dort setze ich (Forscher) mich an einen Tisch und sehe zwei Jungen, jeweils 14 Jahre alt, zwei oder drei Runden beim Spielen zu. Mit einem der Jungen, Maik, hatte ich bereits vorher Kontakt. [...] Die Praktikantin kommt hinzu und setzt sich neben mich. [...] Während wir uns unterhalten und zuschauen, kommen weitere Jugendliche in den Raum, setzen sich drei oder vier Tische weiter und hören über den Ghettoblaster Musik. Die beiden Spieler holen sich jeweils einen Stuhl, setzen sich vor die Tischtennisplatte und spielen nun im Sitzen miteinander Tischtennis. Auf mich wirkt es sehr witzig, da sie auch langsam-bedächtige Bewegungen machen, mit der Spielerhand ein wenig zittern und Maik immer wieder mit dem Kopf wackelt und stöhnt. Das Spiel zieht unsere Aufmerksamkeit

---

[95] Es werden bspw. Videos so geschnitten, dass die Tanzenden sich unrhythmisch zur Musik bewegen, die Bilder mit anderer, zu schneller oder zu langsamer Musik unterlegt oder neue Videos gedreht, in denen der Tanz oder der Gesang die Vorlage karikiert.

auf sie und auch die anderen Jugendlichen sind sichtlich amüsiert und lachen
laut. Nach einigen Runden hören die beiden Spieler auf, schieben die Stühle
zurück und kommen zu uns an den Tisch. Ich sage, dass ich ihr Spiel witzig fand
und Maik erzählt, dass sie das ab und zu mal machen, wenn ihnen Tischtennis zu
langweilig ist und dass man so auch am Kickertisch spielen kann. (Waldstadt 1a,
MS)

Der Waldstadter Discoraum ist, wie bereits in der räumlichen Beschreibung (vgl.
4.2.2) diskutiert wurde, multioptional nutzbar: Außerhalb der Discoveranstaltungen können Jugendliche jederzeit u.a. die Tischtennisplatte aufbauen. Zwei
Jungen eignen sich den Raum als Sportraum an. Das Tischtennisspiel bindet den
hinzu kommenden Ethnografen als Zuschauer und kurze Zeit später tritt eine
weitere Erwachsene hinzu. Weder der Ausschnitt, noch das gesamte Beobach-
tungsprotokoll beschreiben die Art und Qualität des Spiels. Daher kann davon
ausgegangen werden, dass es keine nennenswerten Abweichungen gegenüber
den Erwartungen, die ein Zuschauer an ein Tischtennisspiel hat, gibt. Dafür
spricht auch die geteilte Aufmerksamkeit der beiden Erwachsenen: Während sie
sich unterhalten, schauen sie dem Spiel zu – dabei ist weder die Aufführung der
beiden Jungenkörper als sportive Körper besonders interessant, noch ist ihr
spielerisches Können besonders nennenswert.

Weitere Jugendliche betreten den Raum und hören Musik. Auch dies wird
nicht im Detail beschrieben, außer, dass sie sich sowohl räumlich als auch in
ihrer Tätigkeit separieren. Damit dokumentiert das Protokoll, wie die Aufmerksamkeit des Forschenden verteilt ist: Indem die Musik hörenden Jugendlichen
zwar anwesend sind, ihr genaues Tun aber ausgeblendet wird, zeigt es, dass
erstens die Aufmerksamkeit nicht zwischen der Tischtennisplatte und den Mu-
sikhörenden hin- und herpendelt, sondern auf dem Erwachsenengespräch liegt.
Zweitens vermittelt es aber auch, dass es im Raum autonome, unverbundene
Ereignisse gibt, die störungsfrei nebeneinander stattfinden können. Das Tischtennisspiel, das Erwachsenengespräch und das Musikhören. Zugleich ist der
Raum offen genug, um die Tätigkeiten der Anderen wahrnehmen zu können.

Diese Offenheit nutzen die Tischtennisspieler: Der Sportkörper muss üblicherweise an der Tischtennisplatte in seiner ganzen Bewegung gezeigt werden,
so geben es die Regeln vor. Jedoch transformieren sie ihr Spiel vom Sportspiel
zu einer Slapstick-Komödie und machen damit auf sich aufmerksam. Da sie im
Sitzen weiterspielen, weichen sie das Präskript mehrfach auf: Zum einen wird
Tischtennis nicht im Sitzen gespielt, zum anderen ist es ein temporeich-
dynamisches und kein entschleunigtes Spiel. Weiter ändern sie die spielerischen
Details: Die spielende Hand, die vorher für präzise Schläge verantwortlich war,
zittert, ebenso wie Maik *„mit dem Kopf wackelt und stöhnt"*. Die Differenz zu

ihrer vormalig sportiven Aufführung ist offenkundig: Sie spielen mit dem Verlust von Körperbeherrschung, die sie im Vorfeld noch gekonnt demonstrierten.

Zunächst haben sie einen Wechsel vom Besucher- zum Sportkörper durchlaufen. Damit findet bereits eine spezifische Ästhetisierung des eigenen Körpers statt, die jedoch beiläufig ist. Mit dem Sitzspiel wechseln sie von der beiläufigen Kompetenzaufführung zu einem hervorgehobenen Spiel *mit* dem Spiel und ihrem Körper, indem sie sich theatralisch von ihren eigentlichen körperlichen Potenzialen distanzieren. Sie führen ihren jugendlichen Körper als alten, kaum mehr geschmeidigen Körper auf. Der Körper wird – entgegen seiner realen Verfasstheit – als gebrechlicher und motorisch inkompetenter Körper vorgeführt. Die Differenz zwischen realer und gespielter Kompetenz wird als leiblich-reflexives Körperwissen der Jungen aufgeführt und erfahren: Die Veräußerung dieses Wissens findet also nicht über die verbale Artikulation, sondern über das körperliche Tun statt. Zugleich nimmt das Publikum die aufgeführte Differenz zwischen den gespielten und tatsächlich anwesenden Körpern wahr. Diese Körperverfasstheit zentriert die Aufmerksamkeit sowohl der Erwachsenen als auch der Jugendlichen auf die Performance. Diese machen sich von Unbeteiligten, die eigene Aktivitäten verfolgt haben, zum an der Aufführung beteiligten Publikum. Die Publikumsreaktionen zeigen, dass sie die Performance für gelungen halten.

Zwar kann und muss nicht geklärt werden, ob die Performance nun eher für das Erwachsenenpublikum oder für die neu hinzugekommenen Jugendlichen aufgeführt wurde. Jedoch scheint es Maik wichtig zu sein, den Auftritt gegenüber den Erwachsenen zu kommentieren. Nachdem der Forscher seine Anerkennung für die gelungene Performance ausspricht, begründet Maik den Wechsel von der Sport- zur Theaterperformance mit dem Argument der Selbstunterhaltung. Da das Spiel unattraktiv für die Spieler selbst sein kann, will es durch die Spielenden modifiziert werden, um es weiterhin attraktiv zu gestalten. Zugleich weist er den Forscher darauf hin, dass diese Technik sich auch auf andere Spielangebote der Einrichtung übertragen lässt. Damit benennt der Jugendliche nicht nur sein Können, die zur Verfügung stehenden Freizeitangebote unterschiedlich bespielen zu können, damit sie für ihn situativ attraktiv sind, sondern verweist damit auch darauf, dass er mit seiner Tätigkeit für andere, aber vor allem für sich attraktive Ereignisse herstellt.

8.3.2 Ausschnitt: Der Rapper aus Timbuktu

[Nachmittags] Ich (Forscher) betrete den Discoraum und höre über den Ghettoblaster HipHop-Musik und punkige Livemusik aus dem Übungsraum nebenan. Auf der rechten Seite sitzt eine Gruppe von jüngeren Jungen am Tisch und auf

*der linken tanzen einige Meter entfernt einige ältere Mädchen und Jungen auf
der Tanzfläche. [...] Die Jungen breaken. [...] Ich setze mich zu den Jungen. [...]
Einer der Tänzer, Dave, kommt auf uns zugeschlendert, ganz cool und betont
langsam. Er trägt über einer Baseballjacke einen Parka mit Pelzkragen, macht
einige Gesten – abgespreizte Finger, mit der Hand in der Schritt fassend, um
sein Gemächt hochzuziehen und ausladende Armbewegungen – bleibt vor uns,
mit dem Rücken zu den anderen Tanzenden, stehen und sagt trocken: „Ja Lan
Alta, ich komm' aus Timbuktu!" Er breitet die Arme aus, fasst sich in den
Schritt, zieht den Parka zu, klappt sich die Kapuze hoch und zieht sie tief ins
Gesicht. Dann zieht er die Kapuze wieder runter und dreht die Baseballmütze
um, zieht den Parka wieder auf, lässt diesen über die Schultern rutschen, zeigt
die Baseballjacke und steht breitbeinig da. Dabei dreht er seinen Oberkörper
langsam hin und her – erst jetzt bemerke ich, dass die Jungen neben mir ihn mit
ihren Handys fotografieren. [...] Er macht einige HipHop Tanzschritte mit
großen Armgesten. [...] und tanzt so von unserem Tisch wieder weg hin zu den
anderen. (Waldstadt 1b, MS)*

Im Discoraum tanzen auf der Tanzfläche Ältere, die von sitzenden Jüngeren, zu
denen sich der Forscher hinzu gesellt, beobachtet werden. Aus der kollektiven
Tanzperformance tritt Dave heraus und eröffnet eine Soloperformance. Er bricht
damit die Bühnendistanz auf, indem er an den Bühnenrand tritt und mit dem
Publikum, dessen Aufmerksamkeit er auf sich zieht, interagiert.

Bereits der als betont verlangsamt beschriebene Gang zu den Publikumsplätzen ist als Teil der Aufführung zu verstehen. Dass jene bewusst für das
Publikum aufgeführt wird, zeigt die Ausrichtung seines Körpers: Er verwandelt
die Tanzfläche zum Catwalk, indem sein Gang zum Publikum einen Weg zu
einer vorderen Präsentationsplattform imitiert, auf der er seinen Körper präsentiert und zugleich von den anderen absetzt. Mit seiner körperlichen Hinwendung
und der Annäherung garantiert er eine gute Sicht auf seine Performance. Gleichzeitig bewegt und betont er seinen Körper insofern, als er *„ausladende Armbewegungen"* macht und sich in den Schritt greift. Diese Zitate aus dem HipHop-
Genre kündigen das Performancethema an. Als die gängigsten Genregesten sind
sie auch für die Beteiligten schnell identifizierbar. Diese verdichtet aufgeführten
Referenzbezüge wirken wie eine Distanzierungsgeste, da sie in ihrer schnellen
Abfolge eher als ironisch-persiflierende Übertreibung interpretierbar sind, als
dass sie von einer authentischen Street Credibility zeugen. Zugleich schafft Dave
körperlich Räumlichkeit, indem er etwa seine Arme ausbreitet oder den Raum
abschreitet. Mit dem Griff in den Genitalbereich berührt er sich selbst und
vollzieht damit eine in der Öffentlichkeit tabuisierte Körperpraxis – gleichgültig
dessen, ob er bei seinem Griff tatsächlich an seinem Penis oder nur an der Hose

zieht. Als alltägliche Handlung müsste, dem Tabu folgend, diese getarnt werden bzw. möglichst verdeckt stattfinden. Mit dem HipHop-genretypischen Ritual, das Zeigen des Intimbereiches, wird diese soziale Regel selbst bestätigt.

Die Inszenierung der Figur eines Rappers setzt sich in der Kleidung fort. Über einer ersten Jacke trägt er eine zweite. Ohne dies explizit artikulieren zu müssen ist allen Beteiligten klar, dass es sich hierbei um eine Kostümierung handeln muss. Es gibt keinen rationalen Grund, wieso sonst im Discoraum zwei Jacken übereinander getragen werden müssen. Ähnlich wie die stereotypen Gesten wird der Parka, neben dem Baseballcap und den Sneakers wichtiges Kleidungsaccessoire der Rap-Kultur, als Requisit benutzt, um visuell mitzuteilen, auf wen und was sich der Auftritt bezieht.

Das gesamte Intro ist irritierend, wenn zur Kenntnis genommen wird, dass sich Dave in anderen Situationen als HipHop-Fan zu erkennen gibt und zum Breaker-Ensemble gehört: Wie im Verlauf der Szene deutlich wird, imitiert er nicht nur HipHop-Tanzschritte, sondern ordnet sich selbst dieser Jugendkultur tänzerisch zu. Es kann also davon ausgegangen werden, dass diese Zugehörigkeit nicht nur dem Ethnografen, sondern und vor allem den jugendlichen Zuschauenden bekannt ist. Wieso also diese slapstickhaften Überzeichnungen? Diese Praktik wird verstehbarer, wenn sie als reflexiver Moment anerkannt wird: Dave führt mit seinem Performance-Einstieg sein eigenes Körperwissen über eine Jugendkultur auf, als deren Teil er sich versteht. Er weiß, wie er sich bewegen und kleiden muss, um auch für andere als der HipHop-Kultur zugehörig identifizierbar zu sein. Jedoch ist dieses Wissen nicht nur in seinen Körper präreflexiv eingeschrieben, indem es im Handlungsvollzug als inkorporiertes Wissen aufgeführt wird. Vielmehr zeigt er performativ, wie sich diese Jugendkultur in seinen Körperhabitus eingeschrieben hat und welchen Zugriff er auf die subkulturspezifischen Muster wie beispielsweise Kleidungscodes oder Schrittarten hat. Er kann diese Präskripte, die ihm die HipHop-Kultur bietet, spielerisch-reflexiv nutzen. Indem er eine überzeichnete Parodie des Rappers liefert, formuliert er zugleich sein Wissen darüber, wie und in welcher Weise die einzelnen Versatzstücke kombiniert werden können, damit sie nicht oder gerade authentisch wirken. Der Performancebeginn kann sowohl als Entertainment als auch als Initiationsritual gegenüber den jüngeren Jungen interpretiert werden: Zum einen werden sie in die Aufführungen des HipHop-Körperhabitus eingeführt, indem Dave Bewegungen und Gesten explizit und überzeichnet zeigt, und zum anderen werden sie unterhalten.

Mit seinem Gang hin zum Publikum expliziert Dave ihr Verhältnis: Wie aus dem Gesamtprotokoll ersichtlich, findet vor dieser Intervention und Exposition von Dave kein Dialog zwischen dem Publikum und den Tanzenden statt. Die Positionen und Funktionen sind klar voneinander abgetrennt – während die einen etwas zeigen, sehen die anderen dabei zu. Diese Differenz wird nicht aufgelöst, aber er macht mit seiner Intervention auf das Publikum als Teil der Performance aufmerksam. Er führt explizit auf, *dass* die Zuschauenden etwas gezeigt bekommen. Mit dieser Zurschaustellung der Aufführungsbedingung teilt er dem Publikum mit, dass er weiß, dass sie sich gegenseitig beobachten und exponiert mit seiner Zurschaustellung auch das Publikum.

Vor dem Publikum angekommen führt er seine Rapper-Performance verbal weiter fort. Mit dem Anfang *„Ja Lan Alta"* zitiert er extrem verdichtet das, was als aktuelle Jugendsprache gesprochen wird. Jedoch ist die Einführung auch als eine ironische Selbstdistanzierungsgeste zu verstehen: *„Lan"* als das türkische Wort für „Bruder" bzw. „Freund", welches aber als universales Wort (bspw. für „Ey") eingesetzt werden kann, wird durch die Fortführung, dass er aus *„Timbuktu"* käme, weiter ins Groteske gesteigert. Er bedient sich nicht nur eines jugendkulturellen Slangs, der ihn als authentisches Milieumitglied markiert, sondern entfernt sich aus diesem Milieu umgehend selbst, indem er nicht aus der *hood*, sondern aus *„Timbuktu"* kommt. Offenkundig wird Timbuktu nicht als geografische Bezeichnung, sondern als Synonym für einen Ort benutzt, der weit ab von der eigenen Vorstellung liegt und dadurch fremd ist. Dave führt sich als ein Exot auf, den es zu bestaunen gilt. Dies ist jedoch ambivalent: Daves Performance bleibt doppelbödig, da er sowohl die weitere Erlaubnis erteilt, die älteren Akteure beobachten und begutachten zu dürfen, und zugleich an der Demaskierung der Jüngeren als Gaffer arbeitet.

Er hebt sich zunehmend in die Position des exotischen Objekts und macht den Prozess des Beobachtens und Exponierens wahrnehmbar. Indem er mit der Imagination von Fremdheit, Wildheit und der Andersartigkeit spielt, erfüllt er zugleich die Wünsche der Zuschauenden, die etwas sehen wollen. Dies führt er nicht nur verbal-sprachlich, sondern auch gestisch auf. Durch den erneuten Griff in seinen Schritt demonstriert er nachdrücklich, dass er sich als Exot über die Norm der Nichtzurschaustellung sexualisierter Körperlichkeit hinweg setzt. Im Anschluss daran nutzt Dave den Parka als Hauptrequisit der weiteren Aufführung und zeigt die Tragemöglichkeiten seiner Kleidungskombination. Dies wirkt gleichfalls wie eine zeitliche Raffung verschiedener Bewegungen, die aus den Aufführungen von Modenschauen vertraut sind und die Kleidung in verschiedenen Positionen, aber auch deren verschiedene Funktionalitäten demonstrieren soll. Damit wechselt er den Modus der Körperexponierung. Zugleich sind diese Handlungen in diesem Kontext unsinnig, da sie keine rational begründbare Funktion besitzen. Zum einen folgt nach dem Ausziehen des Parkas im Stil eines Striptease nicht die Sicht auf den wenig bekleideten Körper, sondern auf die nächste Oberbekleidungsschicht. Zum anderen folgt die Enthüllung, die keine tatsächliche Entkleidung darstellt, weiter der Logik, sich nun zum an- und ausziehbaren Objekt zu machen, welches begutachtet wird. Die abschließende Haltung seines gesamten Körpers, die männliche Körperbilder des HipHop-Genres zitiert, und die Drehung des Oberkörpers teilen mit, dass sein Teil der Performance beendet ist und nun die Zuschauenden zu reagieren haben.

Die jüngeren Jungen nehmen die von Dave angebotene Ko-Akteurschaft in Anspruch, indem sie auf seine Performance antworten und sie weiter fortführen: Sie wechseln zu einer Paparazzi-Rolle und halten das dargebotene Standbild mit ihrer Kamera fest. Zwar kann davon ausgegangen werden, dass die Kamera-nutzung nicht mehr den Nimbus der Dokumentation besonders erinnerungswer-ter und außergewöhnlicher Momente hat, sondern ebenfalls Teil einer alltägli-chen Dokumentationspraxis geworden ist. Dennoch ist es ein ironisches Spiel mit der Dokumentation von abbildungswürdigen Persönlichkeiten des öffentli-chen Lebens. Mit der Schlusspose reflektieren die Beteiligten performativ die Exponierungsoptionen, die das räumliche Arrangement bereits nahelegt, die Erwartungen und Wünsche des Publikums und die kollektive Herstellung von attraktiven Ereignissen: Dave zeigt mit seiner Performance, dass der Discoraum ein Ort für verschiedene Inszenierungs- und Aufführungspraxen Jugendlicher ist, die von anderen Anwesenden wiederum begutachtet werden. Wie die bisherigen Rekonstruktionen ausführlich belegen, sind dabei die jeweiligen Akteur/innen- und Zuschauer/innenplätze bereits räumlich markiert. Die Selbstverständlichkeit, mit der das Publikum den Aufführungen beiwohnt, macht deutlich, dass ihre Anwesenheit als komplementärer Teil zu den Performances zu verstehen ist. Sie heben die Akteur/innen in den Status der Hauptdarstellenden. Als Publikum müssen sie sich nicht aus einer relativen Anonymität hervor wagen, jedoch damit rechnen, angespielt, also in die Performances mit einbezogen zu werden.

8.4 Selbstdistanz und Ironie in den Theaterperformances

8.4.1 Das Kontinuum zwischen Spaß und Ernst

Eingangs wurde bereits auf Studien verwiesen, die die Bildungswirkungen von theaterpädagogischen Projekten mit Jugendlichen untersuchten. Diese belegten durchgängig eine besondere Verknüpfung von ästhetischen und sozialen Erfah-rungen, die Jugendliche innerhalb des Theaterspiels machen können. Auffällig dabei ist, dass jene Belege der Effekte mit den Resultaten der musikpädago-gischen Studien nahezu deckungsgleich sind: Jugendliche benannten für sie wichtige Qualitäten wie die Möglichkeit, Anderen etwas zeigen zu können oder der im Spiel erlebte Spaß (vgl. bspw. Haun 2001: 97ff.). Nun könnte daraus die Schlussfolgerung gezogen werden, dass, gleichgültig welcher ästhetischen Praxis

Jugendliche nachgehen, diese Bildungsgelegenheiten darstellen, die in ihren Effekten identisch sind. Gefördert wird dieser Eindruck, wenn breiter gefasste Studien zur Bildungswirkung in der kulturellen Kinder- und Jugendarbeit herangezogen werden. Auch hier werden ebenfalls kaum die spezifischen Qualitäten der jeweiligen ästhetischen Betätigungsfelder benannt (vgl. etwa Lindner 2008).

Die Schwierigkeiten der angemessenen Benennung finden sich auf verschiedenen, zum Teil im Rahmen der Arbeit bereits thematisierten Ebenen wieder: Naheliegend ist, dass die jeweils gewählten narrativen Zugänge ihre strukturellen Beschränkungen haben, da sie nicht nur die „schweigende Dimension des Sozialen" (Hirschauer 2002: 40) nicht aufdecken können, sondern sich dieses Problem verdoppelt. Die Zugänge sehen sich mit der schweigenden Dimension des *Ästhetischen und Sozialen* konfrontiert. Von Jugendlichen einzufordern, über die Eindrücke, Gefühle und Erfahrungen während des Performens zu sprechen und die besondere Beziehung des Selbst zur aufgeführten Position, zum Musikstück oder zur Choreografie beschreiben zu können, setzt voraus, dass jene Prozesse überhaupt verbal-sprachlich zu fassen sind. Dieses primär implizite Körperwissen entzieht sich zumeist der Versprachlichung und somit der Beschreibungsmöglichkeit. Dieses dennoch in Sprache zu transformieren, setzt ein hohes Maß an Distanziertheit und Reflexivität voraus.

Die vorliegenden Theaterperformances beschreiben Jugendliche in ihrem vielfältigen Tun: Mädchen und Jungen führen sich ad hoc als Tiere, Angebetete, Senioren oder Liebhaber auf. Dabei zeugen die Aufführungen von einem hohen Engagement der Jugendlichen. Es lässt sich bei den Performenden eine Lust entdecken, etwas zu zeigen und sich auszuprobieren, ungeachtet dessen, ob sie dies nun beherrschen oder nicht. Dabei ist das Gezeigte komplex strukturiert: Während bei den vorherigen Performance-Genres eine Trennung zwischen alltäglichem sprechdominiertem Handeln und der Aufführung mitsamt ihrer verbal-sprachlichen Absenz konstitutiv war, zeichnen sich die Theaterperformances durch die häufig beobachtete Parallelität der gestisch-mimischen, sprachlichen als auch parasprachlichen Performanceebene aus. Sie sind von außen betrachtet schwerer gegenüber den beiläufigen Alltagspraktiken abzugrenzen. Selbst wenn sich aus einem offenbar gemeinsam geteilten Bedeutungskodex klar erkennbare Formen des Übergangs von alltäglichem Interagieren hin zur Performance erkennen lassen, besteht das Risiko, dass die ästhetische Aufführung selbst als real fehlgedeutet werden kann. Die Fähigkeit der situationsangemessenen Dechiffrierungsarbeit wird beim Publikum als auch bei den Ko-Akteur/innen permanent auf die Probe gestellt: Sie müssen das Spiel mit Doppeldeutigkeiten, ernsthaften Anliegen und impliziten Wünschen, Kommentaren und Persiflagen situativ deuten können und immer wieder abklären, was das Thema ist. Während die Performenden mit Übertreibungen, Nachahmungen und

Ironisierungen arbeiten, wird zugleich performativ Nähe oder Differenz hergestellt. Dies zu verstehen und gleichzeitig auf verschiedenen Ebenen spaß- und ernsthaft agieren zu können, bedeutet eine hohe Leistung der Beteiligten. Die jugendlichen Aufführungen konkretisieren das, was Schechner (1989) als zentrales Merkmal der Performances herausgestellt hatte – sie führen die kunstvolle „Verflechtung von Unterhaltung und Wirksamkeit" (ebd.: 68) auf. Was als ernsthaft verfolgte Wirksamkeit und humorvoll gestaltete Unterhaltung markiert werden kann, entzieht sich durch den emergenten Charakter der Performances einer dauerhaften und beständigen Definition.

Diese zweifache Leistung der Transformationsprozesse wird von den Zuschauenden insofern anerkannt, als dass sie zuschauen, sich beteiligen und mit einbinden lassen. Jedoch kann diese Form der Anerkennung im pädagogischen Fachdiskurs dann aus dem Blick geraten, wenn die Theaterperformances in ihrer Sinnhaftigkeit entweder, wie bereits diskutiert, ausschließlich als aggressiv aufgeladener Kampf (vgl. 8.1.1) oder nur als Spaß gedeutet und dieser kulturkritisch bewertet wird. Dieser Interpretationsrahmen verbindet den Verlust der Wertevorstellungen mit dem Einzug der hedonistischen Spaßgesellschaft (vgl. etwa Zerzer/Lebok 2005) und koppelt das jugendliche Spaßhaben, die Freude, das Vergnügen und die Lust an der Sinnlichkeit der Bewegung ausschließlich an passive und konsumtive Erfahrungen. Die lustbetonte und komödiantische Seite scheint die Erwachsenenblicke zu irritieren, da sie sich kaum als zweckhaft zeigen. Der Soziologe Oliver Dimbath (2005) warnt jedoch vor der vorschnellen Disqualifizierung dieser Praktiken und verweist darauf, dass das Erleben von Spaß wesentlich differenzierter betrachtet werden müsse: Gerade für die Jugendarbeit sei „eine Mischform aus konsumtivem Geselligkeitsbezug (Spaß haben) und produktivem Vollbringen (macht Spaß)" (ebd.: 399) und demnach auch für die dort stattfindenden Bildungsprozesse konstitutiv.

Daraus lässt sich, angelehnt an Zizek (vgl. 2003: 30), schlussfolgern, dass die jugendlichen Theaterperformances die Bedingungen reformulieren und artikulieren, unter denen sie stattfinden – in diesem Fall Jugendarbeit. Die Aufführungen thematisieren den lokalen Bezugsrahmen und dessen Aufführungsbedingungen. Diese verdichten Jugendliche in der Performance in eine konkrete Gestalt. Der Bildungscharakter der Theaterperformances ist, wenn dieser in der von Dimbath verorteten Mischform liegt, zwar strukturell ähnlich wie bei den anderen Performance-Genres. Die markante Differenz liegt darin, dass der Körper selbst als Ort der Darstellung und Verwandlung fortwährend zum ‚besprechbaren' Aufführungsthema wird. Dies fasst der Soziologe Robert Gugutzer (2004) unter der „Zweiheit des Körpers" (ebd.: 146) zusammen und konkretisiert es als *„Einheit von spürbarem Leibsein und gegenständlichem Körperhaben"* (ebd.: 152, H.i.O.). Den Körper in seiner grundlegend doppelten

Verfasstheit zu betrachten, eröffnet eine weitere Perspektive auf die Theaterperformances. Es sind nicht nur nach außen gewandte, also objektive und verwendungsorientierte, sondern auch auf sich selbst gerichtete, also selbstspürende Aufführungen. Diese doppelte Ausrichtung findet sich exemplarisch im Schlusskommentar des Tischtennis spielenden Jungen wieder: Als Antwort auf das Publikumslob meldet er zurück, dass *„sie das ab und zu mal machen, wenn ihnen Tischtennis zu langweilig ist"*. Mit dieser Aussage weist er zwar versteckt, aber dennoch deutlich genug das einseitige Deutungsangebot des Zuschauers zurück. Die slapstickhafte Aufführung ist als Selbsttransformation nicht nur für die (unterhaltsame) Demonstration des Körpers für andere, sondern auf leibbezogene Selbstunterhaltung ausgerichtet.

8.4.2 Ironie und Authentizität

Zugleich artikulieren die Jugendlichen, wie bereits ausgeführt, nicht vornehmlich verbal-sprachlich, sondern performativ das, was sie offenkundig beschäftigt. Diese Auseinandersetzungen werden im eigenen körperlichen Vollzug gezeigt, um einerseits diesen Vollzug selbst praktisch zu erfahren und andererseits den nötigen Grad an Ernsthaftigkeit und Nachdruck zu erreichen. Zwei Performancetypen lassen sich anhand der Rekonstruktionen des Materials unterscheiden: Der erste, zu dem die Tokio-Hotel- oder Tischtennisaufführung gehört, imitiert *andere* Körperbilder, während der zweite mit den *eigenen* Körperbildern arbeitet. Hierzu zählen der Schaukampf oder die Rapper-Aufführung.[96] Welchen Sinn machen diese unterschiedlichen Strategien, an Körperbildern zu arbeiten? Ein Erklärungsmodell liefert der Sprachwissenschaftler Arnulf Deppermann (2005), der vergleichbare Prozesse als Identitätsarbeit beschreibt. Im Zusammenhang von Sprache und Identität gäbe es zwei Phänomene der Sprachaneignung, genauer gesagt der Wahl von sprachlichen Codes oder Stilen: Entweder, es werde mit der Wahl des Sprachstils die ihm zugeschriebene soziale Identität in Anspruch genommen oder diese als Crossing explizit konterkariert (vgl. ebd.: 79). Beim Crossing benutze der Sprechende „einen Code, der einer sozialen Gruppe gehört, als deren Mitglied der Sprecher klarerweise nicht gelten kann und auch nicht will" (ebd.). Deshalb müssten die Sprechwechsel keineswegs korrekt oder vertiefend erlernt werden. Vielmehr reichten „prägnante Merkmale des stilisierenden Codes" (ebd.) aus, um die Anderen treffsicher zu imitieren.

---

[96] Selbstredend sind Selbstentwürfe wie etwa Männlichkeit usf. sowohl an eigene als auch fremde Bilder geknüpft, um überhaupt andere diese Entwürfe ‚lesen' lassen zu können. Jedoch ist dies nicht die Differenz, die hier diskutiert werden soll. Stattdessen geht es um den spielerischen Gebrauch verschiedener Präskripte für die Arbeit an und mit der Differenz.

Wie an den Theaterperformances nachzuvollziehen ist, erschöpfen sich diese Stilisierungen nicht in der sprachlich überzeichnenden Imitation, sondern setzen sich in der Nachahmung des gesamten körperlichen Vollzugs fort: Die Referenzgesten in der Tokio Hotel- oder Tischtennis-Szene reichen aus, um beim Publikum die entsprechenden Bezüge in Erinnerung zu rufen. Dabei müssen diesen Stilisierungen genaue Beobachtungen vorausgehen, wobei das Wissen über die Bewegung dabei nicht ausreicht. Darüber hinaus müssen die Jugendlichen wissen, wie sie *sich selbst* bewegen müssen, damit das Publikum in ihnen die zu imitierenden Anderen sehen und die Aufführung als Stilisierung entziffern.

Jedoch weisen die Theaterperformances neben dieser Annahme bzw. Ablehnung von sozialer Identität ein drittes Phänomen der Sprach- und Aufführungswahl auf – die ironisch-stilisierende Überzeichnung des eigenen subkulturellen Milieus. Wenn HipHop-Jugendliche sich als Rapper oder kämpfende Jungen als starke oder sexuell potente junge Männer aufführen, zitieren sie ihre eigenen Referenzrahmen. Welchen sozialen Sinn dies haben kann, lässt sich im Vergleich zur Absicht des Crossing näher erläutern: Während das Crossing als „eine strategische, absichtliche Inauthentizität" (ebd.: 79) eine Distanzierungs- und damit Selbstprofilierungsaufführung gegenüber fremden sozialen oder kulturellen Gruppen und dem damit vermittelten Körperbild darstellt, scheinen sich die Jugendlichen mit den zuletzt beschriebenen selbst initiierten Aufführungen von ihrem eigenen Milieu zu distanzieren. Es sind jedoch absichtsvolle Aufführungen der Inkompetenz und Inauthentizität, gerade weil die Performenden genaue Kenntnisse über die eigene Subkultur besitzen. Der Sinn dieser Performances kann als das Arbeiten an der eigenen Authentizität beschrieben werden: Es ist nicht ausreichend, die jeweiligen Codes oder Stile zu kennen und diese in einer Abfolge aufzuführen, um Zugehörigkeit zur jeweiligen Subkultur zu erlangen. Darüber hinaus muss diese Zugehörigkeit permanent durch kunstvolle Kombination neu aufgeführt werden, um für andere authentisch zu wirken. Die Glaubwürdigkeit dieser eigenen Darstellungen als Zeugnis für Authentizität findet sich in allen (jugend-)kulturellen und sozialen Bezügen wieder (vgl. Klein/Friedrich 2003: 9). Die ironisch überzeichneten Aufführungen wiederum verdichten einerseits, was als authentisch empfunden wird, andererseits zeigen sie mit der absichtlich ironischen Selbstdistanz, *wie* man sich falsch aufführt. Diese aktive Selbstkonturierung in der Aufführung weist sich als hohe Kompetenz aus.

Phänomene wie das Crossing haben einen ästhetischen Eigenwert (vgl. Deppermann 2005: 79), da sie mittels Techniken der Ironisierung, Kontrastierung und Stilisierung nicht nur das Verhältnis zwischen dem Selbst und dem Anderen markiert, sondern damit auch eine entsprechende ästhetische Form dafür gefunden wird. Diese Form wird als eine „Verfahrensweise" (Pinkert 2005:

37) eingesetzt, um Distanz und folglich Differenz erzeugen zu können. Damit erhält auch der ungenaue Begriff des Spiels und der damit verbundenen Spielfähigkeit eine konkrete Form: Die Kunst des Differenz-Spielens ist so als „eine Kunst der Technik" (Seitz 1996 zit. nach Pinkert 2005: 37) zu begreifen. Jugendliche führen reflexiv in ihren Stücken auf, dass und wie sie mit ihrem Körper und der Stimme arbeiten, Regie und Dramaturgie führen. Somit führen die Mädchen und Jungen konkret auf, dass ihr Körper keine natürliche oder wie auch immer essentielle Gegebenheit, sondern dieser ein „bewusst gestalt- und machbares Projekt" (Gugutzer 2004: 40) ist. Die Selbstprofilierung wird mittels der eigenen Körperleistungen hergestellt, während die Zugehörigkeiten kontinuierlich über den eigenen Körper als selbstreflexives Identitätsprojekt inszeniert und manifestiert werden. Dies erklärt auch die Dichte und die Varianz der jugendlichen Performances insgesamt: Auch Klein/Friedrich (2003) stellten fest, dass, wer authentisch sein möchte, aufgefordert sei „kreativ und aktiv zu sein. [...] Nur durch Engagement erhält man Anerkennung und Respekt" (ebd.: 156). Die Theaterperformances führen verdichtet auf, welche ästhetischen Zeichen- und Symbolsysteme der jeweiligen Referenzkulturen sich in die jugendlichen Körper eingeschrieben haben. Gleichermaßen sind sie Lehrstücke dafür, wie diese aufgeführt und nicht aufgeführt werden sollten. Die Performenden unterhalten das Publikum in humorvoller (Selbst-)Distanz, ebenso wie sie die eigenen körperlichen Fähigkeiten und Kompetenzen wie etwa die subkulturellen Symbole zu kennen und damit umgehen zu können, spielen zu wollen, irritationsfähig zu sein oder sprachlichen und körperlichen Witz zu beherrschen, dokumentieren. Die Theaterperformances demonstrieren Präskriptkenntnisse *und* sind ästhetische Einverleibungen. Daher können sie – neben all den anderen Funktionen – auch als Aufführungen der ästhetischen Selbstvergewisserung verstanden werden.

9. Resonanzen: Das Wechselspiel zwischen den Performances

Mit den bisherigen Rekonstruktionen wurde auch diskutiert, weshalb Jugendlichen *sich selbst* spielen und die Performances sich nicht dualistisch als authentische oder nicht-authentische Selbstaufführungen unterscheiden lassen. Jedoch können die einzelnen Rekonstruktionen für sich allein zu einem fallbezogenen und personenzentrierten Blick verleiten, der einen feldanalytischen Blick, der das Spannungsverhältnis zwischen Akteur/innen und Situationen reflektiert, vernachlässigt und letztlich die jugendlichen Aufführungen entkontextualisiert. Daher wird im Folgenden das gegenseitige Anstoßen von und zu Performances ins Zentrum der Reflexion gerückt und unter dem Begriff *Resonanz* diskutiert. Bereits Fischer-Lichte (2004a) verweist auf die Rückkopplungsschleifen zwischen Publikum und Performenden als konstitutivem Element der Performance, auch wenn es sich bei jenen „um kaum wahrnehmbare Mikroprozesse handeln" (ebd.: 67) kann. Auch anhand des hiesigen Materials konnten diese Resonanzen rekonstruiert werden: Die Performances forderten andere Beteiligte gleichfalls zu Performances heraus. Die Zuschauer/innen teilten den Performerinnen und Performern nicht nur mimisch, gestisch und (para-)sprachlich mit, was sie von der Aufführung hielten, sondern integrierten sich auch aktiv als Ko-Performende.

Die Integrationspraktiken sind, wie die vorgestellten Ausschnitte dokumentieren, vielfältig und können auch so weit gehen, dass sich Einzelne aus dem Publikum lösen, um mit eigenen Performances auf die gezeigten Aufführungen zu antworten. Diese Anstöße werden an zwei Performanceverläufen nochmals exemplarisch rekonstruiert (vgl. 9.1): Entweder binden sich Zuschauende als Performende mit ein oder die bereits Performenden antworten auf die Performances anderer. Die zentrale Frage ist, auf welche Art und Weise Jugendliche diese Geste der Anerkennung oder Ablehnung zugleich mit der Aufführung der eigenen Performance-Kompetenz verbinden. In der daran anschließenden theoretischen Verdichtung werden diese Peer-Resonanzen als Bildungsbewegungen (vgl. 9.2) reflektiert.

9.1 Resonanzarten

9.1.1 Beobachtende antworten

Anhand der bislang vorgestellten Ausschnitte konnten auch zahlreiche Wechsel von beobachtendem Publikum hin zu Akteur/innen rekonstruiert werden.[97] Diese Resonanzen auf bereits laufende Performances zeigen einmal mehr, dass die Besucherinnen und Besucher der Jugendzentren das Geschehen genau wahrnehmen und sich dazu in Beziehung setzen. Der folgende Performanceverlauf rekonstruiert eine Resonanz auf die Gesangsperformances der drei SingStar spielenden Mädchen Jasmin, Jennifer und Silke im Offenen Bereich (vgl. 7.1.1).

Fabio (Jugendlicher) geht an den drei Mädchen vorbei, die vor dem Fernseher sitzen und SingStar spielen. Er bleibt schräg links hinter Silke stehen und fängt hinter ihrem Rücken an, im Takt der Musik mit dem Mund Furzgeräusche zu machen. Jasmin und Jennifer singen und rappen weiter (,Shut up' von Black Eyed Peas) und Silke, die nach hinten versetzt auf dem Hocker zwischen Jasmin und Jennifer sitzt, ignoriert ihn ebenfalls. Fabio, nach wie vor mit dem Rücken zur Sofaecke stehend, wo ich (Forscherin) sitze, nähert sich Silke und ,pupst' ihr quasi ins Ohr. Seine Geräusche kann ich sowohl als Furz- als auch als Beatboxgeräusche deuten. Silke dreht sich schnell um und fährt ihn an: „Wenn du jetzt nicht gleich aufhörst, hau' ich dir ein paar rein!" Fabio lacht, geht einige Schritte weg und fährt mit seinen rhythmischen Furzgeräuschen fort. Zwischenzeitlich kommen die Pädagogin Silvia und Marc (Forscher) hinzu und stehen nun bei Jackie an der Theke. Die Jugendlichen am Billardtisch hinter der Theke sehen, wahrscheinlich durch die heftige Reaktion Silkes aufmerksam geworden, in Richtung der Mädchen. Fabio steht so, dass ihn die Mädchen nach wie vor nicht sehen können und ich nur seinen Rücken sehe. Silke ignoriert sein Treiben wieder, als er nicht mehr direkt neben ihr steht. (Waldstadt 2b, SS)

Die Aufführung der Mädchen fordert ein Solo anderer Art heraus: Fabio, der bislang die Einrichtung als Besucher durchstreift, betritt den performativ hergestellten Bühnenraum der Mädchen und beginnt, Furzgeräusche zu imitieren. Diese nehmen offenbar den Rhythmus des von den Mädchen gesungenen Liedes auf. Fabio manifestiert mit seiner Resonanz seinen Ko-Performerstatus unmittelbar akustisch, indem er sich für alle Umstehenden gut hörbar macht und körperlich den Mädchen zuwendet. Sein Auftritt irritiert die Mädchen zunächst nicht,

---

[97] So wechselten bswp. Jungen von Zuschauern hin zu fotografierenden Paparazzi (vgl. 8.3.2), ein Mädchenpaar wird zu Neugier signalisierenden Kampfarena-Umrundenden (vgl. 8.1.1); während ein Jungenpaar zur Musik zweier Mädchen breakdanct (vgl. 6.1.3).

obwohl er mit den Furzgeräuschen eine Anstandsregel der zivilisierten Gesellschaft, die Körperkontrolle und -disziplin fordert, verletzt. Seine Resonanz könnte als Kommentar auf die Gesangsleistungen der Mädchen gedeutet werden, indem er Furzen und Singen in eins setzt. Erst mit seiner körperlichen Annäherung wird Fabio von einer der Sängerinnen energisch abgewehrt, die den Abbruch seiner Performance fordert und ihm bei der Nichtbefolgung körperliche Gewalt androht – letztlich erfolgreich.

Die Szene lässt sich als Kampf um die Nutzung von Räumen deuten. Jedoch ist auch diese Resonanz doppelseitig angelegt: Sie hat einen provokativen Charakter und kann als Störung gedeutet werden. Jedoch gäbe es bei einer reinen Störungsabsicht effektivere Interventionsmöglichkeiten. Fabios Furzgeräusche bleiben nicht als einmaliger Publikumskommentar im Raum stehen, der situativ und kurzzeitig provozieren will. Der zwischen Furze imitieren und Beats machen oszillierende Auftritt ist bedeutungsoffen, da sich neben der destruktiven Seite Gesten der Integration finden lassen. Aus der hier entwickelten Performance-Perspektive lässt sich der Auftritt des Jungen als ein ästhetisches und soziales Wechselspiel verstehen.[98] Die Leistung des Jungen besteht darin, dass er eine ästhetische Form der Resonanz erfindet. Fabios Geräuschproduktion kann als Teilhabe an einem musizierenden Ensemble gedeutet werden, wenn die von ihm gezeigte Rhythmik in den Blick genommen wird. Fabio nähert sich der Gesangsperformance der Mädchen mimetisch an, indem er auf verschiedenen Ebenen seine Resonanzfähigkeit unter Beweis stellt: Er fügt sich räumlich ein, um überhaupt seine Resonanzperformance aufführen zu können. Dies vollzieht er mit seiner körperlichen Zuordnung zum Mädchenensemble. Vom Anordnungsbild her sind die Mädchen als Dreieck – zwei direkt davor und eine zwischen den beiden nach hinten versetzt – zum Fernseher ausgerichtet. Mit seiner Positionierung hinter dem einzeln sitzenden Mädchen ist er zwar dem Performancekollektiv zugeordnet und vergrößert den Bühnenraum; jedoch markiert er mit seiner körperlichen Positionierung auch den Grenzbereich zwischen profanem Durchgangsraum und Bühne. Zudem passt er sich stimmlich ein, indem er beim Musizieren mitagiert und sich zugleich aber abgrenzt, indem er etwas anderes als die Mädchen aufführt. Während die Mädchen singen und rappen, produziert Fabio sich als Körper gewordene Rhythmusmaschine. Als rhythmisierende Hintergrundfigur tritt er zum Rap/Gesang der Mädchen nicht in Konkurrenz. Die Beatbox wird zu seiner anschlussfähigen ästhetischen Praktik, die es ihm ermöglicht, Teil der SingStar-Bühne zu werden und dabei seine Eigenständigkeit zu

---

[98]   Bereits in Rose/Schulz 2007a haben wir diskutiert, wie dieser Ausschnitt als Geschlechterspiel gedeutet werden kann, welches Bindungen überprüft und zugleich dem Gegenüber persönliche Rückmeldungen entlockt (vgl. ebd.: 65ff.). Daher verzichte ich hier und im weiteren Verlauf auf die ausführliche Analyse unter dem Genderaspekt.

zeigen. Damit führt Fabio einerseits sein Wissen um die Bedeutung der Situation vor, indem er sie als eine Performance von stimmlichen Gesangskörpern zu dechiffrieren weiß und damit zeigt, dass er sensibel genug ist zu verstehen, dass es sich bei der SingStar-Aufführung um einen Ort ästhetischer Praxen handelt. Andererseits führt er mit seiner Resonanz sein Können vor, indem er zeigt, auf welche Weise er sich ästhetisch einbinden kann.

Seine Resonanz erregt die Aufmerksamkeit anderer. Bereits im Vorfeld wurde herausgearbeitet, dass die Mädchen mit dem Gesang auch eine Technik des Sich-Verbergens entwickeln (vgl. 7.1.1). Daher ist die Abwehr der Sängerin nachvollziehbar: Fabio überschreitet mit seiner Annäherung nicht nur Körper- und Bühnengrenzen, sondern exponiert die Mädchen. Die Sängerin stellt unmittelbar wieder eine körperliche und damit auch symbolische Distanz her, die zwar durch Fabios Lachen bagatellisiert, aber letztlich anerkannt wird. Trotz dessen, dass er mit seinem Rhythmus fortfährt, ist er nicht Teil der Performance, sondern steht als Randfigur zwischen Publikum und Bühne. Dies wird von einem Jungen wahrgenommen und aufgegriffen:

Ilgit (Jugendlicher) durchquert den Raum, geht zu Fabio (Jugendlicher) und fordert ihn gestisch mit einer leichten Verbeugung zum Tanz auf. Ilgit nimmt stumm eine Tanzstellung ein, der auch Fabio folgt und sie beginnen einen Walzertanz. Dabei nimmt Ilgit zwar die Position der weiblichen Figur ein, aber dennoch führt er Fabio. Sie tanzen in sehr hektischen Bewegungen und bewegen Rumpf und Arme sehr extrem und abgehackt bis grobmotorisch, während sie sich in einer Ellipse zwischen Spielkonsole, Theke und Sofaecke drehen. Der Tanz wirkt auf mich wie eine Parodie. Dabei sind die beiden einen Meter von den Rücken des Mädchentrios entfernt und bewegen sich in einem Radius, in welchem die Mädchen sie nur sehen könnten, wenn sie sich umdrehten. Die Mädchen singen wieder „Shut Up" von Black Eyed Peas, aber die Jungen bewegen sich überhaupt nicht im Rhythmus dieser Musik. Ilgit nimmt, mit der korrekten Kopfhaltung einer Walzertänzerin, immer wieder Blickkontakt zu den Umstehenden auf. Die Jungen kichern, beenden mit dem Liedende ihren Tanz und Ilgit sagt zu Fabio laut mit einer verstellten, höher klingenden Stimme: „Ich mach mit dir Schluss!" und lässt ihn dabei los. Sie gehen hinter den Mädchen vorbei [...]. Die Mädchen reagierten währenddessen nicht, da sich das Geschehen hinter ihrem Rücken abspielte und sie konzentriert sangen, während die Umstehenden alles mitbeobachten konnten. (Waldstadt 2b, SS)

Ilgits Performance löst Fabio aus dessen Solo heraus und bindet ihn in einen Standarttanz ein, der als Resonanz zum Gesang der Mädchen aufgeführt wird. Jedoch stellt sich die Frage, an wen sich die Resonanz richtet: Nachdem Fabio versucht hatte, sich hörbar den Mädchen anzunähern, schlägt Ilgit eine geräusch-lose, aber visuell spektakuläre Tanzperformance vor. Diese können die Sänge-rinnen aus ihrer Blickrichtung weder hören noch sehen. Somit muss die Reso-nanz auf die Gesangsperformance zwar anfänglich auf jene bezogen, aber nun auf das zwischenzeitlich aufmerksame Publikum umgelenkt worden sein: Mit der Wahl des Auftrittsorts eröffnen sich die Jungen einen parallelen Handlungs-strang und bieten dem Publikum ein Kommentar an. Der Tanz erweitert die bislang auditive um eine visuelle Performance und vergrößert den Raum zwei-fach. Der Durchgang wird zum Tanzraum und so als Bühnenraum markiert, während der Tanz die freie Bewegung innerhalb dieses Raumes ermöglicht. Die Jungen stellen durch die Tanzfigur eine Verbindung nach außen und zugleich Abgeschlossenheit ihrer Zweierkonstellation her, aus der heraus sie mit Drehbe-wegungen nach Rückmeldungen aus dem Publikum Ausschau halten können. Dabei erzeugt der Tanz gegenüber dem Gesang eine andere Art der körperlichen Präsenz. Während sich der Gesang akustische Präsenz über die räumlich ausdeh-nende Stimme verschafft, der man sich kaum entziehen kann, müssen die stum-men Tänzer ihre Präsenz visuell mit ihren Körperbewegungen erzeugen. Dabei muss die Performance so auffällig und attraktiv sein, dass sie die Blicke auf sich zieht und diese bindet, während die Anwesenheit der Mädchen trotz fehlenden Blickkontakten akustisch gesichert ist. Für das Publikum eröffnet sich das Bild von parallelen Performances: Im Vordergrund tanzt ein Jungenpaar, während im Hintergrund, von ihnen abgewandt, die Sängerinnengruppe auftritt. Das Ereignis nimmt auf das SingStar-Spiel Bezug, modifiziert es jedoch erheblich.

Auch diese Resonanz erzeugt ein Spannungsfeld, da sie aus Elementen der Bezugnahme und Nähe als auch der Distanzierung besteht. Auf Musik zu tanzen ist als komplementäre Bezugnahme generell naheliegend, während die konkrete Ausführung, einen Walzer auf ein HipHop-Stück zu tanzen, absurd erscheint. Anstelle der Aufführung HipHop-naher Bewegungsschemas, die die gesamte Performance zu einem kohärenten Bild vereinheitlicht hätten, führen sie kontras-tierend einen Walzer auf. Dieser Standardtanz, der unter den Primaten der paarbezogenen Körpersynchronisation, ästhetischen Körperdisziplinierung und Standardisierung steht, ist sowohl Symbol einer abendländischen Hochkultur als auch einer Erwachsenenkultur. Die Jungen nutzen mit der Tanzaufführung diese Choreografie, um diese umgehend nach der Einnahme der korrekten Ausgangs-position zu konterkarieren. Sie modifizieren die hoch ästhetisierten und gleich-förmigen Bewegungsabläufe des Walzers, indem sie die Choreografie als Stili-sierung und Slapstick aufführen und sich so performativ von der Körperdiszipli-nierung des Walzers abgrenzen. Sie zeigen, dass sie sich *so* körperlich nicht bewegen möchten. Aus dieser Perspektive wird der Tanz nicht nur zur Auffüh-rung einer Generationendifferenz, sondern auch zur Abwehrresonanz gegenüber den körperlichen Einschreibungspraxen der Erwachsenenkultur, die prinzipiell immer im institutionellen Kontext der Jugendarbeit vertreten sind.[99]

Im Performanceverlauf stellen die Performenden unterschiedlich ausgerichtete Resonanzen her und führen vielfältige Arten der Resonanzfähigkeit auf, obwohl sich der Raum selbst nicht verändert, wohl aber die Räumlichkeit: Während Fabios Soloeinlage Geste der Anähnlichung war, lässt sich im Paartanz eine zweifaches Distanzierungsspiel erkennen. Erstens bedienen sich die Jungen eines anderen Genres und individualisieren sich als das Tanzpaar offensiv in einer eigenen, gegenüber der Mädchenperformance asynchronen ästhetischen Gestalt. Zweitens wird der Ernsthaftigkeit des kunstvollen Singens die Ironisierung durch die Körperkomik gegenübergestellt. Die Erweiterung des Bühnenraums geht mit der Hinwendung zum Publikum einher. Damit veränderten sich die Bezugspartner der Resonanz: Wo anfänglich noch der Kontakt zu den Mädchen gesucht wird, tritt an deren Stelle das Rückmeldungen gebende Publikum. Die Performenden führen auf, wie erfindungsreich und kunstvoll sie sich mit ihren eigenen ästhetischen Aufführungen ins Spiel bringen, indem sie Anschlussfähigkeiten herstellen, sich mit parallelen Performances vernetzen können und dennoch deutlich unterscheidbar bleiben.

9.1.2 Performende antworten

Die permanenten Transformationen von Performendenpositionen wurden anhand zahlreicher Ausschnitte diskutiert.[100] An der Fortsetzung des „Timbuktu"-Auftrittes von Dave im Disocraum Waldstadt (vgl. 8.3.2) werden exemplarisch die Impulse für weitere Performances rekonstruiert.

Dave tanzt weg, hin zu den anderen. Ich schmunzele, da die Situation äußerst witzig ist: Erst tanzt er auf die aus dem Übungsraum zu hörende Punkmusik, indem er wieder einige HipHop-Gesten im Rhythmus der schnellen Punkmusik macht. Dabei wirken seine ebenfalls schnellen Bewegungen roboterartig, grob

---

[99] Dabei müssen die Tänzer wiederum regulieren, dass ihre gleichgeschlechtliche Körpernähe vom Publikum nicht fehlinterpretiert wird: Ausgehend davon, dass beide um die Doppeldeutigkeit dieser als homosexuell interpretierbaren Paarkonstellation wissen, ironisieren sie ihrer Aufführung mit ihrem Lachen. Durch die inszenierte körperliche Grobmotorik, die die Unbeholfenheit von zwei tanzenden Männern karikiert, distanzieren sich die Tanzenden in ihrer Rolle zugleich von der Aufführung.

[100] Dazu gehören u.a. die Transformation von der SingStar-Nutzerin zur A-capella-Performerin (vgl. 7.2.1), vom Jugendzentrumbesucher über Billardspieler hin zum Battle-Performer (vgl. 5.1.3) oder der kontinuierliche Wechsel von Mädchen zwischen den Gesangspositionen vor der Playstation-Konsole (vgl. 7.1.1) oder zwischen Tänzerinnen- und Artistinnenpositionen (vgl. 6.2.2).

und zackig. Sein Tanz sieht aus wie eine Mischung aus Stolpern und Tanzschritten. Dann schwankt er, wild gestikulierend, mit seinem Oberkörper hin und her und stößt seine Fäuste in die Luft. Plötzlich wechselt er zur HipHop-Musik und tanzt grazil zu ihrem Rhythmus, indem er weiche Schritte aus der Hüfte heraus macht und dazu lässig mit seinen Fingern schnippt. Zwischen diesen beiden Tanzstilen wechselt er innerhalb einer knappen Minute hin und her. (Waldstadt 1b, MS)

Die auditive Präsenz wird vom Nebeneinander zweier divergenter Musikstile bestimmt. Dave transformiert diese in eine körperliche Form, indem er abwechselnd auf die jeweiligen Musikstile tanzt. Zunächst visualisiert er die Performance der Punkband, die für alle Jugendlichen im Discoraum akustisch präsent, aber körperlich abwesend ist. Dave macht sich zur Performerfigur, die diese körperliche Absenz der Bandperformance visuell aufführt und damit im Raum vertritt. Jedoch ist seine Visualisierung keine Geste der tänzerischen Verschmelzung beider Musikstile, sondern wird in Form einer Stilisierung aufgeführt. Dave nimmt die Musik der anderen wahr, jedoch irritiert sie ihn nachhaltig und scheint ihn zu einer Resonanz herauszufordern. Er markiert seine Distanz zur Ästhetik der Punkkultur, indem er die musikalische Differenz zu seiner Bezugskultur körperlich sichtbar macht: Im Zentrum beider Musikstile steht für ihn der Rhythmus, den er als Tänzer aufnimmt, um seine HipHop-Choreografien zu tanzen. Die Punkmusik wird in seiner tänzerischen Resonanz als grobmotorische Bewegungsabfolge aufgeführt, die ihm offenkundig kaum eine rhythmische Körpereintaktung erlaubt und er sich folglich auch nicht zu ihr in Beziehung setzen kann. Die Verkörperung will und kann nicht gelingen. Der Kontrast entsteht durch die Referenzkultur HipHop: Diese ist rhythmisch interpunktiert und Dave kann sich ihr körperlich angleichen, indem er sich stimmig zur Musik bewegt. Damit zeigt er, wie sich seine Verkörperung vollzieht und ein Bild der Synchronität zwischen Musik und Bewegung entsteht. Folglich führt er nicht nur verschiedene Choreografien, sondern zwei unterschiedliche Körperhabitus auf: Der Punk wird von ihm als unkontrolliert-extrovertierte und letztlich für ihn körperferne, sein eigener Sound hingegen als sinnlich-erotische Musikkultur aufgeführt. Seine Resonanz auf die Punkperformance ist, dass diese ihm keine körperliche Selbsterfahrung erlaubt, die er dagegen in seiner Musik findet. Dave zeigt, dass die Musik mit ihm etwas macht – sie ist nicht nur externes Material, zu dem als Akt der Körperexpression getanzt werden kann. Sein Tanz ist darüber hinaus eine Performance, die seine inneren, leibspezifischen Berührungen für Außenstehende wahrnehmbar macht.

Die Choreografie wird mehrfach folgend aufgeführt, sodass diese vom Publikum als Resonanz wahrgenommen und entsprechend gedeutet werden kann.

Der Ausschnitt zeigt also nicht nur, dass divergente Jugendsubkulturen neben-
einander in einer Einrichtung präsent sind, sondern auch, wie gegenseitige
Wahrnehmung und Kommentierung aussehen können. Die bereits durch die
Jugendsubkulturforschung vielfach beschriebenen Praktiken der Abgrenzung
zwischen den Kulturen werden in Resonanzen wie dieser bildhaft aufgeführt und
wieder-um von Anderen beobachtet und bewertet. Dies zeigt jedenfalls der
Kommentar des Forschers. Er ist von der Aufführung amüsiert und erkennt
Daves Resonanz als situativ gelungene Transformation an.

Die gleichzeitig als Tanz gestaltete Rückkehr zu seiner Peergroup öffnet den
Blick des Forschers auf die anderen Tanzenden. Diese haben während Daves
Auftritt weiterhin auf die HipHop-Musik getanzt. Folgendes Ereignis schließt
sich unmittelbar an:

*Georg (Jugendlicher) tanzt ähnlich einem Roboter mit abgehackten Bewe-
gungen, dann breakdanct er auf seine Armen aufgestemmt im Rhythmus der
Punkmusik und dreht seinen Körper, der nur noch auf den Händen aufgestützt
ist, im Kreis. Danach stemmt er sich in die Luft und dreht er sich auf seinem
Kopf einige Male um seine eigene Achse. Offenkundig hat er Daves Tanz beobachtet; jedenfalls breakt er zur Punkmusik. Es sieht sehr wild und akrobatisch
aus. Währenddessen zeigt Tina den anderen drei Mädchen HipHop Schritt-
folgen, die diese nachtanzen. (Waldstadt 1b, MS)*

Der Tänzer Georg führt wiederum eine Resonanz auf die Situation auf: Er nimmt
Daves' Vorschlag, sich tänzerisch nicht auf die HipHop- sondern auf die Punkmusik zu beziehen, auf und erkennt folglich dessen Resonanz als gelungen an.
Jedoch modifiziert er diesen Vorschlag erheblich. Anstelle einer Fortführung der
distanzierenden Tanzclownerie führt er Breakdance zur Punkmusik auf. Damit
antwortet er auf die Musik nicht mit Ironie und Unernst, sondern führt mit seiner
Breakdance-Choreografie sein Können auf, diese für die Punkmusik kompatibel
zu machen. Folglich stellt er als Transformationsleistung seine tänzerische
Anpassungsfähigkeit und Integrationskraft und nicht, wie Dave, die gekonnte
Stilisierung in den Vordergrund: Wo Dave in seiner Performance mit dem
Scheitern spielt, indem er mit seiner Art zu tanzen nicht den vorgegebenen,
schnellen Punkrhythmus hält, demonstriert Georg seine Körperkraft und Körperbeherrschung. Georg ist in der Lage, sich auf seine Weise die Musik einzuverlei-
ben. Dies hat zwei Seiten – zum einen muss das Bewegungswissen bereits
vorhanden sein und zum anderen dieses Wissen auf andere Musikstile transformiert werden können. Sein Tanz wird zu einem Prozess der Einverleibung, der
Fremdes und Nichtzugehöriges in ein eigenes Muster transformiert.

Dennoch ist seine Performance kein zwingend zentrierendes Ereignis, welches zu Abbrüchen anderer Performances führt: Parallel findet eine Übung statt, in der Tanzschritte gezeigt und angeeignet werden. Die Mädchen führen die auf HipHop-Musik abgestimmten Choreografien als gleichwertige Performance auf und verstärken die paradoxe Situation, dass im selben Raum nach wie vor zu zwei verschiedenen Musikstilen getanzt werden kann.

9.2 Peer-Resonanzen als Bildungsbewegungen

An den Resonanzen als aufeinander bezogene, jedoch nicht immer chronologisch-linear geordnete Praktiken lässt sich nachvollziehen, weshalb die jugendlichen Performances als doppelte Artikulationen beschrieben werden können: Sie zeigen sowohl den körperlichen Vollzug und dessen bildhafte Formgebung in der Aufführung, als auch das komplexe Zusammenspiel zwischen Fremd- und Selbstbeobachtung. Die beobachteten Aufführungen werden durch die Jugendlichen nicht nur verbal-sprachlich, sondern auch performativ anerkennend oder ablehnend beantwortet und weitergeführt, indem das Wahrgenommene zum Bricolagematerial für eigene Fortführungen und Modifikationen wird. Diese Resonanzen verkörpern nicht nur den Nachdruck und die Ernsthaftigkeit dieser Antworten, sondern gleichermaßen die Fähigkeit der Jugendlichen, eine eigene Wirkung zu erzeugen. Zwar liegt es nicht allein in der Hand der Performenden, welche Wirkung ihre Aufführung entfalten kann, da diese als Ko-Konstruktionsprozess der gemeinsamen Bedeutungsteilung der Situation unterliegt (vgl. Fischer-Lichte 2004a; Seitz 1999). Jedoch zeigen die Performenden in ihren Stücken dem Publikum, um was es ihnen geht und artikulieren damit eine favorisierte Lesart, ohne dass diese durchgängig als Deutungsfolie fungieren muss. Stattdessen führen gerade die Performanceverläufe in Form von Resonanzen neben der ästhetischen Formgebung auch das permanente Umspringen zwischen einerseits Situationsoffenheit und Kontextabhängigkeit bzw. andererseits Wechsel oder Simultanität von Themen und Situationen innerhalb der Performances vor. Diese Wechselverhältnisse werden auf ihren Bildungscharakter hin reflektiert.

9.2.1 *Ästhetische Formgebung als Spielfähigkeit*

Die Wechselspiele zwischen Performances und den Resonanzen zeigen einmal mehr, wie Jugendliche ästhetisch Differenz und Zugehörigkeit markieren und dieses spielerisch offen thematisieren. Das sinnlich intensive und aufregende

Ereignis wird in einer szenischen Dramatisierung für einen bestimmten Kontext aufgeführt und belebt diesen (vgl. Shusterman 2005). Diese Dramatisierung des Alltäglichen zeigt neben Sozialem immer auch die ästhetische Fähigkeit der Formgebung. Die Beobachtungsprotokolle dokumentieren ein hohes Können und Vergnügen seitens der Jugendlichen, welches, angelehnt an den durch die Theaterpraxis geprägten Begriff, als „Spielfähigkeit" bezeichnet werden kann. Nach Johan Huizinga (1987) ist diese Spielfähigkeit bereits anthropologisch angelegt und vor allem mit dem Moment der Wiederholung im Spiel verbunden. Charakteristisch für das Spiel als Entstehungsort von Kultur sei, dass es durch die variierenden Wiederholungen, Einübungen und damit stattfindenden Ausarbeitungen eines Regelwerks zu einer Kulturform wird. Zwar sei das konkrete Spiel zweckfrei und zwanglos und in diesem Sinne überflüssig und nicht verwertbar, da es weder pragmatisch noch effektiv zielführend ist; dennoch produziere es eine situative Sinnhaftigkeit, die durch die Spielenden aktiv hergestellt werden muss (vgl. etwa Sturzenhecker/Riemer 2005; zur Lippe 1999; Huizinga 1987). Folglich ist es keine beiläufig zu erwerbende Handlungskompetenz, Performances zu entwickeln und aufzuführen, die in den komplexen und daher kaum übersichtlichen Situationen als situativ angemessen gelten kann. Stattdessen handelt es sich dabei um eine zu inkorporierende Praktik, die konsequent verfeinert werden muss. Somit hat diese Spielfähigkeit auch eine arbeitsame Seite, die sich anhand des Materials nachvollziehen lässt: Sowohl die Performances als auch deren Resonanzen sind experimentell gestaltete Prozesse der ästhetischen Formgebung, die manchmal als zu meisternde Herausforderung erlebt und dennoch als lustvoll erfahren werden. Sie sind darauf ausgerichtet, ‚etwas' in einer ästhetisch verdichteten Aufführung Gestalt zu geben, was auch scheitern und als nicht angemessen zurückgewiesen werden kann. Deshalb ist es verkürzt gedacht, die Performances als ausschließlich ernsthafte Momente des körperlichen Einübungs- und Einschreibungsprozesses verstehen zu wollen, ohne zugleich die lustvolle und vergnügliche Seite der Aufführungen in Blick zu nehmen.

Zur Spielfähigkeit gehört dazu, dass Jugendliche mit ihrem ästhetischen Tun sowohl soziale Mitteilungen, als auch ästhetische Erfahrungen machen: Letzteres meint, angelehnt an John Dewey (1980), nicht die Engführung als kunstförmige Erfahrung der Hochkultur, sondern die des konkreten Tuns in der Alltagspraxis. Auch deshalb ist die Unterscheidung der Sphären des Sozialen und des Ästhetischen auf einer analytischen Ebene produktiv, weil sie in Bildungscharaktere differenziert: Die Performanceverläufe dokumentieren zahlreiche Prozesse der eigenständigen Gestaltung, Aneignung und Modifikation als Strukturmerkmal der jugendlichen Selbsthervorbringung. Diese müssen zwar als soziale Praktiken im Sinne einer eigenständigen Lebensführung notwendigerweise stattfinden, jedoch weisen sie in ihrer ästhetisierten Verkörperungspraxis darüber hinaus. Die Praktiken materialisieren sich im ästhetischen Tun und aktualisieren damit immer auch die Ebene der Ästhetisierungen jenseits des sozialen Bildungscharakters. Dies setzt jedoch voraus, dass jugendliche Selbstgestaltung auch als ästhetische und kunstförmige Praxis wahrgenommen und anerkannt wird, wie es Shusterman (1994 u. 2005) im Rekurs auf Dewey fordert: Die Ästhetik der populären Jugendkultur werde seitens der Erwachsenenwelt als minderwertig und trivial klassifiziert, da sie vor allem auf Unterhaltung und Vergnügung ausgerichtet sei (vgl. ebd. 2005: 49). Da das verarbeitete Bricolagematerial der flüchtigen Popkultur entstamme und kulturindustriell produziert sei, würden die kunstvollen Verflechtungen der jugendlichen Aneignungspraxen ebenso als triviale Handlungen qualifiziert. Daher könne den jugendästhetischen Praktiken nichts Authentisches und damit ernst zu Nehmendes innewohnen. Solche verbreiteten kulturpessimistischen Urteile zur Jugendästhetik verhinderten, so Shusterman, jugendliche Ästhetisierungen als Leistungen und Ressourcen zu begreifen (vgl. ebd.). Angesichts seiner strukturellen Bedingungen hält das pädagogische Handlungsfeld Jugendarbeit nicht nur Gelegenheiten für diese oftmals eigensinnigen ästhetischen Tätigkeiten Jugendlicher bereit, indem es Anschlussfähigkeiten herstellt. Darüber hinaus provoziert und produziert Jugendarbeit diese in ihrem ‚doppelten Milieu‘ (vgl. Böhnisch 1998): Das Jugendzentrum ist Teil der durch hegemoniale Normen bestimmten Erwachsenen(hoch)kultur sowie der jugendkulturellen Sphäre, die in den täglichen Handlungspraktiken durch die Beteiligten gemeinsam hergestellt wird. Daher sind auch die ästhetischen Stilisierungen keine externen Äußerungen, die in die Sphäre des Jugendzentrums importiert werden, sondern Teil der feldspezifischen Bildungsgelegenheiten. Diese ästhetischen Bildungsgelegenheiten sind folglich auch außerhalb von kulturpädagogischen Bildungsangeboten zu lokalisieren.

9.2.2 Rückkopplungsschleifen zwischen Performenden und Publikum

Mit Blick auf die Resonanzen kann nicht konsequent von einer strikten Aufteilung von aktiven Performenden einerseits und passiven Zuschauenden andererseits gesprochen werden. Stattdessen sind es die wechselseitigen jugendlichen Positionseinnahmen und -zuweisungen, die ihren Status als Performende/Zuschauende flexibel und offen halten. Die an den Auftritten beteiligten Mädchen und Jungen sind im permanenten Orts-, Positionswechsel und führen diesen zugleich herbei. Jede beobachtbare Handlung, sei sie gestisch, mimisch oder verbal-sprachlich, löst wiederum Reaktionen der anderen Beteiligten aus, die damit die Aufführung verändern und weiterentwickeln (vgl. Fischer-Lichte

2004a). Die Performances sind Prozesse und Resultate des Zusammenspiels zwischen den Beteiligten, die erst durch ihre Körperformation – sprich die räumliche Anordnung und Bewegung von Körpern (vgl. Knoblauch 1998: 311), ihre Positionswechsel und die Verflüssigung ihrer Positionen – hervorgebracht werden.

Sowohl die jeweiligen Konstellationen zwischen Zuschauenden und Performenden als auch ihre Bezugnahmen auf die räumlich-materiellen Präskripte stellen das Jugendzentrum als eine Einrichtung mit privaten und öffentlichen Zonen her. Dies erzeugt wiederum verschiedene Öffentlichkeit und Publikumskreise. Anhand der Rekonstruktionen wird nachvollziehbar, dass sich die Performances sowohl vor der eigenen Peergroup als vor einer relativ anonymen und nicht persönlich verbundenen Personengruppe entfalten. Die eigene Performance muss im kontextspezifischen Spannungsverhältnis der jeweiligen Beziehungsformen austariert werden.[101] Jedoch wurde bereits im Rekurs auf Duerr (1999) dargestellt, dass sich das Sich-Aufführen nicht nur vor Fremden als riskant erweist, wo das Deutungs- und Kontextwissen ungewiss ist, sondern auch vor den eignen Peer-Mitglieder. Dies liegt an den Unwägbarkeiten der Performances selbst: „Weder sind die Reaktionen der Zuschauer vorhersehbar oder komplett kontrollierbar noch die Auswirkungen, die sie auf die Akteure und die anderen Zuschauer haben werden" (Fischer-Lichte 2004a: 67). Die Möglichkeit der Zuweisungen von verschiedenen Positionen verweist auf das Spannungsmoment der Inszenierungskontrolle innerhalb der Performance – wer die Dynamik der Performance, die nur begrenzt kontrolliert werden kann, maßgeblich beeinflusst, ist mit dem Status des Regieführenden verbunden. Da die Markierung der Differenz zwischen Auftretenden und Beobachtenden fortwährend bearbeitet wird, sind die Performanceverläufe dennoch emergente Ereignisse, denen nicht nach Plan begegnet werden kann. Damit erfordert das situative Sich-Aufführen und das Resonanzen-geben-Können ein hohes Maß an komplexem Handlungswissen der Beteiligten, da das Gelingen maßgeblich von der *gemeinsamen* Hervorbringung der Performance zwischen Publikum und Protagonist abhängt.

Die Theorie und Praxis der Jugendarbeit bezieht sich häufig auf ihren Nimbus als institutionell zugesicherte Schon- und Experimentierraum, mit dem der

---

[101] Wie sehr der institutionelle Rahmen die Beziehungen vorstrukturiert, lässt sich am Rahmen der Schule verdeutlichen: Der schulische Unterricht hat als Aufführungsort die primäre Aufgabe, Lerninhalte zu vermitteln. Durch die institutionellen Rollenvorgaben werden die Beziehungen zwischen Schülerinnen und Schülern und Erwachsenen als jeweilige ‚Jobs' (vgl. Breidenstein 2006) ausgerichtet, die unter ritualisierten Bedingungen die Aufgaben von Ko-Akteurinnen einnehmen (vgl. Wagner-Willi 2005). In der Jugendarbeit ist diese Vergabe von ‚Jobs' uneinheitlicher. Jugendliche können – müssen aber nicht – mit den dortigen Fachkräften und den anderen Besucherinnen und Besuchern in Beziehungen treten, da dafür der institutionelle Rahmen Jugendarbeit nur minimale Anforderungen des Miteinanders stellt.

Charakter des relativ freien und konsequenzarmen Ortes untermauert werden soll. Dieser kann zu Missverständnissen führen: Die Aufführungen sind nicht durch den Ort des Jugendzentrums von der Realität getrennt, sondern sie haben immer *reale* Konsequenzen für die *realen* Personen, die daran beteiligt sind. Bereits Lothar Krappmann (1982) wies in der von ihm entwickelten Rollentheorie darauf hin, dass im Alltag „der einzelne im Hinblick auf die verschiedenen gleichzeitigen Interaktionssysteme das Problem zu lösen hat, wie er als ein und derselbe auftreten kann, obwohl er sich in jeder Interaktion im Horizont verschiedener Erwartungen artikulieren muß" (ebd.: 75). Die jugendlichen Performances als spielerisch erprobte Selbstexponierungen zu verstehen, entspricht zwar den gesellschaftlichen Anforderungen, Lerngelegenheiten für gelingende „Identitätsbalancen" (ebd.) zu schaffen. Dies schränkt jedoch den bildsamen Charakter der Aufführungen ein: Die Performanceverläufe zeigen darüber hinaus, dass Jugendliche situationsbezogen ihr Handlungswissen an Themen gebunden unterschiedlich inszenieren. Wie und vor welchem Publikum das Thema aufgeführt wird, ob und wie sie die Einzelnen als Publikum oder Ko-Akteur/innen miteinbinden, ist im Kontext der Jugendarbeit als strukturelle Bildungsgelegenheit offen angelegt. Dadurch ist der Status sowohl der Zuschauenden als auch der Performenden immer ein aktiver: Während die Performenden an ihrem Auftritt arbeiten, bedeutet es für die Zuschauenden ebenso Arbeit, wenn sie im Hintergrund nicht sichtbar sein wollen oder mit den eigenen Performances als Resonanzen heraustreten. Damit stehen die Performenden und Zuschauenden vor der Herausforderung, in diesen nur begrenzt überschaubaren Performances entsprechend zu handeln und sich zu platzieren. Anhand der vorgestellten Ausschnitte kann nachvollzogen werden, wie sich Jugendliche erfolgreich und weniger erfolgreich platzieren. Damit ist, neben der ästhetischen Formfindung und der kompetenten Aufführung, auch das situativ angemessene Sich-Platzieren können (vgl. Cloos u.a. 2007: 125ff.) wichtig.

Als spannungsreiches und herausforderndes Moment zwischen Performenden und Publikum gilt es, sich an verschiedenen Orten des Jugendzentrums situativ und flexibel einfädeln zu können. Das Sich-Orientieren- und Exponieren-Können der Jugendlichen in offenen, nichtlinearen und chronologisch strukturierten Momenten beschreibt eine hohe Bildungsqualität in der Jugendarbeit, da der diskontinuierliche Beginn und das Fortschreiben der Aufführung und die entsprechende Resonanz der Situationsbeteiligten ein hohes Maß an ‚Fingerfertigkeit' aller Beteiligten erfordert. Dieses ist performativ aufführbar, aber sprachlich kaum verfügbar, wie es der Besucher Mike mitteilt: Dieser wird vom Forscher befragt, wie er den passenden Moment des Einstiegs beschreiben würde. Darauf antwortet dieser: *„Ja, wie soll man das sagen? Ich weiß es nicht, ich mache es einfach."* (Langenstedt 3b, Int. Mike, MS).

9.2.3 Das Umspringen von Tätigkeiten und Themen

Zwar überraschen immer wieder die Wendungen der Performanceverläufe die Beteiligten situativ, jedoch ist die Diskontinuität, verbunden mit schnellen Themen- und Tätigkeitswechseln bzw. deren Simultanität, für sie als typisch zu bezeichnen. Bereits mit den Performance-Einstiegen (vgl. 5.) wurde die schnelle Gruppenbildung von Zuschauenden und Aufführenden rekonstruiert. Der Übergang von Dezentrierung zu Zentrierung findet ohne eine explizite Ankündigung statt. Zugleich sind permanente Themenwechsel beobachtbar, die nicht explizit angekündigt werden und daher vordergründig diskontinuierlich und inkohärent wirken. Handlungsstringenz und Linearität sind kaum zu erkennen. Dennoch dokumentieren die Verläufe, dass sich Jugendliche als Zuschauende binden lassen, ohne dass explizit um ihre Gunst geworben werden muss – auch wenn die Performances spontan und unvorhergesehen aufgeführt werden.

Der Rekurs auf die Verschränkung zwischen räumlichen Präskripten und jugendlichen Performances verdeutlicht den Effekt des Umspringens: Die jeweiligen Präskripte fungieren als Plattformen, die den Jugendlichen vorstrukturierte Betätigungsmöglichkeiten oder Spielanweisungen offerieren. Damit ist ihnen eine Möglichkeit des Zusammenkommens gegeben, ebenso wie mit den Betätigungen Ausgangs- und Rückkehrorte für ihre Performanceentwürfe geschaffen werden. Diese Räumlichkeiten werden folglich zu einem „Tatort" (Shusterman 2005) für jugendliche Ereignisse. Hier darf alles dramatisiert werden, was über das Präskript hinausweist. Die Räumlichkeiten ermöglichen allen, jederzeit auf die konventionelle Spielebene zurückzukehren, um so die Thematisierung zu schließen. Damit wird die Parallelität der Ereignisse und der Aufführungen nachvollziehbar: Zur vorstrukturierten Tätigkeit werden gleichzeitig andere Spielideen aufgeführt, ohne dass sie jeweils komplett zugunsten der anderen aufgegeben werden müssen. Stattdessen treten sie in ihrer Gleichzeitigkeit oder Wechselhaftigkeit in den Vorder- oder Hintergrund und ermöglichen so die jeweils bestimmte Teilaspekte aufgreifenden Resonanzen. Dabei sind weder der Bühnenraum noch die gemeinsame Handlung der Mädchen und Jungen durch ein singuläres Ereignis bestimmt und zentriert. Es werden Performances gezeigt, die von anderen aufgenommen und durch eine dialogische oder kollektive Improvisation fortgeführt werden, ohne dass jedoch alle Anwesenden zwingend eingebunden sind. Dabei müssen die Resonanzen der inneren Gestalt der Performanceverläufe folgen, ohne dass sie offen ausformuliert sind.

Die Performances sind nicht auf eine Sache fokussiert, sondern immer mit weiteren Handlungssträngen verbunden. Die Akteur/innen oszillieren zwischen den Spielorten, Positionen und Situationen. Damit provozieren diese Praktiken die klassisch-bürgerlichen Bildungsvorstellungen, da die Jugendlichen weder im

Modus des linearen Nacheinander noch der eindeutigen Aufmerksamkeitsaus-
richtung ‚lernen'. Die Absenz der thematischen Kontinuität und Konzentration,
respektive das permanente Umspringen und gleichzeitige Agieren in verschiedenen Kontexten, kann Erwachsene irritieren oder ihnen bedenklich erscheinen.
Müller/Thole/Cloos/Köngeter (2005) stellen zur Diskussion, dass durch die
jugendlichen Aufführungen Rahmenwechsel erzeugt werden, die, obgleich sie
nicht explizit markiert waren, die Beteiligten nicht irritierten (vgl. ebd.: 31). Die
Autoren schlussfolgern für die Konstitutionsbedingungen der Jugendarbeit, dass
„die Aufrechterhaltung eines Rahmensystems, wie z.B. Beratung oder Unterricht, […] nicht per se als grundlegender working consensus angenommen"
(ebd.) werden muss. Vielmehr kann dies „jederzeit auch mit Leichtigkeit beendet
werden, weil kaum zeitliche und inhaltliche Klammern festlegen, was jetzt oder
als nächstes zu geschehen hat" (ebd.). Auch der Soziologe Axel Schmidt (2005)
zeigt an Formen der Peergroup-Kommunikation, wie Jugendliche in und mit
ihrem Sprechen soziale Beziehungen eingehen und aufrechterhalten. Dabei stellt
Schmidt bei jugendlichen Unterhaltungen, wenn diese an den „zivilisationsge-
schichtlich gewachsenen Idealen eines ‚guten Gesprächs'" (ebd.: 88f.) gemessen
werden, weder Themenkohärenz noch fokussierte Interaktion oder korrekte
Sprecherwechsel fest (vgl. ebd.: 89ff.). Diese Handlungsweisen stören den
pädagogischen Rahmen: „Sie stehen in diametralem Gegensatz zu den Erforder-
nissen aufgabenorientierter Kommunikation, da dort Nebenkommunikationen,
dauernder Fokuswechsel und Unernst zu Diffusion, Hyperkomplexität und
Ergebnislosigkeit   führen"   (Schmidt   2005:   93).   Diese   Peergroup-
Kommunikationen sind, so Schmidt, jedoch Freizeitinteraktionen, „in denen
keine Aufgaben zu lösen und kein Wissen zu vermitteln ist" (ebd.).
  Zwischen der hier empirisch entwickelten Performance-Perspektive und diesen beiden Diagnosen lassen sich erhebliche Übereinstimmungen finden. Bezo-
gen auf den Bildungsdiskurs der Jugendarbeit muss daher die Frage gestellt
werden, an welche Vorstellungen von Rahmenbedingungen Jugendarbeit sich
ausrichtet, wenn sie ihre Arbeit als Bildungsförderung proklamiert. Mit der
„Gleichzeitigkeit und dem schnellen Wechsel von dezentrierter und zentrierter
Interaktion" (Müller u.a. 2005: 31) werden nicht nur die Strukturmerkmale des
Feldes beschrieben. Darüber hinaus spiegelt die Tendenz zur Emergenz und
Unabgeschlossenheit Merkmale sowohl der von Schmidt (2005) untersuchten
Peer-Kommunikation, als auch der im Rahmen dieser Studie untersuchten
Performances wider. Die Wechsel folgen einer spezifischen Diskontinuität, die
nicht weiter als ein anarchisches Chaos der Oberflächlichkeit, Unverbundenheit
und Beliebigkeit, sondern als konstitutives Merkmal des Handlungsfeldes Jugendarbeit aufzufassen ist. Diese Diskontinuität erzeugt hyperkomplexe Strukturen, indem eine Vielheit an Komplexitäten nebeneinander verhandelt wird. Die

Vielheit beschreibt nicht nur additiv eine Anzahl an Komplexitäten, sondern umfasst als Hyperkomplexität die teils völlig unterschiedlich gelagerten und disparaten Ebenen der Strukturen. Folglich lassen sich die hierarchisch orientierten und linear strukturierten Vorstellungen über Jugendbildung innerhalb dieses pädagogischen Handlungsfeldes kaum mehr halten.

Stattdessen bestimmt die Hyperkomplexität die Bildungslogik des Handlungsfeldes: Zunächst dokumentieren die Resonanzen als Teil der Aufführungsbedingungen – im situativen Entstehen und Zerfall von Gruppen – ein hohes Maß an gegenseitiger Aufmerksamkeit und Achtsamkeit. Die Synchronität der Performancestruktur erlaubt Jugendlichen wiederum, ihre, für sie attraktiven Themen einzubringen, ohne sich singulär auf eine Bedeutungsebene festlegen zu müssen. Die Wechsel können als eine Dialektik zwischen Konzentration und Zerstreuung aufgefasst werden, um sich immer wieder personell und thematisch aufeinander beziehen zu können. Zugleich ermöglicht diese Praxis ein Offenhalten der Situationen und Handlungsspielräume. Da es nicht nur *ein* Thema und *eine* Interaktionslinie gibt, sind schnelle Verschiebungen möglich. Jugendliche können zwischen verschiedenen Themen oszillieren, diese zentrieren und wieder dezentrieren. Diese herausfordernde Situation hat zugleich eine entlastende Seite. Aufgrund der Schnelligkeit und Flexibilität der schwebenden Situation können Jugendliche sich sicher sein, dass bei den Themeneinspeisungen ein potenzielles Scheitern und das Risiko der Bloßstellungen überschaubar sind, da die Struktur selbst ein relativ schnelles Ein- und Austreten anbietet. Es entlastet auch das Miteinander, weil Konstellationen aufgelöst werden können, ehe sie sich destruktiv konflikthaft zuspitzen. Zugleich verhindert es statische Hierarchisierungen, da durch die Situationsdynamik diese kaum dauerhaft fixiert werden. Zentrale Personen werden regelmäßig in den Hintergrund verwiesen, indem andere Thematisierungen aufgeführt und durchgesetzt werden. Damit werden sowohl die thematischen Ausrichtungen der Performances als auch die Beteiligungsstrukturen für die einzelnen Akteur/innen offen gehalten. Ob, in welcher Konstellation und zu welchem Zeitpunkt welche Themen als Bildungsimpulse aufgenommen und weiterentwickelt werden, bleibt prinzipiell offen und unabgeschlossen. Die daraus folgenden Konsequenzen für die Bildungschancen der Jugendarbeit diskutiere ich im Ausblick weiter (vgl. 11.).

10. Zusammenfassung: Aufführungen von Handlungswissen

Die Studie konnte, ihrer Forschungsfrage folgend, anhand des ethnografisch erhobenen Materials rekonstruieren, wie jugendliche Selbsttätigkeiten als bildsame Performances und performative Bildung mit den Aufführungskontexten der Jugendarbeit verschränkt sind. Zentrale Aspekte werden im Folgenden zusammengefasst:

Die Verschränkung zwischen Präskripten und Performances
Zunächst wurde bei vier Räumen rekonstruiert, wie sie in ihren Gestaltungen mit offensichtlichen und impliziten Nutzungsoptionen und Handlungsaufforderungen – die als Präskripte bezeichnet werden – belegt sind, die (auch) Bildungsimpulse setzen wollen (vgl. 4.). Die Räume stellen mit ihren innenarchitektonischen Arrangements ein unterschiedliches Maß an Öffentlichkeit und Privatheit her und sind bereits in Zuschauer- und Bühnenräume strukturiert. Wie jedoch diese Präskripte von Jugendlichen wahrgenommen und bearbeitet werden, so wie es die Rekonstruktionen der Auftritte von Mädchen und Jungen zeigen, ist dennoch offen. Die Präskripte fungieren für die Jugendlichen als Bricolagematerial und kanalisieren zwar spezifische Nutzungspraktiken, sind allerdings nicht determinierend. Anhand der Performance-Einstiege wurde diskutiert, wie Mädchen und Jungen sich in Bezugnahme auf Performance-Genres wie Akrobatik, Tanz, Musik oder Theater und die verräumlichten Präskripten körperlich und handelnd zu Zuschauer/innen, Akteur/innen und Ko-Akteur/innen machen und dabei Öffentlichkeit herstellen (vgl. 5.).

Die Differenz zwischen den Performance-Genres
Die Rekonstruktionen der Einzelauftritte dokumentieren, auf welche Weise Jugendliche in ihren Aufführungen auf das bereits vorhandene Material zurückgreifen und welche Wirkungen die Performances für die Aufführenden und die Zu-schauenden entfalten. Außerdem wurde gezeigt, welche vielfältigen Präskripte, wie etwa aus den jeweilig präferierten Bezugskulturen, die Mädchen und Jungen in die Räumlichkeiten der Jugendarbeit einbringen und wie diese sich mit den räumlichen Präskripten vermengen. Die Typologisierung in Performance-Genres erlaubte es, sowohl diese Hybridisierung der Präskripte als auch den jeweiligen Erfahrungshorizont der jugendlichen Praktiken zu diskutieren, da

diese performativ vielfältige Differenzlinien erzeugen. Damit wird auch die pädagogische Perspektive auf Bildungsgelegenheiten erweitert.

Die Überschneidungen in den Praktiken der körperlichen Ästhetisierung und Verkörperung sind sowohl bei den Aufführungsformen als auch in den Wirkungsweisen deutlich vorhanden. Die körperlichen Bewegungen wirken in ihrer Erscheinung selbst auf das *Publikum* und die *Performenden* ein. Diese doppelte Ausrichtung der sozialen und ästhetischen Wirkung während der Prozesse der Verkörperung zeigt zwischen den Genres graduelle Unterschiede auf, die bedeutend sind. Mit den feinen Differenzen einer spezifisch sinnlichen Wahrnehmung und ihrer vielfältigen Dispositionen konturieren sich Jugendliche selbst und machen sich für sich und andere spürbar.

Tanz- und Akrobatikperformances: Im Mittelpunkt der tänzerischen und artistischen Aufführungen stand der ästhetisiert bewegte Körper, der sich zumeist zur Musik in Beziehung setzte (vgl. 6.). Dabei unterschieden sich die Bewegungsabläufe explizit von den Bewegungsroutinen des Alltages. Die Arbeit mit und an der Körperbewegung, die einverleibt werden muss, erfordert nicht nur als körperliches Lernen hohe Koordinations- und Beweglichkeitsleistungen seitens der Aufführenden. Ausschließlich dies hervorzuheben würde auf die Einübung und die Demonstration von motorischen Kompetenzen abzielen, die das Bewusstsein um das Publikum und die spezifische Wirkungserzeugung der Aufführungen vernachlässigten. Vielmehr sind gerade die Tänze ästhetische Entscheidungen, die performativ aufgeführt und dabei gleichzeitig leiblich wirksam werden. Es muss nicht nur entschieden werden, zu welcher Musik und mit welchen Körperbewegungen in welcher Abfolge getanzt wird, sondern die Mädchen und Jungen müssen auch für sich das strukturieren, was sie an Wirkung wahrnehmen. Verschiedene Choreografien ermöglichen dabei individuelle und synchrone Tanzfiguren und organisieren individuelle und kollektive Tanzaufführungen im Raum. Zugleich müssen soziale Erfahrungen strukturiert werden, indem die Aufführenden sich entscheiden, wo, mit wem und für wen getanzt wird. Die Performances sind kontextuell eingebettet, da nicht nur der Bewegungskörper Räumlichkeit erschafft und damit die Mädchen und Jungen ihr Wissen um Aufführungsräume aufführen. Auch wirkt der Raum auf die Bewegungen ein, indem er die Ausdehnungen überhaupt erst ermöglicht und zugleich beschränkt.

Gesangsperformances: Die eng gefassten popkulturellen Präskripte ließen im Vorfeld der Rekonstruktionen von Gesangsaufführungen (vgl. 7.) eine durchgängige Orientierung, aber kaum die beobachteten Abweichungen von diesen mutmaßen. Gleichfalls zeigte sich, dass die durch das Einrichtungsarrangement hergestellte Differenz zwischen ernsthaft aufgeladener Gesangstätigkeit und freizeitorientiertem Gesangsspiel (vgl. 4.2.3 u. 4.2.5) für die Wirkungen, die die

Gesangsperformances entfalteten, unbedeutend war. Der wesentliche Unterschied zu den anderen Performance-Genres lag in der hohen akustischen Ein- und Zudringlichkeit, da die auditive Räumlichkeit und somit die eigene Wirkung sich weit über den architektonischen Raum ausdehnen konnte. Die Diskussion um die Wirkungen des Gesangs dokumentiert deutlich, dass der Gesang mehr als eine zu übermittelnde Textbotschaft darstellt, sondern die Kunst des Geschichtenerzählens zugleich mit der Arbeit am Klang und Rhythmus verbunden war, um eine eigene ästhetische Wirklichkeitssphäre herstellen zu können. Zwar richtete sich die Aufmerksamkeit auf die physische Qualität des Stimmkörpers, jedoch stand fortwährend nicht nur die auditive, sondern die gesamte, körperlich situierte Wahrnehmung zur Disposition. Der Gesang erzeugte eine Atmosphäre der Sinnlichkeit und Emotionalität, in der die Performenden die Leiblichkeit ihres eigenen Gesangs als Teil der Verkörperung spüren konnten. In der körperlichen Resonanz erfuhren die Singenden die Hervorbringung des Subjektkörpers besonders dann, wenn sie mit ihren Stimmfärbungen spielen konnten, zugleich aber auf eigene stimmliche Grenzen stießen. Dabei erfuhren sie eine bedeutsame Differenz: Auch wenn sie die medialen Vorlagen einverleibten, so ähneln sie sich diesen nur an. Für die anderen Beteiligten war diese Transformation und Unmittelbarkeit gleichfalls spürbar. Dabei konnte zugleich rekonstruiert werden, dass die Auftritte den Mädchen und Jungen nicht nur Vergnügen bereiteten, sondern geradezu krisenhafte Situationen herausforderten, die bewerkstelligt werden mussten. Daher mussten Feedbacks sorgfältiger reguliert werden, indem sich Singende etwa vom Publikum abwendeten oder Scham zeigten. Die Gesangsaufführungen ließen sich so als komplexe Situationen rekonstruieren, in denen nicht nur ‚äußerliche', jugendkulturelle Differenzen hergestellt werden, sondern die Mädchen und Jungen sich selbst habituell konturieren.

Theaterperformances: Während bei den vorherigen Performance-Genres die Trennung zwischen hervorgehobenen ästhetischen und anderen Praktiken für alle Beteiligten deutlich markiert war, zeichneten sich die Theaterperformances durch ihre diffuse Parallelität von gestisch-mimischen, sprachlichen als auch parasprachlichen Ebenen aus (vgl. 8.). Diese Diffusität entsteht aus der Prämisse, dass Theater immer ein Versuch ist, reales und fiktionales Leben darzustellen. Während der Sockel der klassischen Aufführungsbühne selbst schon ästhetische und soziale Differenz und somit Distanz zwischen Aufführenden und Zuschauenden erzeugt, mussten bei den Theaterperformances der Jugendlichen fortwährend die Folgen der sozialen Seite bearbeitet werden. Trotz eines gemeinsam geteilten Bedeutungskodexes offerierten sowohl die Aufführenden Deutungsangebote als auch leisteten die Beteiligten Dechiffrierungsarbeit, um die Liminalität der Aufführungen wahren zu können. Die Kampf- oder Slapstickaufführungen etwa mussten sowohl in ihrer ästhetisch formalisierten und ritualisierten Körperlichkeit als auch der Doppeldeutigkeit von Unterhaltung und Wirksamkeit situativ neu interpretiert werden. Die Verzahnung von Verkörperungspraktiken und die Rückgriffe auf auch medial verbreitete Körperbilder war komplex: Mit den theatralen Performances führten die Mädchen und Jungen nicht nur ihre jeweiligen Präskriptkenntnisse auf, sondern zeigten auch, dass sie diese als bewegtes Bild evozieren und verkörpern können, ohne notwendigerweise darin aufzugehen. Stattdessen ironisierten und persiflierten die Performenden sowohl eigene Körperkonzepte als auch die der anderen. Daher stellen die Theaterperformances weder reine Abgrenzungs- noch Einverleibungspraktiken dar, sondern sind liminale Differenzarbeiten. Zugleich transformieren die Theaterperformances reale Situationen, die spannungsvoll sind, in ästhetische und spannungsarme.

Performanceübergreifende Strukturen

Jenseits der feinen Differenzen zwischen den Performancegenres wurden auch Überschneidungen und strukturelle Ähnlichkeiten hinsichtlich von Form und Wirkung herausgearbeitet:

Zunächst ist allen Aufführungen gemein, dass sie das Wechselverhältnis zwischen Publikum und Performenden sowie zwischen Zeigen und Beobachten thematisierten. Die Performances werden nicht nur vor, sondern mit dem Publikum aufgeführt und sind folglich sowohl auf Selbst- als auch Fremdtransformationen angelegt. Je nach räumlichen Präskripten und der eigenen Platzierung im Raum unterscheiden sich die Beteiligungsoptionen wie auch die Beteiligungsrisiken. Durch die Unvorhersehbarkeit der Performanceverläufe stehen letztlich die einzelnen Positionen wie Hauptakteur/innen, Ko-Akteure oder Zuschauende und die jeweils damit verbundenen Handlungen kontinuierlich zur Disposition. Jede/r hätte situativ einbezogen werden können und folglich reagieren müssen.

Bei allen beobachteten Aufführungen sind Flüchtigkeit, Schnelligkeit und Simultanität der Handlungsebenen und Themen nachzuvollziehen. Es wurden nur wenige Performances dokumentiert, bei denen Mädchen und Jungen konsequent und über längere Zeit *ein* Thema und *eine* Aufführungsform wählten. Stattdessen gab es einen fortwährenden Wechsel zwischen sowohl inhaltlichen Themen und Ebenen als auch zwischen der Zuschreibung eines fiktionalen oder realen Charakters. Dies führte jedoch bei den Beteiligten nicht zu Irritationen. Vielmehr waren jene Wechsel konstitutiv für die Performancegeschehen, da die Multioptionalität die Ein- und Ausstiegsmöglichkeiten laufender Ereignisse sicherte.

Die jugendlichen Performances sind selbstreferenziell und produzieren permanent schwebende, offene und (de)zentrierende Situationen. Sie stellen hyperkomplexe und im Gesamten kaum überschaubare Ereignisse dar. Folglich sind sie als Gesamtes gesehen nicht eindeutig erklär- und verstehbar, weil sie keine eindeutigen Bedeutungen erzeugen. Dennoch sind die Ereignisse nicht bedeutungslos. Vielmehr muss man von einer Bedeutungsvielfalt ausgehen, die keine Beliebigkeit erzeugt, sondern eine konkrete Mehrstimmigkeit generiert, die erst durch die gemeinsame und diskontinuierliche Handlungspraxis wirksam wird. Mit dem Begriff 'Resonanzen' wurde bereits diese Hyperkomplexität innerhalb der Verläufe reflektiert: Gerade die diskontinuierlichen Momente, in denen Jugendliche improvisieren können, dokumentieren, dass die Aufführungen keine bloßen Äußerungen sind, sondern einer gestalteten Form entsprechen, die etwas sichtbar macht und zur Erscheinung bringt. Zugleich stellen sie Situationen der Selbstvergegenwärtigung und -hervorbringung dar.

Die Aufführungen sind nicht nur Akte, die von hoher Selbst- und Fremdwahrnehmung geprägt sind, damit das Ineinandergreifen der Performances überhaupt erst möglich wird. Die Jugendlichen zeigen darin ihr Können, indem sie ihre Fähigkeiten aufführen, sowohl zwischen verschiedenen Kontexten und Strukturen zu differenzieren als auch imaginäre mit realen Räumen verbinden zu können. Die Mädchen und Jungen transformieren in ihren Performances ihr implizites Wissen über Situationen, Handlungen und Akteur/innen in eine explizite Handlungsform, indem sie es öffentlich performativ hervorbringen und sich in Beziehung zu ihm setzen. Das Wissen wird für sie selbst und andere gestaltet, dadurch dass es sicht- und erfahrbar und damit zugänglich gemacht wird. Die Performances stellen damit weder ausschließlich ästhetische noch soziale Praktiken dar, sondern können vielmehr als konkretisierte und konkretisierende Geflechte von Impulsen und performativen Bezüge beschrieben werden, die im permanenten Schwebezustand sind. Inhaltlich offen sind sie darauf angelegt, eine konkrete Differenz gegenüber dem alltäglichen Geschehen herzustellen. Diese Differenz besteht nicht nur zwischen Jugend- und Erwachsenenkultur, zwischen Zuschauenden und Aufführenden, sondern auch zwischen Bewegungskulturen und Bezugsgenres. Jugendliche eröffnen sich damit Räume, um sich selbst performativ zuzuordnen. Dabei konnte sowohl der interaktive und kollektive Charakter von Performances als auch die gleichzeitige Strukturierung und Reflexion von Erfahrungen im praktischen, körperlichen Vollzug rekonstruiert werden. Dies bedeutet aber auch, dass das Gelingen der Performances und die dadurch stattfindenden habituellen Selbstkonturierungen nicht allein von ihrer Intention abhängen, sondern letztlich von der Resonanz durch die Zuschauenden. Damit wird deutlich, dass die Performances keine Imitation erlauben, sondern aktive Transferleistungen und kollektive Aushandlungsprozesse sind, die immer wieder neu kontextuell arrangiert werden müssen.

Diese Zusammenfassung vergegenwärtigt, binnen welcher Unwägbarkeiten die Mädchen und Jungen agieren, wenn sie sich auf diese emergenten Situationen einlassen. Damit zeugen nicht nur die Performances von einem hohen Maß an Inszenierungs- und Aufführungsqualität. Auch die Beteiligten verfügen über Kontextsensibilität und Varianz von Handlungsoptionen. Der Sinn der Aufführungen liegt daher kaum darin, dass die Jugendlichen auffallen wollen, noch lässt sich dieses riskante Engagement mit einem wie immer auslegbaren adoleszenten Aktivitätstrieb erklären. Die Kunst der Hervorbringung von Ereignissen, um mit diesen spürbare Spannungen zu erzeugen und Aufmerksamkeit zu binden, ist nicht nur nach außen gerichtet, sondern genauso sehr selbstbezüglich. Sich selbst als interessant zu empfinden ist Teil ihrer Bildungspraxis, da es die selbst hervorgebrachten Ereignisse sind, in denen etwas erlebt und zur sowohl selbstbezüglichen, als auch auf das Gegenüber bezogenen Erfahrung werden kann. Daher sind die Performances nicht nur als eine rekonstruktive Perspektive, sondern als ästhetische und kunstförmige Praktik wirksam. Jugendliche suchen sich diese nicht nur als Darstellungsform für ihre Aufführungen aus, sondern zeigen sich selbst und anderen, was sie dabei ästhetisch-sinnlich erfahren, ohne dies notwendigerweise sprachlich-verbal artikulieren zu müssen.

Für eine am sich bildenden Subjekt orientierende und dessen Sinnhaftigkeit anerkennende Pädagogik empfiehlt es sich, die jugendlichen Performances als Leistungen anzuerkennen, die ästhetische als auch soziale Handlungsfähigkeiten voraussetzen und diese zugleich performativ verfeinern. Damit zeigt die hier vertretene Performance-Perspektive sich widerstrebend gegenüber dem eingangs skizzierten Konsens der jugendarbeiterischen Bildungsdebatte, die Bildungsprozesse vor allem als individuelle und individualisierende wie auch als geistig-reflexive Akte konstruiert. Performances als Bildungsgelegenheiten wahrzunehmen, in denen gleichzeitig etwas erfunden und gestaltet wird, fordert, wie ich abschließend diskutieren werde, eine andere Konturierung des jugendarbeiterischen Bildungs- und damit auch Professionsverständnisses, als es bisher der Fall ist.

11. Herausforderungen an die pädagogische Profession

Auch wenn im Rahmen dieser Studie explizit nicht das Handeln der pädagogischen Profession in den Blick genommen wurde, so fordern die empirischen Ergebnisse die Professions- und Professionalisierungsdebatte zu einer zumindest partiellen Neuausrichtung heraus. Die theoretisch-konzeptionellen Diskurse der Jugendarbeit sind stark auf die Handlungspraxis der Jugendeinrichtungen ausgerichtet. Sie sind durchdrungen von Schilderungen einer „pädagogischen Apokalypse" (Blomberg 2005), denen Versprechen folgen, auf welche Weise diese abgewendet und die Arbeit vor Ort verbessert werden könne. Auch die Ergebnisse dieser Studie könnten dazu verleiten, das Bild einer Fachpraxis zu zeichnen, die den jugendlichen Performances ansonsten ohnmächtig gegenübersteht, wenn sie der offerierten Optimierung nicht folgt. Ich möchte mich mit Hinweisen dieser Art zurückhalten, sondern vor dem Hintergrund der Ergebnisse die sich für mich ergebenden Herausforderungen, aber auch Chancen, die sowohl die Profession als auch Professionalisierung des Handlungsfeldes einschließen, formulieren.102 Diese konkretisieren sich in folgenden drei Schwerpunkten.

Erster Schwerpunkt: Die weitere Konkretisierung eines handlungsfeldbezogenen Bildungsverständnisses
Bildung und das „Klientel": Die vorgestellten Performances als Formen jugendlicher Selbsttätigkeiten stellen Bildungsressourcen dar, die von den Jugendlichen vielfältig aktiviert werden. Die Fachdiskussion verkennt jedoch die Bildungsqualität, wenn sie die jugendlichen Performances lediglich als Praktiken der „Rollenübernahme" (vgl. etwa Krappmann 1982) deutet. Mit Verweis auf die positiven Effekte der Rollenübernahme wird impliziert, dass es sich bei dem Klientel der Jugendarbeit um ein potenziell „bildungsbedürftiges" handele. Die pädagogischen Diagnosen erzeugen das Bild des defizitären, primär männlichen Klienten, für den entsprechende Bildungspotenziale pädagogisch erschlossen werden

---

[102] Im Folgenden führe ich nur Herausforderungen an die Profession auf, die sich aus dem spezifischen Spannungsverhältnis von Performance/Bildung ergeben. Zu anderen Herausforderungen vgl. Schulz 2008 zum Verhältnis sozialräumlicher und ethnografischer Blick; Müller/Schmidt/Schulz 2008 zu Bildungsgelegenheiten in jugendpädagogischen Arbeitsfeldern; Rieckmann/Schulz 2008 zu demokratischer Bildung; Schulz 2007 zu ethnografischem Blick als Evaluationsinstrument; Rose/Schulz 2007a zu Gender und Bildung und Müller/Schulz 2007 zum ethnografischen Blick als konzeptionellem Sockel.

müssen (vgl. Rose/Schmauch 2005). Aufbauend auf diesem Entwurf werden praktische Gelegenheiten zur Übernahme und Aneignung anderer Rollen entwickelt bzw. gefördert. Diese sollen den Jugendlichen Gelegenheiten geben, die eigenen defizitären Konstrukte abzulegen, welche sie an der sozialen Teilnahme der Gesellschaft hindert. Diese vielfach anzutreffenden Diagnosen und daraus abgeleiteten Handlungskonzepte sind nicht immer falsch, aber einseitig. Mit dem ausschließlichen Beibehalten dieser Blickrichtung auf die Bildungsprozesse des jugendlichen Klientel lassen sich schwer Bildungsmomente wahrnehmen, da die Mündigkeit der Jugendlichen zur Selbstbildung zur Disposition steht. Stattdessen akzentuiert die im Rahmen dieser Studie entwickelte Lesart – die jugendlichen Performances als gemeinschaftliche Selbsthervorbringungen und Selbstkonturierungen zu betrachten – ein alternatives Deutungsmuster, welches dem Klientel die Kompetenz zur Selbstgestaltung ihrer Bildungsprozesse grundsätzlich zuerkennt. Letztlich eröffnet diese Blickschneise die fachliche Chance, ein weitaus differenziertes Bild von Jugendlichen zu entwickeln.

Bildung und institutionelle Chancen: Wie bereits in Rose/Schulz (2007a) beschrieben, sind weder Bildung noch das damit verbundene Versprechen der Integration daran zu messen, „inwieweit sozialadäquate Verhaltensstandards als *Merkmalskonstanten* ausgebildet und routinisiert werden, sondern daran, ob sie situativ – also räumlich und anlassbezogen – realisiert werden" (ebd.: 283, H.i.O.). Es misst sich daran, „ob Differenzierungsfähigkeit dazu entsteht, wann und wo man was tun kann und wann und wo auch nicht" (ebd.). Die vorliegende Studie zeigt exemplarisch anhand von vier Räumen, inwiefern Jugendarbeit ein Kontinuum an mehr oder weniger vorstrukturierenden und dadurch chancenreichen Auftrittsgelegenheiten und Gestaltungsräumen darstellt. Der Raum wird zum Ausgangspunkt von spontanen, interaktiven Auftritten von Jugendlichen. Dieses unterscheidet Jugendarbeit strukturell erheblich von anderen Bildungsorten. Daher lassen sich die feldspezifischen Bildungschancen kaum anhand der etablierten Bildungsprämissen messen. Diese Prämissen basieren auf stabilen und durch Lehrende geleitete Gruppen, geistig-kognitiver Reflexion, inhaltlich-thematischer Kontinuität, sequenzieller Strukturen und Nachhaltigkeit. Das empirische Material zeigt jedoch vielfältige Selbstherstellungen von Bildungsgelegenheiten durch Jugendliche in alltäglichen und profanen Momenten, die jedoch keineswegs kontext- und beziehungslos oder beliebig aufführbar sind. Stattdessen sind die Gelegenheiten unabdingbar auf die Resonanzen der Beteiligten – sowohl der Peergroup-Mitglieder als auch der Erwachsenen – ausgerichtet. Daher ist es erforderlich, Bildung in der Jugendarbeit als ein kontextuelles Geschehen in einem kollektiven Interaktionsraum zu reflektieren, dessen Zeitrahmen und Beziehungsformen grundsätzlich offen, aber nicht beliebig sind. Folglich müssen weder der Zeitmodus, das Generationenverhältnis, noch die

Gestalt des Bildungsraumes dem linearen Muster der pädagogischen Institution folgen, um Gelegenheiten der Selbstbildung zu eröffnen. Hilfreich wäre, das Jugendzentrum deutlicher als das wahrzunehmen, als welches es institutionell konzipiert ist – als ein offener Freizeitort mit eigenen konstitutiven Situationsmerkmalen. Das Jugendzentrum kann weniger als Bildungsort denn als „Gelände mit Bildungschancen" (Müller/Schmidt/Schulz 2008: 59) bezeichnet werden. Die schulpädagogische Wissensvermittlung, die auf stellvertretende Komplexitätsreduktion und Didaktisierung von Welt aufbaut und dementsprechend Bildung strukturiert und kanalisiert, geht auf ihren institutionellen Auftrag zurück. Diese, über die Schulpädagogik weit verbreiteten Vermittlungsmuster, können bei der Fachpraxis der außerschulischen Kinder- und Jugendarbeit eine, metaphorisch gesprochen, innere Unvereinbarkeit zwischen den idealisierten Bildungsorten und dem Interaktionsalltag des Jugendzentrums verursachen. Vermutlich gehört dies zu den größten Herausforderungen an die Professionalisierung, bezogen auf die weitere Profilierung des Handlungsfeldes als nonformalem Bildungsort, die Vorrangigkeit der schulpädagogischen Strukturierungs- und Deutungsmuster von Bildung, die auch über die jeweiligen Ausbildungswege fortwährend manifestiert werden, abzulegen.

Bildung und ihre Formen: Eingangs wurde darauf verwiesen, dass landläufig Bildung mit den Formen der Innerlichkeit, Nachhaltigkeit und Biografierelevanz assoziiert wird. Mit der Rekonstruktion der jugendlichen Selbsttätigkeiten als Performances ließ sich empirisch sichern, dass die Flüchtigkeit der Aufführungen keineswegs auch flüchtige Eindrücke bei den Jugendlichen selbst hinterlässt. Stattdessen können die Performances u.a. als ästhetische und kunstförmige Bildungsprozesse anerkannt werden (vgl. Shusterman 1994), wenn Bildung *auch* als relationaler, körperlicher und handelnder Prozess gedacht wird (vgl. u.a. Wulf/Zirfas 2006; Wiesemann 2006). Die Chance für die jugendarbeiterischen Bildungsdiskurse wäre, stärker als bisher die leiblich-körperlichen und in der sinnlich erfahrbaren Bewegung stattfindenden Bildungsprozesse zu reflektieren, statt den Körper weiterhin mehrheitlich unter Gesundheits- und Geschlechteraspekten problematisierend zu diskutieren. Zugleich scheint es mir ratsam zu sein, verstärkt die komplexe Struktur der jugendlichen Aufführungen auch auf ihre selbstreferenzielle Seite hin zu rekonstruieren. Dieses Vorgehen stellt eine Alternative gegenüber den etablierten, beruflich-habituell verankerten Deutungsmustern der jugendarbeiterischen Profession dar, deren diagnostische Kompetenzen auf die Lokalisierung von Problemlagen und Hilfebedarfen ausgerichtet sind. Stattdessen hebt der vorgeschlagene Blick das Selbstzweckhafte der jugendlichen Performances hervor, ohne hinter ihnen umgehend tiefere Bedeutungsschichten im klassischen Bildungsverständnis mutmaßen zu wollen. Dies

bezieht sich auch auf das Phänomen Bildung selbst, da nicht hinter jeder jugendlichen Performance eine tiefgreifende Bildungserfahrung stehen muss.

Bildung und Zeitlichkeit: Bildung kann situativ betrachtet werden, so ein
Kerngedanke dieser Studie. Die extensive Rekonstruktionen konnten u.a. zeigen,
wie Bildung anhand von Situationsbeobachtungen sichtbar gemacht und unter
welchen Perspektiven die dokumentierten, situativen Praktiken der jugendlichen
Selbstaneignung und Selbstaufführung diskutiert werden können. Diese situatio-
nistisch angelegte Bildungsperspektive würde jedoch den Zeithorizont von
Bildungsprozessen verändern. Die implizite, fachlich-pädagogische Erwartung
an jugendliche Bildung ist, dass sich von Jugendlichen Erlebtes im pädagogisch
definierten Zeithorizont zu bedeutsamen Erfahrungen verschränkt und chronologisch als Bildungsprozesse anordnet. Dies ist zwar empirisch gesehen ein Einzelfall, aber dennoch ein dominantes Diskursmuster sowohl in den jugendarbeiterischen Professionalisierungs- als auch Professionsdebatten. Mit den vorliegenden
Rekonstruktionen können die Spontaneität der Wechsel sowie das Zusammen-
kommen und Auseinanderfallen von Performances diskutiert werden, während
die Resonanzen als erste empirische Hinweise auf die hintergründigen Verzah-
nungsmuster deutbar sind. Wo Jugendliche in ihren Performances situativ
möglicherweise diskontinuierlich und nicht-linear erscheinen, kann sich längs-
schnittig betrachtet durchaus ein Ineinandergreifen ergeben. Dies wäre Gegenstand weiterer empirischen Studien.

Bildung und das Verhältnis Individuum/Gruppe: Die Bedeutsamkeit der jeweiligen Erfahrungen für die Selbstbildungsprozesse lässt sich ausschließlich aus
der Perspektive des Subjekts und folglich auch nur relational und kontextuell
klären. Daher müssen wiederum die kontextuellen bzw. räumlichen Bezüge
berücksichtigt werden, wenn die handlungsfeldspezifischen Bildungsdimen-
sionen erfasst werden sollen. Jedoch bedeutet Selbstbildung nicht, wie bereits
mehrfach betont, dass sie individuell, sondern vielmehr, dass sie sozial stattfindet. Die jugendlichen Performances zeigen ein hohes Maß an gegenseitiger
Wahrnehmung und Flexibilität. Sie sind soziale Ereignisse, die von Jugendlichen
hergestellt werden, um Rückmeldungen zu ihrem Handeln zu erhalten. Selbstbildung wird so nicht zu einem individualisierten und selbst zu managenden
Projekt, sondern verweist damit auf einen Vergesellschaftungsprozess sowie eine
gesellschaftliche Mitverantwortung. Zwar konturiert das vorliegende Material
die Dominanz jugendlicher Selbsttätigkeiten und könnte den Eindruck erwecken,
dass jenseits einer Raumwächter/innen-Funktion die pädagogischen Fachkräfte
mehrheitlich randständige Akteur/innen des Jugendzentrumgeschehens sind.
Dies in einem vereinfachend-dualistischen und reduktionistischen Verständnis so
zu interpretieren, als ob Jugendarbeit mehrheitlich oder gar ausschließlich Ort für
Peer-Aufführungen und entsprechend gesteuerte Bildungsprozesse ist, würde die

Binnenlogiken des Handlungsfeldes verzerren. Es käme der naiven Vorstellung von Jugend als ihrer eigenen Bildungsavantgarde gleich. Um meine Position klarer herauszustellen, will ich in den folgenden zwei Schwerpunkten auf die Profession näher eingehen.

Zweiter Schwerpunkt: Der Bezug der jugendarbeiterischen Profession auf ihren Arbeitskontext

Profession und ihre Zentralität: Die pädagogische Profession kann sich aufgrund ihres gesellschaftlichen Auftrags keineswegs ausschließlich an den jugendlichen Bildungsthemen orientieren und dabei ihre Bildungsnormen negieren. Jedoch (re)produzieren jugendarbeiterische Konzept- und Theorieentwürfe zur Förderung von Bildung mehrheitlich das statische Bild der pädagogischen Initiative als zentrale Handlungsvoraussetzung des Handlungsfeldes. Darin sind die pädagogischen Fachkräfte idealerweise die zentralen, agierenden Subjekte, während die Zielgruppen im Status von reagierenden Objekten verbleiben. Empirisch gestützte Studien wie die vorliegende fordern zur Neuanordnung dieses Verständnisses heraus. Jugendarbeit findet sowohl mit aber vor allem ohne die Interventionen des pädagogischen Personals statt (vgl. Cloos u.a. 2007; Rose/Schulz 2007a). Dieses empirisch belegte Ausbleiben von direkten Interventionen kann massiv kritisiert werden und die Profession zu mehr aktiven und aktivierenden Handlungen gegenüber ihrem Klientel auffordern (vgl. etwa Delmas/Scherr 2005). Entsprechende Qualifizierungsaufforderungen drehen sich vor allem darum, welche anregenden und (gegen-)steuernden Impulse durch die Professionellen in die Situationen einzuspeisen sind und wie diese Situationen methodisch-didaktisch optimiert werden können, damit diese Impulse aufgenommen werden. Damit konstruieren diese Forderungen zwar ein eindeutig konturiertes, aber statisches Bild von Profession bzw. professionellem Handeln. Sie verkennen die Binnenlogik des Feldes, da sie nicht realisieren, dass in vielen Situationen die pädagogischen Fachkräfte nur marginal eine Rolle spielen, bzw. nicht anwesend sein müssen bzw. dürfen, da sonst die peerintern erzeugten Bildungsgelegenheiten auseinanderfallen würden. In anderen Situationen sind Jugendliche existenziell auf die professionelle, rituelle Rahmung angewiesen (vgl. Müller/Schmidt/Schulz 2008; Cloos u.a. 2007; Rose/Schulz 2007a). Zwar wurden als charakteristisches Merkmal des Feldes die jugendlichen Diskontinuitäten und Dezentrierungen herausgearbeitet. Jedoch wurden diese, wie bereits ausgeführt, nicht als Verhaltensmerkmale der jugendlichen Besucher/innen, sondern als Strukturmerkmale des Handlungsfeldes rekonstruiert. Daher sollte die Bedeutung der Profession auf den Kontext und die konkrete Situation bezogen werden.

Profession als relationales Verhältnis: Das subjektorientierte Verständnis von Selbstbildung verändert nicht nur den theoretisch-konzeptionellen Diskurs, sondern auch die fachliche Praxis. Mit der Anerkennung, dass nicht immer und nicht nur wenn Fachkräfte agieren, Situationen zu Bildungsgelegenheiten werden, verändern sich auch die Aufgaben der pädagogischen Profession. Die Hinweise der einschlägigen Fachliteratur beschreiben neuerdings diese Aufgaben weniger als Initiator/innen von förderlichen Bildungsangeboten, denn als begleitende „Bildungsassistent/innen" (vgl. etwa Sturzenhecker 2006). Diese Vorstellung von Bildungsbegleitung schließt an verbreitete Vorstellungen von Bildungsprozessen an, deren anfängliche Diskontinuität, Simultanität und Unordnung im weiteren Verlauf prozessual strukturiert und linear angeordnet werden. Nach dieser Vorstellung liege die Anforderung an pädagogisches Fachpersonal darin, die von Erwachsenen als unstrukturiert erlebten Prozesse zu begleiten und gegebenenfalls zu unterstützen. Diese Änderung der Prämissen von pädagogischem Handeln ist grundsätzlich zu begrüßen. Jedoch manifestieren diese nach wie vor die pädagogischen Professionellen als latente, aber dennoch zentrale Figuren. Völlig ungeklärt ist dabei die Frage, wann und auf welche Bildungskriterien bezogen das pädagogische Personal zu begleiten und zu fördern hat. Denn wenn man von Jugendzentren als Orten ausgeht, welche situativ Bühnen für jugendliche Performances bereithalten, dann muss auch die Frage nach der pädagogischen Förderung radikaler werden. Bisherige empirische Befunde weisen darauf hin, die Bedeutung der pädagogischen Antworten gegenüber den pädagogischen Initiativen mehr als bisher zu gewichten, ohne damit die Profession aus ihrer fachlichen Verantwortung als Situationsgestalter/innen zu entlassen.[103] Daher ist eine kritische Reflexion der vorliegenden Entwürfe, die die aktuellen empirischen Forschungsergebnisse berücksichtigt, notwendig.

Den empirischen Belegen folgend, ist das Fachpersonal mal marginale Randfigur, mal zentrale Vermittlerfigur innerhalb des Geschehens in den Jugendzentren. Dies fordert ein Überdenken der bisherigen Verortung von jugendpädagogischer Professionalität (vgl. Rose/Schulz 2007a). Stefan Köngeter (2009) entfaltet, bezugnehmend auf den Bereich der Erziehungshilfen, die Figur einer „relationalen Professionalität" (ebd.). Zusammenfassend gesagt ist dieser Professionalitätsmodus „dadurch gekennzeichnet, dass [er] die Professionellen als Teil eines sozialen Netzwerks von Sozial- und Arbeitsbeziehungen" (ebd.: 325) betrachtet und diese Netzwerke wiederum das professionelle Handeln beeinflussen. Damit wird, so wie bereits Cloos u.a. (2007) für die pädagogische Professionalität der Jugendarbeit ausführen, die Binnenlogik des Handlungsfeldes mit ihren Paradoxien und Spannungsverhältnissen berücksichtigt.

Auf den jugendarbeiterischen Bildungsdiskurs bezogen ist die Anlehnung an diese Perspektiven zur Professionalität deshalb fruchtbar, weil die spezifische

---

[103] Vgl. auch Müller/Schmidt/Schulz 2008: 50ff.; Rose/Schulz 2007a: 292ff.; Müller/Schulz 2007: 96ff.

Bildungsqualität der Jugendarbeit weder zu personalisieren noch zu verräumlichen oder in inhaltlichen Angeboten zu lokalisieren ist. Sie hängt weder zentral von den Initiativen der Fachkräfte noch allein von der Gestalt der Räume und der Angebote ab. Vielmehr stellt sie sich in der Gestalt des relationalen Verhältnisses der einzelnen Elemente her (vgl. Rose/Schulz 2007a). Dies ist einerseits bescheiden, da der Bildungsbegriff auf das Handlungsfeld bezogen wird. Zum anderen ist es herausfordernd, da es die anteiligen Aufgaben der Profession am Bildungsgeschehen konkret in den Blick nimmt. Damit verbindet sich mein letzter Schwerpunkt.

Dritter Schwerpunkt: Die Weiterentwicklung von pädagogischen Handlungs- und Reflexionsmustern

Pädagogisches Handeln: Das Handeln der Profession als ein situatives und relationales zu verstehen, setzt die Kenntnis voraus, in welchen Kontexten und Situationen Mitagieren oder Zurückhaltung angemessen erscheinen, bzw. in welchen Momenten Jugendliche die hierarchische Generationendifferenz für sich einfordern. Die Profession sichert sich ihre Handlungsfähigkeit dadurch, dass sie sich kompetent im punktuellen Mitspielen und sich Einlassen auf scheinbar diskontinuierliche Aufführungen zeigt (vgl. Cloos u.a. 2007, Rose/Schulz 2007a). Diese Neukonturierung der pädagogischen Figur basiert demnach auf Beobachtungen und Situationsdeutungen, um daraus Handeln zu entwickeln und nicht im Rückzug auf den Beobachtungsposten zu einer marginalen Figur im Handlungsfeld zu werden. Ob dieser Anspruch an das fachliche Handeln mit der Forderung nach einer erhöhten Reflexivität seitens der pädagogischen Fachkräfte gelöst werden kann, ist jedoch völlig offen. Einerseits muss überprüft werden, ob dadurch strukturelle Defizite des Handlungsfelds nicht personalisiert, d.h. auf das pädagogische Personal verlagert werden. Andererseits ist ungeklärt, welches Maß an Reflexivität und multioptionalem Situationsdeuten als berufliche Kompetenz bei den derzeitigen Rahmenbedingungen vorausgesetzt werden darf, ohne sie mit Anforderungen zu überfrachten. Zudem ist die Kompetenz einer erhöhten Reflexivität nicht mit einer fachlich adäquaten Performanz gleichzusetzen.

Ethnografische Haltung: Die Weiterentwicklung der Professionalisierung als auch der Profession muss auf einer Kultur der Beobachtung und Dokumentation basieren. Dazu haben Burkhard Müller und ich (2007) bereits den Vorschlag des ethnografischen Blicks als mikrokonzeptionellen Sockel vorgestellt. Im Zentrum unserer Überlegungen steht, dass ein Teil der pädagogischen Profession die Beobachtung jugendlichen Handelns sei. Zugleich ist es jedoch notwendig, dass die fachliche Profession „auch ihre eigene Praxis im Umgang damit beobachten" kann (ebd.: 93).

In den vorliegenden Protokollen finden sich Hinweise, dass und wie Erwachsene sich durch die Inhalte der Performances provoziert und irritiert fühlen.
Es stellt eine Herausforderung für das Berufsfeld dar, sich diesen Irritationen
offensiv zu stellen, anstatt diese umgehend abzuwehren (vgl. Schulz/Lohmann
2005). Die ethnografische Haltung entlastet vom Zwang, jugendliche Praktiken
umgehend verstehen zu müssen, sondern will die Deutungsvielfalt fördern (vgl.
Schulz 2008). Jedoch müssen die Bemühungen, die Kompetenzen der Fachkräfte
mit dem ethnografischen Blick zu erweitern und diesen weiter als Qualifizie-
rungsinstrument zu kultivieren, auch immer selbst Gegenstand der Reflexion
sein. Denn die Einnahme einer ethnografischen Haltung kann zu der Vorstellung
verleiten, dass durch möglichst genaues Beobachten der jugendlichen Handlungen die eigene pädagogische Arbeit zunehmend genauer auf deren Bedürfnisse
zugeschnitten werden können und dass dies die pädagogische Arbeit automatisch
verbessere. Implizit findet man diese Vorstellung der Optimierung des lebens-
weltlichen Verstehens auch in den verschiedenen Plädoyers für die ethnografische Haltung. Trotz dieser angemahnten Vorsicht scheint mir die ethnografische
Haltung als Kernkompetenz der Jugendarbeit fachlich notwendig zu sein, wenn
es um das Verstehen sozialer Situationen geht. Sie produziert elementare Pers-
pektivenwechsel und Reflexionsschleifen, indem sie den Anfang im beobachteten Handeln sucht.[104]

Beobachtungs- und Dokumentationskultur: Beobachtungen und Beschrei-
bungen aus der Jugendarbeit gehören nach wie vor nicht zum professionellen
Standard des Handlungsfeldes. Diese zu etablieren wäre gerade für die Selbstvergewisserung des Handlungsfeldes wichtig (vgl. Schulz 2008). Die eigenen
Beobachtungen zu verschriftlichen, ermöglicht einerseits einen intersubjektiven
Austausch und dokumentiert zugleich als reflexiver Prozess die gemachten
Erfahrungen. Entsprechende Beschreibungskompetenzen, die feine Differenzierungen der sozialen und ästhetischen Praktiken einzelner Milieus erlauben, sind
wiederum vonnöten, um einerseits im Alltag angemessen zu handeln und andererseits entsprechend pädagogische Offerten aufzubauen. Daher ist die Qualität
der Beschreibungen grundlegend: Geertz (1983) sieht den Wert von „dichten
Beschreibungen" (ebd.) auch darin, dass sie „gigantischen Begriffen jene Fein-
fühligkeit und Aktualität verleihen kann, die man braucht, wenn man nicht nur
realistisch und konkret über diese Begriffe, sondern – wichtiger noch – schöpfe-
risch und einfallsreich mit ihnen denken will" (ebd.: 33f.). So bleiben zentrale
pädagogische Begriffe wie Bildung, die wiederum den Fachkräften vor Ort
manchmal als von außen zugewiesene Zumutung erscheinen, nicht nur abstrakt.

---

[104] Entsprechend ausführliche Hinweise auf die Bedeutungserzeugung durch die Verschriftlichung
und die Grenzen der Ethnografie finden sich bereits in Rose/Schulz 2007a: 53f. u. 268f. und
Schulz 2008. Daher werden diese hier nicht wiederholt.

Vielmehr werden diese zu eigenen, im pädagogischen Geschehen wahrnehmbaren Begriffen, mit denen gearbeitet werden kann. Damit kann Jugendarbeit auch ihre Zielvorgaben reflektieren, indem sie lernt, sich im Kontext der Selbstevaluationen beantwortbare und damit bescheidene Fragen zu stellen und Globalfragen, mit denen sie immer wieder überfrachtet wird und sich selbst überfrachtet, abzulehnen (vgl. Wolff/Scheffer 2003).

Profession als Performance: Empirisches Material wie das vorliegende veranschaulicht, weshalb sich die Praxis der Sozialen Arbeit selbstbewusst als kulturelle Grenzgängerschaft (vgl. Rose/Schulz 2008a) begreifen kann. Die Handlungspraxis der Professionellen ist auf das Agieren zwischen verschiedenen kulturellen Praktiken ausgerichtet. Dabei bietet Performance als „Blickschneise" (Mohn 2007) die Chance, die jugendlichen Praktiken als ein Spannungsfeld zu betrachten, welches nicht notwendigerweise seitens der Profession aufgelöst werden muss. Die Performances der Jugendlichen, die als komplexe Phänomene zwischen Selbst- und Fremdtransformation, Selbstästhetisierung und Bedeutungsherstellung oszillieren, sind ästhetische und soziale Praktiken. Diese strukturieren seitens der Jugendlichen den konkreten Alltag innerhalb der Jugendarbeit. Die Studie von Cloos u.a. (2007) zeigt auf, welche Arten der Performance die pädagogischen Fachkräfte aufführen, um kompetent innerhalb der „sozialpädagogischen Arena" (ebd.) agieren zu können. Aus der hier entwickelten Performance-Perspektive ergeben sich weitere Fragen: Welche Ereignisse jenseits der klassischen Angebote werden durch die Profession absichtsvoll für welches Klientel geschaffen? Welche konkreten Inklusions- und Exklusionsperformances werden durch die Profession hergestellt? Welche Situationen der Selbst- und Fremdtransformation der pädagogischen Profession lassen sich ausmachen? Die vorgestellte Performance-Blickschneise kann sich dabei für den jugendarbeiterischen Diskurs, der die konkrete Verschränkung zwischen jugendlichen und pädagogischen Performances rekonstruieren will, fruchtbar erweisen.

Abkürzungen

Folgende Kürzel wurden für die Markierung der Beobachtungsprotokolle verwendet:

Jugendzentren

Burghagen (Zahl) a:
Einrichtung Burghagen (Beobachtungstag) erste Feldphase
Burghagen (Zahl) b:
Einrichtung Burghagen (Beobachtungstag) zweite Feldphase
Langenstedt (Zahl) a:
Einrichtung Langenstedt (Beobachtungstag) erste Feldphase
Langenstedt (Zahl) b:
Einrichtung Langenstedt (Beobachtungstag) zweite Feldphase
Waldstadt (Zahl) a:
Einrichtung Waldstadt (Beobachtungstag) erste Feldphase
Waldstadt (Zahl) b:
Einrichtung Waldstadt (Beobachtungstag) zweite Feldphase

Feldforschende

MF: Mareike Fischer
SS: Susanne Schmidt
MS: Marc Schulz

Gespräche

Die ethnografischen Gespräche mit den Jugendlichen wurden vereinfacht transkribiert. Die Abkürzungen orientieren sich entsprechend an denen der Beobachtungsprotokolle.

Literatur

Althans, B./Schinkel, S./Tervooren, A. (2008): Sich Raum verschaffen. Eine Dimension körperlichen Lernens im Street- und Breakdance. In: Hünersdorf/Maeder/Müller 2008, a.a.O., S. 183-193.

Amann, K./Hirschauer, S. (1997): Die Befremdung der eigenen Kultur. Ein Programm. In: Hirschauer/Amann 1997, a.a.O., S. 7-52.

Audehn, K./Zirfas, J. (2001): Familie als ritueller Lebensraum. In: Wulf 2001a, a.a.O., S. 37-118.

Austin, J. L. (1986): Zur Theorie der Sprechakte. How to do things with Words. Ditzingen.

Baacke, D. (2007): Jugend und Jugendkulturen. Darstellung und Deutung. 5. Auflage. Weinheim/München.

Baacke, D./Volkmer, I./Dollase, R. (1988): Jugend und Mode. Kleidung als Selbstinszenierung. Opladen.

Barthes, R. (1990a): Die Rauheit der Stimme. In ders.: Der entgegenkommende und der stumpfe Sinn. Kritische Essays III. Frankfurt a.M., S. 269-278.

Barthes, R. (1990b): Die Musik, die Stimme, die Sprache. In ders.: Der entgegenkommende und der stumpfe Sinn. Kritische Essays III. Frankfurt a.M., S. 279-285.

Bastian, H. G. (2000): Musik(erziehung) und ihre Wirkung. Eine Langzeitstudie an Berliner Grundschulen. Mainz.

Battock, G./Nickas, R. (Hrsg.) (1984): Art of Performance. A critical anthology. New York.

Bätzner, N. (Hrsg.) (2005): Faites vos jeux! Kunst und Spiel seit Dada. Stuttgart.

Baumert, J./Klieme, E./Neubrand, M./Prenzel, M./Schiefele, U./Schneider, W./Stanat, P./Tillmann, K.-J./Weiß, M. (Hrsg.) (2001): PISA 2000. Basiskompetenzen von Schülerinnen und Schülern im internationalen Vergleich. Opladen.

Bausch, C./Sting, S. (2001): Rituelle Medieninszenierungen in Peergroups. In: Wulf 2001a, a.a.O., S. 249-323.

Bernfeld, S. (1978): Trieb und Tradition im Jugendalter. Frankfurt a.M. Original 1931/Reprint 1978.

Bianchi, P.(Hrsg.) (2000): Kunst ohne Werk. Die Transformation der Kunst vom Werkhaften zum Performativen. In: Kunstforum International, Bd. 152, Okt.-Dez. 2000.

Bimschas, B./Schröder, A. (2004): Bildung und Beziehung in der außerschulischen Jugendarbeit. In: Sturzenhecker/Lindner 2004, a.a.O., S. 61-76.

BJK (Bundesjugendkuratorium) (2002): Streitschrift ‚Zukuftsfähigkeit sicher! – Für ein neues Verständnis von Bildung und Jugendhilfe'. In: Münchmeier/Otto/Rabe-Kleberg 2002, a.a.O., S. 159-174.

Blomberg, C. (2005): Pädagogische Apokalypse. Zu den Problematiken einer dramatisierenden Denkfigur am Beispiel des Geschlechterdiskurses. In: Rose/Schmauch 2005, a.a.O., S. 117-141.

BKJ (Hrsg.) (2003): Kompetenzentwicklung in der kulturellen Bildung. Dokumentation der internationalen Fachkonferenz. Remscheid.

BKJ (Hrsg.) (2004): Der Kompetenznachweis Kultur: Ein Nachweis von Schlüsselkompetenzen durch kulturelle Bildung. Remscheid.

BMBF (Hrsg.) (2004): Konzeptionelle Grundlagen für einen Nationalen Bildungsbericht. Nonformale und informelle Bildung im Kindes- und Jugendalter. Berlin.

BMFSFJ (Hrsg.) (2005): 12. Kinder- und Jugendbericht. Bericht über die Lebenssituation junger Menschen und die Leistungen der Kinder- und Jugendhilfe in Deutschland. Berlin.

Böhm, A. (2000): Theoretisches Codieren. Textanalyse in der Grounded Theory. In: Flick, U./von Kardorff, E./Steinke, I. (Hrsg.): Qualitative Forschung. Ein Handbuch. Reinbek bei Hamburg, S. 475- 485.

Böhnisch, L. (1998): Grundbegriffe einer Jugendarbeit als ‚Lebensort'. In: Böhnisch, L./Rudolph, M./Wolf, B. (Hrsg.): Jugendarbeit als Lebensort. Jugendpädagogische Orientierungen zwischen Offenheit und Halt. Weinheim/München, S. 155-168.

Böhnisch, L. (2001): Sozialpädagogik der Lebensalter. Eine Einführung. 3. Auflage. Weinheim/München.

Böhnisch, L./Münchmeier, R. (1987): Wozu Jugendarbeit? Orientierungen für Ausbildung, Fortbildung und Praxis. Weinheim/München.

Böhnisch, L./Münchmeier, R. (1990): Pädagogik des Jugendraums. Zur Begründung und Praxis einer sozialräumlichen Jugendpädagogik. Weinheim/München.

Böhnisch, L./Schröer, W. (2001): Pädagogik und Arbeitsgesellschaft. Historische Grundlagen und theoretische Ansätze für eine sozialpolitisch reflexive Pädagogik. Weinheim/München.

Böhnisch, L./Schröer, W./Thiersch, H. (2005): Sozialpädagogisches Denken. Wege zu einer Neubestimmung. Weinheim/München.

Bohnsack, R. (2005): Standards nicht-standardisierter Forschung in den Erziehungs- und Sozialwissenschaften. In: Zeitschrift für Erziehungswissenschaft, 8. Jg., H. 4, S. 63-81.

Bohnsack, R./Loos, P./Schäffer, B. (1995): Die Suche nach Gemeinsamkeit und die Gewalt der Gruppe. Hooligans, Musikgruppen und andere Jugendcliquen. Opladen.

Bosse, H. (2000): Aufgaben und Fallen geschlechtsspezifischer Pädagogik mit männlichen Jugendlichen. In: King/Müller 2000a, a.a.O., S. 59-74.

Brandes, H. (2008): Selbstbildung in Kindergruppen. Die Konstruktion sozialer Beziehungen. München.

Brandstetter, G. (1998): Selbst-Beschreibungen. Performance im Bild. In: Fischer-Lichte, E./Kreuder, F./Pflug, I. (Hrsg.): Theater seit den 60er Jahren. Tübingen/Basel, S. 92-134.

Brandstetter, G. (2004): Aufführung und Aufzeichnung – Kunst der Wissenschaft? In: Fischer-Lichte, E./Risi, C./Roselt, J. (Hrsg.): Kunst der Aufführung. Aufführung der Kunst. Berlin, S. 40-50.

Braun, K.-H. (2004): Raumentwicklung als Aneignungsprozess. Zu einer raumbezogenen Problemgeschichte des Aneignungskonzeptes in der ‚Kritischen Psychologie' und darüber hinaus. In: Deinet/Reutlinger 2004, a.a.O., S. 19-48.

Brecht, G. (1965): Water Yam (1959-1963). New York.

Breidenstein, G. (2006): Teilnahme am Unterricht. Ethnographische Studien zum Schülerjob. Wiesbaden.

Breidenstein, G./Kelle, H. (1998): Geschlechteralltag in der Schulklasse. Ethnografische Studien zur Gleichaltrigenkultur. Weinheim/München.

Brenner, G./Hafeneger, B. (Hrsg.) (1996): Pädagogik mit Jugendlichen. Bildungsansprüche, Wertevermittlung und Individualisierung. Weinheim/München.

BZgA (2001): Peer Education - ein Handbuch für die Praxis. Köln.

Cascone, K. (2003): Deterritorialisierung, historisches Bewusstsein, System. Die Rezeption der Performance von Laptop-Musik. In: Kleiner, M.S./Szepanski, A. (Hrsg.): Soundcultures. Über elektronische und digitale Musik. Frankfurt a.M., S. 101-106.

Charles, D. (1989): Zeitspielräume. Performance Musik Ästhetik. Berlin.

Clarke, J. (Hrsg.) (1979): Jugendkultur als Widerstand. Milieus, Rituale, Provokationen. Frankfurt a.M.

Cloos, P. (2009): Narrative Beobachtungsprotokolle. Konstruktion, Rekonstruktion und Verwendung. In: Cloos/Heinzel/Köngeter/Thole 2009, a.a.O., i. E.

Cloos, P./Heinzel, F./Köngeter, S./Thole, W. (Hrsg.) (2009): Auf unsicherem Terrain. Ethnographische Forschung im Kontext des Bildungs- und Sozialwesens. Wiesbaden.

Cloos, P./Köngeter, S./Müller, B./Thole, W. (2007): Die Pädagogik der Kinder- und Jugendarbeit. Wiesbaden.

Cloos, P./Thole, W. (Hrsg.) (2006): Ethnografische Zugänge. Professions- und adressatInnenbezogene Forschung im Kontext der Pädagogik. Wiesbaden.

Deinet, U. (2002): Der sozialräumliche Blick der Jugendarbeit. Methoden und Bausteine zur Konzeptentwicklung und Qualifizierung. Opladen.

Deinet, U. (2004a): Raumaneignung als Bildungspraxis in der Offenen Jugendarbeit. In: Sturzenhecker/Lindner 2004, a.a.O., S. 111-130.

Deinet, U. (Hrsg.) (2005): Sozialräumliche Jugendarbeit. Grundlagen, Methoden und Praxiskonzepte. 2. Auflage. Wiesbaden.

Deinet, U. (Hrsg.) (2008): Der sozialräumliche Blick. Wiesbaden.

Deinet, U./Krisch, R. (2002): Der sozialräumliche Blick der Jugendarbeit. Methoden und Bausteine zur Konzeptentwicklung und Qualifizierung. Opladen.

Deinet, U./Reutlinger, C. (2004): ‚Aneignung' als Bildungskonzept der Sozialpädagogik. Beiträge zur Pädagogik des Kindes- und Jugendalters in Zeiten entgrenzter Lernorte. Wiesbaden.

Deinet, U./Sturzenhecker, B. (2005) (Hrsg.): Handbuch Offene Jugendarbeit. 3. Auflage. Wiesbaden.

Deinet, U. (2004b): ‚Spacing', Verknüpfung, Bewegung, Aneignung von Räumen – als Bildungskonzept sozialräumlicher Jugendarbeit. In: Deinet/Reutlinger 2004, a.a.O., S. 175-190.

Delmas, N./Scherr, A. (2005): Bildungspotenziale der Jugendarbeit. In: deutsche jugend, H. 3, S. 105-109.

Denzin, N. L. (1989): The Research Act. 3. Auflage. Englewood Cliffs.

Deppermann, A. (2005): Was sprichst du? Sprachen und Identitäten in Zeiten von Migration und globaler Popkultur. In: Neumann-Braun/Richard 2005, a.a.O., S. 67-82.

Devereux, G. (1984): Angst und Methode in den Verhaltenswissenschaften. Frankfurt a.M.

Dewey, J. (1980): Kunst als Erfahrung. Frankfurt a.M.

Dimbath, O. (2005): Alles aus Spaß an der Freud'? Ein Versuch über die Deutung von ‚Spaß' in der Jugendarbeit. In: Neue Praxis 4/2005, S. 389-403.

Dreher, T. (1991): ‚Après John Cage' Zeit in der Kunst der sechziger Jahre – von Fluxus-Events zu interaktiven Multi-Monitor-Installationen. In: Bischoff, U. (Hrsg.): Kunst als Grenzüberschreitung. John Cage und die Moderne. München, S. 57-74.

Duchamp, M. (1981): Die Schriften I. Zürich.

Duerr, H. P. (1999): Der erotische Leib. Der Mythos vom Zivilisationsprozeß 4. Frankfurt a.M.

Engelmann, J. (Hrsg.) (1999): Die kleinen Unterschiede. Der Cultural Studies-Reader. Frankfurt a.M./New York.

Erdheim, M. (1982): Die gesellschaftliche Produktion von Unbewußtheit. Eine Einführung in den ethnopsychoanalytischen Prozeß. Frankfurt a.M.

Eßer, F. (2007): Spiel-Räume. Agency im Generationenverhältnis der offenen Arbeit mit Kindern. Unveröffentlichte Diplomarbeit Tübingen.

Ferchhoff, W. (2005): Jugendkulturen. In: Deinet/Sturzenhecker 2005, a.a.O., S. 113-124.

Ferchhoff, W./Sander, U./Vollbrecht, R. (Hrsg.) (1995): Jugendkulturen – Faszination und Ambivalenz. Einblicke in jugendliche Lebenswelten. Weinheim/München.

Filliou, R. (1970): Lehren und Lernen als Aufführungskünste. Teaching and Learning as Performance Arts. Köln/New York.

Finke, R./Haun, H. (2001): Lebenskunst Theaterspielen – Zur Durchführung und Auswertung des Modellprojekts ‚Psychosoziale Wirkungen des Theaterspielens bei Jugendlichen'. In: Korrespondenzen. Zeitschrift für Theaterpädagogik, 17. Jg., H. 38, 56-66.

Fischer-Lichte, E. (1998): Grenzgänge und Tauschhandel. Auf dem Weg zu einer performativen Kultur. In: Fischer-Lichte, E./Kreuder, F./Pflug, I. (Hrsg.): Theater seit den 60er Jahren. Grenzgänge der Neo-Avantgarde. Tübingen/Basel, S. 1-20.

Fischer-Lichte, E. (1998): Inszenierung und Theatralität. In: Willems/Jurga 1998, a.a.O., S. 81-90.

Fischer-Lichte, E. (2004a): Ästhetik des Performativen. Frankfurt a.M.

Fischer-Lichte, E. (2004b): Einleitende Thesen zum Aufführungsbegriff. In: Fischer-Lichte, E./Risi, C./Roselt, J. (Hrsg.): Kunst der Aufführung. Aufführung der Kunst. Berlin, S. 11-26.

Fischer-Lichte, E./Horn, C./Umathum, S./Warstat, M. (Hrsg.) (2003): Performativität und Ereignis. Tübingen/Basel.

Fischer-Lichte, E./Horn, C./Warstat, M. (Hrsg.) (2001): Verkörperung. Tübingen/Basel.

Fischer-Lichte, E./Roselt, J. (2001): Attraktion des Augenblicks – Aufführung, Performance, performativ und Performativität als theaterwissenschaftliche Begriffe. In: Fischer-Lichte, E./Wulf, C. (Hrsg.): Paragrana. Internationale Zeitschrift für Historische Anthropologie. Band 10/1, S. 237-253.

Fleig, A. (2000): Körper-Inszenierungen. Begriff, Geschichte, kulturelle Praxis. In: Fischer-Lichte, E./Fleig, A. (Hrsg.): Körper-Inszenierungen. Präsenz und kultureller Wandel. Tübingen, S. 8-18.

Flick, U. (2000): Triangulation in der qualitativen Forschung. In: Flick U./Kardorff E. v./Steinke, I. (Hrsg.): Qualitative Forschung. Ein Handbuch. Hamburg, S. 309-318.

Friebertshäuser, B. (1997): Feldforschung und teilnehmende Beobachtung. In: Friebertshäuser, B./Prengel, A. (Hrsg.): Handbuch Qualitativer Forschungsmethoden in der Erziehungswissenschaft. Weinheim/München, S. 503-534.

Frith, S. (1996): Performing Rites. On the Value of Popular Music. Oxford.

Fritsche, B. (2003): Pop-Fans. Studie einer Mädchenkultur. Opladen.

Früchtl, J./Zimmermann, J. (Hrsg.) (2001): Ästhetik der Inszenierung. Frankfurt a.M.

Fuchs, M. (2002): Bildungswirkungen in der Jugendkulturarbeit. Überlegungen zu ihrer Erfassung. Remscheid. www.schluesselkompetenzen.bkj.de/Texte. Abgerufen am 14.08.2008.

Foucault, M. (1983): Der Wille zum Wissen. Sexualität und Wahrheit. Frankfurt a.M.

Gaugele, E./Reiss, K. (Hrsg.) (2004): Jugend, Mode, Geschlecht. Die Inszenierung des Körpers in der Konsumkultur. Frankfurt a.M.

Gebauer, G. (1997): Bewegung. In: Christoph Wulf (Hrsg.): Vom Menschen. Handbuch zur Historischen Anthropologie. Weinheim/Basel.

Geertz, C. (1983): Dichte Beschreibung. Beiträge zum Verstehen kultureller Systeme. Frankfurt a.M.

Girtler, R. (1988): Einführung in die qualitative Forschung. Wien.

Glaser, B. G./Strauss, A. L. (1979): Die Entdeckung gegenstandsbezogener Theorie. In: Hopf, Christel/Weingarten, E. (Hrsg.): Qualitative Sozialforschung. Stuttgart, S. 91-111.

Goffman, E. (1980): Rahmen-Analyse. Ein Versuch über die Organisation von Alltagserfahrungen. Frankfurt a.M.

Goffman, E. (1983): Wir alle spielen Theater. Die Selbstdarstellung im Alltag. München.

Göhlich, M./Wagner-Willi, M. (2001): Rituelle Übergänge im Schulalltag zwischen Peergroup und Unterrichtgemeinschaft. In: Wulf 2001a, a.a.O., S. 119-203.

Graff, U. (2004): Selbstbestimmung als Bildungsziel. In: Sturzenhecker/Lindner 2004, a.a.O., S. 131-148.

Grunert, C. (2006): Bildung und Lernen – ein Thema der Kindheits- und Jugendforschung? In: Rauschenbach/Düx/Sass 2006, a.a.O., S. 15-32.

Gugutzer, R. (2004): Soziologie des Körpers. Bielefeld.

Gumbrecht, H. U. (2001): Produktion von Präsenz, durchsetzt mit Absenz. Über Musik, Libretto und Inszenierung. In: Früchtl/Zimmermann 2001, a.a.O., S. 63-76.

Hafeneger, B. (1999): Nachdenken über eine pädagogisch begründete Theorie der Jugendarbeit. In: deutsche jugend H 4, S. 330-339.

Hall, S./Jefferson, T. (Hrsg.) (1976): Resistance Through Rituals. Youth Cultures in Post-War Britain. London.

Hanna, J. L. (1988): Dance, Sex and Gender. Signs of Identity, Dominance, Defiance and Desire. Chicago/London.

Hansen, A. (1965): A Primer of Happenings and Time/Space Art. New York.

Hartnuß, B./Maykus, S. (Hrsg.) (2004): Handbuch Kooperation von Jugendhilfe und Schule. Frankfurt a.M.

Haun, H.-D. (2001): Schlüsselkompetenz durch kulturelle Bildung – Theaterspiel(en) als Medium der Sozialisation und Persönlichkeitsbildung. In: www.schlüsselkompetenzen.bkj.de. Abgerufen am 14.08.2008.

Helsper, W. (2000): Zur Ethnographie sozialer Welten bei Schülerinnen und Schülern. Zeitschrift für Pädagogik 46(5), S. 663-666.

Hengst, H. (1999): Jungen tun das irgendwie weniger... In: PÄD Forum, 12/1999, S. 480-489. Zit. n. www.uni-koeln.de/ew-fak/Paeda/hp/thiemann/jungen.html. Abgerufen am 14.08.2008.

Hentschel, U. (1996): Theater spielen als ästhetische Bildung. Über einen Beitrag produktiven künstlerischen Gestaltens zur Selbstbildung. Weinheim.

Hentschel, U./Ritter, H. M. (Hrsg.) (2003): Entwicklungen und Perspektiven der Spiel- und Theaterpädagogik. Festschrift für Hans-Wolfgang Nickel. Berlin/Milow/Strasburg.

Hepp, A./Vogelgesang, W. (Hrsg.) (2001): Populäre Events. Medienevents, Spielevents, Spaßevents. Opladen.

Higgins, D. (1966): the something else press NEWSLETTER, Vol. 1, No. 1, februar 1966. New York.

Hill, B. (1996): Rockmobil. Eine ethnographische Fallstudie aus der Jugendarbeit. Opladen.

Hill, B./Josties, E. (Hrsg.) (2007): Jugend, Musik und Soziale Arbeit. Anregungen für die sozialpädagogische Praxis. Opladen.

Hirschauer, S. (2002): Grundzüge der Ethnographie und die Grenzen verbaler Daten. In: Schaeffer, D./Müller-Mundt, G. (Hrsg.): Qualitative Gesundheits- und Pflegeforschung. Bern, S. 35-46.

Hirschauer, S./Amann, K. (Hrsg.) (1997): Die Befremdung der eigenen Kultur. Zur ethnographischen Herausforderung soziologischer Empirie. Frankfurt a.M.

Hitzler, R. (1986): Die Attitüde der künstlichen Dummheit. In: Sozialwissenschaftliche Informationen (SOWI), H. 3, S. 53-59.

Hitzler, R. (2000): Die Erkundung des Feldes und die Deutung der Daten. Annäherungen an die (lebensweltliche) Ethnographie. In: Lindner 2000b, a.a.O., S.17-31.

Hitzler, R. (2002): Der Körper als Gegenstand der Gestaltung. Über physische Konsequenzen der Bastel-Existenz. In: Hahn, K./Meuser, M. (Hrsg.): Körperrepräsentation. Die Ordnung der Sozialen und der Körper. Konstanz, S. 71-85.

Hitzler, R./Pfadenhauer, M. (Hrsg.) (2001): Techno-Soziologie. Erkundungen einer Jugendkultur. Opladen.

Hoffmann, C./Israel, A. (2007): Theater spielen mit Kindern und Jugendlichen. Konzepte, Methoden und Übungen. Weinheim/München.

Holl, U. (2007): Unvorhergesehenes Zusammentreffen von Fahrrad und Schirm im Feld des Schaltkreises. In: Schnitt. Das Filmmagazin. Thema Tanz und Film. 01/2007. S. 16-19.

Homfeld, H.G./Schulze-Kürderer, J./Honig, M.S (1999): Qualitativ-empirische Forschung in der Sozialen Arbeit. Impulse zur Entwicklung der Trierer Werkstatt für professionsbezogene Forschung. Trier.

Hornstein, W. (2004): Bildungsaufgaben der Kinder- und Jugendarbeit auf der Grundlage jugendlicher Entwicklungsaufgaben. In: Sturzenhecker/Lindner 2004, a.a.O., S. 15-34.

Huizinga, J. (1987): Homo Ludens. Versuch einer Bestimmung des Spielelementes der Kultur. Reinbek bei Hamburg.

Hünersdorf, B./Maeder, C./Müller, B. (Hrsg.) (2008): Ethnographie und Erziehungswissenschaft. Methodologische Reflexionen und empirische Annäherungen. Weinheim/München.

Janecke, C. (2004): Performance und Bild/Performance als Bild. In: Janecke, C. (Hrsg.): Performance und Bild. Performance als Bild. Berlin, S. 11-113.

Jappe, E. (1993): Performance – Ritual – Prozeß. München/New York.

Joos, B. (2004): Die Erstarrung des Körpers zum Tableau. Lebende Bilder in Performances. In: Janecke, C. (Hrsg.): Performance und Bild. Performance als Bild. Berlin, S. 272-303.

Kamper, D. (1991): Mimesis und Simulation. Von den Körpern zu den Maschinen. In: Kunstforum International Bd. 114. 1991. S. 86-94.

Karl, U. (2005): Zwischen/Räume. Eine empirisch-bildungstheoretische Studie zur ästhetischen und psychosozialen Praxis des Altentheaters. Münster.

Kelle, H. (2004): Ethnografische Ansätze. In: Glaser, E./Klika, D./Prengel, A. (Hrsg.): Handbuch Gender und Erziehungswissenschaft. Bad Heilbrunn, S. 636-650.

Kelle, U./Kluge, S. (1999): Vom Einzelfall zum Typus. Fallvergleich und Fallkontrastierung in der qualitativen Sozialforschung. Opladen.

Kessl, F./Otto, H.-U./Treptow, R. (2002): Jugendhilfe als Bildung. In: Münchmeier/Otto/Rabe-Kleberg 2002, a.a.O, S. 19-31.

Kiesel, D./Scherr, A./Thole, W. (Hrsg.) (1998): Standortbestimmung Jugendarbeit. Schwalbach/Ts.

King, V./Müller, B. K. (2000b): Adoleszenzforschung und pädagogische Praxis: Zur systematischen Reflexion von sozialen Rahmenbedingungen und Beziehungskonflikten in der Jugendarbeit. In: King/Müller 2000a, a.a.O., S. 9-36.

King, V./Müller, B. K. (Hrsg.) (2000a): Adoleszenz und pädagogische Praxis. Freiburg i. B.

Klein, G. (1999): Electronic Vibration. Pop Kultur Theorie. Hamburg.

Klein, G. (2005): Pop leben. Pop inszenieren. In: Neumann-Braun/Richard 2005, a.a.O., S. 44-52.

Klein, G./Friedrich, M. (2003): Is this real? Die Kultur des HipHop. Frankfurt a.M.

Klocker, H. (Hrsg.) (1989): Wiener Aktionismus. Wien 1960-1971. Klagenfurt.

Knapstein, G. (1999): George Brecht. Events. Über Event-Partituren von George Brecht aus den Jahren 1959-1963. Berlin.

Knoblauch, H. (1998): Pragmatische Ästhetik. Inszenierung, Performance und die Kunstfertigkeit alltäglichen kommunikativen Handelns. In: Willems/Jurga 1998, a.a.O., S. 305-324.

Knoblauch, H. (2001): Fokussierte Ethnographie. In: Sozialer Sinn, 2001. Heft 1, S. 123-141.

Köngeter, S. (2008): Relationale Professionalität. Eine professionstheoretische Studie zu Arbeitsbeziehungen zwischen Eltern und SozialpädagogInnen in den Erziehungshilfen. Unveröffentlichte Dissertationsschrift. Universität Hildesheim.

Kolesch, D. (2006): Wer sehen will, muss hören. Stimmlichkeit und Visualität in der Gegenwartskunst. In: Kolesch/Krämer 2006, a.a.O., S. 40-64.

Kolesch, D./Krämer, S. (Hrsg.) (2006): Stimme. Annäherung an ein Phänomen. Frankfurt a.M.

Kostelanetz, R. (Hrsg.) (1973): John Cage. Köln.

Krappmann, L. (1982): Soziologische Dimensionen der Identität. 6. Auflage. Stuttgart.

Krappmann, L. (2002): Bildung als Ressource der Lebensbewältigung. Der Beitrag von Familie, Schule und der Einrichtungen der Kinder- und Jugendhilfe zum Bildungsprozess in Zeiten der Pluralisierung und Flexibilisierung der Lebensverhältnisse. In: Münchmeier/Otto/Rabe-Kleberg 2002, a.a.O., S. 33-47.

Kraußlach, J./Düwer, F.W./Fellberg, G. (1976): Aggressive Jugendliche. Jugendarbeit zwischen Kneipe und Knast. München.

Küffer, I. (2007): Schattentheater als Gewaltprävention in Schule und Jugendarbeit. Tipps zur praktischen Durchführung. Saarbrücken.

Kullmann, K. (2006): Küche, Kochen, Nahrungsmittel – Ethnographische Forschungsarbeit in der offenen Jugendarbeit. Unveröffentlichte Diplomarbeit. Frankfurt a.M.

Küster, E.-U. (2000): Der Einstieg ins Feld der Jugendarbeit. In: Lindner 2000b, a.a.O., S. 105-116.

Küster, E.-U. (2003): Fremdheit und Anerkennung. Ethnographie eines Jugendhauses. Weinheim/Berlin/Basel.

Lange, M.-L. (1999): Schneisen im Heuhaufen. Formen von Performance-Art. In: Seitz 1999, a.a.O., S. 149-162.

Lehmann, H.-T. (1999): Postdramatisches Theater. Frankfurt a.M.

Liebau, E. (2002): Bildung als Teilhabefähigkeit. In: Münchmeier/Otto/Rabe-Kleberg 2002, a.a.O, S. 19-31.

Liegle, L. (2002): Bildungsprozesse in der frühen Kindheit. Der Vorrang von Selbstbildung. In: Münchmeier/Otto/Rabe-Kleberg 2002, a.a.O, S. 73-84.

Liegle, L./Treptow, R. (Hrsg.) (2002): Frühe Kindheit und lebenslange Bildung. Zur Neubestimmung von Bildung in der Pädagogik der frühen Kindheit und Sozialpädagogik. Freiburg i. B.

Lindner, W. (2000a): ‚Ich sehe was, was Du nicht siehst.' Ethnographische Kompetenz in der Jugendarbeit. In: Lindner 2000b, a.a.O., S. 67-90.

Lindner, W. (2003): Alles Bildung!? In: Lindner/Thole/Weber 2003, a.a.O., S. 47-68.

Lindner, W. (2004): ‚Ich lerne zu leben' – zur Evaluation von Bildungswirkungen in der kulturellen Kinder- und Jugendarbeit. In: Sturzenhecker/Lindner 2004, a.a.O., S. 243- 260.

Lindner, W. (Hrsg.) (2000b): Ethnographische Methoden in der Jugendarbeit. Opladen.

Lindner, W. (Hrsg.) (2008): Kinder- und Jugendarbeit wirkt. Aktuelle und ausgewählte Evaluationsergebnisse der Kinder- und Jugendarbeit. Wiesbaden.

Lindner, W./Thole, W./Weber, J. (Hrsg.) (2003): Kinder- und Jugendarbeit als Bildungsprojekt. Opladen.

Lipsitz, G. (1999): Dangerous Crossroads. Popmusik, Postmoderne und die Poesie des Lokalen. St. Andrä-Wördern.

Löw, M. (2001): Raumsoziologie. Frankfurt a.M.

Lüders, C. (2000): Beobachten im Feld und Ethnographie. In: Flick U./Kardorff E. v./Steinke, I. (Hrsg.): Qualitative Forschung. Ein Handbuch. Hamburg, S. 384-401.

Macho, T. (2006): Stimmen ohne Körper. Anmerkungen zur Technikgeschichte der Stimme. In: Kolesch/Krämer 2006, a.a.O., S. 130-146.

Marotzki, W. (1999): Der Aufbau einer ethnographischen Haltung – Ein notwendiger Habitus für Diplompädagogen. In: Homfeld, H.G./Schulze-Kürderer, J./Honig, M.S. (Hrsg.): Qualitativ-empirische Forschung in der Sozialen Arbeit. Impulse zur Entwicklung der Trierer Werkstatt für professionsbezogene Forschung. Trier, S. 43-63.

Mecheril, P./Witsch, M. (Hrsg.) (2006): Cultural Studies und Pädagogik. Kritische Artikulationen. Bielefeld.

Menrath, S. (2001): represent what... Performativität von Identitäten im HipHop. Hamburg.

Meyer, P. M. (1998): Als das Theater aus dem Rahmen fiel. In: Fischer-Lichte, E./Kreuder, F./Pflug, I. (Hrsg.) (1998): Theater seit den 60er Jahren. Grenzgänge der Neo-Avantgarde. Tübingen/Basel, S. 135-195.

Mohn, E. (2007): Kamera-Ethnografie. Vom Blickentwurf zur Denkbewegung. In: Brandstetter, G./Klein, G. (Hrsg.): Methoden der Tanzwissenschaft. Modellanalysen zu Pina Bauschs „Le Sacre du Printemps". Bielefeld, S.173-194.

Mohn, E./Amann, K. (2006): Lernkörper - Kamera-ethnographische Studien zum Schülerjob. DVD. Göttingen.

Mollenhauer, K. (1996): Grundfragen ästhetischer Bildung. Theoretische und empirische Befunde zur ästhetischen Erfahrung von Kindern. Weinheim/München.

Mollenhauer, K. (2008): Vergessene Zusammenhänge. Weinheim/München.

Müller, B. (1993): Außerschulische Jugendbildung oder Warum versteckt die Jugendarbeit ihren Bildungsanspruch. In: deutsche jugend, H. 7/8, S. 310-319.

Müller, B. (1996): Jugendliche brauchen Erwachsene. In: Brenner, G./Hafeneger, B. (Hrsg.): Pädagogik mit Jugendlichen. Bildungsansprüche, Wertevermittlung und Individualisierung. Weinheim, S. 22-29.

Müller, B. (2000): Jugendarbeit als intergenerationaler Bezug. In: King/Müller 2000a, a.a.O., S. 119-142.

Müller, B. (2003): Vorwort. In: Küster 2003, a.a.O., S. 11-14.

Müller, B. (2004): Bildungsbegriffe in der Jugendarbeit. In: Sturzenhecker/Linder 2004, a.a.O., S. 35-50.

Müller, B. (2007): Der pädagogische Auftrag der Jugendarbeit und die sozialpädagogische Verantwortung der Schule. In: Zeller, M. (Hrsg.): Die sozialpädagogische Verantwortung der Schule. Hohengehren, S. 99-118.

Müller, B./Schmidt, S./Schulz, M. (2005/2008): Wahrnehmen können. Jugendarbeit und informelle Bildung. Freiburg i. B. 1. und erw. 2. Auflage. Freiburg i. B.

Müller, B./Schulz, M. (2007): Von der Beobachtung zur Handlung – und umgekehrt ‚Wahrnehmen können' als konzeptioneller Sockel im Alltag der Kinder- und Jugendarbeit. In: Sturzenhecker, B./Deinet, U. (Hrsg.): Konzeptentwicklung in der Kinder- und Jugendarbeit. Reflexionen und Arbeitshilfen für die Praxis. Weinheim/München, S. 96-110.

Müller, B./Thole, W./Cloos, P./Köngeter, S. (2005): Zwischenbericht des DFG-Forschungsprojektes. Konstitutionsbedingungen und Dynamik (Performanz) sozialpädagogischen Handelns in der Kinder- und Jugendarbeit. Hildesheim/Kassel.

Müller, C.W./Kentler, H./Mollenhauer, K./Giesecke, H. (1964): Was ist Jugendarbeit? Vier Versuche zu einer Theorie. München.

Münchmeier, R./Otto, H.-U./Rabe-Kleberg, U. (Hrsg.) (2002): Bildung und Lebenskompetenz. Opladen.

Natorp, P. (1920): Sozialpädagogik. Theorie der Willenserziehung auf der Grundlage der Gemeinschaft. 4. Auflage. Stuttgart.

Neumann-Braun, K./Richard, B. (Hrsg.) (2005): Coolhunters. Jugendkulturen zwischen Medien und Markt. Frankfurt a.M.

Noever, P. (Hrsg.) (1998): Out of Actions. Aktionismus, Body Art & Performance 1949 - 1979. Stuttgart.

Nörber, M. (2003) (Hrsg.): Peer-Education. Bildung und Erziehung von Gleichaltrigen durch Gleichaltrige. Weinheim/München.

Otto, H.-U./Oelkers, J./Bollweg, P. (Hrsg.) (2006): Zeitgemäße Bildung. Herausforderung für Erziehungswissenschaft und Bildungspolitik. München.

Otto, H.-U./Rauschenbach, T. (Hrsg.) (2004): Die andere Seite der Bildung. Zum Verhältnis von formellen und informellen Bildungsprozessen. Wiesbaden.

Pinkert, U. (2005): Transformationen des Alltags. Theaterprojekte der Berliner Lehrstückpraxis und Live Art bei Forced Entertainment. Modelle, Konzepte und Verfahren kultureller Bildung. Berlin/Strasburg/Milow.

Pinkert, U. (2006): Alles schon da gewesen? Überlegungen zu einer Ästhetik des Performativen unter theaterpädagogischer Perspektive. In: Taube, G. (Hrsg.): Kinder spielen Theater. Berlin/Strasburg/Milow.

Pinkert, U. (Hrsg.) (2008): Körper im Spiel. Wege zur Erforschung theaterpädagogischer Praxen. Berlin.

Plessner, H. (1981): Die Stufen des Organischen und der Mensch. Einleitung in die philosophische Anthropologie. Frankfurt a.M.

Poschardt, U. (2002): Cool. Reinbek bei Hamburg.

Rauschenbach, T./Düx, W./Sass, E. (Hrsg.) (2006): Informelles Lernen im Jugendalter. Vernachlässigte Dimensionen der Bildungsdebatte. Weinheim/München.

Rauschenbach, T./Thole, W. (Hrsg.) (1998): Sozialpädagogische Forschung. Gegenstand und Funktionen, Bereiche und Methoden. Weinheim/München.

Reckwitz, A. (2000): Die Transformation der Kulturtheorien. Zur Entwicklung eines Theorieprogramms. Weilerswist.

Reckwitz, A. (2003): Grundelemente einer Theorie sozialer Praktiken. Eine sozialtheoretische Perspektive. In: Zeitschrift für Soziologie, H. 4, S. 282-301.

Riekmann, W./Schulz, M. (2008): Miteinander Erfahrungen teilen. Demokratiebildung in der Offenen Jugendarbeit als Teil ihres Alltags. In: deutsche jugend, H. 6, S. 260-266.

Röhrig, N./Sturzenhecker, B. (2004): Bildungsprozesse an einem Un-Ort – Offene Jugendarbeit mit marginalisierten Jugendlichen im ‚KLO-Projekt'. In: Sturzenhecker/Lindner 2004, a.a.O., S. 181-198.

Rose, L./Schmauch, U. (Hrsg.): Jungen – die neuen Verlierer? Auf den Spuren eines öffentlichen Stimmungswechsels. Königstein/Ts.

Rose, L./Schulz, M. (2007a): Gender-Inszenierungen. Jugendliche im pädagogischen Alltag. Königstein/T.

Rose, L./Schulz, M. (2007b): Jugendarbeit sucht ihre Superstars. Castingrituale in der pädagogischen Praxis. In: betrifft mädchen, Juni 2007, S. 115-121.

Rose, L./Schulz, M. (2007c): Geschlechterpädagogik im Alltag. Ethnografische Notizen zu jugendlichen Genderinszenierungen im Jugendhaus. In: Musfeld, T./Quindel, R./Schmidt, A. (Hrsg.): Einsprüche. Kritische Praxis sozialer Arbeit in der Kinder- und Jugendhilfe. Hohengehren, S. 57-76.

Rose, L./Schulz, M. (2008): Doing Gender im Jugendhaus. Ethnographische Annäherungen an die alltäglichen Praxen jugendlicher Geschlechterunterscheidung. In: deutsche jugend, H. 12, i.E.

Sauter, S. (2006): Die Schule als Kampfplatz und als Aushandlungsraum. Über die soziale Bedeutung des Wissens aus der Perspektive der Cultural Studies. In: Mecheril/Witsch 2006, a.a.O., S. 111-148.

Schäfer, G. E. (2005): Bildungsprozesse im Kindesalter. Selbstbildung, Erfahrung und Lernen in der frühen Kindheit. Weinheim/München.

Schechner, R. (1990): Theater-Anthropologie. Spiel und Ritual im Kulturvergleich. Reinbek bei Hamburg.

Scherr, A. (1997): Subjektorientierte Jugendarbeit. Eine Einführung in die Grundlagen emanzipatorischer Jugendpädagogik. Weinheim/München.

Scherr, A. (2002a): Der Bildungsauftrag der Jugendarbeit. In: Münchmeier/Otto/Rabe-Kleberg 2003, a.a.O., S. 93-106.

Scherr, A. (2002b): Jugendarbeit in der Wissensgesellschaft. In: deutsche jugend, H. 7/8, S. 313-318.

Scherr, A. (2003): Sozialraum und Subjektbildung. Ansatzpunkte zur Überwindung einer Kontroverse. In: deutsche jugend, H. 7/8, S. 308-313.

Scherr, A./Thole, W. (1998): Jugendarbeit im Umbruch. Stand, Problemstellungen und zukünftige Aufgaben. In: Kiesel, D./Scherr, A./Thole, W. (Hsrg.): Standortbestimmung Jugendarbeit. Schwalbach/Ts, S. 9-34.

Schischmanian, A./Wuensch, M. (2007) (Hrsg.): female hiphop. Realness, Roots und Rap Models. Mainz.

Schmid, W. (1998): Philosophie der Lebenskunst. Eine Grundlegung. Frankfurt a.M.

Schmidt, A. (2005): Oberaffengeil ist peinlich! Von der Jugendsprache zur Peergroup-Kommunikation. In: Neumann-Braun/Richard 2005, a.a.O., S. 83-100.

Schmitz, H. (1998): Der Leib, der Raum und die Gefühle. Ostfildern vor Stuttgart.

Schröder, A. (2004): Sich bilden als anderen. Professionelle Beziehungen in der Jugendarbeit. In: Hörster, R./Küster, E.-U./Wolff, S. (Hrsg.): Orte der Verständigung. Beiträge zum sozialpädagogischen Argumentieren. Freiburg i. B., S. 231-244.

Schröer, W. (2004): Befreiung aus dem Moratorium? Zur Entgrenzung von Jugend. In: Lenz, K./Schefold, W./Schröer, W. (2004): Entgrenzte Lebensbewältigung. Jugend, Geschlecht und Jugendhilfe. Weinheim/München, S. 19-74.

Schulz, M. (2000): Der Käfer, der auf den Rücken fällt, lernt. Irritation als erkenntnisförderndes Element in Konzepten des „Fluxus" und interkultureller Begegnungen. Diplomarbeit. Hildesheim.

Schulz, M. (2007): Zugänge zur Evaluation in der Offenen Jugendarbeit. In: Lindner 2007, a.a.O., S. 281-293.

Schulz, M. (2008): Mikroanalyse des Raumes – Die Bedeutung räumlicher Präskripte am Beispiel der Offenen Jugendarbeit. In: Deinet, U. (Hrsg.): Der sozialräumliche Blick. Wiesbaden, i.E.

Schulz, M. (2009a): Die bildungsanregenden Irritationen von Food-Art. In: Rose, L./Sturzenhecker, B. (Hrsg.): ‚Erst kommt das Fressen und dann kommt die Moral!' Kochen und Essen in der Sozialen Arbeit. Wiesbaden, i.E.

Schulz, M. (2009b): Gefrorene Momente des Geschehens. Feldvignetten aus der Kinder- und Jugendarbeit. In: Cloos u.a. 2009, a.a.O., i. E.

Schulz, M./Lohmann, B. (2005): Wechseln Windeln Sichtweisen? Irritation als Bildungsanstoß in Playing Arts und Jugendarbeit. In: Sturzenhecker/Riemer 2005, a.a.O., S. 97-114.

Schumann, M. (1997): Qualitative Forschungsmethoden in der (sozial-)pädagogischen Ausbildung. In: Friebertshäuser, B./Prengel, A. (Hrsg.): Handbuch Qualitativer Forschungsmethoden in der Erziehungswissenschaft. Weinheim/München, S. 661-677.

Schütz, A. (1972): Gesammelte Aufsätze. Band 2. Den Haag.

Schütze, F. (1994): Ethnographie und sozialwissenschaftliche Methoden der Feldforschung. In: Groddeck, N./Schumann, M. (Hrsg.) (1994): Modernisierung Sozialer Arbeit durch Methodenentwicklung und -reflexion. Freiburg i. B., S. 189-297.

Seel, M. (2001): Inszenieren als Erscheinen. Thesen über die Reichweite eines Begriffs. In: Früchtl/Zimmermann 2001, a.a.O., S. 48-62.

Seitz, H. (2004): o.t. In: Kettel, J./IGBK (Hrsg.) (2004): Künstlerische Bildung nach Pisa. Neue Wege zwischen Kunst und Bildung. Oberhausen, S. 377-387.

Seitz, H. (Hrsg.) (1999): Schreiben auf Wasser. Performative Verfahren in Kunst, Wissenschaft und Bildung. Bonn/Essen.

Shusterman, R. (1994): Kunst Leben. Die Ästhetik des Pragmatismus. Frankfurt a.M.

Shusterman, R. (2005): Leibliche Erfahrung in Kunst und Lebensstil. Berlin.

Stauber, B. (2004): Junge Frauen und Männer in Jugendkulturen. Selbstinszenierungen und Handlungspotenziale. Opladen.

Steinke, I. (1999): Kriterien qualitativer Forschung. Ansätze zur Bewertung qualitativ-empirischer Sozialforschung. Weinheim.

Steinke, I. (2000): Gütekriterien qualitativer Forschung. In: Flick, U./von Kardorff, E./Steinke, I. (Hrsg.): Qualitative Forschung. Ein Handbuch. Reinbek bei Hamburg, S. 319-331.

Sting, S. (1999): Suchtprävention als Bildungsaufgabe. Perspektiven für die außerschulische Jugendarbeit. In: Neue Praxis, H. 5, S. 490-499.

Sting, S. (2002): Bildung. In: Schröer, W./Stuck, N./Wolff, M. (Hrsg.): Handbuch der Kinder- und Jugendhilfe. Weinheim/München, S. 377-392.

Sting, S. (2004): Aneignungsprozesse im Kontext von Peergroup-Geselligkeit. In: Deinet/Reutlinger 2004, a.a.O., S. 139-147.

Sting, S./Stockmann, S. (2004): Von der Suchtprävention zur drogenbezogenen Bildung. Die Kultivierung des Drogengebrauchs als Aufgabe einer bildungsorientierten Jugendarbeit am Beispiel der Leipziger Drug Scouts. In: Sturzenhecker/Lindner 2004, a.a.O., S. 215-224.

Sting, S./Sturzenhecker, B. (2005): Bildung und Offene Kinder- und Jugendarbeit. In: Deinet/Sturzenhecker 2005, a.a.O., S. 230-247.

Strauss, A./Corbin, J. (1996): Grounded Theory. Weinheim.

Sturzenhecker, B. (2002a): Bildung. Wiederentdeckung einer Grundkategorie der Kinder- und Jugendarbeit. In: Rauschenbach, Th. u.a. (Hrsg.): Jugendarbeit im Aufbruch. Münster, S. 19-59.

Sturzenhecker, B. (2002b): Beer Education – zur Kultivierung von Alkoholtrinken mit Jungen. In: Sturzenhecker, B./Winter, R.: Praxis der Jungenarbeit. Modelle, Methoden und Erfahrungen aus pädagogischen Arbeitsfeldern. Weinheim/München, S. 217-228.

Sturzenhecker, B. (2004): Zum Bildungsanspruch von Jugendarbeit. In: Otto, H.-U./Rauschenbach, Th. (Hrsg.): Die andere Seite der Bildung. Wiesbaden, S. 147-165.

Sturzenhecker, B. (2005): Institutionelle Charakteristika der Offenen Kinder- und Jugendarbeit. In: Deinet/Sturzenhecker 2005, a.a.O., S. 338-344.

Sturzenhecker, B. (2006): ‚Wir machen ihnen ein Angebot, das sie ablehnen können'. Strukturbedingungen der Kinder- und Jugendarbeit und ihre Funktionalität für Bildung. In: Lindner, W. (Hrsg.): 1964–2004. Vierzig Jahre Kinder- und Jugendarbeit in Deutschland. Wiesbaden, S. 179-192.

Sturzenhecker, B./Deinet, U. (Hrsg.): Konzeptentwicklung in der Kinder- und Jugendarbeit: Reflexionen und Arbeitshilfen für die Praxis. Weinheim/München.

Sturzenhecker, B./Linder, W. (Hrsg.) (2004): Bildung in der Kinder- und Jugendarbeit. Vom Bildungsanspruch zur Bildungspraxis. Weinheim/München.

Sturzenhecker, B./Riemer, C. (Hrsg.) (2005): Playing Arts. Impulse ästhetischer Bildung für die Jugendarbeit. Weinheim/München.

Tannen, D./Wallat, C. (1987): Interactive frames and knowledge schemas in interaction. Examples form a medical examination/interview. In: Social Psychology Quarterly 50, S. 205-216.

Tertilt, H. (1996): Turkish Power Boys. Ethnographie einer Jugendbande. Frankfurt a.M.

Tervooren, A. (2001): Pausenspiele als performative Kinderkultur. In: Wulf 2001a, a.a.O., S. 205-248.

Thiersch, H. (2002): Bildung – alte und neue Aufgaben der Sozialen Arbeit. In: Münchmeier/Otto/Rabe-Kleberg 2002, a.a.O, S. 57-71.

Thole, W. (2000): Kinder- und Jugendarbeit. Eine Einführung. Weinheim/München.

Thole, W./Cloos, P./Küster, E.-U. (2004): Sozialpädagogische Ethnografie. Unwägbarkeiten einer Forschung ‚in eigener Sache'. In: Hörster, R./Küster, E.-U./Wolff, S. (Hrsg.): Orte der Verständigung. Beiträge zum sozialpädagogischen Argumentieren. Freiburg i. B., S. 51-59.

Turner, V. (1989): Das Ritual. Struktur und Anti-Struktur. Frankfurt a.M.

von Hantelmann, D. (2004): How to Do Things with Art. In: Fischer-Lichte, E./Risi, C./Roselt, J. (Hrsg.) (2004): Kunst der Aufführung. Aufführung der Kunst. Berlin, S. 63-75.

von Spiegel, H. (Hrsg.) (2000): Jugendarbeit mit Erfolg. Arbeitshilfen und Erfahrungsberichte zur Qualitätsentwicklung und Selbstevaluation. Münster.

Wagner-Willi, M. (2005): Kinder-Rituale zwischen Vorder- und Hinterbühne. Der Übergang von der Pause zum Unterricht. Wiesbaden.

Waldenfels, B. (2006): Das Lautwerden der Stimme. In: Kolesch/Krämer 2006, a.a.O., S. 191-210.

Welsch, W. (1991): Anästhetik – Fokus einer erweiterten Ästhetik. In: Zacharias, W. (Hrsg.): Schöne Aussichten? Ästhetische Bildung in einer technisch-medialen Welt. Essen, S. 79-106.

Wiesemann, J. (2006): Die Sichtbarkeit des Lernens. In: Cloos/Thole 2006, a.a.O., S. 171-183.

Willems, H. (1998): Inszenierungsgesellschaft? Zum Theater als Modell, zur Theatralität von Praxis. In: Willems/Jurga 1998, a.a.O., S. 23-90.

Willems, H. (2003): Zur Soziologie ästhetischer Anlässe. Struktur, Performativität und Identitätsrelevanz von Events. In: Fischer-Lichte 2003, a.a.O., S. 83-98.

Willems, H./Jurga, M. (Hrsg.) (1998): Inszenierungsgesellschaft. Ein einführendes Handbuch. Wiesbaden.

Willis, P. (1979): Spaß am Widerstand. Gegenkultur in der Arbeiterschule. Frankfurt a.M.

Willis, P. (1981): ‚Profane Culture'. Rocker, Hippies. Subversive Stile der Jugendkultur. Frankfurt a.M.

Willis, P. (1991): Jugend-Stile. Zur Ästhetik der gemeinsamen Kultur. Hamburg.

Winnicott, D. W. (1997): Vom Spiel zur Kreativität. Stuttgart.

Wirth, U. (Hrsg.) (2002): Performanz. Zwischen Sprachwissenschaft und Kulturwissenschaften. Frankfurt a.M.

Wolff, S. (2000): Wege ins Feld und ihre Varianten. In: Flick, U./von Kardorff, E./Steinke, I. (Hrsg.): Qualitative Forschung. Ein Handbuch. Reinbek bei Hamburg, S. 334-349.

Wolff, S./Scheffer, T. (2003): Begleitende Evaluation in sozialen Einrichtungen. In: Schweppe, C. (Hrsg.): Qualitative Forschung in der Sozialpädagogik. Opladen, S. 331-351.

Wulf, C. (1996): Aisthesis, Soziale Mimesis, Ritual. In: Mollenhauer, K./Wulf, C. (Hrsg.): Aisthesis/Ästhetik. Zwischen Wahrnehmung und Bewusstsein. Weinheim/München, S. 168-179.

Wulf, C. (2001b): Einleitung. In: Wulff 2001a, a.a.O., S. 7-18.

Wulf, C. (2001c): Rituelles Handeln als mimetisches Wissen. In: Wulf 2001a, a.a.O., S. 325-338.

Wulf, C. (2001d): Mimesis und Performatives Handeln. Gunther Gebauers und Christoph Wulfs Konzeption mimetischen Handelns in der sozialen Welt. In: Wulf/Göhlich/Zirfas 2001a, a.a.O., S. 253-272.

Wulf, C. (2004): Anthropologie. Geschichte Kultur Philosophie. Reinbek bei Hamburg.

Wulf, C./Althans, B./Audehm, K./Bausch, C./Göhlich, M./Sting, S./Tervooren, A./Wagner-Willi, M./Zirfas, J. (Wulf 2001a): Das Soziale als Ritual. Zur performativen Bildung von Gemeinschaften. Opladen.

Wulf, C./Göhlich, M./Zirfas, J. (Hrsg.) (2001): Grundlagen des Performativen. Eine Einführung in die Zusammenhänge von Sprache, Macht und Handeln. Weinheim/München.

Wulf, C./Zirfas, J. (2001): Das Soziale als Ritual. Perspektiven des Performativen. In: Wulf 2001a, a.a.O., S. 339-347.

Wulf, C./Althans, B./Audehm, K./Bausch, C./Mattig, R./Göhlich, M./Zirfas, J. (2004): Bildung im Ritual. Schule, Familie, Jugend, Medien. Wiesbaden.

Wulf, C./Zirfas, J. (2006): Bildung als performativer Prozeß – ein neuer Fokus erziehungswissenschaftlicher Forschung. In: Fatke, R./Merkens, H. (Hrsg.): Bildung über Lebenszeit. Wiesbaden, S. 291-301.

Zacharias, W. (2001): Kultur und Bildung. Kunst und Leben. Zwischen Sinn und Sinnlichkeit. Texte 1970 – 2000. Bonn/Essen.

Zerzer, M./Lebok, U. (2005): Quo vadis ‚unsere Jugend'? Jugendliche zwischen Spaßgesellschaft und Werteorientierung. In: Unsere Jugend 11/05, S. 481-493.

Zinnecker, J. (2000): Pädagogische Ethnographie. Zeitschrift für Erziehungswissenschaft, 3 (3), S. 381-400.

Zinnecker, J. (Hrsg.) (1975): Der heimliche Lehrplan. Untersuchungen zum Schulunterricht. Weinheim/Basel.

Zizek, S. (2003): Repeat is not return. In: Pfleger, S./Nicolai, O. (Hrsg.): Olaf Nicolai Rewind Forward. Stuttgart. S. 27-31.

zur Lippe, R. (1999): Spiel und Bildung. In: Riemer, C./Sturzenhecker, B. (Hrsg.): Das Eigene entfalten. Anregungen zur ästhetischen Bildung. Gelnhausen, S. 183-192.

Thema Ganztagsbildung

Soziale Passagen –
Journal für Empirie und Theorie Sozialer Arbeit

Soziale Passagen

– sind ein interaktives Projekt, das sich den durch gesellschaftliche Veränderungen provozierten Herausforderungen stellt und sich dezidiert als wissenschaftliche Publikationsplattform zu Fragen der Sozialen Arbeit verstehen.

– stehen für eine deutlich konturierte empirische Fundierung und die ‚Entdeckung' der Hochschulen, Forschungsprojekte und Forschungsinstitute als Praxisorte. Sie bieten einen diskursiven Raum für interdisziplinäre Debatten und sind ein Forum für empirisch fundierte und theoretisch elaborierte Reflexionen.

– enthalten in jeder Ausgabe einen Thementeil und ein Forum für einzelne Beiträge. Einen weiteren Schwerpunkt bilden Kurzberichte aus laufenden Forschungsprojekten. Die inhaltliche Qualität ist über ein peer-review-Verfahren gesichert.

– richten sich an Mitarbeiterinnen, Mitarbeiter und Studierende an Universitäten, Fachhochschulen und Instituten sowie an wissenschaftlich orientierte Leitungs- und Fachkräfte in der sozialpädagogischen Praxis.

1. Jahrgang 2009 – 2 Hefte jährlich

www.sozialepassagen.de

Erhältlich im Buchhandel oder beim Verlag.
Änderungen vorbehalten. Stand: Juli 2009.

VS-JOURNALS.DE

Abraham-Lincoln-Straße 46
65189 Wiesbaden
Tel. 0611.7878 - 722
Fax 0611.7878 - 400

MIX
Papier aus verantwortungsvollen Quellen
Paper from responsible sources
FSC® C105338

FSC
www.fsc.org

If you have any concerns about our products,
you can contact us on
ProductSafety@springernature.com

In case Publisher is established outside the EU,
the EU authorized representative is:
Springer Nature Customer Service Center GmbH
Europaplatz 3, 69115 Heidelberg, Germany

Printed by Libri Plureos GmbH
in Hamburg, Germany